Die neue russische Diplomatie

Das Buch

IGOR IWANOW, Außenminister Russlands, liefert eine umfassende Bilanz des ersten Jahrzehnts russischer Diplomatie nach dem Ende der Sowjetunion 1991 und der nachfolgenden Gründung der Russischen Föderation. Er rekapituliert die Entwicklung der russischen Außenpolitik seit Beendigung des Kalten Krieges und skizziert die heutige Auffassung Russlands hinsichtlich seiner Rolle auf der Weltbühne, auf der es sich als aktiver, verantwortungsbewusster Partner präsentiert. IWANOW zeigt, dass die Außenpolitik des neuen Russlands weder eine Fortführung der sowjetischen Außenpolitik noch eine Rückkehr zum vorsowjetischen Modell sein kann. Er macht deutlich, dass Russlands außenpolitische Interessen vor allem darauf zielen, günstige Bedingungen für wirtschaftliche und soziale Reformen und Stabilität im Inneren zu schaffen.

Die Beziehungen zwischen Russland und seinen Hauptpartnern werden ebenso behandelt wie einige neue Aspekte der russischen Diplomatie, die eine wichtige Rolle in der außenpolitischen Strategie Russlands im 21. Jahrhunderts spielen können. Eine kritische Analyse der Globalisierung führt IWANOW zu der Vision: Unabdingbare Voraussetzung für eine gerechte, demokratische Weltordnung ist das Prinzip der Multipolarität, aber auch die Überwindung gefährlicher Herausforderungen für die Weltgemeinschaft, beispielsweise des politischen Extremismus, des aggressiven Separatismus, der organisierten Kriminalität und des internationalen Terrorismus – Gefahren, zu deren Bekämpfung IWANOW Konzepte vorstellt.

Der Autor

IGOR SERGEJEWITSCH IWANOW, geboren 1945 in Moskau, studierte Englisch und Spanisch und wirkte am Institut für Weltwirtschaft und internationale Beziehungen der Sowjetischen Akademie der Wissenschaften. 1973 betrat er als Mitarbeiter der sowjetischen Handelsmission in Spanien diplomatisches Parkett, ab 1983 bekleidete er verschiedene Positionen im sowjetischen Außenministerium. 1991 ging IWANOW als Botschafter erneut nach Spanien, bevor er 1993 zum Ersten stellvertretenden russischen Außenminister ernannt wurde. Seit 1998 ist er Außenminister der Russischen Föderation.

Igor Iwanow

Die neue russische Diplomatie

Rückblick und Visionen

Aus dem Russischen von
Kurt Baudisch und Alfred Frank

Econ Taschenbuch

Econ Taschenbücher erscheinen im Ullstein Taschenbuchverlag, einem Unternehmen der
Econ Ullstein List Verlag GmbH & Co. KG, München
Deutsche Erstausgabe
1. Auflage 2002

Titel der russischen Originalausgabe: Nowaja rossiskaja diplomatija (Olma-Press, Moskau)
Übersetzung: Kurt Baudisch (Anhang) und Alfred Frank
Redaktion: Cornelia Kruse
Umschlaggestaltung: Petra Soeltzer, Düsseldorf
Titelabbildung: Eduard Pessow
Satz: KompetenzCenter, Düsseldorf
Druck und Bindearbeiten: Ebner & Spiegel, Ulm
Printed in Germany
ISBN 3-548-75090-7

Inhalt

Vorwort von Bundesaußenminister Joschka Fischer

Das Buch meines Kollegen IGOR IWANOW, in dem er die ersten zehn Jahre russischer Außenpolitik nach dem Zerfall der Sowjetunion einer kritischen Bewertung unterzieht, erscheint zu einem Zeitpunkt, der kaum markanter sein könnte. Nach einem Jahrzehnt, das für die russische Außenpolitik durch die Suche nach einem neuen Platz in der Welt – zwischen Annäherung an den Westen und dem Verharren in alten, aus der Zeit des Kalten Krieges stammenden Reflexen – geprägt war, scheint jetzt ein Wendepunkt erreicht.

Russland hat nach dem 11. September eine strategische Wahl getroffen. Es hat sich angesichts der Dimension der neuen Bedrohung für die Hinwendung zu Europa und zur transatlantischen Gemeinschaft entschieden. Präsident PUTIN machte dies bereits zwei Wochen nach den furchtbaren Terroranschlägen in Amerika vor dem Deutschen Bundestag mit beeindruckenden Worten deutlich, als er von einer neuen Epoche der Beziehungen sprach. Der 11. September hat uns allen vor Augen geführt, dass die neuen Bedrohungen und Herausforderungen keinen Unterschied zwischen Russland und dem Westen machen, dass wir elementare gemeinsame Interessen haben und dass wir deswegen die Chance für eine tief gehende und umfassende Partnerschaft ergreifen müssen.

Auf eine solche Partnerschaft mit Russland arbeitet Deutschland seit langem hin. Wir wollen sie in einer gemeinsamen europäischen Perspektive verwirklichen und die Einbindung Russlands in die euro-atlantischen und weltwirtschaftlichen Strukturen fördern. Wir wollen die Transformation Russlands zu einer funktionierenden Demokratie, einem die Freiheit der Bürger schützenden Rechtsstaat und einer wettbewerbsfähigen Marktwirtschaft unterstützen. Und wir wollen, dass das demokratische Russland auf Dauer zu einem Partner, einem europäischen Partner, für Frieden und Stabilität in der Welt wird. Zu einer solchen Partnerschaft gehört auch das offene Gespräch über Tschetschenien, die Medienfreiheit oder den Krieg im Kosovo, Themen also, bei denen wir manches unterschiedlich bewerten.

Dieses Buch bietet einen seltenen Einblick in die komplexe Wirklichkeit der russischen Diplomatie. Ihr langjähriger Chef IGOR IWANOW zeichnet die Etappen nach, die die russische Außenpolitik in den vergangenen Jahren durchlaufen hat. Die Suche nach einer grundlegenden Neuorientierung Russlands, einem veränderten Selbstverständnis als demokratische Nation, einem neuen Platz in der Welt, einer modernen Identität, eingebettet in die russische Geschichte, erscheint dabei als prägend.

Die Einsichten, die dieses Buch vermittelt, sind nicht nur wertvoll für die Debatte in Russland. Sie verhelfen auch in Deutschland zu einem besseren Verständnis der russischen Außenpolitik, ihrer Hintergründe und der Interessen und Akteure, die sie bestimmen.

Joschka Fischer, Bundesaußenminister, Berlin, Februar 2002

An den deutschen Leser

Die Idee zu diesem Buch entsprang dem Bedürfnis, die außenpolitischen Ergebnisse des ersten Jahrzehnts seit Bestehen des neuen russischen Staates aufzuarbeiten.

Als sich unser Land 1991 für die Entwicklung von demokratischer Staatlichkeit und Marktwirtschaft entschied, traf es eine fundamentale historische Wahl, mit der auch über den grundlegenden Inhalt seines weltpolitischen Kurses entschieden wurde.

Es hat symbolische Bedeutung, dass der erneuerte russische Staat praktisch zur selben Zeit die internationale Bühne betrat, da Deutschland nach einer langen Phase der Spaltung seine Einheit wiedererlangte. Mehr noch, zwischen diesen Ereignissen gibt es einen tiefen Zusammenhang. Wie der Präsident der Russischen Föderation, WLADIMIR PUTIN, im September 2001 in seiner Rede vor dem Bundestag betonte, waren die demokratischen Reformen in Russland die entscheidende Voraussetzung für die grandiosen Veränderungen in Europa und in der Welt, zu deren Sinnbild der Fall der Berliner Mauer wurde.

Seitdem haben Russland und Deutschland eine bedeutsame Wegstrecke zurückgelegt, und was besonders wichtig ist, sie haben es in vielem gemeinsam getan, sind füreinander strategische Partner geworden. Während des gesamten zurückliegenden Jahrzehnts haben sich unsere Länder aktiv am internationalen Leben beteiligt und eine beachtliche Rolle beim Aufbau eines neuen Europa gespielt. Uns einen reiche Erfahrungen bei der Lösung höchst komplexer Probleme, die mit der Gestaltung einer neuen Weltordnung zusammenhängen.

Heute sehen sich Russland und Deutschland gemeinsam damit konfrontiert, eine Antwort auf die Herausforderung zu finden, die der internationale Terrorismus darstellt. Das ist ein neuerliches Zeugnis der untrennbaren Wechselbeziehung zwischen ihren historischen Schicksalen. Angesichts neuer Bedrohungen und Herausforderungen wird in der Epoche der Globalisierung zweifellos auch künftig ein enges Zusammenwirken zwischen beiden Staaten erforderlich sein.

Deshalb war es für mich ein natürliches Bedürfnis, dem deutschen Leser von meinen Überlegungen zu den Ergebnissen zu berichten, die das zurückliegende Jahrzehnt der Außenpolitik meines Landes brachte.

Worin besteht das wesentlichste dieser Ergebnisse?

Ich denke, heute kann man mit Fug und Recht behaupten: Die Russische Föderation hat sich als demokratischer Staat mit selbständiger und berechenbarer Außenpolitik etabliert.

Natürlich haben die Hauptprinzipien, die Prioritäten und der Stil dieser Politik nicht sofort Gestalt angenommen. Wie hätte es auch anders sein können, da sich eine von tief greifenden inneren Wandlungen erfasste Großmacht praktisch von einem Tag auf den anderen mit einer völlig neuen geopolitischen Lage konfrontiert sah, für die es in ihrer tausendjährigen Geschichte keinerlei Parallelen gab?

Sicherlich erinnern sich viele in Deutschland daran, mit welchen Schwierigkeiten und welcher Dramatik sich das Werden der russischen Demokratie verband, welche Schärfe und Unversöhnlichkeit die außenpolitischen Debatten in unserem Land zu Beginn und in der Mitte der neunziger Jahre kennzeichneten. Heute dagegen haben wir die reale Möglichkeit, einen außenpolitischen Kurs zu steuern, der auf einem breiten gesellschaftlichen Konsens im Lande und der klaren Erkenntnis seiner nationalen Interessen fußt.

In Deutschland, wo ein solcher Konsens über die Grundprinzipien der Außenpolitik längst zur Tradition geworden ist, sollte das Interesse der russischen Diplomatie an der weiteren Stärkung dieser Übereinstimmung leicht nachvollziehbar sein, steht es doch außer Frage, dass Russland allein auf ihrer Grundlage seinen außenpolitischen Kurs mit der notwendigen Sicherheit und Zielstrebigkeit umzusetzen vermag.

Die Russische Föderation ist bestrebt, für ihre Nachbarn und ihre Freunde in der Welt ein stabiler und berechenbarer Partner zu sein. Deshalb ist es für uns wichtig, dass die tieferen Motive der russischen Außenpolitik für die Öffentlichkeit in Russland selbst wie auch für seine Partner im Ausland verständlich sind. Dieses Verständnis zu fördern, dazu will mein Buch vor allem beitragen.

Die Außenpolitik unseres Landes sollte folglich nicht nur »beschrieben«, sondern auch die innere Logik ihrer Entwicklung deutlich gemacht werden, ohne etwas zu glätten oder zu simplifizieren. Darum war dieses Buch von Anfang an nicht als Aufzeichnung von Erinnerungen, sondern als wissenschaftlich-publizistisches Werk konzipiert, was dem Charakter der darin aufgeworfenen Fragen entsprach: über welche Etappen sich die Grundlagen der Außenpolitik des neuen Russlands herausbildeten, wie die mit der Erarbeitung einer ganzheitlichen Konzeption der nationalen Interessen und außenpolitischen Prioritäten unseres Staates zusammenhängenden Kernprobleme angegangen wurden.

Diese Fragen lassen sich nicht losgelöst von den historischen Wurzeln der russischen Außenpolitik beantworten. Zu Beginn des 20. Jahrhunderts schrieb SERGEJ SASONOW, der letzte Berufsdiplomat im Amt des Außenministers des Russischen Reichs: »... alles, was gesund und lebensfähig im politischen und zivilen Leben jedes Landes ist, muss sorgfältig behütet werden ... und keine von den Erfordernissen der Zeit diktierte Reform darf zu einem plötzlichen Bruch zwischen Vergangenheit und Gegenwart führen, sie muss im Gegenteil schrittweise durchgeführt werden, um für das Volk nachvollziehbar zu sein, statt als gefährliches Experiment betrachtet werden zu müssen«[1]. Obwohl am Ausgang dieses für Russland so tragischen Jahrhunderts seine Rolle und sein Platz im Weltgeschehen praktisch neu bestimmt werden mussten, vergaß unsere Diplomatie keinen Augenblick, dass sie die Interessen eines Staates mit tausendjähriger Geschichte und ungemein reichen Traditionen im internationalen Miteinander zu vertreten hat. Ungeachtet der radikal veränderten geopolitischen Lage konnte ein effektiver außenpolitischer Kurs allein auf der soliden Grundlage der historischen Kontinuität gestaltet werden. Dazu war es notwendig, das historische Erbe der russischen und sowjetischen diplomatischen Schule aufzuarbeiten. Ich hoffe, dass diese Exkurse das Interesse des geneigten deutschen Lesers finden werden.

Schließlich erschien es mir als grundsätzlich von Belang, die Außenpolitik Russlands im engen Zusammenhang mit den Haupttendenzen der weltweiten Entwicklung zu betrachten.

Die Welt von heute macht einen Wandlungsprozess durch, dessen Dimension einzigartig ist in der Geschichte. Die internationale Gemeinschaft hat die Schwelle zum neuen Jahrtausend auf der Welle einer wahren Zivilisationsexplosion überschritten, die im Grunde keinen Lebens- und Tätigkeitsbereich des Menschen unverändert lässt. Aus der Explosivität dieser Veränderungen resultieren in erheblichem Maße die komplexen und bisweilen dramatischen Kollisionen, mit denen der Prozess der Gestaltung eines neuen Systems der internationalen Beziehungen einhergeht.

Was ebendiesen Bereich betrifft, so erinnert die praktisch in allen Richtungen des wissenschaftlich-technischen Fortschritts zielstrebig voranschreitende Menschheit oftmals an einen Seefahrer aus der Epoche der großen geographischen Entdeckungen. Vor ihm liegt der unendliche Ozean voller Unwägbarkeiten und Gefahren, und niemand weiß, welches Land am

---

1 Sasonow, Sergej: *Wospominanija (»Erinnerungen«)*, Moskau 1991, S. 346 f.

Horizont auftauchen wird. Das Paradoxe der gegenwärtigen internationalen Situation besteht darin, dass die der globalen Konfrontation nun ledige Welt bislang kein neues System der internationalen Sicherheit aufzubauen vermochte. Die Weltgemeinschaft verfügt nach wie vor über keine verlässlichen Instrumente, mit denen sich solchen Bedrohungen und Herausforderungen begegnen ließe, wie sie mit den ungeheuerlichen Terrorangriffen in New York und Washington manifest geworden sind.

All dies erfordert ein prinzipiell neues Herangehen an die Gestaltung der Außenpolitik. Darüber wird bekanntlich in Russland ebenso diskutiert wie in Deutschland. Unter den Bedingungen zunehmender Abhängigkeit der Staaten untereinander geht es ja ganz offenkundig nicht nur darum, den außenpolitischen Kurs an die sich rasch verändernde Lage anzupassen, sondern auch nach Wegen zu suchen, die nationalen Interessen des jeweiligen Landes mit denen der Weltgemeinschaft in Einklang zu bringen und auf ein diesbezügliches neues demokratisches Modell der Weltordnung hinzuarbeiten.

Seit Ende des Kalten Krieges stand Russland stets im Mittelpunkt der gegenwärtigen grundlegenden Umgestaltung der internationalen Beziehungen, ja es war einer ihrer Hauptkatalysatoren. Schwerlich ließe sich in der Weltgeschichte ein zweites Beispiel für derart tief greifende und weit reichende Auswirkungen des gesellschaftlichen, wirtschaftlichen und politischen Umbaus innerhalb eines Staates auf die gesamte Weltgemeinschaft finden. Russland betreibt heute eine nachvollziehbare und berechenbare Außenpolitik, die ihre Ziele auf dem Weg der Partnerschaft mit anderen Staaten zu erreichen trachtet. Diese Politik basiert auf der Überzeugung, dass die internationale Gemeinschaft in der heutigen Zeit vor globalen Aufgaben steht, die gleichermaßen die Interessen der Sicherheit und Wohlfahrt aller Staaten betreffen, und dass sie ausschließlich gemeinsam gelöst werden können und müssen.

Ich hoffe, dass dieses Buch auch dem deutschen Leser ein umfassendes Bild von den komplexen Prozessen der Gestaltung der Außenpolitik des neuen demokratischen Russlands vermitteln wird und so einen Beitrag zur weiteren Stärkung des gegenseitigen Verständnisses zwischen unseren Völkern leisten kann.

I. Kapitel

Allgemeine Probleme und konzeptionelle Grundlagen der russischen Außenpolitik in den neunziger Jahren und an der Schwelle zum 21. Jahrhundert

1. Die Gestaltung der neuen Außenpolitischen Konzeption Russlands

Der Eintritt Russlands ins neue Jahrtausend war von qualitativen Veränderungen in der Innen- und Außenpolitik unseres Landes gekennzeichnet. Nach den stürmischen Ereignissen zu Beginn der neunziger Jahre setzte sich die allmähliche Konsolidierung der Gesellschaft durch, ein Prozess, der getragen wurde von der notwendigen Stärkung der demokratischen Staatlichkeit als Voraussetzung für den Erfolg des politischen, sozialen und wirtschaftlichen Umbaus. Die Wahl WLADIMIR PUTINS zum Präsidenten der Russischen Föderation und die nach den Parlamentswahlen vom Dezember 1999 veränderte Zusammensetzung der Staatsduma eröffneten die Perspektive einer langen Phase politischer Stabilität und machten es möglich, die Ausarbeitung einer langfristigen Strategie zur Entwicklung des Landes in Angriff zu nehmen.

Einen untrennbaren Bestandteil dieser Strategie bildet der außenpolitische Kurs Russlands. Wie WLADIMIR PUTIN betonte, ist »die Außenpolitik sowohl Indikator als auch wesentlicher Faktor der innerstaatlichen Entwicklung. Hier darf es keine Illusionen geben. Davon, wie geschickt und effektiv wir unser diplomatisches Potential nutzen, hängt nicht nur das Ansehen

Russlands in der internationalen Arena, sondern auch die politische und wirtschaftliche Situation im Land selbst ab.«[1]

Bis vor kurzem herrschte in unserer wissenschaftlichen und politischen Literatur die Auffassung vor, dass das heutige Russland den Hauptkurs seiner Entwicklung noch nicht vollständig bestimmt habe. Nicht selten war die Rede davon, dass es notwendig sei, eine »neue Identität« zu gewinnen, eine »nationale Idee« zu formulieren. Andernfalls, so meinten viele, könne es keine ganzheitliche und langfristige außenpolitische Doktrin geben. Die Vorstellung, dass die Außenpolitik sich »im Stadium der Neuorientierung« befinde, zog sich wie ein roter Faden durch die in den letzten Jahren im In- und Ausland veröffentlichten wissenschaftlichen Arbeiten und fand selbst in Universitätslehrbüchern zum Thema internationale Beziehungen ihren Niederschlag.

Heute lässt sich einschätzen, dass die Etappe der Neuorientierung der russischen Außenpolitik im Wesentlichen hinter uns liegt, das heißt, dass die auf einer klaren Sicht der nationalen Interessen unseres Landes beruhende Ausarbeitung der Grundprinzipien seines außenpolitischen Kurses im Großen und Ganzen abgeschlossen ist.

Die Außenpolitik eines Landes beginnt niemals bei null. Selbst unter den Bedingungen eines so tief greifenden Umbaus, wie ihn Russland Ende des 20. Jahrhunderts erlebte, bedingt die Integration in das System der internationalen Beziehungen das Vorhandensein gewisser außenpolitischer Leitlinien, die den Platz des Landes und seine langfristigen Interessen in der Weltpolitik bestimmen. Diese Leitlinien entsprechen natürlich der Position der im betreffenden Zeitabschnitt herr-

---

1 *Wystuplenije Presidenta Rossiskoi Federazii W. W. Putina s Poslanijem Federalnomu Sobraniju Rossiskoi Federazii [...] 3 aprelja 2001. (»Botschaft des Präsidenten der Russischen Föderation, Wladimir Putin, an die Föderale Versammlung der Russischen Föderation [...] vom 3. April 2001«),* Moskau 2001, S. 40.

schenden politischen Kräfte. Zugleich stützen sie sich in der Regel auf objektive Besonderheiten der historischen Entwicklung des Landes sowie seiner Wirtschaft, Kultur und geopolitischen Stellung. Diese Faktoren bilden eine Art »Konstante« des außenpolitischen Kurses, die dem Einfluss der innenpolitischen und internationalen Konjunktur am wenigsten ausgesetzt ist. In der Geschichte der Diplomatie haben die kontinuitätsbestimmenden Elemente der Außenpolitik ihren verallgemeinerten Ausdruck gefunden in der bekannten Formel: »Beständigkeit besitzen nicht die Bundesgenossen, sondern lediglich die Interessen.« Diese Kontinuität, deren Grad sich natürlich nicht exakt messen lässt, ist kennzeichnend nicht nur für Länder mit einem stabilen politischen System, sondern generell für alle Staaten einschließlich derer, die wie Russland auf dem Weg der wirtschaftlichen, gesellschaftlichen und politischen Modernisierung Übergangsphasen unterschiedlicher Art durchmachen.

Das neue Russland ist mit einem enormen historischen Erfahrungsschatz aus dem zwischenstaatlichen Verkehr sowie einem weit verzweigten Netz multi- und bilateraler Beziehungen in die Weltarena eingetreten. Dabei konnte es sich auf stabile Traditionen der russischen und sowjetischen Diplomatie stützen. Andererseits war es erforderlich, die gesamtstaatlichen Positionen zu außenpolitischen Schwerpunktaufgaben vielfach neu zu formulieren und zu systematisieren, damit sie den Besonderheiten dieser historischen Entwicklungsetappe des Landes und seines Platzes in der Welt weitgehend gerecht würden.

Was veranlasst uns nun also zu der Feststellung, dieser Prozess sei im Wesentlichen abgeschlossen? Vor allem ist es die Tatsache, dass die außenpolitische Doktrin, deren Fehlen der russischen Diplomatie so lange zum Vorwurf gemacht wurde, jetzt existiert – und zwar nicht nur auf dem Papier, sondern auch im alltäglichen internationalen Wirken des Staates. Die am 28. Juni 2000 vom Präsidenten der Russischen Föderation gebilligte neue Fassung der Außenpolitischen Konzeption Russlands[1] setzt die Ideologie dieses Wirkens um. Sie ist das Resultat tief greifender Überlegungen von Politikern, Persönlichkeiten des öffentlichen Lebens, Diplomaten und Wissenschaftlern zur heutigen Rolle und Stellung unseres Staates in der Weltgemeinschaft und zu den Möglichkeiten der Realisierung seiner langfristigen nationalen Interessen in der internationalen Arena.

Dass diese neue außenpolitische Konzeption gerade jetzt entstand, ist natürlich kein Zufall. Ihre Ausarbeitung ist Bestandteil der sich herausbildenden gesamtstaatlichen Strategie der Entwicklung des Landes und steht in engem Zusammenhang mit ihren anderen Bereichen, sei es nun die Wirtschaft, der Staatsaufbau, die föderativen Beziehungen, der Sozial-, Verteidigungs- oder der Sicherheitsbereich. Zu Beginn des Jahres 2000 wurde in Russland die Konzeption der nationalen Sicherheit[2] verabschiedet, ein Grundsatzdokument, das eine Analyse der den Interessen der Russischen Föderation erwachsenden äußeren Gefahren enthält. Auf dieser Grundlage wurde die Militärdoktrin erarbeitet, die die Bestimmungen dieser Konzeption für den Verteidigungsbereich umsetzt. Die gleiche Aufgabe hat sie für die konkreten Gebiete des außenpolitischen Wirkens unseres Staates zu lösen.

Eine wesentliche Besonderheit der neuen Konzeption besteht darin, dass sie keine bloße Deklaration darstellt, sondern durchaus realistische und realisierbare Aufgaben formuliert. Dabei handelt es sich um keine radikale Umorientierung des außenpolitischen Kurses. Vor allem die Prinzipien und Prioritäten finden hier ihren Niederschlag, die sich in der Praxis in vollem Umfang bewährt und, was vor allem von Bedeutung ist, die Unterstützung der Föderalen Versammlung und der

---

1 Text der Konzeption s.: *Rossiskaja gaseta,* 11. Juli 2000.

2 S.: *Sobranije sakomodatelstwa Rossiskoi Federazii (»Gesetzblatt der Russischen Föderation«),* Nr. 2/2000, S. 690–704.

Öffentlichkeit gefunden haben. Kurzum, dies ist eine »funktionierende« Konzeption, die, indem sie zugleich auf den Erfahrungen der Vergangenheit fußt und auf die Zukunft gerichtet ist, der russischen Außenpolitik Offenheit und die erforderliche Berechenbarkeit verleiht. Die Weltgemeinschaft erhält auf diese Weise eine präzise Orientierung nicht nur in Bezug auf das gegenwärtige, sondern auch auf das künftige weltpolitische Handeln Russlands.

Der Weg hin zu dieser Orientierung war natürlich nicht einfach, bisweilen gestaltete er sich äußerst problematisch und musste in einzelnen Etappen zurückgelegt werden. Nach der klassischen Formel, der zufolge die Außenpolitik die Fortführung der Innenpolitik darstellt, hat der Aufbauprozess des neuen Russlands als Subjekt der Weltpolitik die ganze Tiefe und Tragweite der Veränderungen verdeutlicht, die unser Staat im letzten Jahrzehnt des 20. Jahrhunderts durchlaufen hat.

Die erste Etappe war die Phase der »Perestroika« in der UdSSR (1985–1991), in deren Verlauf es zu weit reichenden Entwicklungen – dem Ende des Kalten Krieges und dem Zerfall der Sowjetunion – kam, die Russland eine neue Rolle auf der Bühne des Weltgeschehens bescherten. Die zweite Etappe bis etwa Mitte der neunziger Jahre bildete die Anfangsphase der Neuorientierung der russischen Außenpolitik. Sie verlief vor dem Hintergrund des Aufbaus einer neuen gesellschaftlichen und wirtschaftlichen Ordnung in Russland und der damit verbundenen radikalen, bisweilen dramatischen Veränderungen im Leben des Landes, ja in der Substanz der russischen Gesellschaft und der Weltsicht der Menschen. Es kann kaum verwundern, dass sie im Zeichen heftigster politischer Kämpfe um die grundlegenden Fragen der Entwicklung des Landes stand, von denen auch der Bereich der Außenpolitik erfasst wurde.

Seit Russland im Dezember 1991 in neuer historischer Gestalt die Weltarena betrat, erfolgte sein außenpolitisches Wirken unter qualitativ veränderten, rechtsstaatlichen gesellschaftspolitischen Verhältnissen; deren Hauptmerkmale waren die folgenden:

- die radikale Veränderung der Mechanismen der Gestaltung unserer Außenpolitik auf Grund der Demokratisierung des politischen und gesellschaftlichen Lebens und die wachsende Einflussnahme des Parlaments, der Massenmedien und der Öffentlichkeit auf diesen Prozess;
- das eingeschränkte Koordinieren der Entwicklung internationaler Beziehungen, deren Bandbreite dank der Öffnung der Gesellschaft gegenüber der Außenwelt wesentlich größer wurde;
- die rasche und in der Anfangszeit ungeordnete Aufnahme von Direktbeziehungen der russischen Regionen und der Subjekte der Föderation mit angrenzenden Regionen und lokalen Körperschaften ausländischer Staaten;
- der kurzfristige Übergang zur informellen Offenheit der Außenpolitik bei vollständiger Vernichtung des Propagandaapparats der sowjetischen Außenpolitik und anderer staatlicher Mechanismen, die das Bild prägten, das unser Land dem Ausland geboten hatte;
- die Überleitung ganzer Richtungen der zwischenstaatlichen Beziehungen, die sich unter rigider staatlicher Kontrolle befunden hatten, in nichtstaatliche Bahnen, was die Kooperation in den Bereichen Handel, Wirtschaft und Investitionen ebenso betrifft wie den Austausch auf dem Gebiet von Wissenschaft, Kultur usw.

Die Anfangsetappe der neuen russischen Außenpolitik reflektierte den stürmischen und in vielem spontanen Prozess des Aufbaus demokratischer und marktwirtschaftlicher Strukturen mit allen seinen Widersprüchen und Verwerfungen.

Der Zerfall des politischen Systems der Sowjetunion erfolgte so unerwartet und rasant, dass die Staatsführung und erst recht die russische Gesellschaft keine fest gefügte Vorstellung von den künftigen Entwicklungswegen des Landes und seinen außenpolitischen Prioritäten hatten, sie gar nicht haben konnten. Direkt und offen sprach das 1992 der erste Präsident Russlands, BORIS JELZIN, in einer Rede vor dem Obersten Sowjet an: »Die höchst problematische Übergangssituation Russlands macht es vorläufig unmöglich, sich ein klares Bild von seiner bleibenden und zugleich von seiner neuen Gestalt zu machen, eindeutige Antworten zu erhalten auf die Fragen: Was gehört für uns der Vergangenheit an? Was wollen wir erhalten? Was zu neuem Leben erwecken und neu erschaffen?«[1]

Im damaligen gesellschaftlichen Bewusstsein herrschte eine Veränderungseuphorie. Viele meinten, es genüge, schlagartig die politische Orientierung zu wechseln, und die meisten Probleme in Bezug auf die innere Situation wie die internationalen Angelegenheiten würden sich von selbst lösen. Ähnlich wie man in der Wirtschaftsstrategie darauf setzte, dass eine kurzerhand vorgenommene Liberalisierung der Preise und die Inkraftsetzung von Marktmechanismen von allein für eine positive Entwicklungsdynamik sorgen würden, erwartete man von der Außenpolitik, die radikale Wende von der Konfrontation zur Annäherung an die westlichen Länder werde automatisch deren Verhältnis zu Russland ändern und neben massiver politischer Unterstützung auch die Wirtschaftshilfe mobilisieren. Diese überzogenen Erwartungen drückten der 1993 verabschiedeten ersten Fassung der Außenpolitischen Konzeption Russlands[2] ihren Stempel auf.

Zu solcherart Hoffnungen bestand damals in der Tat nicht wenig Anlass. Ende der achtziger, Anfang der neunziger Jahre trat eine reale Verbesserung des internationalen Klimas ein. Die

1 *Rossiskaja gaseta*, 7. Oktober 1992.
2 *Diplomatitscheski westnik (»Diplomatisches Informationsblatt«)*, Sonderausgabe, Januar 1993.

demokratischen Wandlungen in unserem Land und dann auch die dramatischen Ereignisse im August 1991 verschafften Russland enorme Sympathie und seiner Führung Unterstützung in aller Welt. In der russischen Öffentlichkeit wurde der Kurs der Annäherung an die ehemaligen Gegner der UdSSR größtenteils begrüßt, versprach man sich von ihm doch einen realen Nutzen für das Land.

In Wirklichkeit aber stellte sich alles als weit schwieriger heraus. Die ernsthafte Verschlechterung der gesellschaftlichen und wirtschaftlichen Situation in den ersten Reformjahren hatte eine Verschärfung der ideologischen und innenpolitischen Kämpfe zur Folge. Die Wogen der Auseinandersetzungen um die prinzipielle Wahl des Entwicklungsweges des Landes gingen auch über die Außenpolitik hinweg, wovon natürlich das Problem der Beziehungen Russlands zu den westlichen Staaten nicht unberührt blieb. In diesem Zusammenhang ist es angebracht, daran zu erinnern, dass die Diskussionen über den »Westen« als Modell der gesellschaftlichen, wirtschaftlichen und politischen Entwicklung in Russland eine lange historische Tradition besitzen. Wie schon Mitte des 19. Jahrhunderts ist das Verhältnis zum Westen gleichsam zum Zeichen einer bestimmten ideologischen Orientierung geworden, zum Symbol entweder für militante Ablehnung der westlichen Zivilisation oder für den ebenso leidenschaftlichen Wunsch, Anschluss an sie zu gewinnen, nicht selten zum Schaden der realen Interessen des Landes.

Symptomatisch ist in dieser Hinsicht, wie zu Beginn der neunziger Jahre auf die forcierte Integration Russlands in die euro-atlantischen Strukturen gesetzt wurde. Unrealistische Aufgaben wurden in die Debatte geworfen: die Herstellung von »Bündnis«-Beziehungen mit dem Westen zum Beispiel, auf die weder unser Land noch die westlichen Staaten selbst eingestellt waren, weil sie ihren Sinn unterschiedlich auffassten. Viele in den USA und auch in einigen westeuropäischen Ländern sahen, gleichsam dem Einfluss des Syndroms des »Siegers im Kalten Krieg« erlegen, im demokratischen Russland keinen gleichberechtigten Bundesgenossen; man billigte ihm bestenfalls die Rolle des Juniorpartners zu. Jegliches Anzeichen selbständigen Handelns und des Bestrebens, seine Positionen zu behaupten, wurde als Rückfall in die »imperiale« Sowjetpolitik gewertet. Die von den USA und der NATO angegangene Ausdehnung der Allianz bis zu den Grenzen Russlands, die ganz eindeutig die nationalen Interessen unseres Staates ignorierte, war in dieser Hinsicht das ernüchterndste Signal.

Die ziemlich eindeutige »prowestliche Schieflage« der Außenpolitik Russlands war in ihrer Oberflächlichkeit jedoch nicht von langer Dauer, und die russische Diplomatie zog hieraus verhältnismäßig rasch die nötigen Lehren. Das Leben selbst zwang sie dazu, da die neue russische Außenpolitik nicht in theoretischen Debatten auf den Weg gebracht wurde, sondern durch die Suche nach Lösungen für konkrete und höchst komplexe internationale Probleme, die die nationalen Interessen Russlands tangierten. Nach dem Zerfall der UdSSR galt es, den von ihr hinterlassenen geopolitischen Raum neu zu »organisieren«, Mechanismen zu entwickeln, um die an den Außengrenzen der Gemeinschaft Unabhängiger Staaten entstandenen Konflikte mit politischen Mitteln zu bewältigen, die Rechte der außerhalb der Grenzen Russlands lebenden Landsleute zu schützen, ein neues politisches Fundament für die Beziehungen zu den Ländern Mittel- und Osteuropas zu legen und generell die Mechanismen des Zusammenwirkens mit der Außenwelt den veränderten Bedingungen anzupassen. Diese für die breite Öffentlichkeit nicht immer sichtbare mühselige Kleinarbeit diktierte die Logik der Gestaltung des außenpolitischen Kurses. Sie war die Hauptquelle der konzeptionellen Vorarbeiten, die sich dann schrittweise in stabilen Prinzipien und im Stil des internationalen Wirkens unseres Landes kristallisierten.

Eines der Hauptergebnisse dieser Arbeit schlug sich unbestreitbar darin nieder, dass Russland seine unerhört komplizierten und schmerzhaften inneren Umbauprozesse unter den Bedingungen einer insgesamt günstigen internationalen Situation in Angriff nehmen konnte. Dem russischen Staat gelang es, ein Chaos an den Grenzen zu den neuen Nachbarn zu verhindern, die Sicherheit des Landes auf einem Niveau zu gewährleisten, das die Reduzierung der Militärausgaben ermöglichte, und breite internationale Unterstützung für die russischen Reformen zu gewinnen, die in vielen Fällen über die bloße Zusicherung hinausging und durchaus wirksam wurde.

Der Charakter der Probleme, mit denen sich Russland in seiner Außenpolitik konfrontiert sah, förderte die realistische Bewertung der Weltlage und ein pragmatisches Herangehen an die eigenen Zielsetzungen und Aufgaben. In Anbetracht der äußerst widersprüchlichen internationalen Situation wuchs die Überzeugung, dass die einzig zuverlässige Orientierung der Außenpolitik der konsequente Schutz der nationalen Interessen ist. Allein auf dieser Grundlage bestand die Möglichkeit, in geeigneter Weise auf die neuen Bedrohungen und Herausforderungen zu reagieren, begründete Positionen zu den Problemen auf internationaler Ebene zu formulieren und zielgerichtet die Beziehungen zu anderen Staaten zu regeln.

In den außenpolitischen Debatten der neunziger Jahre wurde wiederholt – und zwar völlig zu Recht – die Frage aufgeworfen, worin denn die nationalen Interessen Russlands bestünden. Von der Beantwortung dieser Frage hing ja die konkrete Handlungsweise des Landes auf der Bühne des Weltgeschehens ab.

Teil des Erbes der sowjetischen Außenpolitik war die Psychologie der »Supermacht«, das Bestreben, an allen relevanten internationalen Prozessen teilzuhaben, oftmals um den Preis der Überforderung des Potentials des Landes. Eine solche Haltung konnte für Russland angesichts der ungeheuren Last der ungelösten inneren Probleme nicht akzeptabel sein. Der gesunde Menschenverstand gebot, dass in dieser historischen Phase die Außenpolitik in erster Linie die lebenswichtigen Interessen der inneren Entwicklung »bediente«. Dazu gehörten die Gewährleistung der nationalen Sicherheit und die Schaffung möglichst günstiger Voraussetzungen für ein stabiles wirtschaftliches Wachstum, für die Erhöhung des Lebensstandards der Bevölkerung, die Stärkung des inneren Zusammenhalts und der Grundlagen der verfassungsmäßigen Ordnung, die Konsolidierung der Zivilgesellschaft, der Schutz der Rechte der russischen Staatsbürger und der im Ausland lebenden Landsleute.

Aus alledem resultierte eine zweite Schlussfolgerung von prinzipieller Bedeutung: Die effektive Nutzung des außenpolitischen Potentials und der Verzicht auf diplomatische Präsenz um ihrer selbst willen müssen einhergehen mit einer aktiven Außenpolitik der Vielfalt, die alle Möglichkeiten ausschöpft, um einen realen Nutzen für die innere Entwicklung des Landes zu erzielen. Wie JEWGENI PRIMAKOW, Außenminister Russlands in den Jahren 1996–1998, betonte, ist es »ohne eine aktive Außenpolitik für Russland schwierig, sofern überhaupt möglich, grundlegende innerstaatliche Wandlungen zu vollziehen und seinen territorialen Zusammenhalt zu bewahren. Russland kann es ganz und gar nicht egal sein, auf welche Weise und in welcher Eigenschaft es sich in die Weltwirtschaft integriert – als diskriminiertes Rohstoffanhängsel oder als gleichberechtigter Partner. Auch das gehört in vieler Hinsicht zu den Funktionen der Außenpolitik.«[1] Mit anderen Worten, die Notwendigkeit, sich auf die Lösung der inneren Probleme zu konzentrieren, bedeutet vom Standpunkt der Außenpolitik aus keinerlei nationalen Egoismus oder gar Selbstisolierung. Im

---

1 Primakow, Jewgeni: *Rossija w mirowoi politike. God planety (»Russland in der Weltpolitik. Ein Jahr des Planeten«)*, Moskau 1998, S. 52.

Gegenteil, durch rationale Diplomatie in Fragen, die für Russland und die Weltgemeinschaft lebenswichtig sind, lässt sich der unzureichende Umfang der wirtschaftlichen, militärischen und sonstigen Ressourcen des Landes zum Teil kompensieren.

Die konkreten außenpolitischen Erfahrungen schufen Klarheit auch in der Frage des optimalen Kurses gegenüber den führenden westlichen Ländern. Inzwischen sind nicht nur die Politiker und die Diplomaten, sondern auch breite Kreise der Öffentlichkeit zu der Erkenntnis gelangt, dass ungerechtfertigte Konzessionen zu Lasten der eigenen Interessen für Russland gleichermaßen inakzeptabel sind wie das Hineineinschlittern in eine Konfrontation mit den USA, den westeuropäischen Ländern und Japan. Das konsequente und, wo notwendig, auch energische Behaupten der nationalen Interessen steht in keinerlei Widerspruch zu der Aufgabe, Russland weiter in die Gemeinschaft der demokratischen Staaten und in die internationalen Wirtschaftsstrukturen zu integrieren. Davon zeugen insbesondere die Erfahrungen bei der Eingliederung unseres Landes in die Tätigkeit der G 8. In diesem bedeutenden Forum der führenden Industrieländer erhielt Russland die Möglichkeit zur aktiven Teilnahme an der Erörterung von Fragen, die entscheidend sind für die globale und regionale Sicherheit und Stabilität. Besonders als Italien in der G 8 den Vorsitz innehatte, konnte die Annäherung Russlands an seine Partner erheblich vorangetrieben werden. So schwierig sich die Probleme in den Beziehungen mit den höchstentwickelten Ländern der Welt mitunter auch gestalten mögen, hier geht es vor allem darum, dass das Streben nach konstruktiver Zusammenarbeit, verbunden mit der gemeinsamen Suche nach für alle Beteiligten annehmbaren Lösungen, Richtschnur der russischen Diplomatie bleibt. Russland ist daran interessiert, neue Freunde und Partner in der Welt zu gewinnen, und dies steht in vollem Einklang mit den Interessen der Stärkung des russischen Staatsgebildes.

Bemerkenswert ist, dass dieser Ansatz auch die Zustimmung wissenschaftlicher Sachverständiger unseres Landes findet. So wird in einem Bericht des Russischen unabhängigen Instituts für soziale und nationale Probleme betont, die russische Außenpolitik sei »gegenüber dem Westen und dem Osten ausgewogener, der gesteuerte Kurs den nationalen Interessen des Landes besser entsprechend geworden. Was die vor allem von westlichen Analytikern vertretene Ansicht betrifft, die russische Außenpolitik sei zunehmend von einer Konfrontation mit dem Westen geprägt, so teilen die russischen Sachverständigen diesen Standpunkt nicht. In ihrer Mehrheit sind sie der Auffassung, dass der außenpolitische Kurs Russlands trotz aller Veränderungen relativ ausgewogen und gegenüber dem Westen nicht übermäßig rigide ist.«[1]

In dieser Sicht der Dinge liegt der Schlüssel zur Lösung einer anderen ewigen Streitfrage, nämlich der, ob Russland ein europäischer oder ein asiatischer Staat ist. Die Haltlosigkeit der Versuche, die verschiedenen geographischen Richtungen des außenpolitischen Engagements Russlands in Gegensatz zueinander zu bringen, ist hinreichend bewiesen. Die einzigartige geopolitische Lage unseres Staates, ganz zu schweigen von den Realitäten der weltweiten Politik und Wirtschaft, diktiert die Notwendigkeit, die Zusammenarbeit mit den Ländern des Westens und des Ostens, des Nordens und des Südens gleichermaßen zu entwickeln. Schon die bedeutenden russischen Denker der Vergangenheit waren sich hierüber völlig im Klaren. So unterstrich der große russische Gelehrte DMITRI MENDELEJEW bereits Ende des 19. Jahrhunderts bei der Ausarbeitung einer langfristigen Konzeption für die industrielle Entwicklung Russlands, die Interessen des Landes verlangten die Ent-

---

1 *Wneschnjaja politika Rossii: mnenije ekspertow (»Die Außenpolitik Russlands – die Meinung der Sachverständigen«).* Russisches unabhängiges Institut für soziale und nationale Probleme, Moskau 2001, S. 10.

wicklung der Beziehungen in Handel und Wirtschaft sowohl mit den westlichen als auch den östlichen Nachbarn. Für ihn bestand kein Zweifel, dass »die gesamte Politik Russlands früher oder später zwangsläufig die durch diesen Umstand diktierte Richtung einschlagen wird«[1].

In kulturell-zivilisatorischer Hinsicht dominiert in unserer historischen Literatur die Vorstellung von Russland als Brücke zwischen zwei großen Zivilisationen – der europäischen und der asiatischen. Dadurch, dass die russische Zivilisation sich historische Traditionen und Werte des Westens und des Ostens, Europas und Asiens, zu eigen gemacht hat, ist sie selbst zu einem einzigartigen Phänomen geworden.

Ausgehend von dieser Erkenntnis, erfolgte die schrittweise Erarbeitung der außenpolitischen Leitlinien und Prämissen, die der erneuerten Außenpolitischen Konzeption Russlands zugrunde gelegt wurden. Ihr Inhalt wurde nicht nur durch die Definition der inneren Aufgaben und Interessen des Staates, sondern auch durch die Notwendigkeit bestimmt, die Position Russlands angesichts der neuen globalen Herausforderungen festzulegen und eine klare Antwort auf die Frage zu geben, welches System der internationalen Beziehungen seinen nationalen Interessen am besten gerecht wird.

Konzeptionell neu gefasst wurde das Problem des Zusammenwirkens von Wirtschaft und Außenpolitik. Beim Übergang zur Marktwirtschaft traten Aufgaben wie die Förderung der wirtschaftlichen Stärke Russlands und einer erneuerten außenwirtschaftlichen Spezialisierung ebenso in den Vordergrund wie die Sicherung der vollberechtigten Teilnahme in internationalen Wirtschaftsorganisationen und die Unterstützung der russischen Unternehmerschaft bei ihrem Bemühen, Zugang zu ausländischen Märkten zu finden, sowie schließlich die Schaf-

---

1 Mendelejew, Dmitri: *Graniz posnaniju predwidet newosmoshno (»Die Grenzen der Erkenntnis sind unabsehbar«),* Moskau 2001, S. 101.

fung von Anreizen für ausländische Investitionen und die Lösung der Probleme der Auslandsschulden. Angesichts der neuen Herausforderungen im Zusammenhang mit den Globalisierungsprozessen schaltete sich die russische Diplomatie aktiv in die Suche nach Möglichkeiten ein, deren negative Auswirkungen auf unser Land zu minimieren und die Schaffung der Voraussetzungen für eine stabile Entwicklung der russischen Wirtschaft sowie für die Gewährleistung der wirtschaftlichen Sicherheit des Landes zu fördern.

Der wichtigste prinzipielle Aspekt der neuen Außenpolitischen Konzeption besteht darin, dass eines der Hauptkriterien der Effektivität unserer Politik der Schutz der Interessen und Rechte der Bürger Russlands sein muss, wo immer sie leben oder sich gerade befinden. Der Stellenwert der »humanitären Dimension« der russischen Diplomatie ist sprunghaft angestiegen. In erster Linie geht es dabei um den Schutz der Rechte von Millionen von Landsleuten, die außerhalb Russlands auf dem Gebiet der ehemaligen Sowjetunion leben.[1]

Prinzipielle Bedeutung besaß auch die Erneuerung des Mechanismus der Entscheidungsfindung im Bereich der Außenpolitik. Die neuen Tendenzen der inneren Entwicklung Russlands und die Herausbildung einer demokratischen Gesellschaft und eines Rechtsstaats prägten die Gestaltung der Außenpolitik in erheblichem Maße. Insbesondere musste geklärt werden, welche Rolle bei der Herbeiführung außenpolitischer Entscheidungen künftig dem Parlament zukam, wie Legislative und Exekutive zusammenwirken, wie die Vollmachten zwischen dem Präsidenten, der Regierung und den regionalen Organen der Staatsmacht aufzuteilen waren. All das hatte nicht zu unterschätzende Rückwirkungen auf die Herangehensweise an außenpolitische Probleme.

---

1 Föderales Gesetz »Über die staatliche Politik der Russischen Föderation hinsichtlich ihrer im Ausland lebenden Landsleute« vom 24. Mai 1992.

Auch die Fragen, die die Bereitstellung der erforderlichen Informationen für die Außenpolitik und das Verhältnis zur Öffentlichkeit betrafen, mussten neu gestellt werden. Im Verlauf der letzten zehn Jahre ist der Einfluss der Massenmedien auf die Bildung der öffentlichen Meinung bei außenpolitischen Fragen immens gestiegen. Die sich hieraus ergebenden Konsequenzen bedürfen einer äußerst differenzierten Bewertung. Für das russische Auswärtige Amt galt es somit, einen neuen Stil und neue Formen des Zusammenwirkens mit den Massenmedien zu erarbeiten und sich in die Gegebenheiten des Meinungspluralismus und einer Informationslandschaft von einzigartiger Offenheit einzufügen.

Schließlich verlangte die veränderte Situation im Lande und in der Welt eine wesentliche Erneuerung des diplomatischen Dienstes selbst. Dabei ging es im Kern darum, die Stabilität und Kontinuität der russischen Diplomatengenerationen zu sichern und die Ausbildung neuer Diplomaten in Übereinstimmung zu bringen mit den Anforderungen der internationalen Beziehungen in der Gegenwart.

Die Tragweite jedes einzelnen der genannten Probleme lässt sicherlich erahnen, wie komplex und anspruchsvoll die Etappen waren, die die russische Außenpolitik im letzten Jahrzehnt des 20. Jahrhunderts zu bewältigen hatte.

2. Fragen der Kontinuität der russischen Außenpolitik und Diplomatie

Der Begriff der Kontinuität ist eine der wichtigsten Kategorien, die die Außenpolitik und Diplomatie eines jeden Staates kennzeichnen, und er besitzt ebenso große theoretische wie praktische Bedeutung. Ohne Berücksichtigung der Elemente der Kontinuität ist eine einigermaßen ernsthafte Bewertung von Rolle und Platz des betreffenden Staates in den internationalen Angelegenheiten sowie der Besonderheiten seiner politischen Kultur, des Stils und der Methoden seiner diplomatischen Praxis schwer vorstellbar.

Nach der allgemein gültigen Definition ist Kontinuität »der Zusammenhang zwischen Erscheinungen im Entwicklungsprozess von Natur, Gesellschaft und Erkenntnis, wobei das Neue, indem es an die Stelle des Alten tritt, Elemente dieses Alten bewahrt. In der Gesellschaft bedeutet Kontinuität die Weitergabe und Aneignung sozialer und kultureller Werte von Generation zu Generation sowie die Gesamtheit der fortwirkenden Traditionen.«[1] Bezogen auf die Außenpolitik und die Diplomatie, kann man Kontinuität als Gesamtheit der inneren und äußeren Faktoren definieren, die einen langfristigen Einfluss auf die Gestaltung der Außenpolitik sowie auf den Stil und die Methoden der Diplomatie des jeweiligen Staates ausüben und bei einer sich permanent wandelnden innenpolitischen und internationalen Konjunktur ihre Bedeutung in dieser oder jener Form behalten.

Es ist völlig natürlich, dass sich das Interesse an Fragen der Kontinuität der Außenpolitik in Zeiten revolutionärer Veränderungen und radikaler Reformen stark erhöht. Dabei werden die Elemente der Kontinuität häufig in Gegensatz zu neuen Momenten gesetzt, die in der Außenpolitik eines Staates im Ergebnis eines jähen Wechsels der gesellschaftlichen und politischen Ordnung zur Geltung kommen. In der Realität ist das jedoch ein eher konstruierter Gegensatz. Kein Staat kann seine Außenpolitik in Abhängigkeit von innenpolitischen Veränderungen völlig neu formulieren, selbst dann nicht, wenn es sich um tief greifende Veränderungen handelt. Sie spiegelt objektiv die Besonderheiten der historischen Entwicklung eines Landes, seiner Wirtschaft, Kultur und geopolitischen Stellung wider und stellt deshalb in der Regel eine Verschmelzung von

---

1 *Bolschoi enziklopeditscheski slowar (»Großes enzyklopädisches Wörterbuch«)*, Moskau 1997, S. 954.

Elementen der Kontinuität und der Erneuerung dar, die sich kaum mit einer präzisen Formel ausdrücken lässt. Nicht selten entpuppt sich, was äußerlich wie eine grundsätzlich neue Richtung der Außenpolitik anmutet, lediglich als etwas veränderte, dem Zeitgeist besser entsprechende Variante der alten traditionellen Politik.

Praktisch heißt das, dass die Kontinuität der Außenpolitik die Rolle eines wichtigen Faktors der Stabilität in den internationalen Beziehungen spielt. In einem engeren Sinne bedeutet sie die Treue des Staates zu seinen internationalen Verpflichtungen und in einem weiteren die Befähigung, ein berechenbares und verantwortungsbewusstes Mitglied der Weltgemeinschaft abzugeben. Schließlich setzt die Kontinuität der Außenpolitik unter den Bedingungen eines demokratischen Staates einen breiten gesellschaftlichen Konsens hinsichtlich der grundlegenden Prinzipien und der Orientierung der Außenpolitik voraus, was von einem bestimmten Entwicklungsniveau und der Reife des politischen Systems des betreffenden Staates zeugt.

Die Fragen der Kontinuität der Außenpolitik und der Diplomatie sind für Russland als einen Staat, der über Jahrhunderte hinweg im europäischen und weltweiten Geschehen eine wichtige Rolle spielte und im 20. Jahrhundert zweimal eine tief greifende Umwälzung mit gravierenden Auswirkungen auf seine Außenpolitik durchlebte, von besonderer Aktualität.

Wie die Autoren eines kürzlich erschienenen Standardwerkes über die russische Außenpolitik in der Zeit der Wende vom 19. zum 20. Jahrhundert feststellen, »geht die von einer breit angelegten Erfassung von Ereignissen und Erscheinungen und durch komplexes Herangehen gekennzeichnete Methodologie zur Erforschung der Geschichte der Außenpolitik davon aus, dass die Außenpolitik eines Landes und ihr staatlicher Mechanismus ihre Aufgaben im Rahmen zweier gesellschaftlich-wirtschaftlicher und politischer Systeme zu erfüllen haben: des innerstaatlichen, wo die Außenpolitik im Wesentlichen ihr Gepräge erhält, und des zwischenstaatlichen, wo sie umgesetzt wird. Deshalb verlangt die Erforschung der Geschichte der Außenpolitik die Berücksichtigung der politischen, gesellschaftlichen und wirtschaftlichen Grundlagen der staatlichen Politik, der gesellschaftlich-politischen Ordnung, der geographischen und demographischen Lage, des industriellen und militärischen Potentials, des kulturellen Niveaus, des nationalen Selbstbewusstseins sowie der politischen Mentalität der herrschenden Kreise und der Bevölkerung des Landes, seiner historischen Besonderheiten und seiner Traditionen im Umgang mit der Umwelt usw.«[1]

Die meisten dieser die Gestaltung der Außenpolitik beeinflussenden Faktoren besitzen, wie sich unschwer erkennen lässt, langfristigen Charakter und behalten oftmals selbst bei weit reichenden innerstaatlichen wie bei internationalen Veränderungen ihre Wirkung. Sie sind es, die in ihrer Gesamtheit die Kontinuität der Außenpolitik und der Diplomatie des Landes bestimmen.

Die Geschichte Russlands im 20. Jahrhundert kennt genügend Beispiele, wie bei revolutionären Veränderungen, bei gesellschaftlichen und politischen Umbrüchen radikalster Art Politik und Diplomatie, was die grundlegenden Zielsetzungen und die nationalen Interessen des Landes betrifft, die Kontinuität in erheblichem Maße bewahrten. Obwohl alle Zeichen auf einen kompletten ideologischen Bruch mit den diplomatischen Traditionen des russischen Imperiums hindeuteten, leugnete die sowjetische Wissenschaft diese Kontinuität bezeichnenderweise nicht. So schrieb der bekannte sowjetische Historiker BORIS STEIN in seinem Vorwort zu den Memoiren des zaristischen Diplomaten JURI SOLOWJOW: »Nicht alles, was

---

1 *Istorija uneschnej politiki Rossii, konez XIX – natschalo XX weka (»Geschichte der Außenpolitik Russlands, Ende des 19., Anfang des 20. Jahrhunderts«),* Moskau 1997, S. 5.

das Wirken der russischen Diplomatie Ende des 19., Anfang des 20. Jahrhunderts ausmachte, verdient verworfen zu werden. Eine Reihe historischer Aufgaben, mit denen sich die russische Diplomatie befasste, hat ungeachtet des Sturzes des zaristischen Regimes seine Bedeutung behalten. Diese Aufgaben erfüllte sie nicht für das zaristische Russland, sondern für Russland als Staat und für das russische Volk.«[1]

Diese historische Kontinuität war es, wovon westliche Fachleute, vor allem in den letzten Jahrzehnten, bei der Bewertung der sowjetischen Außenpolitik auszugehen pflegten. GEORGE KENNAN, einer der Begründer der amerikanischen Sowjetologie, stellte fest, dass »die Geschichte der russischen Staatlichkeit und Diplomatie, die Sowjetperiode eingeschlossen, den Stempel einer frappanten Kontinuität trägt«[2]. Die Spezifik der eigentlichen sowjetischen Phase der Außenpolitik reduzierte er auf den »ideologischen Überbau«, der ab 1917 dem im Grunde unveränderten außenpolitischen Erbe vergangener Epochen »aufgesetzt« worden sei.[3] Wie viele andere amerikanische Historiker sah er dieses Erbe vor allem mit den negativen Zügen russischer »imperialer« Politik behaftet – Expansionsstreben, Anmaßung »ideologischer Exklusivität«, tiefes Misstrauen gegenüber dem Westen und Ausländern generell und dergleichen mehr. In der Vorstellung des amerikanischen Sowjetologen handelt es sich also um eine Kontinuität mit negativem Vorzeichen.

Aus solchen Einschätzungen resultiert die im Westen fest verwurzelte schablonenhafte Wahrnehmung Russlands und seiner Außenpolitik, die bis heute mit dafür verantwortlich ist,

---

1 Solowjow, Juri: *Wospominanija diplomata (»Erinnerungen eines Diplomaten«)*, Moskau 1959, S. 6.

2 Im Sammelband: *Russian Foreign Policy. Essays in Historical Perspective,* Yale University Press 1962, S. 595.

3 *Russian Foreign Policy*, S. 596.

dass Elemente des Misstrauens, ja selbst der Feindseligkeit dem neuen Russland gegenüber von Seiten bestimmter gesellschaftlicher Kreise in den westlichen Ländern, vor allem in den USA, immer noch vorhanden sind.

All das unterstreicht die besondere Aktualität der Aufarbeitung der historischen Erfahrungen der russischen Außenpolitik und Diplomatie vom Standpunkt der Gegenwart aus. Das ist umso bedeutungsvoller, als der Prozess der Bildung einer neuen russischen Staatlichkeit und eines neuen nationalen Selbstbewusstseins auf der Grundlage einer aktiven Hinwendung zur historischen Vergangenheit und zu den Traditionen des Landes vor sich geht. Aus diesen Traditionen bezieht unsere Gesellschaft die so dringend benötigte Orientierung, um das durch den Zusammenbruch des alten Systems entstandene politisch-psychologische Vakuum auszufüllen und ein neues Wertesystem aufzubauen, das nur dann stabil sein kann, wenn es auf einem soliden historischen Fundament gründet. In Abwandlung eines Gedankens ALEXANDER HERZENS kann man sagen, dass die russische Gesellschaft, »vollständigere Klarheit über das Vergangene gewinnend, das Gegenwärtige besser verstehen lernt; sich tiefer in den Sinn des Gewesenen versenkend, den Sinn des Künftigen erkennt; einen Blick zurückwerfend, vorwärts schreitet«.

Was hat nun der konzeptionelle Gesamtrahmen des Begriffs der Kontinuität der heutigen Außenpolitik Russlands, bezogen auf die sowjetische und präsowjetische Epoche, zum Inhalt? In welchen Bereichen besitzt die Aufarbeitung der historischen Erfahrungen die größte Bedeutung für die Durchsetzung der außenpolitischen Interessen und für die Vervollkommnung des diplomatischen Dienstes unter den gegenwärtigen Bedingungen?

Antworten auf diese Fragen zu finden ist deshalb so schwierig, weil die heutige Außenpolitik Russlands weder als unmittelbare Fortsetzung der der Sowjetunion noch als automatische

Wiederherstellung der 1917 abgerissenen Kontinuität der Außenpolitik der Provisorischen Regierung und des Russischen Reichs betrachtet werden kann.

Als die Russische Föderation im Dezember 1991 die internationale Bühne betrat, bot sie, verglichen mit allen vorangegangenen historischen Existenzformen des russischen Staates, ein völlig neues Bild. Gleiches gilt für die gegenwärtige politische Ordnung, zu der es in der russischen Geschichte keine Parallelen gibt, sowie für den, historisch gesehen, ebenfalls gänzlich veränderten Verlauf der Außengrenzen und unsere unmittelbare geopolitische Umgebung – all das machte Russland tatsächlich zu einem neuen Staat. Daraus resultierte die Notwendigkeit, eine neue Betrachtungsweise der außenpolitischen Aufgaben und Prioritäten des Landes unter Berücksichtigung der neuen innenpolitischen und internationalen Realitäten zu erarbeiten. Doch konnte dies nicht von einem Tag auf den anderen geschehen – dazu bedurfte es einiger Zeit, vor allem begann sich im staatlichen, politischen und gesellschaftlichen Bewusstsein eine mehr oder weniger konstante Herangehensweise an die Grundprinzipien der Außenpolitik des neuen Russlands herauszubilden.

Wie bereits erwähnt, hatte die Russische Föderation bei ihrem Eintritt in die Weltarena den unbestreitbaren Vorteil, auf jahrhundertealte Erfahrungen im internationalen Verkehr, auf eine bereits existierende Infrastruktur multi- und bilateraler Beziehungen und auf außerordentlich reiche professionelle Traditionen der russischen und sowjetischen diplomatischen Schule zurückgreifen zu können. Allein, beim Antritt dieses Erbes, bei seinem Erschließen konnte es keinen »Automatismus« geben – die Gestaltung der neuen Außenpolitik Russlands trug von Anfang an den Charakter eines schöpferischen Prozesses und ging den Weg einer komplexen Synthese von sowjetischem Erbe, wiederbelebten russischen diplomatischen Traditionen und prinzipiell neuen Ansätzen, die von den grundlegenden nationalen und internationalen Veränderungen diktiert wurden.

Die Tatsache, dass die Sowjetunion nicht im Ergebnis einer militärischen Niederlage oder einer gewaltsamen gesellschaftlichen Revolution von der Bühne der Weltgeschichte abgetreten war, machte es erforderlich, die Elemente des Neuen und der Kontinuität in der russischen Außenpolitik eng miteinander zu verflechten. Russland brach mit der ideologischen Vergangenheit der Sowjetzeit, machte sich jedoch aus dem Erbe der sowjetischen Außenpolitik alles Positive zu eigen, das den nationalen Interessen des Landes entsprach. Im Unterschied zu den Vorgängen vom Oktober 1917, als man nicht nur die jahrhundertealte außenpolitische Tradition abreißen ließ, sondern auch der diplomatische Dienst des alten Russlands vollständig aufgelöst wurde, behielt im Jahre 1991 die neue demokratische Macht den Apparat des sowjetischen Auswärtigen Amtes und seiner Auslandsvertretungen großenteils bei.

Diese Strategie entsprach der 1991 beschlossenen Konzeption der Russischen Föderation als Folgestaat und Rechtsnachfolger der UdSSR. Bezeichnenderweise begann die russische Diplomatie ihre praktische Tätigkeit damit, für die internationale Anerkennung dieser Konzeption zu sorgen. Der erste Schritt in dieser Richtung war die Botschaft des Präsidenten der Russischen Föderation an den UN-Generalsekretär vom 24. Dezember 1991 über die Weiterführung der Mitgliedschaft der UdSSR in der UNO durch die Russische Föderation und über die durch sie erfolgende Wahrnehmung der Verantwortung für sämtliche Rechte und Pflichten der UdSSR gemäß der Charta der Vereinten Nationen.[1] In der Note des russischen Außenministeriums vom 13. Januar 1992 wurde erklärt, dass die Russische Föderation »die Wahrnehmung der aus den von

---

1 *Diplomatitscheski westnik (»Diplomatisches Informationsblatt«)*, Nr. 1/1992, S. 13.

der UdSSR abgeschlossenen internationalen Verträgen resultierenden Rechte und Pflichten übernimmt«[1]. Die internationale Anerkennung dieser Verfügungen war für Russland zu diesem Zeitpunkt von enormer praktischer Bedeutung, da es hiermit die Möglichkeit erhielt, den ständigen Sitz im UN-Sicherheitsrat zu behalten und eine Reihe komplexer Fragen der Rechtsnachfolge in den Beziehungen mit den ehemaligen Republiken der UdSSR zu lösen.

Andererseits konnte sich das neue Russland nicht als Erbe der Außenpolitik der UdSSR betrachten, die von der Theorie des weltweiten »Klassenkampfes« diktiert war und in die permanente Konfrontation mit den USA und anderen westlichen Ländern geführt hatte. Die Folge waren nicht nur gefährliche internationale Krisen wie die in der Karibik von 1962, die die Welt an den Rand eines nuklearen Konflikts brachte, sondern auch das Ausbluten der sowjetischen Wirtschaft durch das Wettrüsten. In der Vielzahl der Ursachen für den Zerfall der UdSSR und des sozialistischen Weltsystems spielen diese Faktoren eine nicht unerhebliche Rolle.

Es wäre jedoch falsch, die außenpolitischen Erfahrungen der Sowjetperiode ausschließlich auf die ideologische Konfrontation zu reduzieren. Die Sowjetunion als historische Existenzform des russischen Staates stellte die Außenpolitik in vielerlei Hinsicht auf die Grundlage besonders ausgelegter staatlicher Interessen. Das betrifft in erster Linie die Anstrengungen der Sowjetdiplomatie, einen atomaren Weltkonflikt abzuwenden, internationale Krisen beizulegen und die Voraussetzungen für die friedliche Koexistenz und die Zusammenarbeit von Staaten mit unterschiedlichen gesellschaftlich-politischen Systemen zu sichern. Historische Errungenschaften auf diesem Weg stellten die Gründung der Organisation der Vereinten Nationen, die Unterzeichnung der Schlussakte von Helsinki sowie die Ausar-

1 *Diplomatitscheski westnik (»Diplomatisches Informationsblatt«)*, Nr. 2–3, S. 34.

beitung eines verzweigten Systems sowjetisch-amerikanischer und internationaler Verträge auf dem Gebiet der Rüstungs- und Abrüstungskontrolle dar.

Eines der einschneidendsten Ereignisse in der Geschichte der Außenpolitik und der internationalen Beziehungen des 20. Jahrhunderts war der Zweite Weltkrieg. Die Erfahrungen des internationalen Wirkens der Sowjetunion in diesem Zeitabschnitt sind von bleibender Bedeutung auch für die heutige Außenpolitik Russlands. Bekanntlich wurden bereits während der Gipfeltreffen der Staaten der Anti-Hitler-Koalition die Grundlagen der Weltordnung gelegt, die sich nach dem Sieg über den Block der Aggressoren dann auch herausbildete. Konzeptionell gesehen, war dieses neue internationale System dazu berufen, nicht nur verlässliche Garantien für den Weltfrieden und die internationale Sicherheit, sondern auch günstige Bedingungen für die Fortsetzung der konstruktiven Zusammenarbeit zwischen den Partnern in der Anti-Hitler-Koalition zu schaffen. Hinsichtlich Nachkriegsdeutschland gelang es, einen Kompromiss zu finden. Auf demokratischer Grundlage wurde über die Konfliktlösung mit den ehemaligen Verbündeten Deutschlands entschieden und entsprechende Friedensverträge unterzeichnet – mit Ausnahme des sowjetisch-japanischen Vertrages.

Ein besonderer Platz im System der Nachkriegsweltordnung gebührte der Gründung der UNO. Den Gründungsvätern der Organisation der Vereinten Nationen standen die traurigen Erfahrungen mit dem nach dem Ersten Weltkrieg gegründeten Völkerbund vor Augen. Er hatte das aggressive Treiben Deutschlands, Italiens und Japans in den dreißiger Jahren und den schließlich entfachten Zweiten Weltkrieg nicht zu verhindern vermocht. Die Probleme der Abrüstung konnten im Völkerbund nicht gelöst werden.

Allerdings war in ebenjenen dreißiger Jahren die Idee der kollektiven Sicherheit geboren worden. Zu ihrer Realisierung kam es zwar nicht, doch als eine auf die Festigung des Friedens und der Stabilität gerichtete konzeptionelle Idee hatte sie großen Einfluss auf die spätere Entwicklung der internationalen Beziehungen. Die im Einsatz für eine kollektive Sicherheit in Europa gewonnenen Erfahrungen nutzten die Alliierten aktiv in ihrem Kampf gegen den Faschismus.

Die sowjetische Diplomatie trug nicht nur zum Sieg über den Feind bei, sie leistete auch einen bedeutenden Beitrag zur Schaffung der Nachkriegsordnung in Europa und in der ganzen Welt. Besonders gewichtig war ihre Rolle bei der Gründung der Vereinten Nationen, deren Charta zur rechtlichen Basis der internationalen Beziehungen von heute wurde. Von grundsätzlicher Bedeutung war, dass sich die UNO von Anfang an zukunftsoffen zeigte. Die in der UN-Charta verankerten Ideen und Prinzipien zeugen vom Weitblick der Gründerväter, denen es darauf ankam, eine universelle Organisation zu schaffen, die das Rückgrat des Gesamtsystems der internationalen Beziehungen bilden sollte. Heute, angesichts der Globalisierung der weltweiten Prozesse und der schrittweisen Gestaltung einer multipolaren Weltordnung, lässt sich schwerlich eine Organisation finden, die den Erfordernissen der Zeit besser entspräche. Nicht zufällig richten jene, die den anderen ein eindimensionales Weltordnungsmodell aufzwingen möchten, ihre Anstrengungen vor allem darauf, die UNO zu schwächen und bei der Lösung der Hauptprobleme der Gegenwart beiseite zu schieben.

Die Geschichte hat über den Kalten Krieg mit seinen extrem negativen Auswirkungen auf die internationalen Beziehungen in der Nachkriegszeit ein gerechtes Urteil gefällt. Mehrfach sah sich die Welt in jenen Jahren mit der Gefahr einer atomaren Katastrophe konfrontiert. Doch selbst in den dramatischsten und schwierigsten Zeiten gelang es den Großmächten, insbesondere der UdSSR und den USA, für beide Seiten annehmbare Kompromisse zu finden, um eine verhängnisvolle Kollision abzuwenden. Trotz zahlreicher lokaler Krisen wuchs sich der Kalte Krieg nicht zum globalen »heißen« Konflikt aus. Eine solche Entwicklung zu verhindern, halfen neben Willen und Verstand der führenden Staatsmänner jener Zeit bestimmte stabilitätsfördernde Mechanismen, die zur bipolaren Weltordnung in den Nachkriegsjahrzehnten gehörten.

In der Zeit des Kalten Krieges wurde auch der Grundstein eines multipolaren Systems der internationalen Beziehungen gelegt. Trotz einer eindeutigen Dominanz von UdSSR und USA entwickelten sich weitere aktiv wirkende Einflussfaktoren, so zum Beispiel die Bewegung der nichtpaktgebundenen Staaten. Durch den Zerfall des Kolonialsystems wurden Dutzende von afrikanischen und asiatischen Staaten zu aktiven Subjekten der Weltpolitik. Sie erhöhten nach und nach ihren Beitrag zur Entwicklung der internationalen Zusammenarbeit und traten mit zahlreichen Initiativen hervor, die in hohem Maße zur Demokratisierung der internationalen Beziehungen beitrugen. Dass die Staaten Asiens, Afrikas und Lateinamerikas als gleichberechtigte Subjekte in die große Politik einbezogen wurden, war eine der herausragenden Besonderheiten der Nachkriegswelt. Dem heutigen Russland kommt bei seinen Beziehungen zu diesen Ländern in vielerlei Hinsicht das Potential der Freundschaft und gegenseitigen Sympathie zugute, das in den Jahren geschaffen wurde, als die UdSSR sie in ihrem Streben nach politischer Unabhängigkeit und wirtschaftlicher Selbständigkeit wirksam unterstützte. Die russische Diplomatie macht sich dieses Potential im Interesse der globalen Sicherheit und einer stabilen demokratischen Entwicklung der Weltprozesse aktiv zunutze.

Ein eminent wichtiges Ergebnis der Nachkriegszeit war die Schaffung eines verzweigten Systems internationaler Verträge und Abkommen auf dem Gebiet der Abrüstung. In dieser Phase wurden entscheidende sowjetisch-amerikanische Abkommen unterzeichnet, die die Grundlage bildeten für die strategische Stabilität und die konsequente Beschränkung und

Reduzierung der atomaren Rüstung und anderer Arten von Massenvernichtungswaffen. Sie sind bis heute eine unersetzliche Grundlage der internationalen Sicherheit.

Angesichts der Verschärfung des Kampfes um die fundamentalen Grundlagen der künftigen Weltordnung werden auch die Verdienste der sowjetischen Diplomatie hinsichtlich der Erarbeitung und Annahme einer ganzen Reihe von multilateralen Verträgen und Abkommen auf dem Gebiet der Rüstungsbeschränkung deutlich. Dazu gehören der Atomwaffensperrvertrag und die Konvention über das Verbot von Chemiewaffen, die bis heute ihre Bedeutung für die Erhaltung des Friedens behalten haben.

Obwohl die bipolare Welt, in der alle diese Verträge und Abkommen ausgearbeitet wurden, für immer der Vergangenheit angehört, hat die Weltgemeinschaft bisher keine anderen, effektiveren Mechanismen für die Gewährleistung von Stabilität und Sicherheit in der Welt geschaffen. Nicht zufällig ist deshalb der Einsatz dafür, dass der 1972 abgeschlossene Vertrag über die Begrenzung der Raketenabwehrsysteme (ABM) in Kraft bleibt, zu einem der vorrangigen Probleme der Weltpolitik geworden.

Die Nachkriegserfahrungen sind auch in Bezug auf die europäische Sicherheit von uneingeschränkter Aktualität. In Europa gab es Ende der sechziger, Anfang der siebziger Jahre solche positiven Entwicklungen wie die internationale Entspannung und den damit verbundenen gesamteuropäischen Prozess, dessen Höhepunkt die Unterzeichnung der Schlussakte von Helsinki war. Die Erfahrungen mit den im Ergebnis der Verhandlungen über die europäische Entspannung erzielten Kompromissen sind nicht nur ein historisches Besitztum, sondern dienen auch den Zielen und Aufgaben der Gegenwart, belegen sie doch anschaulich, dass wirksame Lösungen allein auf der Grundlage der Berücksichtigung der wechselseitigen Interessen und der Suche nach für alle Beteiligten annehmbaren Kompromissen möglich sind.

Spricht man von der internationalen Lage in den sechziger bis achtziger Jahren, darf auch das Problem der Menschenrechte nicht unerwähnt bleiben. In diesem Zeitraum wurde die Sowjetunion im Rahmen des gesamteuropäischen Prozesses schrittweise in die Erörterung dieses Problems und in den Abschluss von internationalen Vereinbarungen zu Menschenrechtsfragen einbezogen. Dass diese Thematik zum Gegenstand der sowjetischen Außenpolitik und Diplomatie gemacht wurde, konnte in der Folgezeit dem gewaltigen Werk der demokratischen Reformen in Russland zweifellos nur förderlich sein.

Daher liegt der russischen Diplomatie eine simple nihilistische Haltung zum außenpolitischen und diplomatischen Erbe der Sowjetunion fern. In letzter Zeit ist seine Bewertung zunehmend von einer vorurteilslosen wissenschaftlichen Betrachtungsweise gekennzeichnet, die auf der sorgfältigen Analyse positiver und negativer Erfahrungen und auf dem schonenden Umgang mit den besten diplomatischen Traditionen unseres Landes beruht. Zu einem der signifikantesten Zeugnisse dieses Ansatzes wurde die 1999 in Moskau veranstaltete Konferenz zum 90. Geburtstag des namhaften sowjetischen Politikers und Diplomaten ANDREJ GROMYKO (1909–1989), eines der Hauptakteure bei der Schaffung einer neuen Weltordnung nach dem Krieg.

Anders sieht es mit dem historischen Erbe der russischen Außenpolitik und Diplomatie aus präsowjetischen Zeiten aus. Hier bestand die Hauptaufgabe vor allem darin, die Bedeutung der Ereignisse und Namen aufzuarbeiten, die in der Sowjetepoche in Vergessenheit geraten oder in ein falsches Licht gerückt worden waren. Eine wichtige Rolle spielten dabei die in den letzten Jahren veranstalteten wissenschaftlichen Konferenzen, die Diskussionen und Publikationen, die solchen Ereignissen gewidmet waren wie dem 450. Jahrestag des Gesandtschaftsamtes und dem 200. Geburtstag von ALEXANDER

GORTSCHAKOW, dem Leben und Wirken weiterer bedeutender russischer Diplomaten und Wissenschaftler, insbesondere FJODOR MARTENS' und PAWEL MILJUKOWS.

Gegenwärtig wird der 200. Jahrestag des russischen Außenministeriums vorbereitet, der im Jahre 2002 begangen werden soll.

Unter dem Blickwinkel der Einflussnahme auf die Gestaltung der Außenpolitischen Konzeption Russlands spielte das Jubiläum ALEXANDER GORTSCHAKOWS, der in der zweiten Hälfte des 19. Jahrhunderts an der Spitze der russischen Diplomatie stand und mit dessen Namen die markantesten Seiten ihrer Geschichte verbunden sind, eine besondere Rolle.

Es war die Zeit der großen Befreiungsreformen, die in einer Zeit in Angriff genommen wurden, als Russland, geschwächt durch die Niederlage im Krimkrieg, Gefahr lief, seine Stellung als Großmacht zu verlieren und als zweitrangiger Staat im »Konzert« der europäischen Mächte in den Hintergrund gedrängt zu werden. In seinem denkwürdigen Schreiben an Zar ALEXANDER II. definierte GORTSCHAKOW die Aufgaben der russischen Außenpolitik so: »Unser politisches Wirken muss ein doppeltes Ziel verfolgen. Erstens geht es darum, Russland vor der Beteiligung an allen möglichen äußeren Komplikationen zu bewahren, die seine Kräfte teilweise der inneren Entwicklung entziehen könnten, und zweitens alles zu tun, damit es in dieser Zeit in Europa zu keinen territorialen Veränderungen und zu keinen Veränderungen des Gleichgewichts der Kräfte oder des Einflusses kommt, die unseren Interessen oder unserer politischen Stellung erheblichen Schaden zufügen könnten... Die Erfüllung dieser beiden Bedingungen vorausgesetzt, besteht die Hoffnung, dass Russland, nachdem es sich von seinen Verlusten erholt, seine Kräfte gestärkt und sein Potential wiederhergestellt hat, seinen Platz, seine Stellung, sein Ansehen, seinen Einfluss und seine Bestimmung unter den Großmächten wiedererlangen wird... Russland kann eine solche Stellung nur unter der Voraussetzung einnehmen, dass es ihm gelingt, seine inneren Kräfte zu entwickeln, die heutzutage die einzige reale Quelle der politischen Macht der Staaten sind.«[1]

Bei allen Unterschieden zwischen der heutigen Situation und der Lage Russlands Mitte des 19. Jahrhunderts lässt sich sagen, dass die in der Außenpolitik vor uns liegenden Aufgaben in vielerlei Hinsicht gleich geartetet sind: Heute wie damals gilt es, die günstigsten Bedingungen für die Realisierung der inneren Reformen zu schaffen und gleichzeitig – und das ist im Grunde die Kehrseite der Medaille – keine Schwächung der Position des Landes in der internationalen Arena zuzulassen.

Das zu einem großen Ereignis im gesellschaftlichen Leben Russlands gewordene GORTSCHAKOW-Jubiläum bot nicht nur die Gelegenheit, das Andenken dieses hervorragenden russischen Politikers und Diplomaten zu ehren, sondern auch sein Erbe aufzuarbeiten, das erstaunlich viele Gemeinsamkeiten mit den gegenwärtigen Aufgaben der Außenpolitik Russlands aufweist. Realistische Bewertung der internationalen Prozesse und ein Ausgehen von den nationalen Interessen und ihr sachkundiges Vertreten in schwierigsten Situationen – diese grundlegenden Prinzipien der Diplomatie ALEXANDER GORTSCHAKOWS bleiben auch heute, in einer gänzlich anderen geschichtlichen Epoche, für Russland von unverminderter Aktualität. Deshalb versteht sich von selbst, dass die Ergebnisse der Jubiläumsveranstaltungen in die zu erarbeitende Neueinschätzung der Realitäten des internationalen Lebens und der Rolle Russlands in der Weltpolitik einflossen.

Das allseitige Studium des Erbes ALEXANDER GORTSCHAKOWS spielte eine wichtige Rolle bei der Ausarbeitung der erneuerten außenpolitischen Konzeption der Russischen Föderation, die so angelegt ist, dass sie sich praktisch im Einklang mit

---

1 *Kanzler A. M. Gortschakow. 200 let so dnja ewo roshdenija (»Der Kanzler A. M. Gortschakow. Zu seinem 200. Geburtstag«),* Moskau 1998, S. 321 f., 334.

GORTSCHAKOWS Aussage befindet: »Auf welchem Gebiet wir unsere Entwürfe auch machen, sei es, dass sie Europa oder den Osten betreffen, stets gelangen wir zu der Schlussfolgerung: Um seiner Sicherheit wie auch seiner Macht in der äußeren Arena willen… sowie im Interesse des Friedens und des allgemeinen Kräftegleichgewichts besteht Russlands vornehmste Pflicht darin, den inneren Umbau zu vollenden, denn davon hängt die Zukunft Russlands und aller slawischen Völker ab. Dies ist die Grundlage aller Grundlagen unserer Politik.«[1]

Mit voller Überzeugung kann man sagen, dass eine solche Herangehensweise an die grundlegenden Aufgaben der Außenpolitik den langfristigen Traditionen der russischen Diplomatie entspricht. Ihr Potential war gerade in schwierigen Zeiten besonders gefordert, so etwa zu Beginn des 17. Jahrhunderts, als innere Wirren und ausländische Intervention die internationale Stellung unseres Landes erheblich schwächten. Dennoch gelang es Russland, sein internationales Ansehen rasch wiederherzustellen; davon zeugte seine Präsenz unter den Garanten des Westfälischen Friedens, der 1648 den Dreißigjährigen Krieg beendete und für das System der zwischenstaatlichen Beziehungen Prinzipien festlegte, die jahrhundertelang ihre Gültigkeit behielten.

Auch in späteren Zeiten, vor allem während der schweren Krise nach der Niederlage im Russisch-Japanischen Krieg und nach der ersten russischen Revolution von 1905–1907 betrachteten es Außenminister ALEXANDER ISWOLSKI und sein Nachfolger SERGEJ SASONOW als ihre Hauptaufgabe, für die Durchsetzung der Stolypinschen Reformen einen dauerhaften Frieden und Stabilität zu sichern. So heißt es bei SASONOW: »Russland, erschüttert von der fernöstlichen Katastrophe und der revolutionären Eruption, im Zustand der Depression befindlich, bedurfte dringend der Befriedung und einer ruhigen

---

1 *Kanzler A. M. Gortschakow… (»Der Kanzler A. M. Gortschakow…«),* S. 334.

gesetzgeberischen Arbeit, die allein geeignet war, es auf den Weg der längst herangereiften politischen und wirtschaftlichen Reformen zu führen.«[1]

Es liegt schon eine gewisse Gesetzmäßigkeit darin, dass die russische Diplomatie in solchen Zeiten nicht nur zur Schaffung günstiger äußerer Bedingungen für staatliche und gesellschaftliche Reformen beitrug, sondern sich auch innenpolitisch in der Regel auf die Seite der patriotischen, liberalen und gemäßigt reformerischen Kräfte stellte. Besonders GORTSCHAKOW spielte eine herausragende Rolle bei der Durchsetzung des allmählichen Übergangs von der alten, feudalistischen Auffassung des diplomatischen Dienstes als persönlichem Dienst am autokratischen Monarchen zu einer Diplomatie, die sich um die nationalen Interessen des Landes zu kümmern hatte. Er war der Erste, der in seinen Depeschen den differenzierenden Ausdruck »Der Gossudar [Der Herrscher] und Russland« verwendete. »Vor mir«, erinnerte er sich, »gab es für Europa hinsichtlich unseres Landes keinen anderen Begriff als ›Imperator‹. Graf Nesselrode hat mich sogar vorwurfsvoll gefragt, wozu ich das mache. ›Wir kennen allein den Zaren‹, sagte mir mein Vorgänger, ›Russland kümmert uns nicht.‹«[2]

GORTSCHAKOW erinnerte sich auch stolz daran, welchen persönlichen Anteil er daran hatte, dass Zar ALEXANDER II. die am Leben gebliebenen Dekabristen rehabilitierte, ihnen ihre Titel und Dienstgrade zurückgab und gestattete, aus der Verbannung zurückzukehren.[3] Bekannt ist auch seine Unterstützung für andere liberale Initiativen während der in der zweiten Hälfte des 19. Jahrhunderts durchgeführten Reformen.

Später, in der Zeit der Stolypinschen Reformen gehörten die Leiter des russischen Auswärtigen Amtes zu den konsequen-

---

1 Sasonow, Sergej: *Wospominanija (»Erinnerungen«)*, Moskau 1991, S. 343.

2 *Kanzler A. M. Gortschakow… (»Der Kanzler A. M. Gortschakow…«)*, S. 385.

3 *Kanzler A. M. Gortschakow…(»Der Kanzler A. M. Gortschakow…«)*, S. 388.

testen Verfechtern der Entwicklung des Landes auf dem Wege progressiver konstitutioneller Wandlungen. Einer von ihnen war der erwähnte Außenminister ISWOLSKI, den die zeitgenössische russische Geschichtsschreibung als einen »Staatsdiener neuen Formats« charakterisiert, »der den Anforderungen seiner Epoche gerecht wurde. Als ein dynamischer und pragmatischer Politiker mit einer recht weiten Gedankenwelt – wenn auch überaus gemäßigt liberalen Ansichten –, in der ihm durch die internationale Politik nicht der Blick für die Notwendigkeit allseitiger innerer Reformen (...) als Voraussetzung für eine erfolgreiche Außenpolitik verstellt wurde, bewies er die Fähigkeit, eine sachliche Zusammenarbeit mit den gesetzgebenden Institutionen, der Presse, den Vertretern der politischen Parteien und der finanziellen und industriellen Kreise herzustellen, um den Zarismus aus der schweren inneren und äußeren politischen Krise herauszuführen (...) und die Großmachtstellung Russlands in der internationalen Arena zu stärken.«[1]

Diese innenpolitische Linie behielt SASONOW bei, der sich, wie er in seinen Erinnerungen schrieb, veranlasst sah, in den Berichten an Zar NIKOLAI II. »im Zusammenhang mit außenpolitischen Fragen ständig die innere Lage in Russland anzusprechen, die unter dem Einfluss der revolutionären Propaganda immer prekärer wurde«[2]. Dabei äußerte er sich seinen Mitarbeitern zufolge nicht selten sehr entschieden, um dem Einfluss erzreaktionärer Elemente verschiedenster Couleur auf den Zaren entgegenzuwirken.[3]

»Aufgeklärter Patriotismus« zeichnete die politische Kultur der russischen Diplomatie zu allen Zeiten aus. Hauptkriterium

---

1 *Rossiskaja diplomatija w portretach (»Die russische Diplomatie in Porträts«),* Moskau 1992, S. 337.

2 Sasonow, Sergej, S. 353.

3 Michailowski, G.: *Sapiski. Is istorii rossiskowo wneschnepolitischeskowo wedomstwa. 1914–1920 (»Aufzeichnungen. Aus der Geschichte des russischen auswärtigen Amtes. 1914–1920«),* Bd. 1, Moskau 1993, S. 78 f.

des diplomatischen Dienstes für die Bewertung der Situation im Lande war, inwieweit diese oder jene Schritte, objektiv, professionell und realistisch betrachtet, den nationalen Interessen Russlands entsprachen – eine Position, die jeden Extremismus, jedes Abenteurertum ablehnte, auf gesundem Menschenverstand gründete und das Wohl der Heimat im Auge hatte.

Die Aufgabe der zeitgenössischen russischen Diplomatie und aller, die am außenpolitischen Wirken Russlands mitbeteiligt sind, besteht darin, durch gründliches Studium und die Aufarbeitung des historischen Erbes unserer Diplomatie allmählich die psychologische und wertbedingte Distanz zum alten Russland, die nach 1917 eingetreten war, zu überwinden und so die Kontinuität in der historischen Entwicklung des Landes und seiner Außenpolitik wiederherzustellen. Mit der Lösung dieser Aufgabe wird im Grunde die »nationale Idee« Gestalt annehmen, deren der politisch aktive und patriotisch gesinnte Teil der russischen Gesellschaft bedarf und die eine stabile Basis für den gesamtnationalen Konsens in fundamentalen Fragen der Außenpolitik bilden könnte.

Insbesondere geht es um die Wiederherstellung der Kontinuität in dem, was die richtige gesellschaftliche Sicht auf die traditionell von Russland betriebene aktive Außenpolitik betrifft, die über Jahrhunderte hinweg unserem Land nicht nur die Rolle eines engagierten Teilnehmers an der Weltpolitik verschafft, sondern auch als einer der wichtigsten Garanten seiner Sicherheit fungiert hat. In allen Phasen unserer Geschichte diente die Diplomatie als eminent wichtiges Instrument zur Verfechtung staatlicher und gesamtnationaler Interessen. Eine Besonderheit des diplomatischen Dienstes Russlands war stets, dass sich seine Anstrengungen auf die Sicherung des staatlichen Zusammenhalts und auf den Ausbau der außenpolitischen Möglichkeiten des Landes richteten.

Seit den Zeiten der alten Rus bestand eines der Ziele der Außenpolitik – das die Herausbildung einer gewissen politischen Kultur der russischen Diplomatie förderte – in dem Streben, ein breites Spektrum internationaler Beziehungen anzubahnen und keine Isolierung zuzulassen. In der Entwicklung und Vervollkommnung unseres diplomatischen Dienstes war dies von Anfang an die Haupttriebkraft. Seit Mitte des 16. Jahrhunderts eröffneten sich neue Möglichkeiten. Der Kaiser des Heiligen Römischen Reiches schickte seine Gesandten nach Moskau, russische Diplomaten waren häufig in den europäischen Ländern zu Gast, und auch im Osten erlangte unser Land Geltung. Russland wurde mit der Zeit zu einem einflussreichen Staat mit aktiver Außenpolitik. Das machte die Schaffung eines hoch organisierten diplomatischen Dienstes erforderlich, und 1549 wurde das Gesandtschaftsamt ins Leben gerufen. Zu seinem ersten Chef wurde IWAN WISKOWATY berufen, der einen wesentlichen Beitrag zur Entwicklung der russischen Diplomatie leistete.

Das Gesandtschaftsamt übernahm die Rolle des Hauptkoordinierungszentrums der russischen Außenpolitik. Zu seinen ersten Leitern zählte AFANASSI ORDIN-NASCHTSCHOKIN, den seine Zeitgenossen als »russischen Richelieu« ansahen und der das Amt als »Auge des ganzen großen Russlands« bezeichnete. Dabei betonte er, die äußeren Erfolge Russlands müssten, wenn sie nicht durch seine innere Entwicklung gestützt würden, instabil bleiben.

Der qualitative Durchbruch gelang der russischen Diplomatie unter PETER I. Nachdem Russland sich den Zugang zur Ostsee verschafft hatte, wuchs sein internationaler Einfluss deutlich. Während der »Großen Gesandtschaft« nach Europa 1697/98 führte PETER zum ersten Mal Treffen auf höchster Ebene in die Praxis der russischen Diplomatie ein und schloss höchstpersönlich eine ganze Reihe außerordentlich bedeutsamer Verträge.

Sein außenpolitischer Neuerergeist bewirkte, dass die diplomatische Behörde radikal umstrukturiert wurde und man mit der Ausbildung von Berufsdiplomaten begann. Die dem ersten Mann im Staate unterstellte und von ihm angeleitete russische Diplomatie organisierte ihre Arbeit fortan auf kollegialer Grundlage. Diese Besonderheit kennzeichnet sie bis auf den heutigen Tag.

Nach über 170 Jahren wurde das Gesandtschaftsamt 1720 in das Kollegium für auswärtige Angelegenheiten umgewandelt. Die Bemühungen des Kollegiums und des von PETER I. geschaffenen Netzes ständiger diplomatischer Vertretungen Russlands waren auf die Erhaltung der »generellen Ruhe in Europa« gerichtet.

Unter KATHARINA II., die ein energisches politisches Engagement an den Tag legte, gewann Russland weiter an Einfluss und Macht. Unterstützt wurde die Zarin von so begabten Beratern und Diplomaten wie IWAN OSTERMAN, NIKITA PANIN und ALEXANDER BESBORODKO. Zu einem glänzenden Sieg der russischen Diplomatie wurde der 1774 abgeschlossene Frieden von Kutschük-Kainardshi, der vielen Balkanvölkern die Möglichkeit eröffnete, in die internationale Arena einzutreten.

Die Diplomatie Russlands in Fragen von Krieg und Frieden war bisweilen ihrer Zeit weit voraus. So erklärte ALEXANDER I. 1804 auf dem Höhepunkt der napoleonischen Kriege, die Großmächte müssten einander künftig die Unantastbarkeit ihrer Grenzen garantieren. Nachdem NAPOLEON geschlagen war, wurde 1815 die »gleichzeitige proportionale Abrüstung der europäischen Mächte« vorgeschlagen. Dies war im Grunde die erste Abrüstungsinitiative in der Geschichte der Menschheit.

Von größter Aktualität erscheint in diesem Zusammenhang eine Tendenz, die sich wie ein roter Faden durch die gesamte Geschichte unserer Außenpolitik zieht und eines der Schlüsselelemente ihrer Kontinuität darstellt: die engagierte Rolle unseres Landes bei der Gestaltung des Systems der internationalen Beziehungen in den verschiedenen Etappen seiner Entwicklung.

Russland war maßgeblich am Aufbau der europäischen Ordnung in der postnapoleonischen Epoche beteiligt und in der Folgezeit an der Schaffung des europäischen Systems, das auf einem – wenn auch fragilen – Gleichgewicht zwischen den europäischen Mächten und ihren Allianzen basierte. Dabei veranlasste die traditionelle wirtschaftliche Rückständigkeit unseres Landes gegenüber seinen führenden Partnern die russische Diplomatie zur Suche nach zusätzlichen Instrumenten für die Sicherung von Frieden und Stabilität auf dem europäischen Kontinent.

Eines der signifikantesten Beispiele dieser Politik war die auf Initiative Russlands einberufene erste Haager Friedenskonferenz von 1899. Ihr Hauptziel bestand entsprechend der von Außenminister MICHAIL MURAWJOW verbreiteten Note »in der Erhaltung des Weltfriedens und dem Abbau der alle Völker belastenden Aufrüstung«[1]. Obwohl das »Konzert« der Weltmächte jener Zeit zu einem realen Abbau der Rüstung und Militärausgaben nicht bereit war, spielte diese Konferenz eine wichtige Rolle bei der Schaffung konzeptioneller Grundlagen für internationale Prozesse, deren enorme Bedeutung erst in der zweiten Hälfte des 20. Jahrhunderts voll zum Tragen kam, als die Weltgemeinschaft die Notwendigkeit der Rüstungs- und Abrüstungskontrolle erkannte. In Den Haag befanden die europäischen Mächte die Beschränkung der Militärausgaben erstmals für grundsätzlich erstrebenswert und ebneten damit den Weg für eine breite internationale Abrüstungsdebatte.

Ein anderes herausragendes Ergebnis der Konferenz war die Unterzeichnung der Konvention über die Gesetze und Gebräuche des Landkriegs, die zur Grundlage eines der sich in den letzten Jahren am dynamischsten entwickelnden Bereiche des heutigen Völkerrechts wurde.

---

1 Zitiert nach: Oldenburg, S.: *Zarstwowanije imperatora Nikolaja II (»Die Regentschaft Nikolais II.«)*, Moskau 1992, S. 91 f.

Nicht unerwähnt bleiben sollte, dass die »Seele« der Haager Konferenz der hervorragende russische Völkerrechtler und Diplomat FJODOR MARTENS war, dem erst seit kurzem sein guter Name wiedergegeben wurde und dessen Erbe von Seiten unserer Diplomatie und wissenschaftlichen Öffentlichkeit endlich die verdiente Würdigung erfahren hat. Von besonderem Interesse ist die von MARTENS entwickelte Theorie der Steuerung internationaler Beziehungen. Wie in einer Forschungsarbeit jüngeren Datums über Leben und Wirken MARTENS' hervorgehoben wird, war er »der Ansicht, dass die fortschreitende Entwicklung der Menschheit zwangsläufig zu einem immer intensiveren Verkehr zwischen den Staaten und dadurch zu einer stabileren und besseren internationalen Steuerung führen werde, die in seinen Augen ein realer Weg zur Verhinderung militärischer Konflikte war. Folgt man den Ideen FJODOR MARTENS', so sind die schrittweise Schaffung einer Rechtsordnung in der Weltgemeinschaft, die den Anforderungen der menschlichen Zivilisation entspricht, und die schrittweise Entwicklung einer internationalen Steuerung, die die friedliche Zusammenarbeit der Völker stärkt, der Weg zum ewigen Frieden auf Erden, schwierig, nicht rasch zu bewältigen, aber der einzig richtige und reale Weg.«[1]

Die große Aktualität dieser Gedanken in der gegenwärtigen Epoche der Globalisierung und des Übergangs von der bi- zu einer multipolaren Weltordnung, die dringend verlässlicher Mechanismen für die Steuerung der Weltprozesse und die Sicherung der strategischen Stabilität im weitesten Sinne des Wortes bedarf, ist unübersehbar. Und sie beweist ein weiteres Mal, von welcher praktischen Bedeutung es ist, das historische Erbe der russischen Diplomatie aufzuarbeiten.

Zu der ungemein wertvollen Tradition der Diplomatie un-

---

1 Pustogarow, W.: *Fjodor Fjodorowitsch Martens, jurist, diplomat (»Fjodor Fjodorowitsch Martens, Jurist und Diplomat«),* Moskau 1999, S. 65.

seres Landes zählt auch ihr Pragmatismus und das nüchterne, realistische, von keinerlei ideologischen Vorurteilen und Klischees verstellte Verständnis der Rolle und des Platzes Russlands in den internationalen Beziehungen. Dabei geht es insbesondere um das Verhältnis hervorragender russischer Diplomaten zu einem so uralten Streit- und Diskussionspunkt wie der besonderen geographischen und geopolitischen Lage Russlands und, im Zusammenhang damit, der Stellung der russischen Zivilisation zwischen Europa und Asien. Einen Gegensatz zwischen Ost und West – zwischen zwei einander scheinbar widersprechenden Komponenten der russischen Außenpolitik – zu konstruieren lag der russischen Diplomatie stets fern. Zweifellos orientierte sich ihr Wirken seit den Zeiten PETERS I. in erster Linie in Richtung Europa. Hier galt es für Russland, seine Position als Weltmacht ins Werk zu setzen und sich solche Errungenschaften der Zivilisation zu eigen zu machen, die zu jener Zeit in Westeuropa bereits existierten. Mit vollem Recht lässt sich sagen, dass sich das petrinische Bestreben, »das Fenster nach Europa aufzustoßen«, als eine der zukunftsträchtigsten und fruchtbarsten Ideen der russischen Außenpolitik erwies. Bereits zu Beginn des 19. Jahrhunderts, vor allem nach dem Sieg über NAPOLEON, wurde Russland zu einer gleichrangigen, ja einer führenden Macht im europäischen »Mächtekonzert«.

Dabei hatte eine aktive europäische Politik nicht nur keine störende Wirkung, sie war im Gegenteil bei der Verfechtung der weit reichenden Interessen Russlands im Osten sehr hilfreich. Insbesondere ALEXANDER GORTSCHAKOW beschränkte sich nicht auf Europa, sondern förderte entschlossen die Anknüpfung vielfältiger Beziehungen zu damals »zweitrangigen« Staaten wie China, Japan, den Vereinigten Staaten von Amerika oder Brasilien. Praktisch fand hierin die Idee der vielseitig orientierten russischen Außenpolitik ihren Niederschlag, eine Idee, die heute eines der fundamentalsten Elemente der erneuerten Konzeption unserer Außenpolitik ist.

Die traditionelle europäische Orientierung der russischen Diplomatie besitzt vom Standpunkt der gegenwärtigen Realien aus noch einen anderen wichtigen Aspekt. Die weitgehende Einbindung des alten Russlands in die europäische Politik, seine engen wirtschaftlichen, kulturellen und zivilisatorischen Beziehungen zu den Ländern Westeuropas, die Ende des 19., Anfang des 20. Jahrhunderts eine besonders breit angelegte Entwicklung erfuhren, hinderten die russische Diplomatie in keiner Weise, die Interessen ihres Landes aktiv, ja teilweise mit ziemlicher Härte zu verfechten. So war die zweite Hälfte des 19. Jahrhunderts eine Zeit des engen kulturellen Austauschs Russlands mit Westeuropa und zugleich eine Epoche, in der unser Land sich zuweilen gezwungen sah, auf sich allein gestellt einer mächtigen Koalition europäischer Staaten entgegenzustehen. Somit führen die historischen Erfahrungen die Vorstellung, eine selbständige Außenpolitik Russlands müsse zwangsläufig auf die Konfrontation mit den Ländern des Westens oder auf die Selbstisolierung hinauslaufen, ad absurdum. Die Erfahrungen, die die russische Diplomatie in den letzten Jahren gemacht hat, zeugen von der schrittweisen Herausbildung eines Stils der gegenseitigen Beziehungen, der die konsequente Vertretung der nationalen Interessen mit einer ebenso konsequenten Suche nach wechselseitig annehmbaren Lösungen auf den Wegen des Dialogs und der Zusammenarbeit mit dem Westen verbindet.

Der Begriff der Kontinuität der Außenpolitik hat jedoch die Aufarbeitung nicht nur positiver, sondern auch negativer historischer Erfahrungen zum Inhalt. Besondere Beachtung verlangt in diesem Zusammenhang der »imperiale« Charakter der russischen Außenpolitik, von dem sie im 18./19. Jahrhundert geprägt war und der ihr in gebrochener Form in Sowjetzeiten weiterhin seinen Stempel aufdrückte. Es ist ganz offensichtlich, dass die Realitäten des heutigen Russlands und der Gemeinschaft Unabhängiger Staaten eine gründliche und allseitige

Revision dieser historischen Erfahrungen erfordern, auch im Hinblick auf die Beziehungen zu den nächsten Nachbarn.

Hierbei geht es vor allem um die bilateralen Beziehungen Russlands zu den Staaten Mittel- und Osteuropas. Bekanntlich wird unser Verhältnis zu einigen dieser Staaten bis heute durch die komplexe, widersprüchliche und zum Teil auch tragische Geschichte der bilateralen Beziehungen belastet. Und so ist es Aufgabe der heutigen Diplomatie, unter neuen Voraussetzungen auf die Überwindung dieses negativen Erbes der Vergangenheit hinzuarbeiten, ohne es zu negieren oder totzuschweigen.

Die Entwicklung der Situation in Mitteleuropa nach Ende des Kalten Krieges zeigt, von welcher Explosivität ethnische Konflikte, gepaart mit schlimmen Erfahrungen, sein können. Davon zeugt unter anderem die Tragödie auf dem Balkan. Die wichtigste Schlussfolgerung aus diesen Vorgängen besteht darin, dass im heutigen Europa die Politik nicht zur Geisel der Geschichte werden darf. Natürlich geht es nicht an, Fehler, Unterlassungssünden und Schwierigkeiten der Vergangenheit zu ignorieren oder totzuschweigen. Doch müssen sie als Lehre und Warnung statt als Mittel und Argument zur Aufrechterhaltung von Feindseligkeit dienen und dürfen die bilateralen Beziehungen nicht beeinträchtigen.

Dies ist die Art und Weise, in der die russische Diplomatie an die Beziehungen zu Polen und einer Reihe anderer Staaten herangeht. Doch kann es dabei keine Politik der einseitigen Bewegung geben. Die Heilung der historischen »Wunden« erfordert Bemühen, Taktgefühl und Achtung der nationalen Gefühle der Völker auf beiden Seiten.

Besonderes Augenmerk verdienen die historischen Aspekte der Beziehungen zu den ehemaligen Republiken der Sowjetunion. Hier gibt es ebenfalls vielfältige Traditionen, positive und negative Erfahrungen in den gegenseitigen Beziehungen, die im Kontext der Geschichte sowie der besonderen Umstände zu sehen sind, unter denen jedes einzelne dieser Länder im Russischen Reich und dann in der Sowjetunion aufging. In der gegenwärtigen Übergangsphase der Beziehungen zu den Ländern der Gemeinschaft Unabhängiger Staaten ist es nicht einfach, sofort alle Schwierigkeiten und geschichtlichen Belastungen zu überwinden, die in erster Linie daher rühren, dass natürliche Tendenzen des wachsenden nationalen Selbstbewusstseins sich mit negativen Erscheinungen des Nationalismus verbinden. Der Prozess der gemeinsamen Erarbeitung langfristiger Prioritäten und konkreter Richtungen der Zusammenarbeit im Bereich der Außenpolitik wird hierdurch objektiv behindert. Wir werden uns darauf einstellen müssen, dass ein langer Weg vor uns liegt, ein Prozess, der die Berücksichtigung zahlreicher Faktoren erforderlich macht, die nicht nur mit der Wirtschaft, Politik und Kultur von heute in Zusammenhang stehen, sondern auch mit dem reichen historischen Erbe.

Eine gesonderte Betrachtung erfordern die Fragen der Kontinuität in Bezug auf die Diplomatie als Instrument der Außenpolitik. Der Definition entsprechend ist die Diplomatie eine der »internationalsten« Arten der menschlichen Tätigkeit. Im Unterschied zur Außenpolitik als Prärogative der einzelnen Staaten waren Entstehen und Entwicklung der Diplomatie von Anfang an untrennbar mit der Gestaltung der internationalen Beziehungen als Ganzes verbunden. Bei aller Vielfalt der nationalen diplomatischen Schulen und Traditionen war und ist für die Diplomatie das von ihrer Hauptaufgabe – das gegenseitige Verständnis zwischen den Staaten und die Harmonisierung ihrer Interessen zu fördern – diktierte Streben nach einer gewissen Vereinheitlichung der organisatorischen und technischen Aspekte des außenpolitischen Wirkens die sie prägende allgemeine Tendenz. Ein aufschlussreiches Beispiel hierfür sind die Beschlüsse des Wiener Kongresses von 1815, der nicht nur ein System der internationalen Beziehungen in Europa schuf, sondern auch die Mechanismen festlegte, die dieses System funktionsfähig machen sollten. Der diplomatische Dienst Russlands als einer der aktivsten Teilnehmer an der europäischen Politik jener Zeit wurde also in engem Zusammenwirken mit den Diplomatien anderer führender europäischer Mächte entwickelt.

Daher kann das Problem der Kontinuität der Diplomatie, ihres Aufbaus und ihrer Arbeitsmethoden nicht nur im engen nationalen Kontext gesehen werden, sondern erfordert die Berücksichtigung unterschiedlicher Aspekte der Geschichte der weltweiten außenpolitischen Praxis.

Das Schicksal der russischen Diplomatie gestaltete sich im 20. Jahrhundert dramatisch, bisweilen tragisch, vollzog sie doch alle jähen Wendungen in der Entwicklung des russischen Staatswesens mit; der diplomatische Dienst hatte zwei schwere Umbruchssituationen durchzustehen.

Die Oktoberrevolution von 1917 in Russland brach abrupt mit jeder diplomatischen Tradition. Das Auswärtige Amt war fast die einzige staatliche Institution des alten Russlands, aus der sich praktisch kein einziger Mitarbeiter in den Dienst der Bolschewiki stellte. Die Sowjetmacht reagierte auf die »Sabotage« des diplomatischen Dienstes damit, dass sie sämtliche russischen Botschafter und Gesandten im Ausland »ohne Anspruch auf Pensionierung oder Anstellung in staatlichen Ämtern«[1] entließ. Erst etliche Jahre nach der Revolution, mit dem Amtsantritt des Berufsdiplomaten GEORGI TSCHITSCHERIN als Volkskommissar für auswärtige Angelegenheiten und dem Beginn der diplomatischen Anerkennung der UdSSR, ging man daran, eine sowjetische diplomatische Schule aufzubauen. Doch auch in den Jahren danach verlief dieser Prozess nicht glatt und folgerichtig. Die Stalinschen Repressalien der dreißiger Jahre ver-

1 *Wneschnjaja politika SSSR. (»Die Außenpolitik der UdSSR«,* Dokumentensammlung), Bd. 1 (1917–1920), Moskau 1944, S. 26.

setzten dem außenpolitischen Apparat einen schweren Schlag, indem die gesamte sowjetische diplomatische Schule praktisch »ausgemerzt« wurde. Es war eine Zeit, so berichteten die Zeitgenossen, in der durch die leeren Gänge des Volkskommissariats für auswärtige Angelegenheiten buchstäblich »der Wind spazierte«. Nichtsdestoweniger schaffte es der außenpolitische Dienst des Landes verhältnismäßig rasch, sein schöpferisches Potential wiederaufzubauen und auf die Vertretung der staatlichen Interessen zu konzentrieren.

Der gegenwärtige außenpolitische Dienst Russlands ist, objektiv gesehen, Bewahrer der besten Traditionen der sowjetischen Diplomatie. Doch obliegt ihm die Erfüllung einer historischen Mission von größeren Dimensionen, nämlich die historische Kontinuität der Entwicklung der Außenpolitik und Diplomatie des Landes wiederherzustellen. Das ist nicht nur ihre Pflicht gegenüber den vorangegangenen russischen Diplomatengenerationen, die ihr Talent in den Dienst der Heimat stellten, sondern auch ein wichtiges Element der Gestaltung der heutigen Außenpolitik Russlands. Angesichts einer globalen Welt mit ihren wechselseitigen Abhängigkeiten gewinnt der Diplomatenberuf qualitativ neue Züge. Die diplomatische Tätigkeit wird durch immer neue Bereiche erweitert, die die Zusammenarbeit zur Lösung vielfältiger globaler Probleme der Menschheit fördern sollen. Wirklich professionell und effektiv kann der außenpolitische Dienst jedoch nur dann sein, wenn er auf dem festen Boden der Traditionen und der nationalen historischen und kulturellen Werte steht. Die Achtung vor der Vergangenheit ist die Grundlage der Untrennbarkeit des historischen Prozesses sowie der Erhaltung und Mehrung der besten Traditionen der russischen Diplomatie. Die Hinwendung zur Vergangenheit ermöglicht es auch, Lehren für die Gegenwart und Zukunft zu ziehen, alte und neu erworbene Erfahrungen einander gegenüberzustellen und so die neuen Herausforderungen und gewaltigen Aufgaben, die der Außenpolitik in der heutigen sich rasch verändernden Welt erwachsen, an den Erfahrungen der Geschichte zu messen.

Daher ist die Erziehung zum behutsamen Umgang mit dem historischen Erbe ein unerlässliches Element der Heranbildung neuer russischer Diplomatengenerationen. Es gilt, sie zu befähigen, die weltweite Entwicklung in der Gegenwart in einer breiten geschichtlichen Perspektive zu sehen und die Aufgaben des Landes damit ins Verhältnis zu setzen. Dies ist die notwendige Richtschnur dafür, um in der gegenwärtigen Umbruchsetappe der Entwicklung unseres Staates und der Weltgemeinschaft Russlands Kurs in der Weltpolitik klar zu bestimmen.

II. Kapitel

Russland und die Probleme der Gestaltung einer neuen Weltordnung an der Schwelle zum 21. Jahrhundert

1. Die internationale Lage nach dem Ende des Kalten Krieges: die Weltgemeinschaft im Angesicht neuer Bedrohungen und Herausforderungen

An der Schwelle zum neuen Jahrtausend kam es zu einer jähen Verschärfung im Kampf um die Grundprinzipien der Weltordnung, die die bipolare Welt aus der zweiten Hälfte des 20. Jahrhunderts ablösen soll.

Das Ende des Kalten Krieges eröffnete der Menschheit zweifelsohne ungeahnte Möglichkeiten, dafür zu sorgen, dass es in der Welt gerechter und demokratischer zugeht. Zu Beginn der neunziger Jahre gelang es der UdSSR, den USA und anderen Staaten mit vereinten Kräften, die Gefahr eines globalen Atomkriegs zu beseitigen, die strategischen Arsenale abzubauen, die Atmosphäre des Vertrauens in den internationalen Beziehungen zu stärken, eine erhebliche militärische Entspannung in Europa herbeizuführen und die Deutschlandfrage auf zivilisierte Weise zu lösen. Der Weltgemeinschaft bot sich die einzigartige historische Chance, eine neue internationale Ordnung auf der Grundlage von Demokratie und Recht zu gestalten, frei vom Konfrontationserbe der Vergangenheit und unter Aufrechterhaltung alles Positiven, das die in den vorangegangenen Jahren geschlossenen Abkommen und Vereinbarungen mit sich gebracht hatten, ins 21. Jahrhundert einzutreten.

Diese Chance ist indessen nicht voll genutzt worden. Wie die Autoren einer Studie des amerikanischen Ost-West-Instituts einräumen, »wurde die einzigartige Möglichkeit vertan, das Ende des Kalten Krieges und den Zusammenbruch des Kommunismus dazu zu nutzen, vorwärts zu kommen auf dem Weg zu einer neuen Weltordnung, gegründet auf dem Konsens der Großmächte, auf der gewachsenen Autorität und Effektivität der UNO, auf der Errichtung einer neuen Architektur der europäischen Sicherheit an Stelle des Gleichgewichts zweier einander feindlich gegenüberstehender Militärblöcke und auf der Schaffung multilateraler Sicherheitskonstruktionen für den Nahen Osten, Zentral- und Südasien und andere Regionen. Vergeben wurde die einzigartige Gelegenheit, den entscheidenden Durchbruch zu erzielen bei der atomaren Abrüstung und Unschädlichmachung der Kernwaffenarsenale des Kalten Krieges, bei der Nichtweiterverbreitung von Massenvernichtungswaffen und ihren Trägermitteln, beim weiteren Abbau der konventionellen Rüstung in Europa und im Fernen Osten und bei der Erarbeitung eines effektiven Mechanismus, mit dem sich der Frieden erzwingen und aufrechterhalten lässt – gegebenenfalls auf der Grundlage durch beide Seiten – Russland und den Westen – zu treffender Entscheidungen über Gewaltanwendung und ihrer gemeinsamen Umsetzung.«[1]

Hier stellt sich die Frage nach den Ursachen für die verpasste Chance. Eine von ihnen ist darin zu suchen, dass die Auswirkungen des Zerfalls des bipolaren Systems der internationalen Beziehungen und die Dimensionen der dadurch entstandenen neuen Probleme und Herausforderungen weitaus ernsterer Natur sind, als dies zu Beginn der neunziger Jahre absehbar war.

Die Stabilität zahlreicher Länder und ganzer Regionen wur-

---

1 *Rossija i mir. Nowy kurs (»Russland und die Welt. Neuer Kurs«),* Moskau 1999, S. 11.

de von Konflikten erschüttert, die auf ethnische Differenzen, Extremismus und aggressiven Separatismus zurückzuführen sind. Die Gefahr der Verbreitung von Kern- und anderen Massenvernichtungswaffen sowie ihren Trägermitteln ist gestiegen. Die Schere zwischen reichen und armen Ländern hat sich noch weiter aufgetan, was an sich schon eine potentielle Quelle von Widersprüchen und Konflikten ist. Das ökologische und klimatische Gleichgewicht der Erde ist gestört. Der Menschheit drohen neue Infektionskrankheiten. Der gesetzwidrige Vertrieb von Drogen und die organisierte Kriminalität nehmen eine rasante Entwicklung.

In einer offenen Welt mit wechselseitigen Abhängigkeiten lassen sich derartige Gefahren immer weniger innerhalb von Landesgrenzen halten, tangieren sie doch die Sicherheit aller Staaten. Zeugnis davon legt die Ausbreitung des internationalen Terrorismus ab, der für die Weltgemeinschaft zu einer der gefährlichsten Herausforderungen geworden ist. Die terroristische »Internationale«, die ihren Bogen vom Balkanraum zum Nordkaukasus, nach Zentralasien und weiter bis zu den Philippinen und Indonesien geschlagen hat, droht die Lage nicht nur in einzelnen Staaten, sondern in ganzen Regionen zu destabilisieren und die internationale Sicherheit zu untergraben.

Die am 11. September 2001 verübten Terrorakte haben mit aller Grausamkeit und Schonungslosigkeit demonstriert, dass in einer globalen Welt mit ihren wechselseitigen Abhängigkeiten kein Staat vor neuen Bedrohungen und Herausforderungen sicher ist. Folglich kann man auch die Antwort auf die terroristische Herausforderung nur gemeinsam suchen, indem sich die gesamte Weltgemeinschaft in ihren Bemühungen zusammenschließt und das Potential der UNO dafür maximal ausnutzt.

Die Weltgemeinschaft in ihrer Gesamtheit, das ist nicht von der Hand zu weisen, war nicht darauf vorbereitet, diesen Herausforderungen wirksam zu begegnen. Gewiss, im zurückliegenden Jahrzehnt wurden beträchtliche Erfahrungen bei der konstruktiven Lösung internationaler Probleme gesammelt, auch auf dem Gebiet der Friedensstiftung und der politischen Konfliktlösung, doch eine ganzheitliche Strategie der Erhaltung von Frieden und Sicherheit, die den Anforderungen der Zeit entspräche, gibt es nach wie vor nicht. Das Erfordernis, dieses Problem systematisch anzugehen, wird immer offensichtlicher. Die Weltgemeinschaft sieht sich mit der fundamentalen Frage konfrontiert, wie die künftige Weltordnung als Ganzes aussehen muss.

Mit dem Ende des Kalten Krieges sind den internationalen Beziehungen die entsprechenden Mittel der Stabilitätssicherung abhanden gekommen, neue Mechanismen aber, die der von Grund auf veränderten Lage gerecht würden, konnten nicht geschaffen werden. So ist der Einschätzung des Direktors des Stockholmer Friedensforschungsinstituts, ADAM DANIEL ROTFELD, zufolge »bisher kein einziges organisierendes Prinzip der globalen Sicherheit erarbeitet worden«[1].

Im Westen ist man bis heute davon überzeugt, dass die weltweite Verbreitung der demokratischen Werte und der Übergang von immer mehr Ländern zur liberalen Marktwirtschaft in der internationalen Entwicklung die Rolle eines mächtigen Stabilisierungsfaktors spielen. Ein bezeichnendes Beispiel für derartige Ansichten ist, wie die amerikanischen Fachleute aus dem Institut für nationale strategische Forschungen beim Pentagon die heutigen internationalen Beziehungen bewerten[2]. Sie teilen die Staaten der Welt in Abhängigkeit von ihrem Entwicklungsniveau und der Stabilität ihres demokratischen Systems in vier Kategorien ein: »Kernstaaten« (core states), »Übergangsstaaten« (transition states), »Paria-« oder »Schurkenstaaten«

---

1 *SIPRI-Jahrbuch 1997,* Moskau 1997, S. 35.

2 *Strategic Assessment,* Institute for National Strategic Studies, Washington 1999, S. 14.

(rogue states) und »Versagerstaaten« (failed states). In Verbindung mit dieser Klassifikation bekommen alle Staaten der Welt »Betragensnoten«, wobei das Hauptkriterium im Grunde darin besteht, wie nahe dieser oder jener Staat dem »Ideal« kommt: dem politischen System der Vereinigten Staaten.

Indessen ist der Demokratisierungsprozess, wie sich jetzt herausstellt, trotz seiner unbestrittenen positiven Bedeutung kein »organisierendes Prinzip der globalen Sicherheit«, von dem oben die Rede war. Das beweist vor allem die Natur der heutigen lokalen Konflikte. Obwohl sie überwiegend durch innere Ursachen ausgelöst werden, liegt ihr Ursprung nicht im Widerspruch zwischen Demokratie und Diktatur, sondern in ethnischer und religiöser Feindschaft, allgemeiner Verelendung und militantem Separatismus. Mehr noch, die Erfahrungen einiger entwickelter europäischer Länder wie Großbritannien, Spanien, Frankreich oder Belgien lässt darauf schließen, dass die Gefahr der Entstehung von Gegensätzen auf ethnischer und religiöser Grundlage auch in Staaten mit einem stabilen demokratischen System besteht. Dieses bietet allenfalls die Möglichkeit, zu verhindern, dass sich derartige Probleme auswachsen, und sie einer zivilisierten Lösung zuzuführen, ihre tieferen Ursachen werden damit jedoch nicht beseitigt.

Die Demokratisierung an sich stellt auch auf andere internationale Herausforderungen noch keine entsprechende Antwort dar. Im Gegenteil, sie bedarf selbst des Schutzes vor Bedrohungen wie dem internationalen Terrorismus und der organisierten Kriminalität. Und was die Gefahr der Verbreitung von Massenvernichtungswaffen betrifft, so zeigt die Praxis, dass in regionale Konflikte und das Wettrüsten oftmals durchaus »respektable« demokratische Staaten hineingezogen werden.

All das legt den Schluss nahe, dass das Grundproblem der heutigen internationalen Beziehungen im Charakter der künftigen Weltordnung zu sehen ist. Wird sie multipolar sein, die Interessen der gesamten Weltgemeinschaft berücksichtigen, oder zulassen, dass die Interessen eines Staates oder einer Ländergruppe allen anderen aufgezwungen werden? Von der Antwort hängt in entscheidendem Maße die Fähigkeit der Menschheit ab, die weltweiten Prozesse steuerbar zu machen und auszuschließen, dass in der Welt Chaos um sich greift.

Die Gestaltung des neuen Systems der internationalen Beziehungen ist zu einem komplizierten und langwierigen Prozess geworden. Ausländische Analytiker haben ihre Schwierigkeiten damit, für die gegenwärtige Etappe der weltweiten Entwicklung eine erschöpfende Definition zu finden. Die einen bezeichnen sie als »neue internationale Unordnung« (HENRY KISSINGER), andere sprechen von einem »amorphen System der Sicherheit, das seine bipolare Struktur und die ideologische Klarheit aus den Zeiten des Kalten Krieges eingebüßt hat«[1]. Manche Prognosen besagen, die derzeitige »Unwägbarkeit« der internationalen Situation könne sich noch viele Jahrzehnte hinziehen. Unterschiedlichste Szenarien werden entworfen: vom Anbruch einer Ära allgemeiner Wohlfahrt dank der Globalisierung bis zu völliger weltweiter Anarchie.

Eines dürfte außer Zweifel stehen: Besonders nach der Tragödie vom 11. September 2001 in New York und Washington befindet sich das internationale System in einem Übergangszustand, und sein Schicksal hängt von der politischen Willenskraft der Weltgemeinschaft ab. Sie muss sich der Aufgabe stellen, zu bestimmen, wie die künftige Weltordnung aussehen soll, und verlässliche Mechanismen für die Gewährleistung von Sicherheit und Stabilität in den internationalen Beziehungen zu schaffen. Die Gestaltung dieser neuen Ordnung erfordert das zielgerichtete Engagement aller Staaten. Verfällt man jedoch in Passivität oder nationalen Egoismus oder kehrt gar zur Rivalität zurück und versucht, die eigenen

1 *Strategie Assessment*, S. 12.

Interessen auf Kosten anderer durchzusetzen, wird die »Naturgewalt« der Globalisierung lediglich zur Verschärfung der negativen Tendenzen führen, die sich der Kontrolle der internationalen Gemeinschaft immer mehr entziehen.

Leider gibt es in dieser eminent wichtigen Frage keine konzeptionelle Übereinstimmung zwischen den Staaten. Mehr noch, in letzter Zeit kollidieren zwei prinzipiell verschiedene Haltungen zur neuen Weltordnung. Die eine hat ein eindimensionales Modell im Auge, bei dem die Gruppe der am höchsten entwickelten Länder, gestützt auf die militärische und wirtschaftliche Stärke der USA und der NATO, in der internationalen Arena dominieren würde. Dem Rest der Weltgemeinschaft wird zugemutet, nach Regeln zu leben, die von diesem »privilegierten Klub« festgelegt und ihr mitunter auch aufgezwungen werden. Ein anschauliches Beispiel dafür bietet das Schicksal Jugoslawiens.

Die Wurzeln dieser Konzeption reichen ziemlich tief und entwachsen, wie weiter oben bereits ausgeführt, einer falschen Einschätzung der Veränderungen in der internationalen Situation, die der Übergang von den achtziger zu den neunziger Jahren brachte. Frankreichs Außenminister HUBERT VEDRINE räumte ein, »der Westen glaubt im Gefühl, als Sieger aus dem dritten Weltkrieg, d. h. dem Kalten Krieg, hervorgegangen zu sein, fest an die Unbegrenztheit seiner Möglichkeiten und sieht in seiner technologischen Überlegenheit nicht, was ihn hindern könnte, aller Welt seine Ansichten aufzuzwingen«[1]. Entgegen ihren eigenen Appellen, überall in der Welt demokratische Verhältnisse zu schaffen, gingen die USA und ihre Verbündeten, der treffenden Bemerkung des ehemaligen Generaldirektors der UNESCO FEDERICO MAYOR zufolge, »in den

1 *Colloque de l'Institut de Relàtions Internationales et Stratégiques sur morale et relations internationales, 16 mai 2000. Intervention d'ouverture du Ministre des Affaires Etrangères, S. 4.*

internationalen Beziehungen mit oligarchischen Methoden vor«[1].

Logische Konsequenz dieses eindimensionalen Ansatzes war die schrittweise Revision der demokratischen Weltordnungsprinzipien, die sich nach dem Fall der Berliner Mauer gerade erst durchzusetzen begannen. So wurde die Idee des Aufbaus eines geeinten Europas allmählich durch den »Natozentrismus« abgelöst – durch Versuche, die europäische Sicherheit allein auf eine abgeschottete militärisch-politische Allianz zu gründen. Nicht genug mit der Osterweiterung, entschloss sich die NATO zu einer neuen Strategie, die die Ausdehnung ihres Aktionsbereichs über die vom Nordatlantikpakt festgelegten Grenzen hinaus vorsieht und Gewaltanwendung ohne Sanktion des UN-Sicherheitsrates zulässt, d. h. unter Verletzung der UN-Charta und der grundlegenden Prinzipien des Völkerrechts.

Eine Art »Versuchsfeld« für die »natozentristische« Konzeption wurde das militärische Vorgehen gegen Jugoslawien, das die schwerste internationale Krise seit dem Ende des Kalten Krieges auslöste – ihre Auswirkungen sind allgemein bekannt. Die Grundpfeiler der internationalen Rechtsordnung und Stabilität wurden erschüttert. In der Welt traten wieder militärische Aspekte der Sicherheit in den Vordergrund. In vielen Ländern begann man davon zu sprechen, dass beschleunigtes Nachrüsten der einzige Weg sei, einer Aggression zu entgehen. In der Folge entstand eine zusätzliche, und zwar gravierende Gefahr für die Reglements der Nichtweiterverbreitung von Massenvernichtungswaffen und ihren Trägermitteln.

Unter dem Druck der Tatsachen sieht man sich im Westen jetzt gezwungen, diese widerrechtliche Aktion zu überdenken. Dabei gelangt man zu dem Schluss, dass sie für künftiges Handeln der Allianz in ähnlichen Situationen nicht als »Modell«

---

1 *Iswestija,* 15. Mai 1999.

dienen kann.[1] Dass die NATO-Strategie falsch war, daran bestand für Russland von Anfang an kein Zweifel. Alles, wovor die russische Diplomatie in der Phase des Kampfes für die Abwendung der aggressiven NATO-Aktion gewarnt hatte, wurde leider Realität. Nicht nur dass die bewaffnete Intervention kein einziges Problem der Balkanregion gelöst hat, sie führte auch in eine Sackgasse, aus der herauszukommen ungeheure diplomatische Anstrengungen kostet. Letztendlich hat die NATO-Operation der friedliebenden Bevölkerung des Kosovo neue Leiden gebracht, obwohl sie doch angeblich dazu unternommen wurde, ihnen ein Ende zu setzen.

In der entstandenen Situation war es für Russland gleichermaßen inakzeptabel, sich aus dem Ganzen herauszuhalten wie sich in einen Konflikt mit der NATO hineinziehen zu lassen. Die russische Diplomatie wählte einen konstruktiven Weg, und unter ihrer Beteiligung gelang es, die Aggression zu stoppen und das Jugoslawienproblem wieder einer politischen Lösung auf der Basis der Resolution 1244 des UN-Sicherheitsrates zuzuführen.

Im Zusammenhang mit der Balkankrise sah sich die Weltgemeinschaft mit einer Reihe Probleme grundsätzlicher Art konfrontiert. Zur Rechtfertigung der NATO-Aktion verlegte man sich im Westen darauf, eifrig das Konzept der »humanitären Intervention« und der »begrenzten Souveränität« zu propagieren. Und auch gegenwärtig versucht man der Welt einzureden, dass zum Schutz der Menschenrechte und zur Verhinderung humanitärer Katastrophen die Gewaltanwendung gegen souveräne Staaten ohne Sanktion des UN-Sicherheitsrates zulässig sei.

Unstrittig ist, dass die Weltgemeinschaft gegenüber schweren Menschenrechtsverletzungen, die schweres Leid für die jeweilige Bevölkerung mit sich bringen, nicht gleichgültig bleiben

---

1 Kamp, Karl-Heinz: *L'OTAN après le Kosovo, ange de paix ou gendarme du monde,* in: *Politique Etrangère,* Nr. 2, S. 255.

kann und darf, zumal humanitäre Krisen das Potential haben, die Erhaltung der regionalen und internationalen Stabilität ernsthaft zu erschweren. Menschenrechtsverletzungen mit Methoden des Rechtsbruchs zu bekämpfen ist jedoch unzulässig. Die Missachtung der in der UN-Charta verankerten Prinzipien der Souveränität und territorialen Integrität der Staaten birgt die Gefahr, die Stabilität des gesamten internationalen Systems zu untergraben.

Der Konzeption der »humanitären Intervention« liegt die falsche Vorstellung zugrunde, dass die Globalisierung die Rolle des Staates als Subjekt der internationalen Beziehungen zwangsläufig aufhebe. Die Erfahrungen Russlands und einiger anderer Länder, die den Weg demokratischer Reformen beschritten haben, beweisen das Gegenteil: Die Schwächung des Staatswesens öffnet Erscheinungen wie dem internationalen Terrorismus, militantem Separatismus und organisierter Kriminalität Tür und Tor. Deshalb handelt Russland mit der Stärkung seiner demokratischen Staatlichkeit, Souveränität und territorialen Integrität nicht nur im eigenen nationalen Interesse, sondern im Grunde auch im Interesse der globalen Stabilität und Sicherheit.

Vor dem Hintergrund eines verschärften Kampfes bei prinzipiellen Fragen der weltweiten Entwicklung erhöhte sich die Überzeugungskraft des von Russland vorgeschlagenen Modells einer multipolaren Weltordnung, mit dem das Schwergewicht auf kollektive Mechanismen der Erhaltung von Frieden und Sicherheit gelegt wird, die vom Völkerrecht und gleicher Sicherheit für alle Staaten getragen sein sollen. Diese Thesen fanden ihren konzentrierten Ausdruck in der von Russland 1999 unterbreiteten »Konzeption des Friedens im 21. Jahrhundert«, die eine Zusammenfassung aller auf eine Weltordnung ohne Kriege und Gewalt gerichteten Werte und Prinzipien der gegenseitigen Beziehungen der Staaten untereinander darstellt. Damit initiierte Russland praktisch die konzeptionelle Vorbereitung des Millenniumsgipfels, den die UNO im September 2000 in New York veranstaltete.

Die Idee der Multipolarität ist keine ausgeklügelte Losung, sondern eine Philosophie des internationalen Lebens, die sich auf die Realität der Globalisierungsepoche stützt.

Wie zahlreiche ausländische Fachleute einräumen, existiert die multipolare Welt bis zu einem gewissen Grade bereits. Heutzutage reicht das Potential keines Einzellandes und auch keiner Ländergruppe mehr dazu aus, den eigenen Willen auf monopolistische Art in einer monopolaren Welt bei »eingeschränkter Souveränität« für alle anderen durchzusetzen. Weder die USA noch die NATO sind in der Lage, allein die internationale Sicherheit zu gewährleisten, die Rolle des »Weltpolizisten« zu spielen.

Als prägnante Illustration der Richtigkeit dieser Einschätzung kann die in den Jahren 2000 und 2001 eingetretene gravierende Verschärfung der Nahostkrise dienen. Die dramatischen Vorgänge in dieser Region haben erneut gezeigt, dass in der Epoche der Globalisierung kein einziger Staat, und sei er noch so mächtig und einflussreich, die Situation auch nur in einer Region zu steuern vermag, von weltweiten Prozessen ganz zu schweigen. Für die Aufrechterhaltung der Stabilität und die Konfliktlösung bedarf es kollektiver Anstrengungen der gesamten Weltgemeinschaft, umso mehr als neben den USA und Westeuropa andere wirtschaftliche und politische Einflusszentren eine wachsende Rolle in der Weltpolitik spielen: Russland, China, Indien, Japan, die muslimische Welt. Zunehmende Kraft gewinnen Integrationsvereinigungen in Südostasien, Lateinamerika und Afrika. Und je höher das wirtschaftliche Integrationsniveau, desto stärker ist die Tendenz, eine kollektive Position zu internationalen Fragen zu erarbeiten und eine abgestimmte Außenpolitik durchzuführen.

Nach Einschätzung des prominenten amerikanischen Politologen SAMUEL HUNTINGTON ist die gegenwärtige Orientierung der US-Politik auf eine monopolare Welt kontraproduktiv und führt zur Kollision mit den Interessen der Weltgemeinschaft. »Die Vereinigten Staaten«, schreibt er, »zögen ganz offensichtlich ein monopolares System vor, in dem sie der Hegemon wären, und handeln oft so, als ob es tatsächlich existierte. Andere große Staaten würden im Gegenteil einem multipolaren System den Vorzug geben, in dem sie ihre Interessen sowohl auf ein- als auch mehrseitiger Grundlage verfechten könnten, ohne der Behinderung, der Nötigung und dem Druck von Seiten einer stärkeren Supermacht ausgesetzt zu sein. Sie spüren die Gefahr dessen, was ihnen als globales Hegemonialstreben der USA erscheint.«[1]

Einige russische Analytiker vertreten die Auffassung, dass das Konzept der Multipolarität nicht nur angesichts des begrenzten russischen Potentials »unwirtschaftlich« sei und »bis zu einem gewissen Grade Russland die Hände bindet«, sondern es auch »beinahe automatisch in die Konfrontation mit den USA und teilweise mit dem gesamten Westen hineinzieht«[2].

Dieser Einschätzung kann man schwerlich zustimmen. Unsere Wahl zugunsten der multipolaren Weltordnung ist vor allem durch unsere nationalen Interessen begründet. Im Rahmen eines auf kollektiven Mechanismen der Aufrechterhaltung der globalen Sicherheit beruhenden Systems besitzt Russland die besten Chancen, einen geachteten Platz in der Weltgemeinschaft einzunehmen.

Nicht in abstrakten Diskussionen wird versucht, der Konzeption der Multipolarität Geltung zu verschaffen, sondern im Prozess der Suche nach gemeinsamen Lösungen für die brisan-

---

1 Huntington, Samuel: *The Lonely Superpower,* in: *Foreign Affairs*, März/April 1999, S. 37.

2 *Strategija dlja Rossii: powestka dnja dlja Presidenta – 2000* (*»Eine Strategie für Russland: Tagesordnung für den Präsidenten – 2000«)* [Bericht des Rates für Außen- und Verteidigungspolitik], Moskau 2000, S. 91.

testen und schwierigsten internationalen Probleme, die die Lebensinteressen Russlands berühren: Sicherung der strategischen Stabilität, Beilegung lokaler Konflikte unter der Ägide der UNO, Aufbau eines allumfassenden Systems der europäischen Sicherheit ohne Trennungslinien. Mit dem diplomatischen Bemühen um eine gerechte Lösung dieser Probleme wird praktisch das Fundament für ein multipolares internationales System gelegt.

Wenn Russland den konsequenten Schutz seiner nationalen Interessen mit der Suche nach gegenseitig annehmbaren Lösungen für strittige Probleme verbindet, bedeutet das keineswegs, dass es zur Konfrontation mit dem Westen verurteilt wäre. Die Tatsachen sprechen eine andere Sprache. So strebt Russland im UN-Sicherheitsrat bei den allermeisten Fragen danach, sich mit den anderen ständigen Mitgliedern (USA, Großbritannien, Frankreich, China) zu verständigen, was die Annahme konstruktiver Lösungen im Interesse der gesamten Weltgemeinschaft ermöglicht. Außerdem eröffnet die multilaterale Beschaffenheit internationaler Organisationen und Foren der russischen Diplomatie die Möglichkeit, aktiv daran zu arbeiten, eine breite Zustimmung für unseren konzeptionellen Ansatz zu gewinnen.

Das Ringen um eine multipolare Weltordnung stellt keine Konfrontation mit wem auch immer dar, sondern eine Strategie folgerichtiger Schritte zur Gestaltung einer neuen Architektur der internationalen Beziehungen.

Eine ihrer Hauptrichtungen ist die Erarbeitung einer kollektiven Antwort auf die Herausforderungen, die es für die Weltgemeinschaft in der gegenwärtigen Etappe der Zivilisationsentwicklung zu meistern gilt. Stand die zweite Hälfte des 20. Jahrhunderts im Zeichen des Kampfes für die Verhütung einer weltweiten atomaren Katastrophe, so sind die heutigen Aufgaben wesentlich komplexer und vielfältiger. In erster Linie geht es darum, eine stabile Entwicklung der Menschheit und als Voraussetzung dafür zuverlässige Sicherheit, die Nutzung der wissenschaftlichen Errungenschaften zum Wohle der gesamten internationalen Gemeinschaft und die allmähliche Annäherung des Entwicklungsniveaus der verschiedenen Staaten zu gewährleisten.

Dazu sind wirksame Steuerungsmechanismen der weltumspannenden Prozesse erforderlich. Sie müssen allen Staaten die Möglichkeit garantieren, gleichberechtigt an den internationalen Angelegenheiten teilzuhaben und ihren Beitrag zur Lösung globaler Probleme zu leisten. Je mehr Staaten sich an diesem Prozess beteiligen, desto verlässlicher werden die Vereinbarungen auf diesem Gebiet sein – und folglich das Weltgefüge in seiner Gesamtheit.

Der real existierenden Multipolarität muss die neue Architektur der internationalen Sicherheit entsprechen. Das »Baumaterial« ist praktisch bereits vorhanden – in Gestalt des weit verzweigten Systems internationaler Organisationen, allen voran der UNO, der einflussreichen regionalen Vereinigungen und des dichten Geflechts der bilateralen Beziehungen. Das Problem ist, aus diesen Strukturen ein ganzheitliches System zu machen, das die Bedürfnisse der einzelnen Staaten mit den Interessen der gesamten Weltgemeinschaft verknüpft.

Die Vorrangstellung in diesem System gebührt der UNO als Stützpfeiler der multipolaren Weltordnung und anderen Organisationen und Foren universeller Art wie der UNESCO, der Weltgesundheitsorganisation (WHO), der Internationalen Atomenergiebehörde (IAEA) usw. Das nächste Glied in der Kette sind die regionalen und subregionalen Organisationen. Die Entwicklung der Integrationsprozesse in den verschiedenen Regionen der Welt bildet eine der Haupttendenzen des internationalen Lebens in der Gegenwart. Aufschlussreich ist in diesem Zusammenhang die Einschätzung des französischen Präsidenten JACQUES CHIRAC: »Um das internationale System im 21. Jahrhundert besser zu organisieren, muss man sich vor allem auf eine multipolare Welt zubewegen. Auf der Suche nach einer Antwort auf den Globalisierungsprozess wählen die meisten Länder den Weg der Vereinigung auf regionaler Ebene, um Herr ihres Schicksals zu sein. Dieser notwendigen regionalen Integration entspricht die Europäische Union am besten.«[1]

Der Aufbau einer neuen europäischen Architektur stellt jedoch ein Problem von noch größeren Dimensionen dar. Über Jahrhunderte hinweg war Europa das Hauptzentrum der Weltpolitik, der »Hauptgesetzgeber« der Prinzipien und Normen internationalen Verhaltens. Hier entstanden und zerfielen militärisch-politische Koalitionen und Bündnisse, deren Machtkämpfe zu den blutigsten Kriegen in der Geschichte der Menschheit führten. Auch heute spiegelt Europa »en miniature« die Vielfalt und reale Multipolarität der Welt. Deshalb erübrigt sich der Nachweis, dass davon, was für ein Sicherheitssystem in Europa geschaffen wird, in vielem die Zukunft des internationalen Systems als Ganzes abhängt.

Ein Beispiel für die stetig wachsende Bedeutung des regionalen Faktors in der Weltpolitik sind die Integrationsprozesse ungeahnten Ausmaßes, die in den letzten Jahren im asiatisch-pazifischen Raum in Gang gekommen sind. Sie werden begleitet von der aktiven Suche nach zuverlässigen Mechanismen für die Gewährleistung der Sicherheit in der Region und die Entwicklung des politischen Dialogs zwischen den asiatischen Staaten und anderen führenden »Einflusspolen« in der Welt. Neben der Stärkung der dominierenden Integrationsstruktur der Länder des pazifischen Raums, der »Asiatisch-Pazifischen Wirtschaftlichen Zusammenarbeit« (APEC), entwickeln sich solche Formen des internationalen politischen Dialogs wie das regionale Forum des Verbands Südostasiatischer Staaten

---

1 Chirac, Jacques: *La France dans un monde multipolair,* in: *Politique Etrangère,* 4/1999, S. 85.

(ASEAN), die Asien-Europa-Konferenz etc. Gute Perspektiven besitzt die im Juni 2001 gegründete Shanghaier Organisation. Gearbeitet wird an der Idee des Aufbaus eines wahrhaft gesamtasiatischen – den Raum vom Nahen bis zum Fernen Osten umfassenden – Systems des Dialogs auf der Grundlage der auf Initiative Kasachstans einberufenen Beratung für Zusammenwirken und vertrauensbildende Maßnahmen in Asien.

Teil des weltweiten Systems der regionalen Organisationen sind die sich dynamisch entwickelnden Strukturen der wirtschaftlichen Integration und politischen Zusammenarbeit der Länder der arabischen Welt sowie der lateinamerikanischen und afrikanischen Staaten. Davon, dass diese Strukturen eine wachsende Rolle spielen werden, zeugt die Mitte des Jahres 2001 erfolgte Gründung der Afrikanischen Union.

Das dritte Grundelement des neuen Weltordnungssystems schließlich ist das dichte Geflecht bilateraler Beziehungen zwischen den Staaten. In einer globalen Welt behält diese natürlichste und traditionelle Form des internationalen Verkehrs ihre volle Bedeutung.

Auf diese Weise stellt sich die künftige globale Architektur als eine Art »Pyramide« dar – an ihrer Spitze stünde die UNO als Hauptinstrument der Erhaltung von Frieden und Sicherheit, deren Wirken durch die Zusammenarbeit im Rahmen regionaler Organisationen und auf zweiseitiger Grundlage ergänzt würde. »Bindemittel« dieser Konstruktion wäre die allgemeine und strikte Einhaltung des Völkerrechts.

Die Evolution der globalen Prozesse erfordert zweifellos die Anpassung der Normen des Völkerrechts an die neuen Realien. Dabei geht es für die Weltgemeinschaft in erster Linie darum, operativer und organisierter auf humanitäre Krisen reagieren, besser noch, ihnen vorbeugen zu können. Diese Arbeit muss kollektiv und ausschließlich auf der Grundlage der UN-Charta geleistet werden. Niemand hat das Recht zu ignorieren, dass alle zur Verfügung stehenden Instrumente des internationalen Menschenrechts das Reagieren auf Verletzungen der entsprechenden Normen vorsehen – bis hin zum Einbringen derartiger Fragen im UN-Sicherheitsrat. Dieses in zahlreichen multilateralen Konventionen und Verträgen verankerte Procedere ist verbindlich, wenn Zwangsmaßnahmen als Antwort auf humanitäre Krisen erwogen werden. Eine in der UNO unterbreitete russische Initiative sieht vor, die rechtlichen Aspekte der Gewaltanwendung in den internationalen Beziehungen im Zusammenhang mit der Globalisierung kollektiv zu präzisieren. Ernsthafteste Prüfung verdienen auch die Möglichkeiten der präventiven Diplomatie und der Friedensstiftung sowie die Vervollkommnung der Reglements für die Verhängung von Sanktionen.

Eine ernste internationale und regionale Spannungsquelle sowie ein immenses völkerrechtliches Problem stellt seit einiger Zeit das Verhältnis der USA zu den »Schurkenstaaten« dar, gegen die praktisch ein nicht erklärter Krieg entfesselt wurde: einseitig werden Sanktionen und Handelsembargos verhängt, wird politischer und militärischer Druck ausgeübt, ja es kommt sogar wie im Falle des Iraks und Jugoslawiens zur Anwendung militärischer Gewalt und zur direkten Einmischung in die inneren Angelegenheiten souveräner Staaten.

Dass diese politische Linie kontraproduktiv ist, steht außer jedem Zweifel. In keinem einzigen Fall haben die USA ihnen nicht genehme Regime zu stürzen vermocht, Opfer der Sanktionen und des militärischen Eingreifens wurde die friedliebende Bevölkerung der betroffenen Länder. Bemerkenswerterweise gelangt man allmählich auch in Washington zu dieser Einsicht.

Russland geht davon aus, dass Druckmittel, auch von der Weltgemeinschaft sanktionierte, gegenüber Staaten, die von ihr der Verletzung der Menschenrechte oder anderer Normen des Völkerrechts beschuldigt werden, sehr ausgewogen und umsichtig anzuwenden sind, damit der Teufel nicht mit dem Beelzebub ausgetrieben wird. Wichtig ist, dass kein Staat, was für eine Krisensituation in ihm oder um ihn herum auch entstanden sein mag, sich in die Enge getrieben fühlen und in seiner Sicherheit gefährdet sehen darf. Für diese Länder muss unter allen Umständen eine reale Alternative gefunden werden, um aus der Isolation herauszukommen und einen positiven Beitrag zu den regionalen Systemen der Sicherheit und der Weltpolitik leisten zu können. Ein Beispiel für ein solches Herangehen ist das Engagement Russlands auf der koreanischen Halbinsel bei den Bemühungen um nationale Aussöhnung der beiden koreanischen Staaten.

Insgesamt gesehen, muss eines der grundlegenden Prinzipien der neuen Weltordnung die weitestgehende Einbeziehung aller Staaten in das Ringen um Sicherheit und Stabilität sein. Nur so lässt sich eine berechenbare Atmosphäre in der Welt herstellen und eine »kritische Masse« multilateraler diplomatischer Aktivitäten zur Beilegung bestehender und zur Verhütung neuer Konflikte mit politischen Mitteln schaffen.

Es zeigt sich, dass die Position Russlands hinsichtlich der künftigen internationalen Ordnung von nicht wenigen in der Welt geteilt wird und die Zahl der Gleichgesinnten wächst. Als Russland, China und Indien das Vorgehen der NATO gegen Jugoslawien im März 1999 entschieden verurteilten und vor der Gefahr verheerender Konsequenzen der Konzeption der »humanitären Intervention« warnten, fand die Stimme dieser Staaten, die mehr als die Hälfte der Bevölkerung der Erde ausmachen, Gehör und ließ die Position anderer Mitgliedsländer der UNO nicht unbeeinflusst. Infolgedessen wird in der internationalen Arena die Front der Verteidiger der grundlegenden Prinzipien der UN-Charta allmählich breiter. In den Schlussdokumenten der XIII. Ministerkonferenz der Bewegung der nichtpaktgebundenen Staaten in Cartagena vom 8. und 9. April 2000 und des Gipfels der »Gruppe 77« in Havanna vom 10. bis 14. April desselben Jahres heißt es: »Wir lehnen das ›Recht‹ auf humanitäre Intervention ab, für das es keine juristische Grundlage gibt, weder durch die UN-Charta noch durch die allgemeinen Prinzipien des Völkerrechts.«[1] Die Bewegung der nichtpaktgebundenen Staaten bekräftigte in Cartagena gleichfalls einmütig »die entschiedene Verurteilung jeglicher einseitiger militärischer Aktionen, die ohne eine entsprechende Sanktion des UN-Sicherheitsrates durchgeführt werden«[2].

2. Die Weltgemeinschaft vor den Herausforderungen der Globalisierung

Das Ende des Kalten Krieges brachte tief greifende Veränderungen mit sich, den internationalen Beziehungen wurde eine offenere Struktur verliehen. Die Barrieren, die die Welt künstlich in geschlossene Blöcke geteilt hatten, fielen. Völlig diskreditiert standen die auf Selbstisolierung und Autarkie gegründeten Entwicklungsmodelle da. Der Übergang des größten Teils der Staaten zu einer offenen Marktwirtschaft und zur Liberalisierung der internationalen Handels- und Wirtschaftsbeziehungen war ein Qualitätssprung hin zur Umwandlung der Welt in einen einheitlichen Wirtschafts- und Zivilisationsraum.

Vor diesem Hintergrund erhielten die Globalisierungsprozesse praktisch in allen Lebensbereichen einen mächtigen Impuls, sie wurden zu einem entscheidenden Faktor der weltweiten Entwicklung im 21. Jahrhundert. Ohne Berücksichtigung der Globalisierungsprozesse ist heute im Grunde keine ernst-

---

1 *The Final Documents of the XIII Ministerial Conference of the Non-Aligned Countries, Cartagena, 8–9 April 2000.* Art. 263; *Declaration of the South Summit, Havana, 10–14 April 2000.* Art. 54.

2 *The Final Documents of the XIII Ministerial Conference of the Non-Aligned Countries, Cartagena, 8–9 April 2000.* Art. 11.

hafte Analyse der Entwicklung in Russland und in der Welt im mittel- und noch weniger im langfristigen Perspektivzeitraum möglich.

Dabei herrscht unter Wissenschaftlern und Fachleuten keine einheitliche Auffassung vom Wesen des Globalisierungsphänomens. Ja, es gibt für diesen Begriff bisher nicht einmal eine feststehende Definition. Die einen betrachten die Globalisierung als eine völlig neue Erscheinung, die in erster Linie mit den Auswirkungen der wissenschaftlich-technischen Revolution und dem ungeahnten Wachstum der transnationalen Finanzströme zusammenhänge, deren Umfang den der Produktion und des internationalen Handels wesentlich übersteigt. Andere sind der Auffassung, die Globalisierung sei lediglich eine neue Etappe in der Entwicklung der Internationalisierungsprozesse, die bereits an der Wende vom 19. zum 20. Jahrhundert eingesetzt hätten, jedoch durch die beiden Weltkriege und die Spaltung der Welt in zwei einander feindlich gegenüberstehende gesellschaftliche und wirtschaftliche Systeme zum Stillstand gekommen wären. Die Fachleute des Internationalen Währungsfonds definieren die Globalisierung als »zunehmende wechselseitige wirtschaftliche Abhängigkeit der Länder der gesamten Welt im Ergebnis des Anwachsens von Umfang und Vielfalt des grenzüberschreitenden Austauschs von Waren und Leistungen sowie der internationalen Kapitalströme sowie dank der sich immer schneller und ausgedehnter vollziehenden technologischen Verflechtung«[1].

Wie immer wir die Globalisierung auffassen, eines ist klar: Dieser Faktor übt einen zusehends spürbaren Einfluss auf alle Lebens- und Tätigkeitsbereiche der Menschheit aus. Das schlägt sich in der weiteren Internationalisierung der weltumspannenden Prozesse und in der steigenden wechselseitigen

---

1 *World Economic Outlook,* Mai 1997, S. 45.

Abhängigkeit der Staaten nieder. Die realen Auswirkungen dieses Einflusses stellen sich jedoch sehr differenziert dar.

Die mit der Globalisierung einhergehende allseitige Annäherung der Länder und Regionen müsste, so sollte man meinen, der Lösung weltweiter Probleme durch internationale Zusammenarbeit mächtige Impulse verleihen. Neuerdings bestehen einst unvorstellbare Möglichkeiten für rasche Fortschritte auf dem Weg des Aufbaus einer auf gleicher Sicherheit, solidarischer Verantwortung und Zusammenarbeit aller Staaten beruhenden Weltordnung. Anfang der neunziger Jahre durfte nicht nur Russland hoffen, dass die Jahrzehnte atomarer Feindschaft und globaler Konfrontation durch eine Epoche des weltweiten Friedens, der Sicherheit, der Abrüstung und der konstruktiven Partnerschaft abgelöst würden.

Nicht weniger rosig erschienen die Perspektiven für die Lösung globaler Probleme der Menschheit, bergen doch die modernen Technologien die Möglichkeit in sich, die Suche nach optimalen Lösungen für Probleme wie den Umweltschutz, die Bekämpfung von Armut und Krankheiten, die Zurückdrängung des Analphabetentums, die Sicherung des Zugangs breiterer Bevölkerungsschichten zu Bildung, Kultur usw. zu erleichtern.

In Wirklichkeit ist jedoch bisher nur ein eng begrenzter Kreis der höchst entwickelten Länder in den Genuss der positiven Effekte der Globalisierung gekommen, wohingegen ihre negativen Folgen mehr oder weniger von der gesamten Weltgemeinschaft zu tragen sind.

Immer zahlreicher werden die Belege dafür, dass eine von der internationalen Gemeinschaft nicht gesteuerte Globalisierung die Schere zwischen Reich und Arm innerhalb der einzelnen Länder und auf der ganzen Welt nicht kleiner macht, sondern im Gegenteil noch vergrößert. So stieg dem UN-Bericht »Globalisierung mit menschlichem Antlitz« (1999) zufolge das Einkommensverhältnis zwischen den fünf reichsten und den fünf ärmsten Ländern der Welt, nachdem es 1960 bei 30:1 gelegen hatte, 1990 bereits auf 60:1 und 1997 auf 74:1.

Eines der Paradoxa der Globalisierung besteht darin, dass die Revolution auf dem Gebiet der Kommunikationsmittel, die theoretisch die Annäherung der Länder und Völker hätte fördern müssen, sie in Wirklichkeit immer weiter voneinander entfernt. Denn es sind vor allem die höchst entwickelten Länder, die Zugang haben zu den neuen Möglichkeiten für den Erwerb von Wissen und Technologien.

Viele Staaten beunruhigt die mit den Auswirkungen des Globalismus verbundene übermäßige »Ökonomisierung« der internationalen Beziehungen, bei der die blinden Marktkräfte die dominierende Rolle spielen und traditionelle politische und soziale Motive der Entscheidungsfindung, ganz zu schweigen von humanitären und moralischen, in den Hintergrund gedrängt werden. Die Sorge wächst, dass das Schicksal der Staaten und Völker nicht mehr ihnen selbst gehört, sondern in der Hand supranationaler, im Grunde von niemandem kontrollierbarer Marktmechanismen und -strukturen liegt. Die Welle der Finanzkrisen, die im Jahre 1998 über die Welt hinwegging und Russland mit solcher Wucht traf, ist ein markantes Beispiel dafür, wie verletzlich die Globalisierung die wirtschaftliche Sicherheit von Staaten und ganzen Regionen macht.

Nicht zufällig wird die Globalisierung oft mit einem Wettrennen verglichen, bei dem die Lorbeeren dem Sieger zufallen und der Verlierer leer ausgeht. Die französische Militärzeitschrift *Défense nationale* betonte in diesem Zusammenhang, dass ein »uneingeschränkter Wirtschaftsliberalismus«, zu dem die USA aufrufen (obwohl sie sich selbst nicht danach richten), die Kluft zwischen entwickelten Ländern und Entwicklungsländern vertieft. Die Empörung über die Benachteiligung und Ungerechtigkeit wird zum Nährboden für Aufruhr und Terrorismus in den Entwicklungsländern. Und ein so vorrangiges Motiv menschlichen Handelns wie die Gewinnerzielung führt zum Sittenverfall und setzt die Menschheit einem »selbstmörderischen Abdriften«[1] aus.

Ein höchst besorgniserregendes Symptom ist, dass beim immer stärkeren Zurückbleiben der ärmsten Länder ein Rückgang der gesamten internationalen Entwicklungshilfe zu verzeichnen ist. Die Aufmerksamkeit für die soziale Problematik der Entwicklungsländer, von denen nur eines verlangt wird – die Durchführung liberaler Reformen –, lässt nach, obgleich sehr wohl bekannt ist, dass solche Reformen keineswegs den Zufluss ausländischer Investitionen garantieren. Im Gegenteil, das Gros der Investitionen geht in die entwickelten Länder.

Das Ergebnis ist, dass sich statt allgemeiner Wohlfahrt Verelendung breit macht – der Nährboden für internationalen Terrorismus und organisierte Kriminalität, gesetzwidrigen Drogen- und Waffenhandel, nationale und religiöse Intoleranz. Wobei diese Erscheinungen bisweilen schneller um sich greifen, als die Entwicklung der Internationalisierungsprozesse dort vorankommt, wo sie der Menschheit realen Nutzen bringen könnte: im Gesundheits- und Bildungswesen, in Wissenschaft und Kultur. Auf diese Tendenz wies zu Recht der stellvertretende UN-Generalsekretär PINO ARLAKKI hin: »Nie zuvor hat es solche wirtschaftliche Möglichkeiten für so viele Menschen gegeben. Nie zuvor hat es aber auch solche Möglichkeiten für verbrecherische Organisationen gegeben.«[2]

Nicht weniger offensichtlich ist, dass die Weltgemeinschaft unter den Bedingungen der Globalisierung nicht damit begonnen hat, die langfristigen allgemein menschlichen Probleme effektiver zu lösen; das gilt für Erfolge in der Verhinderung von ökologischen und technischen Katastrophen ebenso

---

1 De Foiard, Paul Arnaud: *Libéralisme et humanisme,* in: *Défense nationale,* 11/1999, S. 10 f.

2 *Tenth United Nations Congress on the Prevention of Crime and the Treatment of Offenders.* UN DPI/2088/F-003219, S. 1.

wie im Kampf gegen Epidemien usw. Im Gegenteil, auf Grund des Diktats der Markttendenzen wird die Lösung globaler Probleme unter den heutigen Bedingungen eher schwieriger.

Schließlich greifen die Paradoxa der Globalisierung auch zunehmend in die Sphäre des geistigen und kulturellen Lebens ein. Die neuen Kommunikationsmittel haben einzigartige Möglichkeiten für die gegenseitige Bereicherung der Kulturen, die Vervollkommnung der Bildungssysteme und den Austausch von Forschungsergebnissen eröffnet. Die wechselseitige Abhängigkeit und Verflechtung der nationalen Kulturen wird zu einem dominierenden Faktor. Doch auch hier treten die »Nebeneffekte« und Schattenseiten der Globalisierung immer deutlicher zutage. So schlägt die Öffentlichkeit vieler Länder, die russische inbegriffen, Alarm wegen der wachsenden Gefahr der Nivellierung der nationalen Kulturen, des Verlustes der kulturellen Eigenart, des Verschwindens zahlreicher Nationalsprachen. BALZAC nannte die Kultur das »Gewand der Nation«, und heute droht der Welt, um bei diesem Bild zu bleiben, die Uniformierung mit amerikanisierter »Massenkultur«. Nicht umsonst stellen viele Länder – entwickelte wie Entwicklungsländer – in verschiedenen internationalen Foren die Erhaltung der kulturellen Vielfalt auf eine Stufe mit den größten globalen Problemen. In der Weltgemeinschaft bildet sich schrittweise ein breiter Konsens heraus, dass die kulturelle Vielfalt für die Menschheit der Zukunft keine geringere Bedeutung besitzt als das ökologische Gleichgewicht. Der positive Sinn der Globalisierung muss in der zunehmenden wechselseitigen Bereicherung bestehen und nicht in der Dominanz einer einzelnen Kultur.

Es liegt völlig auf der Hand, dass ein auf derart frappanten Missverhältnissen und Widersprüchen gründendes internationales System nicht stabil sein kann. Die Lage wird noch dadurch verschärft, dass unter den Bedingungen der Globalisierung der entwickelte »Norden« immer weniger in der Lage ist, sich vom zurückfallenden »Süden« »abzugrenzen« und eine in sich geschlossene Zone wirtschaftlicher Prosperität zu schaffen. Davon zeugt u.a. ein Phänomen wie die Massenimmigration in die entwickelten Länder Europas und Amerikas: den durch sie verursachten Druck bekommen die sozialen Strukturen dieser Länder immer stärker zu spüren. Zugleich macht sich der Fortgang von Fachleuten in der ohnehin geschwächten Wirtschaft der Entwicklungsländer schmerzlich bemerkbar.

Eines der komplexesten Probleme, die der Prozess der Globalisierung mit sich bringt, ist die Bestimmung der Rolle, die die souveränen Staaten entsprechend ihren Möglichkeiten in den internationalen Beziehungen spielen können.

Nehmen wir zum Beispiel Erscheinungen wie den militanten Nationalismus und Separatismus. Unter der Losung des über alles gestellten Selbstbestimmungsrechts der Nationen führen die Separatisten den Zusammenbruch von multinationalen Staaten herbei, säen nationalen Hass und Intoleranz, schaffen ethnische Konfliktherde, die sich nur schwer beseitigen lassen. Dabei beschränkt sich der Separatismus keineswegs auf instabile oder wirtschaftlich schwache Staaten, sondern breitet sich auch in entwickelten Ländern aus. Das macht den wohl überlegten Umgang der internationalen Gemeinschaft mit Kategorien wie der Souveränität und territorialen Integrität der Staaten, dem Selbstbestimmungsrecht der Völker, den Rechten nationaler Minderheiten usw. dringend notwendig. Es gilt, aufeinander abgestimmte Herangehensweisen an diese Problematik zu erarbeiten, die doppelte Standards ebenso ausschließen wie die Schaffung von Präzedenzfällen, die gefährliche Konsequenzen in sich bergen.

Der Institution des Staates drohen jedoch noch andere, weniger klar erkennbare Gefahren. Gewisse Anhänger einer vorbehaltlosen Globalisierung sind der Ansicht, dass diese Institution unter den heutigen Verhältnissen geradezu ein Anachronismus und zum allmählichen Absterben verurteilt sei. Sie rufen dazu auf, der Sicherheit der Persönlichkeit voll und ganz den Vorrang gegenüber der des Staates einzuräumen, ohne eine Antwort auf die Frage zu geben, wer denn dann, an Stelle des Staates, diese Sicherheit garantieren soll. Konzeptionen werden entwickelt, nach denen das Prinzip der Achtung der Menschenrechte uneingeschränkt über die Prinzipien der Nichteinmischung in die inneren Angelegenheiten und der souveränen Gleichheit der Staaten in den internationalen Beziehungen zu stellen sei.

Dies ist der Kern der Konzeptionen einer »begrenzten Souveränität« und »humanitärer Interventionen«, von denen bereits die Rede war. Sie alle beruhen auf der falschen Prämisse, dass die Institution des Staates nachgerade ein Hindernis auf dem Wege der Einhaltung der Menschenrechte in der Welt sei. Indessen haben uns in den letzten zehn Jahren konkrete Beispiele wiederholt das genaue Gegenteil bewiesen: die Schwächung des Staatswesens, die in einigen Fällen mit seiner völligen Zerstörung endete, führte zu einem derartigen Zustand von Chaos und Anarchie, dass der Weltgemeinschaft die Möglichkeit genommen wurde, Menschenrechtsverletzungen großen Ausmaßes zu unterbinden oder wenigstens auf irgendeine Weise Unterstützung zu leisten, damit der Konflikt in dem betreffenden Land beigelegt wurde.

Die Schlussfolgerung kann nur sein, dass, unabhängig davon, wie groß der Kreis der an den internationalen Beziehungen Beteiligten auch werden mag, das Handeln bei den souveränen Staaten liegen muss. Und wenn heute Rufe laut werden, das Gesicht der internationalen Zusammenarbeit dem Menschen zuzuwenden und die Aufmerksamkeit auf die Interessen seiner Sicherheit, seines Wohls und seiner Würde zu konzentrieren, so vermag die entscheidende Verantwortung hierfür wiederum allein der Staat zu übernehmen. Zu diesem Zweck ist er letzten Endes auch geschaffen worden.

Natürlich ist nicht von der Hand zu weisen, dass in der heutigen Welt, besonders in den entwickelten Ländern, eine gewisse Umverteilung der Funktionen zwischen Staat und Gesellschaft vor sich geht, in der Regel zugunsten Letzterer. Etwas Vergleichbares vollzieht sich auch in den internationalen Beziehungen. Eine zunehmende Zahl von Fragen, die früher in die alleinige Zuständigkeit der Staaten fielen, wird jetzt immer häufiger zum Gegenstand internationaler Diskussionen. So wird die Problematik der Einhaltung der Menschenrechte nicht mehr als ausschließlich innere Angelegenheit eines Staates betrachtet und das Prinzip der Nichteinmischung in innere Angelegenheiten immer enger mit der Transparenz der Politik der Staaten auf dem Gebiet der Menschenrechte und ihrer freiwilligen Zusammenarbeit mit den internationalen Organisationen verbunden. Wohlgemerkt: ihrer freiwilligen Zusammenarbeit. Doch all das zeugt nicht von der Aushöhlung, sondern im Gegenteil von der verbesserten, zivilisierten Umsetzung des Prinzips der staatlichen Souveränität. Ein solcher Prozess kann sich natürlich allein auf gleichberechtigter Grundlage vollziehen, das heißt nicht unter Missachtung, sondern unter strikter Einhaltung der Normen des Völkerrechts. Das Prinzip der souveränen Gleichheit aber bietet den Staaten die Möglichkeit, guten Willen zu zeigen – die Bereitschaft zur Zusammenarbeit mit der Weltgemeinschaft.

Die Doktrinen der »humanitären Einmischung« und der »begrenzten Souveränität« gehen indessen von vornherein von Ungleichheit und »doppelten Standards« in den zwischenstaatlichen Beziehungen aus. Sie sind offenkundig nicht dazu bestimmt, gegenüber den reichsten und militärisch stärksten Ländern angewandt zu werden. Im Grunde haben wir es hier mit Versuchen zu tun, ein internationales System zu schaffen, das die ohnehin sich vertiefende wirtschaftliche Ungleichheit der Staaten durch eine zum Gesetz erhobene Ungleichheit auch im Bereich der internationale Beziehungen zementieren würde. Eine Situation wie in GEORGE ORWELLS *Farm der Tiere*: Alle sind gleich, aber die einen sind »gleicher« als die anderen.

Zusammenfassend ist zu bemerken, dass die Globalisierung in ihrer gegenwärtigen Form noch nicht zu einem neuen Regulator der weltweiten Prozesse geworden ist. Im Gegenteil, oft genug desorganisiert sie zusätzlich das System der internationalen Beziehungen und bedarf folglich selbst einer ernsthaften Regulierung und Steuerung im Interesse der Weltgemeinschaft.

Bei der nüchternen Einschätzung der Schattenseiten der Globalisierung sollte man allerdings nicht ins andere Extrem verfallen. Die Globalisierung ist ein objektiver und unumkehrbarer Prozess. Jeder Versuch, ihn zu »verbieten« oder zu »stoppen«, wie es gewisse militante gesellschaftliche Gruppen in einigen Ländern tun, ist genauso sinnlos wie beispielsweise die Vorstellung, die Ergebnisse einiger wissenschaftlicher Entdeckungen »annullieren« zu können, selbst wenn sie Gefahren für den Menschen bergen.

Jedoch kann und sollte die Weltgemeinschaft eine vernünftige Kontrolle dieses Prozesses anstreben, um seine soziale und humanitäre Komponente zu verstärken und ihm eine »zivilisierte Form« zu verleihen. Immer eindringlichere Appelle in dieser Richtung sind sowohl von Seiten der Entwicklungsländer wie auch einiger entwickelter Staaten zu hören.

Einer solchen Herangehensweise kann unser Land nicht anders als mit Zustimmung begegnen. Angesichts seiner gegenwärtigen wirtschaftlichen Lage zählt Russland zu den Staaten, für die die Globalisierung nicht wenige Gefahren birgt. Trotz allem kann es von seinem auf wirtschaftliche Offenheit und Integration gerichteten strategischen Kurs nicht abgehen. Aufgabe der Außenpolitik ist es, diesen Prozess unter anderem dadurch voranzubringen, dass das Entstehen solcher internationaler Mechanismen gefördert wird, die die günstigsten Voraussetzungen für eine stabile, krisenfreie Entwicklung der russischen Wirtschaft und ihre organische Einbindung in das System der Weltwirtschaftsbeziehungen gewährleisten – unter entsprechender Berücksichtigung der Faktoren, die für die wirtschaftliche Sicherheit unseres Landes entscheidend sind.

In seiner Grußbotschaft an die Teilnehmer des Gipfeltreffens der »Gruppe 77« (Havanna, April 2000) betonte der Präsident der Russischen Föderation, WLADIMIR PUTIN: »Wichtig ist es, nicht nur kein Überhandnehmen der negativen Erscheinungen der Globalisierung zuzulassen, sondern auch ihre Vorzüge für alle Staaten und Völker zu erschließen. Die Globalisierung muss dem sozialen Fortschritt dienen – der Erhöhung des Beschäftigungsgrades, der Senkung der Arbeitslosigkeit, der Überwindung der Armut.«

Für die Weltgemeinschaft kommt es darauf an, die Globalisierungsprozesse steuern zu lernen, und das ist zweifellos keine leichte Aufgabe, besonders im Finanz- und Wirtschaftsbereich. Allerdings gibt es bereits heute überaus leistungsfähige Mechanismen, die den zerstörerischen Aspekten der Globalisierung entgegenwirken. Dabei geht es vor allem um Prozesse der regionalen Integration, die sich in aller Welt von Südostasien bis Lateinamerika in rasantem Tempo entwickeln.

Zuverlässige »Sicherungsmittel« existieren auch auf dem Gebiet der internationalen Politik. Damit sie jedoch wirklich effektiv werden, ist ein klarer politischer Wille erforderlich, ein demokratisches, gleichberechtigtes System der internationalen Beziehungen aufzubauen, in dem die Solidarität zur Richtschnur des Verhaltens der Staaten gemacht und der Schutz der natürlichen nationalen Interessen mit der Suche nach kollektiven und allgemein annehmbaren Lösungen für die wichtigsten internationalen Probleme verbunden wird.

Kurz gesagt, viel bleibt noch zu tun, damit die Globalisierung den Charakter eines sozial verantwortbaren Prozesses erhält. Dazu wird eine auf den Prinzipien der allumfassenden strategischen Stabilität fußende, detaillierte und abgestimmte

Strategie für stabile Entwicklung und Prosperität erforderlich sein.

3. Russland und die Probleme der strategischen Stabilität

Die tief greifende Umgestaltung der internationalen Beziehungen zu Beginn der neunziger Jahre machte es erforderlich, die Probleme der Gewährleistung von Sicherheit und Stabilität in der Welt völlig neu zu bewerten.

Mit dem Ende des Kalten Krieges büßten die internationalen Beziehungen ihr systembildendes Element ein – die beinahe ein halbes Jahrhundert lang eingehaltene strenge Disziplin der beiden in Konfrontation einander gegenüberstehenden militärisch-politischen Blöcke. Die Welt hat die ideologische Spaltung überwunden, doch stabiler geworden ist sie dadurch nicht. Neue Bedrohungen und Herausforderungen sind der globalen Sicherheit erwachsen, zu denen, wie bereits festgestellt, regionale Konflikte, aggressiver Separatismus und ethnische Feindschaften, internationaler Terrorismus und organisierte Kriminalität gehören.

Es ist völlig offensichtlich, dass man unter den Bedingungen der Globalisierung diesen Herausforderungen lediglich mit den vereinten Kräften der ganzen Weltgemeinschaft wirksam begegnen kann. Dies ist jedoch nur unter der Voraussetzung stabiler und berechenbarer internationaler Beziehungen, insbesondere zwischen den Atommächten, erreichbar.

Unter den größten Errungenschaften auf dem Gebiet der zwischenstaatlichen Beziehungen, die die zweite Hälfte des 20. Jahrhunderts prägten, war für das Leben der Menschheit wohl keine von solcher Bedeutung wie die Beseitigung der Gefahr eines globalen Atomkriegs. Gemeinsam gelang es Russland, den USA und anderen Staaten, nicht nur diese Gefahr zu minimieren, sondern auch den Prozess der Beschränkung und des Abbaus der Kernwaffenarsenale in Gang zu bringen. Möglich wurde das durch die allgemeine Befürwortung der Konzeption der strategischen Stabilität, zu deren Eckpfeiler der ABM-Vertrag von 1972 geworden ist.[1]

Der auf Grundlage dieses Vertrages erarbeitete Begriff der strategischen Stabilität beinhaltete den bewussten Verzicht beider Länder auf strategische Systeme zum Schutz ihrer Territorien vor interkontinentalen ballistischen Raketen. Dadurch vom Zwang befreit, die offensiven Kernwaffenpotentiale zu erhöhen, konnten die UdSSR und die USA zur Politik der gegenseitigen Abschreckung auf einem niedrigeren Niveau der strategischen Rüstung übergehen. Mit anderen Worten: Der Verzicht auf den »Atomschild« machte das »Atomschwert« sicherer.[2] Auf der Grundlage des ABM-Vertrages entstand ein verzweigtes System internationaler Verträge und Abkommen auf dem Gebiet der Rüstungs- und Abrüstungskontrolle. Dazu gehörten die beiden Verträge über die Begrenzung der strategischen Rüstung und der Vertrag über Kurz- und Mittelstreckenraketen, durch den gleich zwei Kernwaffenkategorien aus der Welt geschafft werden konnten. Es folgten die Verträge START I und START II, deren Realisierung dazu führen soll, die Zahl der Atomsprengköpfe auf etwa ein Viertel zu verringern. Reale Möglichkeiten sind gegeben, eine weitere wesentliche Reduzierung der strategischen Offensivwaffen zu erreichen.

---

1 *Sbornik dejstwujuschtschich dogoworov, soglascheni i konwenzi, sakljutschonnych SSSR s inostrannymi gosudarstwami (»Handbuch der geltenden Verträge, Abkommen und Konventionen, die von der UdSSR mit ausländischen Staaten abgeschlossen wurden«),* 28. Ausg., Moskau 1974, S. 31–35.

2 *Sowjetsko-amerikanskije otnoschenija w sowremennom mire (»Die sowjetisch-amerikanischen Beziehungen in der Welt von heute«).* Verantw. Red.: Trofimenko, G. A., und Podlesny, P. T., Moskau 1997, Kap. 4; Dobrynin, Anatoli: *Sugubo doweritelno. Possol w Washingtone pri schesti presidentach SSchA (1962–1986) (»Streng vertraulich. Botschafter in Washington unter sechs US-Präsidenten [1962–1986]«),* Moskau 1996, T. IV; Kissinger, Henry: *Diplomatie,* Moskau 1997, Kap. 29.

Untrennbar mit diesem Prozess verbunden sind globale und regionale Reglements für die Nichtweiterverbreitung von Kernwaffen sowie der Abschluss einer ganzen Reihe von Abkommen über das Verbot von Atomtests, die Vernichtung der Chemiewaffen, die Reduzierung der konventionellen Waffen und Streitkräfte.

Alle diese Verträge und Abkommen ermöglichten es, eine moderne Architektur der internationalen Sicherheit zu errichten. Dabei geht es, wohlgemerkt, um ein System aufeinander abgestimmter Verträge und Abkommen. Wird sein Fundament zerstört, droht die gesamte Konstruktion einzustürzen und damit die Ergebnisse dreißigjähriger Abrüstungsanstrengungen der Weltgemeinschaft zunichte zu machen.

Darum bereiteten die dem ABM-Vertrag widersprechenden Absichtserklärungen der USA zur Schaffung strategischer Raketenabwehrsysteme der ganzen Welt stets so ernsthafte Sorgen. Sprach man in der Zeit von BILL CLINTON noch von nationaler Raketenabwehr, so liefen diese Planungen unter GEORGE W. BUSH bereits unter der Bezeichnung »globale Raketenabwehr«.

Die feste Position, die Russland zu den amerikanischen Raketenabwehrplänen bezog, ist keineswegs als Ausdruck von Gegnerschaft zwischen Großmächten zu betrachten, wie es zum Beispiel in den Zeiten der scharfen Polemik zwischen der UdSSR und den USA um die »strategische Verteidigungsinitiative« von Präsident RONALD REAGAN der Fall gewesen war. Heute sind die russisch-amerikanischen Beziehungen von gänzlich anderer Natur. Unsere Staaten betrachten einander nicht mehr als Gegner. Mehr noch, sie sehen sich nun im Grunde mit ein und denselben Bedrohungen und Herausforderungen für ihre Sicherheit konfrontiert. Zu diesen potentiellen Gefahren gehört die Weiterverbreitung von Massenvernichtungswaffen und ihren Trägermitteln. Russland ist nicht weniger als die USA und andere Staaten an der Suche nach effektiven Antworten auf diese Herausforderungen interessiert. Nach seiner Überzeugung müssen diese jedoch gemeinsam, jedenfalls nicht zum Schaden der Interessen der anderen Seite gefunden werden.

Deshalb geht Russland an die Gespräche mit den USA über Probleme der strategischen Stabilität nicht im Geiste der Konfrontation und der Erlangung einseitiger Vorteile heran, sondern mit dem Ziel, ausgewogene und gut durchdachte Lösungen zu finden, die die Möglichkeit bieten, einerseits die Sicherheit unserer Länder und die internationale strategische Stabilität im Allgemeinen auf zuverlässige Weise zu gewährleisten und andererseits die in den letzten Jahren erreichten soliden Positiva in den Beziehungen zwischen Russland und den USA zu erhalten und zukunftsorientiert auszubauen.

Während des Jahres 2001 war das Schicksal des ABM-Vertrages das zentrale Thema im russisch-amerikanischen Dialog zu Fragen der strategischen Stabilität. Auch bei den vier Treffen zwischen den Präsidenten Russlands und der USA war er Gegenstand ausführlicher Gespräche.

Die Position Russlands war in höchstem Maße konstruktiv und klar: Der ABM-Vertrag behält seine Aktualität. Angesichts der Veränderungen in der Welt sind wir jedoch bereit, mögliche Besorgnisse der amerikanischen Seite bis ins Detail zu erörtern und die Ausarbeitung eines neuen Rahmens der strategischen Zusammenarbeit in Angriff zu nehmen.

Dabei ließen wir uns selbstverständlich von den Interessen unserer eigenen Sicherheit leiten. Zugleich gingen wir von der Notwendigkeit aus, das im letzten Jahrzehnt geschaffene multilaterale Rechtssystem auf dem Gebiet der Abrüstung und der Rüstungskontrolle zu erhalten. Es zu untergraben hieße, schwere Konsequenzen für die strategische Stabilität in der Welt in Kauf zu nehmen.

Die US-Administration zog es leider vor, ihr Recht in Anspruch zu nehmen, einseitig aus dem ABM-Vertrag auszusteigen. Am 13. Dezember 2001 verkündete Präsident GEORGE W. BUSH offiziell diesen Beschluss. Die zur Begründung vorgebrachten Argumente einer möglichen Raketengefahr seitens der so genannten Schurkenstaaten können kaum jemanden überzeugen. Diese Entscheidung wurde natürlich durch politische Motive diktiert, hinter denen ausschließlich die Interessen der Vereinigten Staaten stehen.

Dennoch sollte daran erinnert werden, dass die Diskussionen um die Beibehaltung oder Nichtbeibehaltung des ABM-Vertrages jeder Scholastik entbehrten.

Bekanntlich bildet das Verbot, ein Raketenabwehrsystem für das gesamte Territorium des Landes zu installieren bzw. die Grundlagen hierfür zu schaffen, den grundlegenden Inhalt des Vertrages. Die Aufhebung dieses Verbots würde bedeuten, das Minus- in ein Pluszeichen zu verwandeln; der Vertrag wäre seines eigentlichen Sinns beraubt.

Ein anderer außerordentlich wichtiger Vertragspunkt sah vor, die Verhandlungen über die Begrenzung der strategischen Offensivwaffen weiterzuführen. Auch hier birgt die Aushöhlung der Vertragsbestimmungen die Gefahr, dass das existierende Abkommenssystem auf dem Gebiet der Rüstungskontrolle in sich zusammenbricht. So wird Russland entsprechend seiner bei der Unterzeichnung des START-I-Vertrages abgegebenen Erklärung die Aufkündigung oder erhebliche Verletzung des ABM-Vertrages durch die USA als Ausnahmesituation werten müssen, die ihm das Recht gibt, aus START-I auszusteigen. Eine vom Grundsatz her gleiche gesetzgeberische Festlegung hat das russische Parlament bei der Ratifizierung des START-II-Vertrages getroffen. Der Hinweis darauf, dass es auch einen direkten Zusammenhang mit der Vorbereitung des START-III-Vertrages gibt, dürfte sich erübrigen.

Der Prozess der Atomabrüstung ist also, selbst formal betrachtet, mit der einseitigen Aufkündigung des ABM-Vertrages durch die USA in Frage gestellt.

In letzter Zeit ist aus Washington oft zu hören, dass sich die Welt verändert habe und deshalb auf das Gesamtsystem der Abrüstungsdokumente zugunsten freiwilliger einseitiger oder paralleler Schritte der Waffenreduzierung verzichtet werden könne. Doch stellt sich sofort die Frage, ob dahinter nicht das Bestreben steht, eine militärisch-technologische Überlegenheit seines Landes zu erreichen, und zwar ohne jede »äußere Kontrolle«. Dass eine solche Kontrolle aber nötig ist, beweisen die von den USA ungeachtet aller existierenden Überprüfungsmechanismen zu verantwortenden Verstöße gegen den START-I-Vertrag mit aller Deutlichkeit. Wie wird es erst aussehen, wenn derartige Mechanismen gänzlich fehlen?

Die Sorgen Russlands und anderer Staaten sind folglich alles andere als eine Formsache. In der Welt beginnt man immer klarer zu erkennen, dass der Kampf um die Erhaltung der strategischen Stabilität ein Anliegen nicht allein Russlands, sondern der gesamten internationalen Gemeinschaft ist. Lässt man den Geist aus der Flasche, dann werden nicht mehr die wachsenden äußeren Gefahren, sondern die Interessen des militärisch-industriellen Komplexes und die Entwicklung der Militärtechnologie die Spielregeln diktieren, besser gesagt, ein Spiel ohne Regeln. Davon kann sich leicht überzeugen, wer an die Geschichte des atomaren Wettrüstens zwischen der UdSSR und den USA in den siebziger und achtziger Jahren zurückdenkt.

Daher tritt Russland dafür ein, dass der ABM-Vertrag in Kraft bleibt und noch wirksamer gemacht wird. Er hat seine tragende Rolle bei der Sicherung der strategischen Stabilität bewiesen – und er gestattet es, erfolgreich nach effektiven Lösungen für die Probleme der zunehmenden Verbreitung von Massenvernichtungswaffen und Raketentechnologien zu suchen.

Dabei beabsichtigen wir natürlich nicht, uns der gemeinsamen Bewertung »neuer Raketengefahren«, von denen unsere amerikanischen Partner sprechen, zu verschließen. Allerdings sind diese Gefahren, wie unsere Analyse zeigt, rein hypothetischer Natur. Auf jeden Fall gestaltet sich die Situation bei weitem nicht so, dass sie es rechtfertigen würde, die Grundlagen der strategischen Stabilität aufzugeben.

Der Einschätzung verschiedener Experten zufolge verfügt vom technischen Standpunkt aus keiner der »problematischen« Staaten über Raketen, mit denen sich das Territorium der USA erreichen ließe, und in absehbarer Zukunft ist damit auch kaum zu rechnen. Mehr noch, die Möglichkeit, dass einer dieser Staaten darauf verfallen könnte, die USA mit Raketen zu erpressen, erscheint höchst zweifelhaft, ganz zu schweigen von einem Direktangriff mit Interkontinentalraketen. Ihren Raketenprogrammen liegen regionale Erwägungen zugrunde. Deshalb sollte nicht von »problematischen« Staaten, sondern von »problematischen« Regionen gesprochen werden, in denen die potentielle Gefahr besteht, dass es zu einem militärischen Konflikt kommt. Doch in solchen Fällen der Bereinigung von Krisensituationen sind ganz andere, hauptsächlich politisch-diplomatische Anstrengungen erforderlich.

Mit einem Wort, die Installierung einer strategischen Raketenabwehr birgt ein ernstes Destabilisierungspotential, an dem das ohnehin fragile System der internationalen Sicherheit zerbrechen kann. Und hierbei geht es nicht nur um die russisch-amerikanischen Beziehungen im strategischen Bereich. Von einigen Staaten, z.B. China, ist zu erwarten, dass sie entsprechende Gegenmaßnahmen ergreifen werden. Nicht auszuschließen ist, dass auch in Südasien und in anderen Regionen der Welt an der Rüstungsschraube mitgedreht wird.

Man kann sich unschwer vorstellen, zu was für einem vernichtenden Schlag gegen die Nichtweiterverbreitung von Atomwaffen all dies werden kann. Deshalb sprachen sich auf der im Frühjahr vergangenen Jahres in New York abgehaltenen Konferenz zur Überprüfung der Wirksamkeit des Vertrages über die Nichtweiterverbreitung von Kernwaffen zahlreiche

Staaten eindeutig für energische Maßnahmen zur Reduzierung der atomaren Rüstung aus, da sie darin eine notwendige Voraussetzung für die Stärkung des Vertrages sehen. Die Blockade des Prozesses der Reduzierung der atomaren Rüstung – und hier besteht, wie wir sehen, ein enger Zusammenhang mit dem Schicksal des ABM-Vertrages – würde als Querschläger auch den Atomwaffensperrvertrag treffen. Behaupten doch bereits jetzt einige Staaten, dass er veraltet sei und revidiert werden müsse.

Es ist völlig klar, dass unter solchen Voraussetzungen gar keine Rede davon sein kann, die »problematischen« Länder zur Zurückhaltung zu bewegen. Im Gegenteil, die zunehmende internationale und regionale Instabilität würde das Wettrüsten in den verschiedensten Richtungen stimulieren, auch in solchen, die vorläufig glücklicherweise nur hypothetisch existieren. Militärexperten verweisen beispielsweise auf die Gefahr der Entwicklung von Massenvernichtungswaffen, die »per Koffer« statt Rakete zum Einsatz gelangen könnten – heimlich auf das Territorium anderer Länder gebracht, ohne die Terroristen einem Gegenschlag auszusetzen und ohne die Überwindung eines Raketenabwehrsystems erforderlich zu machen.

Von welcher Seite also man dieses Problem auch betrachtet, es ist festzustellen, dass die Schaffung eines globalen Raketenabwehrsystems nicht nur keine effektive Antwort auf die potentielle Bedrohung durch Raketen darstellt, sondern zusätzliche Probleme für die Sicherheit der Weltgemeinschaft einschließlich der der Vereinigten Staaten selbst mit sich bringen kann.

Bei seinem Ringen um die Erhaltung und Stärkung der strategischen Stabilität hat Russland, wie bereits betont, nicht im Geringsten die Absicht, das Problem der Raketenverbreitung zu verharmlosen. Es vertritt den Standpunkt, dass dieses Problem eine prinzipiell neue, »nicht destruktive« Herangehensweise erfordert. Vor allem muss eingeräumt werden, dass es nicht die Ursache, sondern Folge ernsterer Herausforderungen der internationalen Gemeinschaft ist. Mit anderen Worten, heilen muss man die Krankheit und nicht ihre Symptome. Dazu bedarf es in erster Linie effektiver politisch-diplomatischer Mechanismen für die Steuerung der weltweiten Prozesse, die Schaffung einer Atmosphäre der Stabilität und Berechenbarkeit in den internationalen Beziehungen und die Stärkung ihrer Rechtsgrundlage. Alle Staaten, die großen wie die kleinen, müssen die Gewissheit haben, dass ihre Sicherheit mit auf dem Völkerrecht beruhenden politischen Mitteln zuverlässig geschützt werden kann. Andernfalls braucht man sich nicht zu wundern, dass selbst die friedfertigsten Staaten nur einen Ausweg sehen: aufrüsten, und zwar mit Waffen, die die größte abschreckende Wirkung besitzen.

Russland betrachtet es als notwendig, die weitestgehende Einbeziehung der Weltgemeinschaft in die gemeinsamen Anstrengungen zur Stärkung der strategischen Stabilität zu sichern. Diese ist in höchstem Maße daran interessiert, dass Russland und die USA auf dem Weg der Begrenzung und Reduzierung der atomaren Rüstung vorankommen. Nicht umsonst unterstützten bereits 1999, als dieses Problem noch nicht so akut auf der internationalen Tagesordnung stand, in der Generalversammlung der UNO achtzig Staaten eine Resolution, in der verlangt wurde, dass der ABM-Vertrag in Kraft bleibt. Eine noch größere Zahl von Staaten befürwortete eine analoge Resolution, die Russland, Weißrussland und China in den Jahren 1999 bis 2001 auf den Tagungen der Generalversammlung unterbreiteten.

Neuerdings scheint man auch in Washington besser zu verstehen, dass die Problematik der strategischen Stabilität über den Rahmen eines rein russisch-amerikanischen Dialogs hinausgeht; das bestätigen die Konsultationen, die amerikanische Fachleute mit zahlreichen Staaten zur Problematik der Raketenabwehr durchgeführt haben.

Wie die Diskussionen in verschiedenen internationalen Foren zeigen, verfolgt man in der Welt sehr aufmerksam, was Russland und die USA auf dem Gebiet der Atomabrüstung unternehmen. Was Russland betrifft, so wurden im Jahre 2000 hier nicht wenige Schritte getan – nehmen wir nur die Ratifizierung des START-II-Vertrages und des Vertrages über das allumfassende Verbot von Atomtests durch das russische Parlament.

Mehr noch, Russland sieht keine Hinderungsgründe für den weiteren wesentlichen Abbau der strategischen Offensivwaffen. Diese Haltung fand in der am 13. November 2000 von Präsident WLADIMIR PUTIN abgegebenen Erklärung seinen Ausdruck. In ihr wird vor allem der russische Vorschlag bekräftigt, den Umfang der atomaren Munitionsbestände in Russland und den USA radikal auf je 1500 Einheiten zu verringern. Doch ist dies noch nicht das Äußerste – in Moskau ist man bereit, für die Folgezeit auch über ein niedrigeres Niveau zu sprechen.

Unter Berücksichtigung dessen wurde die Erklärung GEORGE W. BUSHS, dass die USA beabsichtigten, ihr Kernwaffenpotential auf 1700–2200 Sprengköpfe abzubauen, in Moskau positiv aufgenommen. Der Vergleich der von Moskau vorgeschlagenen und von Washington verkündeten Zahlen für die Reduzierung der strategischen Offensivwaffen zeigt, dass die diesbezüglichen Absichten beider Seiten die Möglichkeit einer Einigung bieten. Dabei braucht man, um zum Abschluss derartiger Vereinbarungen zu gelangen, keine langwierigen Verhandlungen zu führen und nicht bei null anzufangen, da im Zuge der Arbeiten an START I und START II bereits beträchtliche Erfahrungen gesammelt und die entsprechenden vertragsrechtlichen Mechanismen erarbeitet worden sind. Die Hauptsache ist der aufrichtige Wille, sich gemeinsam auf eine radikal abgesenkte Obergrenze bei den Atomsprengköpfen zuzubewegen. Nebeneinander herzulaufen ist auch eine Möglichkeit – welche Konsequenzen allerdings daraus erwachsen, kam bereits zur Sprache.

Ein wichtiger Schritt Russlands hin zur Stärkung der strategischen Stabilität war auch die im Jahre 2000 erfolgte Ratifizierung des New Yorker Vereinbarungspakets von 1997, das präzise Kriterien für die Abgrenzung zwischen der strategischen und der nichtstrategischen Raketenabwehr festlegt. Ihre Ratifizierung durch die USA vorausgesetzt, eröffnet die Erfüllung dieser Vereinbarungen breiten Raum für die Zusammenarbeit bei der Entwicklung von Abwehrsystemen gegen nichtstrategische Raketen – in absehbarer Zukunft kann man ja von der Gefahr der Anwendung ebendieser Raketenwaffen sprechen.

Im Verlauf des Jahres 2001 setzten Russland und die USA ihren intensiven Dialog zu Problemen der Raketenabwehr und der potentiellen Bedrohungen im Raketenbereich fort. Es lässt sich nicht leugnen, dass die Gespräche schwer vorankamen, da die Ansichten Moskaus und Washingtons bezüglich des ABM-Vertrages von 1972 nach wie vor stark auseinander gingen.

Nichtsdestoweniger setzten unsere Länder ihre Zusammenarbeit auf dem Gebiet der Raketenabwehr fort. In Erfüllung der gemeinsamen Erklärung der Präsidenten beider Länder zu Fragen der strategischen Stabilität und atomaren Sicherheit vom September 1994 führen Russland und die USA seit 1996 gemeinsame Kommandostabsübungen im Bereich der Raketenabwehr durch. Die letzten fanden im Februar 2001 statt.

Eine logische Weiterentwicklung der Idee der Zusammenarbeit im Bereich der nichtstrategischen Raketenabwehr bildete der im Juni 2000 vom Präsidenten der Russischen Föderation, WLADIMIR PUTIN, unterbreitete Vorschlag zur Schaffung eines gesamteuropäischen Systems der nichtstrategischen Raketenabwehr. Eine ganze Reihe konkreter Schritte wurde angeregt:

- die gemeinsame Einschätzung von Charakter und Ausmaß der Raketenverbreitung und der potentiellen Raketenbedrohungen;
- die gemeinsame Ausarbeitung einer Konzeption für ein gesamteuropäisches System der nichtstrategischen Raketenabwehr, und zwar für seine Schaffung und seine Dislokation;
- der gemeinsame Aufbau eines gesamteuropäischen Raketenstartwarnzentrums;
- die Durchführung gemeinsamer Forschungen und Experimente;
- die gemeinsame Entwicklung einer nichtstrategischen Raketenabwehr;
- die Schaffung von nichtstrategischen Raketenabwehrformationen für gemeinsame oder koordinierte Aktionen zum Schutz von Friedenstruppen und der Bevölkerung.

Russland schlug vor, das System der nichtstrategischen Raketenabwehr europaweit und nicht auf einen Militärblock beschränkt aufzubauen. Der Vorzug eines solchen Vorgehens besteht darin, dass sich gleichartige Systeme später auch in anderen Regionen schaffen ließen, vor allem dort, wo reale Probleme für die Stärkung der Stabilität und für die Konfliktverhütung entstehen können. Auf diese Weise würde das Europäische Raketenabwehrsystem, zu dessen Struktur und Aufgaben der NATO und anderen westlichen Partnern konkrete Vorschläge übergeben wurden, kein abgeschlossenes Projekt, sondern das »Pilotmodell« einer regionalen Raketenabwehr darstellen.

Eine höchst bedeutungsvolle Richtung ist auch die Zusammenarbeit beim Aufbau des Globalen Systems für die Kontrolle von Raketen und Raketentechnologien. Die weltweite positive Aufnahme dieser russischen Initiative bestätigten die entsprechenden internationalen Expertentreffen. Mit dem

Globalen System für die Kontrolle von Raketen und Raketentechnologien wird nicht etwa der Versuch unternommen, das Kontrollsystem für Raketentechnologien[1] abzulösen, im Gegenteil soll dieses dadurch gestärkt werden, dass ein Bindeglied geschaffen wird zwischen den Teilnehmerstaaten und denjenigen, die nicht dazugehören.

Und schließlich begrüßt Russland unverändert das Bemühen der internationalen Gemeinschaft, einen konstruktiven Dialog mit jenen Staaten aufzunehmen, denen gegenüber die USA gewisse Befürchtungen hegen. Vor allem der Beginn eines derartigen Dialogs mit der Koreanischen Demokratischen Volksrepublik (KDVR) und die im Jahre 2000 unternommenen Schritte zur nationalen Aussöhnung der beiden koreanischen Staaten zeigen, dass der politisch-diplomatische Weg zur Beseitigung besagter Befürchtungen eine hoffnungsvolle Perspektive besitzt. Zu diesem Prozess hat Russland übrigens einen wichtigen Beitrag geleistet. Eine Etappe in dieser Hinsicht markierte der Besuch seines Präsidenten WLADIMIR PUTIN in der KDVR im Juli 2000.

Es gibt also eine reale Alternative zur Destruktion der strategischen Stabilität. Dabei handelt es sich um ein Programm gemeinsamen konstruktiven Handelns im Interesse der Sicherheit Russlands, der USA und der gesamten Weltgemeinschaft. Unser Land geht unbeirrt davon aus, dass seine Realisierung möglich ist, ja wir sind sogar davon überzeugt, dass es keinen anderen vernünftigen Weg gibt.

In den neunziger Jahren ist auf diesem Gebiet viel erreicht worden. Ein Beleg dafür ist die von den Präsidenten Russlands

---

1 Das Kontrollsystem für Raketentechnologien wurde im April 1987 geschaffen. Zurzeit gehören ihm 33 Staaten an: die NATO- und EU-Mitglieder sowie Australien, Argentinien, Brasilien, Neuseeland, die Ukraine, die Schweiz, Südafrika, die Republik Korea und Japan. Die Russische Föderation ist vollberechtigtes Mitglied seit 1995.

und der USA getroffene Vereinbarung, in Moskau ein Zentrum für den Austausch von Daten über den Start von Raketen und kosmischen Trägermitteln zu eröffnen. Aus Russlands Sicht besteht die Möglichkeit, dass sich an diesem Zentrum auch Vertreter der Europäischen Union, Chinas und anderer Staaten beteiligen.

Chancen gibt es gleichfalls für wesentliche Fortschritte bei der Aufgabe, die Weiterverbreitung von Raketentechnologien zu verhindern. Schließlich werden nicht nur wir, sondern die ganze Welt von der russisch-amerikanischen Zusammenarbeit bei der nichtstrategischen Raketenabwehr profitieren. Denkbar sind entsprechende regionale Systeme unter Beteiligung aller interessierten Länder, die die Prinzipien der Verträge über die Nichtweiterverbreitung von Atomwaffen und über das allumfassende Verbot von Atomtests respektieren.

Die Aufrechterhaltung der strategischen Stabilität ist keine Momentaktion, sondern verlangt die ständige Aufmerksamkeit der Weltgemeinschaft. Mehr noch, der Begriff der strategischen Stabilität gewinnt unter den gegenwärtigen Bedingungen neue Dimensionen. In dem Maße, wie in die Problematik der internationalen Sicherheit immer neue Bedrohungen und Herausforderungen vielfältiger Art einbezogen werden, wird es zunehmend notwendig, die Gewährleistung der globalen strategischen Stabilität als umfassende Strategie der Schaffung einer demokratischen Weltordnung im 21. Jahrhundert zu betrachten. Mit anderen Worten, es geht um die strategische Stabilität im weitesten Sinne.

Diese Haltung lag der Position zugrunde, die Russland auf der Tagung der Generalversammlung der UNO im Jahre 2000 und auf dem Millenniumsgipfel vertrat. Die russische Delegation unterbreitete eine detaillierte Konzeption der strategischen Stabilität mit konkreten Lösungswegen für die aktuellen Probleme der Gegenwart.

Sie sieht in erster Linie vor, den Abrüstungsprozess kontinuierlich weiterzuentwickeln und die unkontrollierte Verbreitung von Massenvernichtungswaffen verlässlich zu verhindern. Heute sind die Atomabrüstung und die Nichtweiterverbreitung von Atomwaffen nicht mehr ein Gegenstand des ausschließlichen Zusammenwirkens Russlands und der USA sowie der anderen Atommächte. Für diese Prozesse müssen die multilateralen Mechanismen der UNO und der gesamten Weltgemeinschaft auf wirksame Weise genutzt werden. Dazu sind konsequente gemeinsame Anstrengungen erforderlich, die auf die strikte Einhaltung bereits abgeschlossener Abkommen, auf den schrittweisen Abbau und letztendlich auf die Vernichtung der Massenvernichtungswaffen unter effektiver internationaler Kontrolle und Begrenzung anderer Rüstungsarten sowie auf die Verhinderung eines möglichen Wettrüstens in neuen Bereichen zu richten sind.

Russland hat eine Reihe konkreter Vorschläge zu Schwerpunktthemen der Abrüstung unterbreitet, die auf der internationalen Tagesordnung stehen und bei denen es auch darum geht, der Tätigkeit der Abrüstungskonferenz einen neuen Impuls zu verleihen sowie Maßnahmen zu ergreifen, mit denen die schnellstmögliche Inkraftsetzung des Vertrages über das allumfassende Verbot von Kernwaffentests gesichert und eine weitere Stärkung des Vertrages über die Nichtweiterverbreitung von Kernwaffen erreicht werden kann. Im Verlauf des Millenniumsgipfels schlug der Präsident der Russischen Föderation, WLADIMIR PUTIN, vor, unter der Ägide der Internationalen Atomenergie-Agentur (IAEA) ein internationales Projekt zu erarbeiten und zu realisieren, das darauf abzielt, angereichertes Uran und reines Plutonium schrittweise von der friedlichen Nutzung der Atomenergie auszuschließen.

Weitere bedeutende Vorschläge Präsident PUTINS zur Stärkung der strategischen Stabilität und zum Abbau der Kernwaffenarsenale datieren vom November 2000.

Russland geht davon aus, dass strategische Stabilität die Festigung des Friedens und der Sicherheit auf allen Kontinenten, die Beilegung vorhandener und die Verhütung neuer regionaler Konflikte bedeutet. Erreichbar ist das allein durch gemeinsame Anstrengungen aller Staaten, die kollektiv für die Geschicke der Welt verantwortlich sind. Wie die Praxis beweist, lässt sich mit einseitigen Gewaltaktionen keine langfristige und gerechte Bewältigung von Krisensituationen garantieren.

Strategische Stabilität – das ist auch die verlässliche Gewährleistung der internationalen Informationssicherheit, also ein Gegensteuern gegen den Missbrauch von Errungenschaften der wissenschaftlich-technischen Revolution zu Zwecken, die mit dem Fortschritt der Menschheit und den Aufgaben der Erhaltung des Weltfriedens unvereinbar sind. Angesichts der immensen Bedeutung, die die Lösung dieser aktuellen Probleme besitzt, hat Russland eine Erörterung des Zusammenhangs zwischen den »Errungenschaften im Bereich der Telekommunikation und der internationalen Informationssicherheit« im Rahmen der UNO initiiert.

Strategische Stabilität – das ist Sicherheit und Ruhe für die gesamte Zivilgesellschaft wie für den Einzelnen. Zu lösen ist diese Aufgabe allein durch den Zusammenschluss der internationalen Gemeinschaft im Kampf gegen die Bedrohungen und Herausforderungen von heute, zu denen insbesondere aggressiver Separatismus und religiöser Extremismus, der gesetzwidrige Waffenhandel und die organisierte Kriminalität gehören.

Eine direkte Bedrohung für Sicherheit und Stabilität stellt, wie weiter oben bereits festgestellt, auch eine so abscheuliche Erscheinung des Extremismus wie der internationale Terrorismus dar. Die Vorgänge der letzten Zeit haben leider überzeugend demonstriert, dass Terroristen jeglicher Couleur mitunter organisierter handeln als die ihnen entgegenstehende Weltgemeinschaft. Russland tritt dafür ein, dass dem Kampf gegen den Terrorismus die in der Resolution 1269 des UN-Sicherheitsrates festgeschriebenen Prinzipien zugrunde gelegt werden: keinerlei Unterstützung, keinerlei Asyl für Terroristen, unerbittliche Bestrafung für jeden Terrorakt. Gegen jeden, der diese Prinzipien verletzt, muss der Sicherheitsrat die in der UN-Charta vorgesehenen Maßnahmen anwenden. Russland beabsichtigt, die unter der Ägide der UNO ausgearbeitete Konvention über den Kampf gegen die Finanzierung des Terrorismus zu ratifizieren. Des Weiteren halten wir es für notwendig, die Ausarbeitung der Konvention über den Kampf gegen atomare Terrorakte unverzüglich abzuschließen und die Arbeit an einer allumfassenden Konvention gegen den Terrorismus zu beschleunigen. Da dieser oft mit dem Drogenhandel und dem organisierten Verbrechen an einem Strang zieht, unterstützt unser Land die Ausarbeitung einer internationalen Konvention für den Kampf gegen das organisierte Verbrechen. Große Bedeutung könnte auch eine internationale Konvention für den Kampf gegen die Korruption haben.

Strategische Stabilität – das ist die allgemeine Gewährleistung der Rechte und Freiheiten des Einzelnen. Diese Richtung ist ein wichtiges Element der Arbeit der internationalen Organisationen an einer auf Rechtsnormen fußenden neuen Weltordnung. Russland leistet einen gewichtigen Beitrag zur Stärkung des universellen Rechtssystems. Es hat das Statut des Internationalen Strafgerichtshofes unterzeichnet, und auch den Zusatzprotokollen zur Konvention über die Rechte des Kindes und dem Zusatzprotokoll zur Konvention über die Aufhebung aller Formen der Frauendiskriminierung haben wir uns angeschlossen.

Es ist nicht von der Hand zu weisen, dass heute, mehr als ein halbes Jahrhundert nach dem Sieg über den Faschismus, solche Erscheinungen wie Fremdenhass, militanter Nationalismus, nationale und religiöse Intoleranz längst nicht vollständig überwunden sind und nicht selten die Situation in der Welt und in einzelnen Ländern weiterhin ernsthaft komplizieren. Genauso wenig darf man sich damit abfinden, dass in einer Reihe von

Ländern wie etwa Lettland Menschen nicht das Recht haben, ihre Muttersprache zu benutzen und aus ethnischen Gründen Staatsangehörigkeit und Arbeitsstelle verlieren, dass Kämpfer gegen den Faschismus eingesperrt werden, während ehemalige Faschisten das Wohlwollen der Machthaber genießen. Die UNO, die Organisation für Sicherheit und Zusammenarbeit in Europa (OSZE), der Europarat und andere internationale Organisationen müssen auf derartige Erscheinungen entschieden reagieren, ohne irgendwelche Nachsicht und »doppelte Standards« zuzulassen.

Die strategische Stabilität bedarf eines starken materiellen Fundaments. Das 21. Jahrhundert wird nur dann als Jahrhundert des Durchbruchs zu einem neuen Qualitätsniveau der Entwicklung in die Geschichte der Menschheit eingehen, wenn es neben der Erhaltung des Friedens und der internationalen Sicherheit gelingt, dem Prozess der wirtschaftlichen und technologischen Angleichung zwischen der großen Masse der Entwicklungsländer und der verhältnismäßig kleinen Gruppe der führenden Länder die notwendige Dynamik und Tiefe zu verleihen. Eine solche Aufgabe lässt sich nicht von heute auf morgen lösen. Vielmehr ist es erforderlich, einen Mechanismus der kollektiven demokratischen Steuerung der internationalen Währungs-, Finanz-, Handels- und Wirtschaftssysteme zu schaffen, wobei der UNO die koordinierende und lenkende Rolle obliegt. Diese Systeme müssen rationeller und gerechter werden – und es gilt, sie auf den Kampf gegen Armut und Unterentwicklung auszurichten.

Die sich auf Grund der neuen technologischen Revolution bietenden Möglichkeiten müssen maximal genutzt werden, um einen Prozess in Gang zu bringen, der die Kluft im Entwicklungsniveau kleiner statt größer werden lässt. Zur Lokomotive dieses Prozesses können die Informations- und Kommunikationstechnologien werden, deren Potential für die Beschleunigung der globalen Entwicklung allenfalls mit der Erfindung der

Schriftsprache vergleichbar ist. Die Chance ist gegeben, mit der globalen Beherrschung der Computertechnik und der Informationstechnologien mehrere traditionelle Entwicklungsetappen zu »überspringen«. Ausgerüstet mit diesem mächtigen Instrument, erhält die Menschheit die reale Möglichkeit, überall auf der Erde die Voraussetzungen für ein würdevolles Leben und allseitige Persönlichkeitsentfaltung zu schaffen. Und diese Chance gilt es effektiv zu nutzen.

Strategische Stabilität – das ist die Erhaltung einer sauberen und gesunden Umwelt für die jetzige und die künftigen Generationen. Die UNO hat nicht wenig für die Mobilisierung der internationalen Anstrengungen in dieser eminent wichtigen Richtung getan. Russland tritt ein für die Intensivierung der internationalen Zusammenarbeit auf dem Gebiet des Erhalts der biologischen Vielfalt, der Klimaforschung, des Kampfes gegen das Vordringen der Wüsten und des Schutzes der Wälder.

Die in den letzten Jahren zu beobachtende Zunahme von Naturkatastrophen und schweren technischen Störfällen sowie die durch sie verursachten wachsenden menschlichen und materiellen Verluste stellen die Aufgabe ihrer Bekämpfung auf eine Stufe mit den akutesten globalen Herausforderungen der Menschheit. Bei der Aktivierung von Initiativen der UNO zur Entwicklung der internationalen Zusammenarbeit auf diesem Gebiet sollte das Augenmerk besonders auf die Nutzung der progressivsten Spezialtechnologien und auf die Erarbeitung neuer wirksamer Mechanismen konzentriert werden, mit denen diese Technologien in den Dienst der gesamten internationalen Gemeinschaft gestellt werden können.

Somit bildet die strategische Stabilität für Russland eine konzeptionelle Grundlage zur Vereinigung aller Bestrebungen der internationalen Gemeinschaft, die gegenwärtig auf die Lösung der dringlichsten globalen Probleme und künftig auf die Gestaltung einer den Interessen einer stabilen Entwicklung und des Wohlergehens der Menschheit entsprechenden demokratischen Weltordnung gerichtet sind.

4. Russland und die UNO

Eines der Hauptelemente der russischen außenpolitischen Konzeption ist die angestrebte Stärkung der UNO als universelles Instrument für die Gewährleistung des Weltfriedens und der internationalen Sicherheit. Die Bedeutung, die eine aktive Politik im Rahmen der zentralen Weltorganisation für die nationalen Interessen Russlands besitzt, wird bestimmt durch seinen Status als ständiges Mitglied des UN-Sicherheitsrates, der ihm eine besondere Verantwortung für die Erhaltung des Friedens auferlegt, und durch die unverzichtbare Rolle der UNO als Organisationsgrundlage für die Gestaltung eines demokratischen multipolaren Systems der internationalen Beziehungen.

Unser Land stand an der Wiege der Organisation der Vereinten Nationen, deren Gründung eines der Hauptereignisse des 20. Jahrhunderts war. Mit ihr ging der uralte Traum der Menschheit von einer universellen Weltorganisation in Erfüllung, die dazu berufen war, die internationale Gemeinschaft zu einen, um eine Welt ohne Kriege zu schaffen, eine Welt, in der Recht und Gerechtigkeit Maßstab aller Dinge sein sollten. Wie überall, wo keine ausgeklügelten Konstruktionen gefordert sind, sondern die operative Lösung konkreter, tagtäglich auftretender Probleme, gab es auch in der Tätigkeit der UNO Fehler und Misserfolge. Die Gesamtbilanz, mit der die Weltorganisation in das neue Jahrtausend eintrat, ist indessen zweifellos positiv zu bewerten.

Das historische Verdienst der UNO besteht darin, dass der Welt, auch wenn sie in den Jahren ihrer Existenz nicht ideal geworden ist und militärische Konflikte in diversen Regionen ausbrachen und ausbrechen, mit ihrer Hilfe ein weiterer Weltkrieg erspart werden konnte, der höchstwahrscheinlich der letzte für die irdische Zivilisation geworden wäre. Ungeachtet der Umwälzungen, die seit 1945 das Antlitz der Welt grundlegend verändert haben, beweist die UNO nach wie vor ihre Lebensfähigkeit, und ihre Charta stellt seit über einem halben Jahrhundert das Hauptdokument des Völkerrechts dar, die Grundlage für den zivilisierten zwischenstaatlichen Umgang.

Wie der UN-Generalsekretär KOFI ANNAN zu Recht hervorhebt, sind die Aktualität und die Inspirationskraft der Ziele und Prinzipien der UNO nicht kleiner, sondern größer geworden.[1] Heute erkennen alle an, dass ohne die UNO und die in ihrer Charta fixierten fundamentalen Prinzipien des Gewaltverzichts, der Nichteinmischung in innere Angelegenheiten, der Selbstbestimmung, der Gleichberechtigung, der Achtung der Rechte und Freiheiten des Menschen die Welt wesentlich weniger sicher und stabil wäre.

Eine der wichtigsten Errungenschaften der UNO bildet das verstärkte Bemühen, die Positionen der Staaten besser in Übereinstimmung zu bringen und die internationalen Beziehungen auf diese Weise kollektiv zu gestalten. Die UNO war es, die in diese Beziehungen die Kultur des multilateralen Dialogs einbrachte, ohne den das heutige internationale Leben undenkbar wäre.

Nicht schwächer geworden ist ihre Rolle auch durch die in über fünfzig Jahren erfolgte Gründung zahlreicher regionaler, subregionaler und anderer Organisationen. Im Gegenteil, sie alle sind mehr oder weniger bestrebt, mit der UNO zusammenzuwirken, und sie versteht es, Wege zu finden, um ihre regionalen Partner in die Erreichung der in ihrer Charta gesteckten Ziele einzubinden.

In ihrem beharrlichen Ringen, den Gewaltverzicht bei zwi-

---

1 *Wir, die Völker: die Rolle der UNO im 21. Jahrhundert. Bericht des Generalsekretärs der UNO*, Dok. A/54/2000, Art. 362.

schenstaatlichen Streitigkeiten durchzusetzen, hat die UNO die Theorie und Praxis der Friedensstiftung entwickelt und trachtet danach, sie den neuen Realien anzupassen, die darin bestehen, dass seit dem Ende des Kalten Krieges die meisten Konflikte in der Welt nicht von zwischenstaatlichen, sondern von inneren Differenzen herrühren.

Wie im Bericht des ehemaligen UN-Generalsekretärs BOUTROS BOUTROS-GHALI über die Arbeit der Organisation in der Zeit zwischen der 49. und 50. Tagung der Generalversammlung festgestellt wurde, »gab es die weit verbreitete Meinung, dass sich viele in verschiedenen Teilen der Welt aufflammende Konflikte rasch löschen lassen würden … So traurig das auch sein mag, die Chronik der Weltereignisse in den letzten Jahren hat diese optimistischen Erwartungen in beträchtlichem Maße zunichte gemacht. Viele alte Konflikte entziehen sich nach wie vor den von der internationalen Gemeinschaft unternommenen Bemühungen, sie beizulegen, zudem brechen nach wie vor neue Kriege aus, und zwar fast alle innerhalb von Staaten.«[1] Das Mitte der neunziger Jahre des 20. Jahrhunderts Gesagte ist bis heute aktuell. Die Ungleichmäßigkeit der Entwicklung von Staatengruppen und ganzen Regionen hat dazu geführt, dass die Freiheit der einen zur harten Prüfung für die anderen geworden ist. Deshalb muss die Schaffung eines gerechten Gleichgewichts in der Welt künftig eine der Hauptaufgaben der UNO sein.

Das Ansehen der UNO als redlicher und unvoreingenommener Schiedsrichter findet seinen Ausdruck darin, dass die Konfliktseiten in der Regel um die Vermittlung gerade dieser Organisation, um ihr friedensstiftendes Engagement nachsuchen. Seit ihrer Gründung wurden fünfundfünfzig friedenserhaltende Operationen beschlossen, zweiundvierzig davon hat

1 *Bericht des Generalsekretärs über die Arbeit der Organisation. Offizielle Berichte an die Generalversammlung. Fünfzigste Tagung,* Zus. 1 (A/50/1), Art. 2–3.

sie in der Zeit zwischen 1988 und 2000 sanktioniert. Viele haben, dies kann ohne Übertreibung behauptet werden, eine historische Rolle gespielt. In den sechziger Jahren verhinderten diese Operationen den Zerfall des Kongos und leisteten einen entscheidenden Beitrag zur Beilegung der Konflikte in Mosambik, Namibia, Kambodscha, El Salvador, Nicaragua, Guatemala und Tadschikistan.

Die meisten der gegenwärtig laufenden fünfzehn friedensstiftenden Operationen sind mit der aktiven Einschaltung der Organisation in die Prozesse der politischen Beilegung der Konflikte in den entsprechenden Regionen verbunden. Eines der signifikantesten Beispiele für ein erfolgreiches Wirken dieser Art ist Tadschikistan, wo es unter der aktiven Teilnahme von UNO und GUS gelang, den inneren Konflikt beizulegen und die Vereinbarungen über die nationale Aussöhnung vollständig zu erfüllen.

Die Gründerväter der UNO hatten in ihrer Charta die Möglichkeit vorgesehen, in die Friedensstiftung regionale Organisationen einzubeziehen, mit dem präzise formulierten Vorbehalt allerdings, dass jegliche Zwangsmaßnahmen der Sanktion des Sicherheitsrates bedürfen. Die Weitsicht der Verfasser der Charta hat sich in der Praxis wiederholt bestätigt. Es ist wohl bekannt, dass Versuche, diese Grundforderung zu umgehen und einseitige Gewaltaktionen zu unternehmen, zu nichts Gutem geführt haben. Es genügt, einen unvoreingenommenen Blick auf die weiterhin bestehende tiefe Krise um den Irak oder auf die explosive Situation im jugoslawischen Kosovo und seinem Umfeld zu werfen.

Die Perspektivlosigkeit von Versuchen, Fragen von Krieg und Frieden unter Ausschluss der UNO zu lösen, wird zunehmend erkannt. Während bis in die jüngste Vergangenheit die Zweckmäßigkeit der aktiven Teilnahme der UNO an der Beilegung des Nahostkonflikts von manchen bezweifelt wurde, gibt es jetzt eine allgemeine Anerkennung der wichtigen Rolle dieser

Organisation bei der Lösung der Aufgaben der Stabilisierung der Lage an der libanesisch-israelischen Grenze nach dem Abzug der israelischen Truppen aus dem Süden Libanons.

Die UNO hat sich bewährt als Hauptforum der multilateralen Abrüstung, das die politische Unterstützung der Prozesse der Nichtweiterverbreitung von Massenvernichtungswaffen mobilisiert und einen wichtigen stimulierenden Einfluss auf den Verlauf der zweiseitigen Verhandlungen über den Abbau der strategischen Offensivwaffen ausübt. Eine immense Bedeutung besaßen in dieser Hinsicht die bereits erwähnten Beschlüsse der Generalversammlung, die das Aushebeln des ABM-Vertrages von 1972 für unzulässig erklärte. Ein weiteres Problem, mit dem sich die UNO intensiv befasst, ist die Unterbindung des rechtswidrigen Handels mit leichten Waffenarten und Schützenwaffen, die gegenwärtig vor allem dazu verwendet werden, ethnische Konflikte zu entfachen und am Kochen zu halten.

Wichtig ist, dass die UNO nicht nur positive Erfahrungen in ihrem internationalen friedensstiftenden Wirken sammelt, sondern auch Lehren aus dem zieht, was negativ verlaufen ist. Hier geht es vor allem um die Anwendung der Sanktionen als Instrument der Einwirkung auf jene, die gegen das Völkerrecht verstoßen. Nachdem die Weltgemeinschaft mit ihren seit den siebziger Jahren konsequent durchgesetzten Sanktionen gegen die SAU und Rhodesien der Apartheid ein Ende bereitet hat, lassen sich kaum weitere Beispiele für die Erreichung gerechter Ziele mit Hilfe dieses Instruments finden. Die Anfang der neunziger Jahre zu einer regelrechten Modeerscheinung gewordenen Totalsanktionen (von fünfzehn in der Geschichte der UNO zu verzeichnenden Sanktionen entfielen dreizehn auf die Zeit nach 1991), die frist- und wahllos verhängt wurden, bewirkten nichts als Leiden der Bevölkerung sowohl in den ihnen unterworfenen Ländern als auch in den Nachbarstaaten. Besonders kritische Folgen hatten die Sanktionen für das Leben der Menschen, die Wirtschaft und das Schicksal der zivilen Gesellschaft im Irak.

Jetzt ist in der internationalen Gemeinschaft eine tiefgründige konzeptionelle Diskussion in Gang gekommen, wie man von der fehlerhaften Praxis wahlloser Sanktionen wegkommen und mit Maßnahmen Einfluss nehmen kann, die zielgenau gegen diejenigen einzusetzen sind, die sich der Verletzung des Völkerrechts und der Sabotage von Beschlüssen des Sicherheitsrates schuldig gemacht haben. Solche sorgfältig abgewogenen, treffsicheren Sanktionen wurden gegen die afghanischen Taliban angewandt, um sie zu zwingen, die Unterstützung des internationalen Terrorismus aufzugeben – diese war im Falle der umfangreichen Hilfe, die die tschetschenischen Banditenformationen von den Taliban erhielten, zum wiederholten Mal nachgewiesen worden. Außerdem setzt sich Russland zusammen mit gleichgesinnten Ländern dafür ein, dass der Sicherheitsrat künftig Sanktionen nicht fristlos, sondern für eine genau festgelegte Zeit verhängt, und zwar verbunden mit einer obligatorischen Analyse ihrer möglichen Konsequenzen für die Zivilbevölkerung und negativer Auswirkungen auf Drittländer. Damit würde die Empfehlung der Generalversammlung der Vereinten Nationen realisiert, die sich einstimmig für ein derartiges Herangehen des Sicherheitsrates an die Verhängung von Sanktionen ausgesprochen hatte. Die sich durchsetzende neue Haltung zur Sanktionsfrage entspricht auch den Erwartungen der nichtpaktgebundenen Staaten, die auf der Ministerkonferenz ihrer Bewegung in Cartagena am 8. und 9. April 2000 betonten, dass Sanktionen, rechtlich begründet, mit exakt festgelegten Zielen für einen begrenzten Zeitraum zu verhängen sind und nicht als politisches Druckmittel verwendet werden dürfen.[1]

---

1 *Final Document of the XIII Ministerial Conference of the Movement of the Non-Aligned Countries, Cartagena, 8–9 April 2000,* Art. 29–30.

Die UNO spielt eine nützliche Rolle bei der Koordinierung der weltweiten Anstrengungen zur Abwehr der neuen Bedrohungen und Herausforderungen, insbesondere auf der Grundlage einer entsprechenden völkerrechtlichen Basis. So wurden unter ihrer Ägide neue Konventionen über den Kampf gegen den Terrorismus und seine Finanzierung angenommen und mehrere außerordentlich wichtige internationale Konventionen für die Unterbindung des gesetzwidrigen Drogenhandels abgeschlossen. Die Annahme der Konvention gegen die transnationale organisierte Kriminalität während der 55. Tagung der Generalversammlung der UNO und ihre Unterzeichnung im Dezember 2000 in Palermo bedeutete den Beginn einer qualitativ neuen Etappe in der internationalen Verbrechensbekämpfung.

Insgesamt gesehen, ist die UNO zur führenden internationalen Autorität im Bereich der multilateralen Normschaffung geworden. In der Zeit ihrer Existenz wurden mehr völkerrechtliche Instrumente erarbeitet als in der gesamten Geschichte der Menschheit zuvor.

Bedeutende Arbeit leisten die Vereinten Nationen im Sozial- und Wirtschaftsbereich. Das UNO-System, zu dem neben der Generalversammlung, dem Wirtschafts- und Sozialrat und ihren Komitees und Kommissionen diverse Programme, Fonds und vierzehn Spezialeinrichtungen gehören, erfasst die Zusammenarbeit der Staaten auf allen Gebieten des heutigen Lebens: Wirtschaft und Finanzen, Landwirtschaft, Gesundheitswesen, Arbeitsbeziehungen, intellektuelles Eigentum, Meteorologie, Luft- und Seeverkehr, Telekommunikation, Post, Wissenschaft und Kultur u. a.

Obwohl der UNO nicht allzu viel Geldmittel für die Realisierung von Entwicklungsprojekten in verschiedenen Ländern zur Verfügung stehen, nimmt sie ständig wachsenden Einfluss auf die Reform des weltweiten Währungs- und Finanzsystems. Die in den neunziger Jahren veranstalteten Weltkonferenzen über Umwelt und Entwicklung, Menschenrechte, Bevölkerung, soziale Entwicklung, Lage der Frauen und Wohnverhältnisse schufen konzeptionelle Grundlagen für die kollektive Gestaltung einer Weltwirtschaftsordnung, die keine brennenden sozialen und ökologischen Probleme außer Acht lässt. Die Beharrlichkeit, mit der die UNO diese Probleme zur Debatte stellte, hat dazu geführt, dass die maßgeblichen multilateralen Finanzinstitutionen – der Internationale Währungsfonds und die Weltbank – neuerdings unter ihre vorrangigen Aufgaben den Kampf gegen Armut und Krankheiten, die Unterstützung der ärmsten Länder und die soziale Korrektur der Marktreformen rechnen. Die UNO ist es heute, die die soziale Orientierung der weltweiten Wirtschafts- und Finanzpolitik gewährleistet und die Demokratisierung des internationalen Wirtschaftslebens fördert. In der UNO war es, wo die allseits akzeptierte Konzeption der nachhaltigen Entwicklung ausgearbeitet wurde, die zum ersten Mal Wirtschafts-, Sozial- und Umweltschutzaufgaben zu einem einheitlichen Ganzen zusammenfasste.

Die UNO übernahm die führende Funktion bei der Lösung der Flüchtlingsprobleme. Den diesbezüglichen Anstrengungen ist es zu verdanken, dass, wie die Statistik der Verwaltung des Hohen Kommissars für Flüchtlinge (UNHCR) aussagt, die Zahl der Flüchtlinge in der Welt allmählich zurückgeht – von 17,6 Millionen Menschen im Jahre 1992 auf 13,6 Millionen 1997[1] und, der Schätzung der UNHCR zufolge, auf 11,5 Millionen im Jahre 1999. Unter Berücksichtigung des überwiegend inneren Charakters der meisten Konflikte der Gegenwart, die weniger Flüchtlings- als Vertriebenenströme innerhalb der Länder auslösen, nimmt die UNO eine operative Umstellung in ihrer Arbeit vor, um mit Einverständnis der betroffenen Staaten bei der Lösung der Probleme der Vertriebenen helfen

1 *UNO-Dokument E/CN.* 4/1998/53 vom 11. Februar 1998, S. 2.

zu können, deren Zahl sich auf etwa 25 Millionen Menschen beläuft.

Die UNO reagierte als erste darauf, dass eine neue Staatengruppe auf den Plan trat, die die Bezeichnung »Transformationsländer« erhielt, und fasste eine ganze Reihe wichtiger Beschlüsse über die Notwendigkeit der Unterstützung dieser Länder einschließlich Russlands bei ihren gesellschaftlichen und wirtschaftlichen Reformen, damit sie unter günstigen Voraussetzungen in die Weltwirtschaft und das Welthandelssystem integriert werden können. Auf der Grundlage dieser Beschlüsse arbeitet Russland intensiv daran, mit Mitteln aus verschiedenen Fonds und Programmen der UNO konkrete Projekte zur Unterstützung seiner Reformen und Sozialprogramme zu realisieren, hauptsächlich auf der Ebene der russischen Regionen.

Die dargestellten positiven Ergebnisse der Arbeit der UNO, die allesamt den nationalen Interessen Russlands entsprechen, begründen auf überzeugende Weise den Stellenwert, den diese Organisation für die russische Außenpolitik besitzt. Als universelles Forum erfüllt die UNO eine höchst wichtige Kontrollfunktion, inwieweit sich das Handeln dieser oder jener Staaten im Rahmen der internationalen Gesetze bewegt. In der UNO sind ausnahmslos alle Welt- und Regionalstrukturen vertreten, und wenn diese es lernen, dieselbe Sprache zu sprechen, können die günstigsten Bedingungen für eine ausgewogene, allgemein akzeptable und deshalb realisierbare Herangehensweise an die internationalen Angelegenheiten gesichert werden.

Die UNO und das von ihr geschaffene Organisationssystem sind ein natürliches Zentrum der Zusammenführung der Anstrengungen aller Mitgliedsländer. Von ihrem politischen Willen hängen die Autorität der Organisation und ihre Zukunft ab. In letzter Zeit ist viel die Rede von einer Reform, mit der die UNO auf die neuen Herausforderungen eingestellt werden soll. Russland versteht darunter in erster Linie, dass es gilt, die erforderlichen Maßnahmen zu ergreifen, um den Vereinten Nationen in der internationalen Arena noch größeres Gewicht zu verschaffen. In Anbetracht der immer rascher vor sich gehenden Veränderungen in der Welt muss die Reform der UNO, wie ihr Generalsekretär KOFI ANNAN zu Recht betont, statt einer einmaligen Aktion ein Prozess sein, der sicherstellt, dass sie ständig mit den Vorgängen im realen Leben Schritt halten kann.

Besondere Bedeutung besitzen in der gegenwärtigen Reformetappe Aufgaben wie die Entwicklung wirksamer Mechanismen für die Krisenverhütung, die Vervollkommnung des friedensstiftenden Wirkens der UNO und die Stärkung ihrer Basis in enger Zusammenarbeit mit regionalen Organisationen und unter Federführung des Sicherheitsrates, außerdem die Förderung der Prozesse der multilateralen Abrüstung und der Nichtweiterverbreitung von Massenvernichtungswaffen, der Kampf gegen den internationalen Terrorismus und die organisierte Kriminalität, die Aktivierung der Maßnahmen zur Beseitigung extremer Armut und zum Umweltschutz sowie die Regelung der Flüchtlingsprobleme und der Migrationsprozesse.

Von den Reformen nicht ausgenommen werden darf auch der Sicherheitsrat, der repräsentativer werden, dabei jedoch seine Effektivität und schnelle Handlungsfähigkeit bewahren muss.

Haltlos sind Versuche, die Sache so darzustellen, als ob es im Rahmen des Sicherheitsrates oftmals nicht gelinge, einen einheitlichen Ansatz zu erarbeiten, um Gewaltanwendung sanktionieren zu können, mit der humanitäre Katastrophen verhindert werden sollen, weswegen einzelne Länder oder Organisationen (wie die NATO) »freie Hand« haben müssten, »die Schuldigen an den Leiden der friedliebenden Bevölkerung zu bestrafen« und »die Gerechtigkeit wiederherzustellen«.

Dabei wird behauptet, die Operativität des Sicherheitsrates werde durch die Möglichkeit des Vetos gehemmt. Hier darf man Folgendes nicht vergessen: Erstens beruht das Vetorecht auf dem in der UN-Charta verankerten Prinzip der Einstimmigkeit aller fünf ständigen Mitglieder des Sicherheitsrates. Das ist kein Privileg, sondern ein Grundpfeiler des nach dem Zweiten Weltkrieg geschaffenen Systems der internationalen Beziehungen, gedacht als Garantie, um zu verhindern, dass es in der internationalen Arena zu Handlungsweisen kommt, die den wichtigsten Interessen einer der Großmächte widersprechen könnten. Dieses Grundprinzip sichert der UNO die Lebensfähigkeit, hiermit wurden die Voraussetzungen für die Gestaltung einer multipolaren Welt geschaffen, die allein in der Lage ist, die Stabilität der Weltordnung zu gewährleisten.

Das bedeutet nicht, dass die ständigen Mitglieder des Sicherheitsrates das Vetorecht nach Gutdünken in Anspruch nehmen können. Im Gegenteil, in dem Maße, wie die wechselseitige Abhängigkeit aller Länder sich verstärkt, in dem Maße überdies, wie die Mechanismen der internationalen Zusammenarbeit weiterentwickelt und die Prozesse der Demokratisierung in der Welt vorangebracht werden, nimmt der Einfluss aller Staaten darauf, welche Position die Mitglieder des Sicherheitsrates beziehen, darunter auch auf die »Fünfergruppe«, wesentlich zu. Heute wird kein einziger Beschluss des Sicherheitsrates – zumal wenn er Zwangsmaßnahmen vorsieht – gefasst, ohne dass die Interessenlage aller davon betroffenen Mitglieder der UNO sorgfältigst ins Kalkül gezogen würde. Somit ist es praktisch unmöglich, sein Veto einzulegen, ohne eine klare und eindeutige Erläuterung der Gründe mitzuliefern. Ebenso ist es extrem schwierig, sein Veto für unlautere Zwecke zu nutzen oder damit Beschlüsse zu blockieren, die sich aus dem berechtigten Bestreben der internationalen Gemeinschaft ableiten, schwere Menschenrechtsverletzungen größten Ausmaßes zu unterbinden.

Russland nimmt seine ständige Mitgliedschaft im Sicherheitsrat nicht nur mit größtem Verantwortungsbewusstsein wahr, es tritt auch aktiv für die Verbesserung der Möglichkeiten des Rates ein, auf humanitäre Krisen zu reagieren. In der UNO wurde, wie bereits erwähnt, eine russische Initiative unterbreitet, die rechtlichen Aspekte der Gewaltanwendung in den internationalen Beziehungen unter den Bedingungen der Globalisierung kollektiv zu präzisieren. Ernsthafteste Untersuchung verdienen auch das konkrete Vorgehen bei der Präventivdiplomatie und Friedensstiftung sowie die Vervollkommnung von Sanktionsreglements und Methoden und Praktiken der Friedenserhaltung nach Konflikten.

Die Gründerväter der UNO haben die Möglichkeit vorgesehen, auf Verletzungen des Friedens und der Sicherheit zu reagieren – auf rechtlicher Grundlage.[1] Bekanntlich kann die internationale Gemeinschaft auch zu Zwangsmaßnahmen greifen, doch muss dies in Übereinstimmung mit der UN-Charta und auf Beschluss des Sicherheitsrates geschehen, denn rechtswidrige Mittel sind nur dazu angetan, gerechte Zwecke zu kompromittieren. Zwangsmaßnahmen müssen mit größter Behutsamkeit gehandhabt werden, und schon gar nicht zulässig ist, sie zu einem repressiven Instrument der Einwirkung auf jemandem nicht genehme Staaten und Völker zu machen.

Die Evolution der weltweiten Prozesse diktiert natürlich die Zweckmäßigkeit der Weiterentwicklung der Völkerrechtsnormen, ihre Anpassung an die neuen Realien. Dies muss jedoch auf dem Wege kollektiver Beratung und entsprechender Entscheidungsfindung geschehen, wobei man nicht bei null anfangen, sondern sich auf die geltenden Völkerrechtsnormen stützen sollte.

Insgesamt gesehen ist es – den politischen Willen aller Staaten vorausgesetzt – möglich und notwendig, vernünftige Reformen zur Stärkung der zentralen Rolle der Vereinten

---

1 *Charta der Vereinten Nationen,* Kapitel VI (Art. 33–38), Kapitel VII (Art. 39–51).

Nationen in den weltweiten Angelegenheiten durchzuführen – gestützt auf die Charta und die überaus reichen Erfahrungen der Organisation. Die Charta enthält das gesamte erforderliche Potential für sachgerechte globale Antworten auf die globalen Herausforderungen unserer Zeit. Effektiv nutzen lässt sich dieses Potential jedoch nur, wenn man gemeinsam handelt, ohne dass irgendjemand Anspruch auf die Führung erhebt und ohne jegliche Versuche, anderen eine bestimmte Weltsicht aufzuzwingen. Die Zukunft hängt von der Fähigkeit der UNO ab, die neuen Ideen und Tendenzen in der Entwicklung der Welt mit den erprobten grundlegenden Prinzipien des Völkerrechts in Übereinstimmung zu bringen.

III. Kapitel

Regionale Richtungen der russischen Außenpolitik

1. Die Politik Russlands gegenüber der GUS

Seit dem ersten Tag seiner Existenz gibt es für das neue Russland kein aktuelleres außenpolitisches Problem als die Entwicklung der Beziehungen in der Gemeinschaft Unabhängiger Staaten.

Der Zerfall der UdSSR führte zu Veränderungen beispiellosen Ausmaßes in einem riesigen geopolitischen Raum, der von Dutzenden verschiedener Nationalitäten bewohnt wird. Diese Veränderungen hatten sehr direkte, bisweilen dramatische Auswirkungen auf das Schicksal von Millionen unserer Landsleute. Deshalb ist die Lösung der Probleme, die mit der Gestaltung eines neuen Systems der internationalen Beziehungen auf dem Territorium der ehemaligen UdSSR zusammenhängen, von der russischen Führung für die Außenpolitik unseres Landes stets als absolut vorrangig betrachtet worden. Im Verlauf des letzten Jahrzehnts erzwang die Realität des Lebens jedoch wiederholt Korrekturen sowohl an der Konzeption der Politik Russlands gegenüber der GUS als auch an seinem praktischen Handeln in diesem Bereich.

In der Anfangsphase der Gemeinschaft Unabhängiger Staaten glaubten viele, die historisch gewachsenen Beziehungen zwischen den Sowjetrepubliken, die die UdSSR zu einem einheitlichen politischen und wirtschaftlichen Organismus gemacht hatten, bildeten eine ausreichende Grundlage dafür, dass die GUS rasch zu einer vollwertigen Integrationsvereinigung werden könne. Derartige Erwartungen drückten den Gründungsdokumenten der Gemeinschaft ihren Stempel auf. Bei der Unterzeichnung des Abkommens über die Gründung der GUS orientierten sich die Mitgliedsländer[1] auf die Erhaltung eines gemeinsamen sozialen, wirtschaftlichen, verkehrstechnischen und militärstrategischen Raums. Man nahm sich vor, kurzfristig die Durchlässigkeit der inneren Grenzen der Gemeinschaft bei kollektivem Schutz ihrer Außengrenzen zu sichern, die Außenpolitik der GUS-Staaten zu koordinieren, einander bei der Lösung von Fragen der sozialen Betreuung und der Pensionszahlungen für Militärangehörige und ihre Familien zu unterstützen, allen Bürgern der GUS, unabhängig von ihrer Nationalität und dem Land, in dem sie ihren Wohnsitz hatten, gleiche Rechte und Freiheiten entsprechend den allgemein gültigen internationalen Normen zu garantieren sowie einen umfassenden Austausch auf dem Gebiet von Information, Kultur usw. zu pflegen.

Gleichwohl wich die reale Politik der Länder der Gemeinschaft von Anfang an und immer rascher von diesen Zielen ab. Die zentrifugalen Tendenzen in Politik, Handel und Wirtschaft, im humanitären und in anderen Bereichen führten dazu, dass sich der Entwicklung einer intensiven gegenseitig vorteilhaften Zusammenarbeit ernsthafte Schwierigkeiten in den Weg stellten.

In vielerlei Hinsicht war dieser Prozess objektiver Natur. Die wirtschaftlichen Beziehungen zwischen den Republiken der ehemaligen UdSSR hatten ihre Prägung durch ein administratives Kommandosystem erhalten, das seine Funktionsfähigkeit hauptsächlich einer rigiden Zentralisierung und der Kontrolle durch die Partei verdankte. Ende der achtziger Jahre war dieses System bereits stark zerrüttet, und mit dem Zerfall des einheit-

---

1 Armenien, Aserbaidschan, Weißrussland, Georgien, Kasachstan, Kirgisistan, Moldau, Russland, Tadschikistan, Turkmenistan, Usbekistan und Ukraine.

lichen Staates und dem Beginn des Übergangs zur Marktwirtschaft kam dann praktisch sein Ende. Daraus resultierte zwangsläufig eine tiefe Krise der gesamten Struktur des wirtschaftlichen Zusammenwirkens im postsowjetischen Raum. Die Marktreformen in Russland und in anderen Ländern der Gemeinschaft, die in unterschiedlichem Tempo abliefen und zum Teil völlig unterschiedlichen Inhalts waren, waren einer wirtschaftlichen Annäherung der Teilnehmerstaaten ebenso wenig förderlich. Schließlich zeichnete sich in der Politik einiger Staaten eine Tendenz der Umorientierung der Handels- und Wirtschaftsbeziehungen auf andere Regionen der Welt ab.

All das zog einen erheblichen Rückgang des Handels innerhalb der GUS nach sich. Betrug 1991 sein Anteil am gesamten Warenumsatz der Länder der Gemeinschaft 60%, so sank er bis 1999 auf die Hälfte. Während in den Jahren 1988–1990 auf den Warenumsatz zwischen den Republiken (in den Grenzen der ehemaligen UdSSR) etwa ein Viertel des Bruttoinlandsprodukts entfallen war, machte er jetzt weniger als 10% aus. Der Anteil der GUS-Länder am Außenhandel Russlands schließlich verringerte sich in dieser Zeit auf etwa 22% des gesamten Außenhandelsumsatzes.

Angesichts der beträchtlichen Unterschiede in der Politik der Teilnehmerländer der Gemeinschaft konnte die im Vertrag vom 24. September 1993 enthaltene Konzeption der Wirtschaftsunion der GUS-Länder nicht realisiert werden. Die geplante Zahlungs- und Währungsunion kam nicht zustande. Insgesamt gesehen, war die wachsende Diskrepanz zwischen den Erklärungen und Vereinbarungen, die die Gemeinschaft auf ihre Weiterentwicklung zu orientieren schienen, und ihrer tatsächlichen Umsetzung ein charakteristisches Merkmal dieser Phase. Allein zwischen 1991 und 1998 wurden beispielsweise innerhalb der GUS 1030 multilaterale internationale Verträge und Abkommen abgeschlossen. Viele davon existieren jedoch nur auf dem Papier. Per 1. Februar 2000 waren von 164 durch den Rat der Staatschefs und den Rat der Regierungschefs angenommenen Dokumenten, die der Ratifizierung oder innerstaatlicher legislativer Verfahren bedürfen, lediglich 7 für alle Unterzeichnerstaaten in Kraft getreten.

Die zentrifugalen Tendenzen wirkten sich auch in politischer Hinsicht aus. So wurden Unterschiede in den Vorstellungen der Mitgliedstaaten von den grundliegenden Zielen und Aufgaben der Gemeinschaft sowie ihrer Rolle in der Weltpolitik deutlich. In vielem resultierten die Differenzen aus den psychologischen Problemen des Übergangs zu neuartigen zwischenstaatlichen Beziehungen innerhalb der GUS. Besonders groß waren die Schwierigkeiten für diejenigen unter den neuen Staaten, die in der ersten Zeit praktisch weder über die notwendigen Erfahrungen noch über die personellen Voraussetzungen für eine selbständige Außenpolitik verfügten. Als neue Subjekte der internationalen Beziehungen hatten sie die unvermeidliche Phase der Herausbildung eines nationalstaatlichen Selbstbewusstseins zu durchlaufen, wodurch die Beziehungen zu Russland zuweilen Schaden nahmen. Letzten Endes brauchte es einfach eine gewisse Zeit, um die Beziehungen zwischen Russland und seinen GUS-Partnern in die normalen Bahnen diplomatischer Beziehungen entsprechend der weltweit gültigen Praxis überzuleiten.

Dennoch wäre es nicht richtig, die erste Etappe der Entstehung der Gemeinschaft nur in negativem Licht zu sehen. Ihre historische Bedeutung besteht darin, dass das Ingangkommen der Zusammenarbeit im Rahmen der GUS bei all seinen Unzulänglichkeiten ermöglicht hat, ein Chaos auf dem Gebiet der ehemaligen UdSSR zu vermeiden. Denn berücksichtigt man die riesigen Bestände an Massenvernichtungswaffen, die hier lagerten, wird offensichtlich, welche Konsequenzen eine Entwicklung im Stil des »Balkan-Szenarios« hätte nach sich ziehen können. In diesem Zusammenhang stellen die Vereinbarungen über den Umgang mit den Atomwaffen auf den Territorien der

Ukraine, Weißrusslands und Kasachstans, die die Sicherheit auf dem Gebiet der ehemaligen UdSSR garantieren sollten, zweifellos ein historisches Verdienst der russischen Diplomatie und ihrer Partner in der Gemeinschaft dar.

Im September 1995 wurde per Erlass des Präsidenten der Russischen Föderation der »Strategische Kurs Russlands gegenüber den Teilnehmerstaaten der Gemeinschaft Unabhängiger Staaten«[1] bestätigt, ein Dokument, das den vorrangigen Charakter dieser außenpolitischen Richtung unseres Landes bekräftigte. Der »Strategische Kurs« ging davon aus, dass die Situation auf dem Gebiet der ehemaligen UdSSR die Lebensinteressen Russlands in den Bereichen Wirtschaft, Verteidigung, Sicherheit und Schutz der Rechte der russischen Staatsbürger tangiert und ein dementsprechendes Engagement zur Konsolidierung der Gemeinschaft verlangt.

Seine Hauptaufgaben gegenüber den GUS-Staaten sah Russland darin, eine verlässliche Stabilität in allen ihren Dimensionen zu gewährleisten – der politischen wie der militärischen, wirtschaftlichen, humanitären und rechtlichen, und so die Entwicklung der GUS-Länder zu gesellschaftlich und wirtschaftlich gefestigten Staaten mit russlandfreundlicher Politik zu fördern; des Weiteren galt es, Russlands Rolle als führende Kraft bei der Gestaltung eines neuen Systems zwischenstaatlicher politischer und wirtschaftlicher Beziehungen zu stärken und für den Ausbau und die Vertiefung der Integrationsprozesse in der GUS zu sorgen.

Die Grundsatzdokumente der russischen GUS-Politik von Mitte der neunziger Jahre zielten darauf ab, den geographischen Raum der ehemaligen UdSSR als Sphäre russischer Son-

---

1 *Strategitscheski kurs Rossii s gossudarstwami-utschastmikami Sodrushestwa Nesawissimych Gossudarstw (»Strategischer Kurs Russlands gegenüber den Teilnehmerstaaten der Gemeinschaft Unabhängiger Staaten«)*, in: *Diplomatitscheski westnik (»Diplomatisches Informationsblatt«)*, Heft 10/1995.

derinteressen zu erhalten, die Integration in der GUS voranzutreiben und die Gemeinschaft zu einem einflussreichen Subjekt der Weltpolitik und -wirtschaft zu entwickeln. Als führende und organisierende Kraft sollte dabei natürlich Russland fungieren. Zum Hauptziel der Politik gegenüber der GUS wurde die Schaffung einer wirtschaftlichen und politischen Integrationsvereinigung erklärt, die Anspruch auf einen angemessenen Platz in der Weltgemeinschaft erheben konnte.

Andererseits entstanden Mitte der neunziger Jahre nach und nach die Voraussetzungen dafür, die russische GUS-Politik zu korrigieren, das heißt, die Entwicklungsperspektiven der Gemeinschaft realistischer zu bewerten.

Der politische Kurs Russlands gegenüber der GUS räumte jetzt die Möglichkeit ein, die Gemeinschaft »mit unterschiedlichen Geschwindigkeiten« zu entwickeln, was die Bildung eines »Integrationskerns« bedeutete in Gestalt der Staaten, die gewillt waren, sich zu einem höheren Niveau der Zusammenarbeit emporzuschwingen, an das die übrigen Teilnehmer der Gemeinschaft zu späterer Zeit Anschluss suchen konnten.

Diese Herangehensweise war ein Ergebnis des sich bereits seit der ersten Jahreshälfte 1990 entwickelnden Prozesses einer allmählichen politischen und wirtschaftlichen »Differenzierung« in der GUS. Das Modell der »unterschiedlichen Geschwindigkeiten« der Integration begann feste Formen anzunehmen.

Die höchste Stufe in der Entwicklung der Integrationsprozesse wurde in den russisch-weißrussischen Beziehungen anvisiert. Am 2. April 1996 erfolgte die Unterzeichnung des Vertrages über die Bildung einer Gemeinschaft zwischen Weißrussland und Russland, später ergänzt durch den Vertrag über die Bildung der weißrussisch-russischen Union vom 2. April 1997 und schließlich durch den Vertrag zwischen der Russischen Föderation und der Republik Weißrussland über die Gründung eines Bundesstaates vom 8. Dezember

1999.[1] Intensive Arbeiten begannen, um ihn in die Tat umzusetzen. Verwaltungsorgane des Bundesstaates wurden gebildet und nahmen ihre Tätigkeit auf, dazu traten Koordinierungsmechanismen in Funktion, die auch die Außenpolitik betrafen. In erster Linie bestand die Aufgabe mehr und mehr darin, die Infrastruktur des Bundesstaates mit konkretem Inhalt zu versehen, besonders im Bereich der Wirtschaft. Es besteht kein Zweifel, dass die erfolgreiche Erfüllung dieser Aufgabe zu einem mächtigen Katalysator der Integrationsprozesse in der gesamten Gemeinschaft werden kann.

Am 29. März 1996 wurde der vierseitige Vertrag über die Vertiefung der Integration im wirtschaftlichen und humanitären Bereich (Weißrussland, Kasachstan, Kirgisistan und Russland)[2] unterzeichnet, dem sich 1999 als fünfter Teilnehmer Tadschikistan anschloss. Diese Staaten nahmen das Zusammenwirken im Rahmen einer Zollunion in Angriff, die im Oktober 2000 in eine vollwertige internationale Wirtschaftsorganisation umgewandelt wurde – die Eurasische Wirtschaftsgemeinschaft. Die genannten »Fünf« plus Armenien entwickeln ihre militärische und politische Zusammenarbeit auf der Grundlage des Vertrages über kollektive Sicherheit. Kasachstan, Kirgisistan, Tadschikistan und Usbekistan gründeten die Mittelasiatische Wirtschaftsgemeinschaft. Russland hat hier einen Beobachterstatus.

Georgien, die Ukraine, Usbekistan, Aserbaidschan und die Republik Moldau riefen die Vereinigung GUUAM ins Leben.

Eine Sonderstellung nimmt Turkmenistan ein, das die

---

1 Vertrag über die Gründung eines Bundesstaates von Russland und Weißrussland, s.: *Rossijskaja gaseta,* 29. Januar 2000.

2 Vertrag zwischen der Republik Weißrussland, der Republik Kasachstan, Kirgisistan und der Russischen Föderation über die Vertiefung der Integration im wirtschaftlichen und humanitären Bereich. Moskau, 29. März 1996, in: *Wneschnjaja politika i besopasnost sowremennoi Rossii (»Außenpolitik und Sicherheit des heutigen Russlands«).* Chrestomathie, Bd. 2, Moskau 1999, S. 353–358.

Neutralität zur Grundlage seiner Politik erklärt hat und sich regelmäßig der Unterzeichung der auf den Tagungen der GUS-Organe unter Teilnahme führender turkmenischer Repräsentanten gefassten Beschlüsse enthält.

Gleichzeitig bekundeten alle GUS-Staaten Interesse an der Schaffung einer Freihandelszone. Auf Initiative Russlands wurden der Vertrag über die Durchführung einer abgestimmten Antimonopolpolitik, das Abkommen über die Verfahrensweise bei der Verzollung und Zollkontrolle im Warenverkehr zwischen den Mitgliedsländern der GUS, das Protokoll über Konsultationen zur schrittweisen Aufhebung von Ausnahmebestimmungen im Freihandel und das Abkommen über technische Barrieren in der Freihandelszone unterzeichnet.

Mit Anbruch des 21. Jahrhunderts nahm eine neue Phase in der Gestaltung der russischen Politik gegenüber der GUS ihren Anfang. Zum Ausgangspunkt wurde die Erkenntnis der Notwendigkeit, die Aussichten, aus der Gemeinschaft eine funktionsfähige Integrationsvereinigung zu machen, realistischer einzuschätzen. Russland stand vor einem Dilemma: Sollte es die Integration als höchstes Gut betrachten, für das es sich lohnte, jeden Preis und jegliche Konzessionen an die Partner in Kauf zu nehmen, oder einen pragmatischeren Kurs einschlagen, der sich in erster Linie an den ureigensten Interessen der nationalen Sicherheit und der wirtschaftlichen Entwicklung des Landes orientierte?

Schließlich entschieden wir uns für die Vertiefung der zweiseitigen Beziehungen mit den Mitgliedsländern der GUS als notwendige Voraussetzung für die weitere Entwicklung der Integrationsprozesse. Die Beziehungen zu jedem dieser Staaten sollen fortan in Abhängigkeit von seinem Interesse an der Zusammenarbeit und seiner Bereitschaft gestaltet werden, den Interessen Russlands Rechnung zu tragen, auch was seine Sicherheit und die Respektierung der Rechte unserer Landsleute betrifft.

Dieser pragmatische Kurs beginnt bereits Früchte zu tragen. Mit den meisten GUS-Ländern entwickeln sich harmonische, von gegenseitiger Achtung getragene Beziehungen.

So gelang es in den Jahren 2000 und 2001, mit der Ukraine einen ernsthaften Dialog auf verschiedenen Ebenen, darunter der höchsten, in Gang zu bringen und bei der Lösung einer Reihe schwieriger Fragen der bilateralen Zusammenarbeit, insbesondere der wirtschaftlichen, voranzukommen. Eine Annäherung der Positionen unserer Länder bei einer Reihe internationaler Schlüsselfragen zeichnet sich ab.

Im gleichen Zeitraum verstärkte Russland seine Aktivität im mittelasiatischen Raum. Das Hauptaugenmerk wurde auf die Zusammenarbeit im Sicherheitsbereich konzentriert, wobei sie sich vor allem auf die gemeinsame Abwehr der internationalen terroristischen Bedrohung richtete. Zum ersten Mal in den letzten Jahren gelang es nicht nur, den Rückgang unseres Handelsaustausches mit den Ländern Mittelasiens zu stoppen, sondern sogar einen wesentlichen Zuwachs zu erreichen.

Dank einem intensiv geführten Dialog auf höchster Ebene gab es ebenso Fortschritte in den Beziehungen zu Aserbaidschan. Mit Armenien arbeiten wir als Bündnispartner zusammen. Schwierig gestalteten sich hingegen die russisch-georgischen Beziehungen: Russland ist bereit, auf die Normalisierung der Beziehungen zu Tiflis hinzuarbeiten – natürlich unter der Voraussetzung, dass die russischen Interessen, vor allem hinsichtlich des Kampfes gegen den internationalen Terrorismus, entsprechende Beachtung finden.

Die Entwicklung der zweiseitigen Beziehungen zu den GUS-Ländern betrachtet Russland als notwendige Etappe auf dem Weg der Vertiefung des multilateralen integrativen Zusammenwirkens. Unser Land hat stets seine diesbezügliche Bereitschaft demonstriert. Allerdings ist die Integration für uns kein Selbstzweck. Sie muss sich auf natürliche und organische Weise entwickeln, als Antwort auf konkrete Aufgaben, deren gemeinsame Lösung zweckmäßig und bisweilen einfach notwendig ist. Die weltweiten Integrationserfahrungen zeugen davon, dass dieser Prozess sich nicht künstlich forcieren lässt. Für seine Entwicklung sind vielfältige objektive wirtschaftliche und auch politische Voraussetzungen erforderlich. In Lateinamerika etwa begannen sich die ersten Integrationsvereinigungen bereits in den sechziger Jahren zu formieren, ein echter Durchbruch in ihrer Tätigkeit wurde aber de facto erst drei Jahrzehnte später erreicht.

Die Erfahrungen der in aller Welt existierenden Integrationsvereinigungen bestätigen generell ein hohes Maß an wechselseitigem politischem Einvernehmen und Vertrauen als notwendige Voraussetzung für eine erfolgreiche Entwicklung der Integration. Niemanden kann die dominierende Rolle der Vereinigten Staaten in der nordamerikanischen Freihandelszone (NAFTA) oder die besondere Bedeutung der deutschen Wirtschaft in der Europäischen Union verwundern. Deshalb erscheint es völlig natürlich, dass Russland in der GUS eine tragende Rolle zukommt, die hauptsächlich durch objektive Faktoren wie Größe des Territoriums, Bevölkerungszahl und wirtschaftliches Potential bedingt wird.

Russland zwingt die Integration niemandem auf, versucht aber auch niemanden davon auszuschließen, wenn er sich real daran interessiert zeigt. Das Streben der GUS-Staaten nach weiterer Diversifikation ihrer internationalen Beziehungen, ihre Suche nach neuen Handels- und Wirtschaftspartnern halten wir für natürlich. Inakzeptabel ist für Russland jedoch das Bestreben gewisser Drittländer, im GUS-Raum zum Nachteil der russischen Interessen aktiv zu werden, unser Land hier zu verdrängen oder seine Position vorsätzlich zu schwächen. Eine derartige Rivalität, ein solcher Kampf um »Einflusssphären« sind ein offenkundiger Anachronismus in der Weltpolitik und lediglich dazu angetan, die internationalen Beziehungen zusätzlich mit Spannung und Misstrauen zu belasten.

Bei aller Interessenvielfalt der GUS-Länder eint alle das objektive Interesse an gegenseitig vorteilhafter Zusammenarbeit in konkreten Richtungen. So zeigen sich die meisten Beteiligten dazu bereit, gemeinsam nach Antworten auf neue Bedrohungen und Gefahren wie Terrorismus, militanter Separatismus und religiöser Extremismus, grenzüberschreitende organisierte Kriminalität, Drogen- und Waffenschmuggel zu suchen.

Auf der Tagung des Rates der Staatschefs der GUS vom 21. Juni 2000 in Moskau wurde das Programm für den Kampf gegen den internationalen Terrorismus und andere Erscheinungen des Extremismus im Zeitraum bis 2003 bestätigt und es wurde beschlossen, in Moskau, gestützt auf den russischen Sicherheitsdienst FSB, ein Antiterroristisches Zentrum der GUS-Teilnehmerländer zu schaffen.

Mit dem Moskauer GUS-Gipfel verbindet sich überdies eine bedeutsame Aktion, die den Durchbruch im politischen Zusammenwirken der GUS-Länder bedeutet. Zum ersten Mal behandelten die Präsidenten (auf Initiative Russlands) das brennende Problem der globalen Weltpolitik und nahmen im Konsens ein dazu abgestimmtes Dokument an. Der internationale Widerhall auf die Erklärung der Staatschefs zur Aufrechterhaltung der strategischen Stabilität, in der die Unverzichtbarkeit des ABM-Vertrags von 1972 bekräftigt und die Gefährlichkeit der Versuche, ihn zu untergraben, betont wird, zeigt, dass dieser Schritt dem internationalen Ansehen der GUS förderlich war.

Das wichtigste konsolidierende Instrument für die Gewährleistung der Sicherheit und die Entwicklung der militärischen und militärtechnischen Zusammenarbeit innerhalb der GUS ist zurzeit der Vertrag über kollektive Sicherheit[1]. 1999 wurde er für den gegenwärtigen Fünfjahreszeitraum verlängert. Auf der

---

1 Vertragspartner sind zurzeit Armenien, Weißrussland, Kasachstan, Kirgisistan, Russland und Tadschikistan.

Tagung des Rates für kollektive Sicherheit vom Mai 2000 wurde ein ganzes Paket von bedeutsamen Dokumenten zur Anpassung des Vertrages über kollektive Sicherheit an die neuen geopolitischen Realitäten bestätigt, wodurch vor allem die antiterroristische Komponente des Vertrags wesentlich gestärkt wird. Durch die Tätigkeit des Rates für kollektive Sicherheit im Jahre 2001 erfolgte die weitere Umsetzung dieser Linie.

Russland engagiert sich für die Aktivierung des multilateralen Zusammenwirkens auch in anderen Bereichen wie der Außenpolitik, der Kultur, dem Bildungs- und Gesundheitswesen sowie dem Informationsaustausch. Für die Hauptrichtungen der Zusammenarbeit, die die Staatschefs der GUS in der Deklaration vom 2. April 1999 festgelegt hatten, wurde ein konkretes Aktionsprogramm für den Zeitraum bis 2005 erarbeitet.

Heute ist in der GUS ein für alle regionalen Staatenvereinigungen natürlicher »Ökonomisierungs«-Prozess im Gange. An Stelle ambitiöser Pläne zur Schaffung einer hochintegrierten Wirtschaftsunion werden die Aufgaben der Strukturreform in den Vordergrund gerückt. Seit 1999 besteht Russland nicht mehr darauf, die Organe der Gemeinschaft mit supranationalen Vollmachten auszustatten, die bei den meisten Mitgliedsländern auf Ablehnung stießen.

Seit April 1999 laufen konkrete Arbeiten zur Reformierung der GUS-Organe. Dazu wurde ein ständiges Verwaltungs- und Koordinierungsorgan, das Exekutivkomitee, geschaffen und die Satzung des Wirtschaftsrates der GUS bestätigt, der die Erfüllung der Beschlüsse der Führungsorgane der Gemeinschaft über die Schaffung und die Funktionsweise der Freihandelszone und zu sonstigen Fragen der sozialen und wirtschaftlichen Zusammenarbeit zu gewährleisten hat.

Ein besonderes Problem ist die Beilegung von Konflikten im GUS-Raum. Infolge der in Zusammenarbeit mit der UNO und der OSZE unternommenen Bemühungen Russlands wurden an den Brennpunkten des Geschehens im postsowjetischen Raum (Abchasien, Südossetien, Berg-Karabach, Transdnjestrien) allerorts die Kampfhandlungen eingestellt, die Waffenruhe hält; die Voraussetzungen sind geschaffen, die Konfliktsituationen mit politischen Mitteln zu bereinigen. Die Aufgabe der gegenwärtigen Etappe besteht darin, Rückfälle in gewaltsame Auseinandersetzungen zu verhindern und größtmögliche Unterstützung bei der Suche nach Lösungen zu leisten, die für alle in die Konflikte Verwickelten akzeptabel sind.

Russische Friedenskontingente sind auf der Grundlage zweiseitiger Vereinbarungen und der Beschlüsse des Rates der Staatschefs der GUS in Abchasien, Südossetien und Transdnjestrien stationiert. Aus bestimmten Gründen nimmt Russland die friedensstiftenden Aufgaben praktisch allein wahr. Ungeachtet der Versuche gewisser Kreise im Westen, die Rolle unserer Friedensstifter in Zweifel zu ziehen, hat ihr entscheidender Beitrag zur Sicherung der Stabilität in den Krisengebieten der Gemeinschaft breite internationale Anerkennung gefunden.

Als größter Erfolg der Friedensstiftung in den letzten Jahren ist die Beilegung des innertadschikischen Konflikts zu werten, zu der Russland einen entscheidenden Beitrag leistete und die es beinahe einer Million Menschen ermöglichte, in ihre Heimatorte zurückzukehren. Ende März 2000 nahm in Duschanbe das neu gewählte gesetzgeberische Organ, der Madshlis Oli, seine Arbeit auf. Nach der Erfüllung ihrer Aufgabe löste sich die nationale Versöhnungskommission auf.

Noch bleibt allerdings viel zu tun, damit Tadschikistan zu einem normalen Leben zurückkehren kann. Das ist ein langwieriger Prozess. Negativ auf die Stabilität im Lande wirkt sich auch die fortgesetzte bewaffnete Konfrontation im benachbarten Afghanistan aus. Russland setzt sich konsequent für eine intensivere internationale Unterstützung des Umgestaltungsprozesses in Tadschikistan ein, die insbesondere die Einrichtung eines Friedensbüros der UNO in Duschanbe sowie die Einberufung einer internationalen Konferenz oder eines »Runden Tisches« der Geberländer zur Mobilisierung finanzieller Auslandshilfe beinhalten sollte.

Vom Fortdauern der Situation »weder Krieg noch Frieden« in der unmittelbar an Russland grenzenden Kaukasusregion bleiben unsere Interessen nicht unberührt. In vollem Maße betrifft das auch die aserbaidschanisch-armenische Konfrontation um das Berg-Karabach-Problem. Dieser Konflikt beeinträchtigt die Entwicklung der Zusammenarbeit Russlands mit Aserbaidschan und Armenien in Handel und Wirtschaft, er behindert ein vollwertiges multilaterales Zusammenwirken im Kaukasus und verursacht eine gespannte Situation an den Südgrenzen unseres Landes.

Der Schlüssel zur Beilegung des Konflikts liegt in der Hand zweier Staaten, die die Hauptverantwortung dafür tragen, dass der Karabach-Knoten entwirrt wird. Eine Lösung ist vonnöten, die einen Frieden »ohne Sieger und Besiegte« in Transkaukasien herbeiführt und für die Zeit danach die Stabilität in der Region zu erhalten ermöglicht. Von prinzipieller Bedeutung ist es, dass Baku und Jerewan diese Lösung auf der Grundlage guten Willens finden.

Deshalb legt die russische Diplomatie, die sowohl selbständig als auch im Rahmen der Vermittlungsmechanismen der internationalen Gemeinschaft agiert, das Hauptgewicht darauf, dass der unmittelbare Verhandlungsprozess zwischen Aserbaidschan und Armenien fortgesetzt werden muss – auch auf höchster Ebene. Russland selbst wäre bereit, jedes Lösungskonzept, das für beide Seiten akzeptabel ist, gutzuheißen und als Garant für Kompromissvereinbarungen zu fungieren.

Ausgehend von diesen Überlegungen setzte sich Russland dafür ein, dass der aserbaidschanisch-armenische politische Dialog auf höchster Ebene wieder aufgenommen wurde. Jedes der auf unsere Initiative zurückgehenden Treffen zwischen den

Staatsführungen Aserbaidschans und Armeniens erhöhte das gegenseitige Vertrauen und diente dazu, den Weg zum Frieden zu bahnen. Inzwischen hat der Gefangenenaustausch begonnen, die Waffenruhe wird zunehmend stabiler, zwischen den außenpolitischen und militärischen Institutionen beider Länder gibt es regelmäßige Kontakte.

Zweifellos wird eine gerechte und dauerhafte Beilegung des Berg-Karabach-Konflikts dem gemeinsamen Bemühen Aserbaidschans, Armeniens, Georgiens und Russlands, den Kaukasus zu einer Region des Friedens, der guten Nachbarschaft und der Prosperität zu machen, förderlich sein und den in den letzten Jahren erarbeiteten Mechanismus der »kaukasischen Vier« voll funktionsfähig werden lassen. Die bereits traditionell gewordenen Gipfeltreffen dieser Vierergruppe schaffen dafür die notwendige politische Atmosphäre.

Die Unnachgiebigkeit beider Seiten im georgisch-abchasischen Konflikt erschwert leider seit langem eine konstruktive Kompromisssuche. Zu den ungelösten Hauptfragen gehören nach wie vor der politische Status Abchasiens und die Rückkehr der Flüchtlinge. Das entscheidende Problem aber ist die Erarbeitung einer Friedensregelung, die die territoriale Integrität Georgiens gewährleistet und zugleich für die Abchasen akzeptabel ist.

Was schließlich eine Friedensregelung in Transdnjestrien anbelangt, so sind wir bereit, eine schnellstmögliche politische Lösung dieses Problems im Interesse Hunderttausender von Moldauern, Russen und Ukrainern – all derer, die zu beiden Seiten des Dnjestr zu Hause sind – aktiv zu unterstützen. Reale Möglichkeiten hierfür sind gegeben. Nach Ansicht Russlands muss die politische Regelung zwei Hauptelemente enthalten: die Bewahrung der territorialen Integrität und Souveränität der Republik Moldau in den Grenzen von 1990 und die Ausstattung Transdnjestriens mit dem Status eines staatlich-territorialen Gebildes innerhalb dieses Landes.

Mit den Perspektiven dieser Regelung objektiv verbunden ist das Problem, dass die über Jahrzehnte angehäuften Waffen- und Munitionsvorräte der russischen Truppen aus Transdnjestrien abtransportiert werden müssen – und was damit geschehen soll. Diese Aufgabe wird unter Berücksichtigung der Verpflichtungen, die Russland auf dem Istanbuler Gipfeltreffen der OSZE übernommen hat, zu lösen sein.

Die Erfahrungen des letzten Jahrzehnts haben sowohl die Schwierigkeiten des Integrationsprozesses innerhalb der GUS als auch die Möglichkeiten, die er bietet, deutlich gemacht. Russland geht in seinem Handeln von der festen Überzeugung aus, dass die GUS zu einer einflussreichen regionalen Organisation werden und Prosperität, Zusammenarbeit und gute Nachbarschaft im gesamten postsowjetischen Raum stimulieren kann. Die objektiven Voraussetzungen hierfür sind vorhanden. Wie der Ministerpräsident Kasachstans, KASSYMSHOMART TOKAJEW, zu Recht betonte, sind »angesichts der Wirtschaftskrise, die alle postsowjetischen Staaten durchleben, ein aufeinander abgestimmtes Handeln, konstruktive Zusammenarbeit und die Suche nach gegenseitig annehmbaren Kompromisslösungen von höchster Aktualität. Andernfalls wird es nicht möglich sein, die Stabilität zu erhalten, die Sicherheit zu gewährleisten, die Wirtschaft zu reformieren und die Integration in die Weltwirtschaft zu bewältigen.«[1]

Die in einem Jahrzehnt mit der GUS gemachten Erfahrungen zeugen jedoch auch von der Notwendigkeit, realistisch zu bleiben. Gutnachbarschaftliche und gegenseitig vorteilhafte bilaterale Beziehungen zwischen allen Mitgliedsländern sind in

---

1 Tokajew, Kassymshomart: *Wneschnjaja politika Kasachstana w uslowijach globalisazii (»Die Außenpolitik Kasachstans unter den Bedingungen der Globalisierung«)*, Almaty 2000, S. 224.

absehbarer Zukunft geeignet, das Zusammengehörigkeitsgefühl in der Gemeinschaft zu stärken.

Seit der russische Präsident WLADIMIR PUTIN die neuen Ansätze der Politik gegenüber der GUS gebilligt hat, sind bei ihrer praktischen Umsetzung bereits positive Veränderungen in den Beziehungen Russlands zu seinen Partnern zu verzeichnen. Basierend auf dem soliden Fundament der gegenseitigen Berücksichtigung der Interessen, ist das Verhältnis pragmatischer, transparenter und berechenbarer geworden. Hinzu kommt die günstige Konjunktur auf dem Gebiet der Handels- und Wirtschaftsbeziehungen. So ist der Warenumsatz Russlands mit den GUS-Staaten im Jahre 2000 gegenüber 1999 um gut 40% angestiegen und hat mehr als 25 Mrd. Dollar erreicht.

Jedoch eröffnet die gegenwärtige Entwicklungsetappe der Gemeinschaft nicht nur neue Chancen, sondern wirft auch neue Probleme auf. Dies betrifft vor allem die Suche nach Möglichkeiten für eine optimale Verknüpfung von multi- wie bilateralen Formen des Zusammenwirkens, die Berücksichtigung ökonomischer und politischer Faktoren sowie der anstehenden Aufgaben für die nächste und die fernere Zukunft ganz allgemein.

2. Russland und Europa

Die Thematik der Beziehungen zwischen Russland und Europa geht weit über den Rahmen der Außenpolitik hinaus, berührt es doch die grundlegenden Aspekte der Wahl des Entwicklungsweges unseres Landes. Russische Gesellschaftswissenschaftler und Politologen legten in den Begriff »Europa« traditionell nicht nur einen geographischen, sondern auch einen kulturell-zivilisatorischen Sinn hinein. Wie bereits im ersten Kapitel über die Grundlagen der russischen Außenpolitik festgestellt, stand Europa seit der Epoche der petrinischen Reformen im russischen gesellschaftlichen Bewusstsein für ein gewisses System politischer und ökonomischer Prinzipien sowie moralischer Werte und einen bestimmten Kulturraum. Im Streit um das Verhältnis zur europäischen Zivilisation fand die Auseinandersetzung um die Aspekte europäischer wechselseitiger Abhängigkeiten, um die nationale Eigenart Russlands und die Wahl seines historischen Weges ihren Niederschlag.

Wie immer diese Fragen in den verschiedenen Entwicklungsphasen unseres Landes gestellt wurden, der europäische Vektor dominierte viele Jahrhunderte lang in seiner Außenpolitik. Russland wandte sich im Prozess seiner historischen Evolution nicht nur Europa zu, sondern bildete auch einen untrennbaren Bestandteil des europäischen Systems der internationalen Beziehungen. In allen Umbruchsituationen des Kontinents, sei es die Zerschlagung des napoleonischen Imperiums oder die Gründung der Entente, spielte Russland die Rolle eines aktiven und unverzichtbaren Teilnehmers im europäischen »Mächtekonzert«, eines gewichtigen Faktors des europäischen Gleichgewichts.

Ungeachtet der ideologischen und militärisch-politischen Spaltung Europas infolge der revolutionären Erschütterungen in Russland gewann diese Rolle im 20. Jahrhundert noch mehr an Bedeutung. Der Sieg, den unser Land im Zweiten Weltkrieg über den Faschismus errang, machte es zu einem der Architekten der Neuordnung Europas. Selbst unter den Bedingungen des Kalten Krieges und des Eisernen Vorhangs entwickelten sich vielfältige Beziehungen zwischen der UdSSR und den Ländern Westeuropas in Politik, Wirtschaft, Kultur und auf anderen Gebieten. Unter maßgeblicher Beteiligung der Sowjetunion wurde in Europa der Grundstein für die Entspannung und später für die gesamteuropäische Sicherheit und Zusammenarbeit gelegt, deren Kulminationspunkt die Unterzeichnung der Schlussakte von Helsinki im Jahre 1975 bildete. Infolge der umwälzenden Veränderungen in unserem Land wurde Europa schließlich zum Epizentrum des Umbruchs in der weltpolitischen Entwicklung, zu dessen Symbol der Fall der Berliner Mauer und die Wiedervereinigung Deutschlands wurden.

Die stürmischen Prozesse der zweiten Hälfte des 20. Jahrhunderts brachten naturgemäß Korrekturen der Rolle Europas in der internationalen Arena mit sich, und zwar beträchtlichen Ausmaßes. Obwohl Europa die Hebel seiner Einflussnahme auf die internationale Situation großenteils eingebüßt hat, behält es seine Attraktivität als intellektuelles Zentrum und als Hort der Weltkultur und mehrt sein nicht minder bedeutsames politisches und wirtschaftliches Potential: für viele Regionen dient die Alte Welt als Modell der Entwicklung der Integrationsprozesse, beweist sie ihre Fähigkeit zur Selbsterneuerung, zu solidarischer Partnerschaft und zum Mittlertum bei der Lösung internationaler Probleme.

Als Begründer des modernen Völkerrechts erhielt Europa nach dem Ende des Kalten Krieges die einzigartige Chance, durch die Kraft des positiven Beispiels dem Primat des Rechts und der Kultur des Friedens im zwischenstaatlichen Verkehr Geltung zu verschaffen. Die Voraussetzungen sind durch die im November 1990 angenommene Pariser Charta des neuen Europas gegeben. Die Teilnehmerstaaten verpflichteten sich darin, »die Demokratie als einzig praktikables Regierungssystem zu gestalten, zu konsolidieren und zu stärken«. Sie bekräftigten ihr Eintreten für die Einhaltung der Menschenrechte einschließlich der Teilnahme an korrekt durchgeführten freien Wahlen und des Anspruchs auf gerechte und öffentliche Jurisdiktion. Zu den gemeinsamen Zielen der Teilnehmer am gesamteuropäischen Prozess gehören die Entwicklung der Marktwirtschaft und die Anwendung des Prinzips des Rechtsstaates.

Die Unterzeichnung der Pariser Charta eröffnete die Möglichkeit, zum ersten Mal in der europäischen Geschichte das Ideal der Errichtung eines einheitlichen demokratischen Europas zu verwirklichen. In der Realität zeigte sich die Entwicklung der Lage auf dem Kontinent allerdings weit entfernt von diesem Ideal.

Ohne Frage, im zurückliegenden Jahrzehnt ist Europa bei der Gestaltung eines einheitlichen Stabilitäts- und Sicherheitsraums, der wirtschaftlichen Prosperität und einer stabilen Demokratie ein gutes Stück vorangekommen. Davon, dass die Konfrontation der Blöcke der Vergangenheit angehört, hat Europa mehr profitiert als die übrigen Regionen der Welt. Das Niederreißen des Eisernen Vorhangs eröffnete ungeahnte Perspektiven der Zusammenarbeit und Annäherung der Staaten und Völker auf der Grundlage gemeinsamer demokratischer Werte.

Dennoch ist es bis zum Endziel – der Schaffung eines einheitlichen Großeuropas – nach wie vor ein langer Weg. Das liegt vor allem daran, dass sich die Prozesse auf dem Gebiet der Sicherheit und der ökonomischen Integration in den letzten Jahren hauptsächlich auf der Grundlage von Strukturen entwickelten, die bei weitem nicht alle europäischen Staaten erfassen. Die in Angriff genommene NATO-Erweiterung und das militärische Vorgehen der Allianz gegen Jugoslawien im Frühjahr 1999 machten die reale Gefahr deutlich, dass neue Trennungslinien auf dem Kontinent entstehen und das völkerrechtliche Fundament der gesamteuropäischen Zusammenarbeit untergraben wird.

Es ist völlig offensichtlich, dass eine derartige Tendenz nur zur Schwächung der Rolle Europas in der Weltpolitik führen kann. Das Beispiel anderer Regionen, vor allem Südostasiens und Lateinamerikas, zeugt in einer Reihe von Fällen von einem höheren Niveau der politischen Einigkeit und der Übereinstimmung in internationalen Schlüsselfragen, als das in Europa der Fall ist. Das Potential der europäischen Strukturen, vor allem das der OSZE, wird längst nicht immer vollständig genutzt, mitunter scheint es sogar bewusst ignoriert zu werden.

Russland geht in seiner Europapolitik von der Überzeugung

aus, dass Europa zum Motor der allumfassenden strategischen Stabilität in der Welt werden kann und muss. In erster Linie geht es dabei um einen durchgreifenden Fortschritt in der Abrüstung unter Aufrechterhaltung und Stärkung der geltenden Verträge und Abkommen auf diesem Gebiet.

Sehr begrüßt wird in Moskau, dass etliche der führenden europäischen Länder sich zusammen mit der überwiegenden Mehrheit der Weltgemeinschaft dafür ausgesprochen haben, an dem in den letzten dreißig Jahren entstandenen System der internationalen und bilateralen Verträge auf dem Gebiet der Abrüstung festzuhalten. Es gibt Anlass zu der Hoffnung, dass dieses Thema zum Gegenstand einer aktiven gesamteuropäischen Zusammenarbeit gemacht wird.

Längst nicht vollständig genutzt wird das europäische Gesamtpotential auch bei der Lösung anderer Schwerpunktprobleme der Gegenwart, insbesondere der Beilegung regionaler Konflikte. So misst Russland, ausgehend von seiner Rolle im Nahost-Friedensprozess, der stärkeren Einbeziehung der Europäischen Union in die internationalen Vermittlungsbemühungen große Bedeutung bei, wobei die Nähe der Standpunkte Moskaus und Brüssels in dieser Frage ein besser abgestimmtes und gegebenenfalls gemeinsames Handeln gestattet.

Zweifellos bestehen ähnliche reale Möglichkeiten für eine engere Zusammenarbeit der europäischen Staaten in anderen Regionen der Welt, unter anderem im Mittelmeerraum, im Fernen Osten und in Asien überhaupt.

Eine der fundamentalen Grundlagen der russischen Europapolitik ist die Entwicklung der bilateralen Beziehungen mit den Ländern des Kontinents. Bei allen Wendungen der politischen Entwicklung in Europa stellte, wie der stürmische Verlauf seiner Geschichte zeigt, die zweiseitige Zusammenarbeit stets einen stabilisierenden Faktor der internationalen Beziehungen im europäischen Raum dar.

Russland wird auch künftig auf das Zusammenwirken mit

den westeuropäischen Staaten hinarbeiten. Im zurückliegenden Jahrzehnt haben unsere Beziehungen zu praktisch all diesen Ländern eine neue Qualitätsstufe erreicht. Eine besonders intensive Zusammenarbeit entwickelte sich mit Deutschland, Italien, Großbritannien, Frankreich, Spanien und anderen Ländern – das besitzt für uns einen außerordentlich hohen Stellenwert.

Was die Beziehungen zu den mittel- und osteuropäischen Staaten anbelangt, so bleibt es, wie in der erneuerten Außenpolitischen Konzeption Russlands betont wird, »eine vorrangige Aufgabe, die entstandenen menschlichen, wirtschaftlichen und kulturellen Beziehungen zu erhalten, die vorhandenen krisenhaften Erscheinungen zu überwinden und der Zusammenarbeit entsprechend den neuen Bedingungen und den russischen Interessen einen zusätzlichen Impuls zu verleihen«. In der Konzeption wird desgleichen auf die guten Perspektiven für die Entwicklung der Beziehungen der Russischen Föderation zu Litauen, Lettland und Estland verwiesen. »Russland tritt dafür ein, diese Beziehungen in die Bahnen guter Nachbarschaft und gegenseitig vorteilhafter Zusammenarbeit zu lenken. Eine unabdingbare Voraussetzung dafür ist, die Respektierung der russischen Interessen durch diese Staaten, unter anderem hinsichtlich der Wahrnehmung der Rechte der russischsprachigen Bevölkerungsteilsanteile.«[1]

Insgesamt kommt man zu folgender Einschätzung: Welchen europäischen Staat man auch nimmt, mit keinem einzigen hat Russland unüberbrückbare Differenzen, die der Entwicklung guter Nachbarschaft und gegenseitig vorteilhafter Zusammenarbeit im Wege stünden. Hindernisse gibt es ebenso wenig für die Herbeiführung eines wirklich gesamteuropäischen Zusammenwirkens bei den Schlüsselfragen der Friedenserhaltung und der internationalen Stabilität.

---

1 Vgl. Anhang, S. 266. (Anm. d. Übers.)

Damit Europa in den Stand versetzt wird, eine gewichtige und aktive Rolle bei der Gestaltung eines neuen demokratischen Systems gleichberechtigter internationaler Beziehungen zu spielen, muss es selbst zu einem einflussreichen »Pol« werden. In seiner Rede vor dem Bundestag der BRD im September 2001 legte Präsident PUTIN einen besonderen Akzent darauf, dass Europa sein Ansehen als mächtiges und wahrhaft selbständiges Zentrum der Weltpolitik nur dann festigen kann, wenn es seine eigenen Möglichkeiten mit denen Russlands – den personellen, territorialen und natürlichen Ressourcen, dem wirtschaftlichen, kulturellen und verteidigungspolitischen Potential unseres Landes – vereinigt. Es geht um die wichtigste Voraussetzung für den Aufbau Großeuropas als eines einheitlichen Raums von Stabilität und Sicherheit, ökonomischer Prosperität und robuster Demokratie, als eines Vorreiters einer Welt der Einigkeit und Sicherheit.

Den Hauptschwerpunkt der Europapolitik Russlands bildet das Engagement für die Gestaltung eines stabilen, diskriminationsfreien und umfassenden Systems der europäischen Sicherheit.

Das Fundament wurde bereits vor einem Vierteljahrhundert bei der Unterzeichnung der historischen Schlussakte von Helsinki gelegt. Die darin vereinbarten grundlegenden Prinzipien stehen in voller Übereinstimmung mit der UN-Charta und den allgemein gültigen Normen des Völkerrechts.

Die Gestaltung des gesamteuropäischen Sicherheitssystems als Hauptrichtung der Entwicklung Europas wird getragen von der OSZE, der einzigen Struktur, in der alle Staaten des Kontinents vertreten sind und die deshalb geeignet ist, das Prinzip gleicher und garantierter Sicherheit für alle Staaten, unabhängig von ihrer Zugehörigkeit zu militärisch-politischen Bündnissen und anderen geschlossenen Gruppierungen, in die Praxis umzusetzen.

Seit die Konferenz für Sicherheit und Zusammenarbeit in

Europa 1994 in die OSZE umgewandelt wurde, setzt sich Russland dafür ein, sie zu stärken und zu einer vollwertigen regionalen Organisation zu machen. Die OSZE muss zu dem Forum werden, in dem sich die europäischen Staaten über ein einheitliches Herangehen an die Hauptprobleme der Gegenwart verständigen, und das als Mechanismus für den Dialog mit anderen regionalen Organisationen dient. Darin besteht die politische Hauptfunktion der OSZE, die es zu stärken und weiterzuentwickeln gilt. Zudem wäre dies ein realer Schritt auf dem Weg zu einer neuen Struktur der internationalen Beziehungen, der das Zusammenwirken der führenden regionalen Organisationen unter Leitung der UNO und unter strikter Einhaltung des Völkerrechts zugrunde läge.

In den Jahren ihres Bestehens hat die OSZE eine großartige organisatorische Entwicklung genommen und enorme Erfahrungen gesammelt, wie sich die Positionen aller Teilnehmerstaaten in Übereinstimmung bringen lassen. Auf dem Budapester Gipfeltreffen im Dezember 1994 wurden neue OSZE-Organe geschaffen: das Sekretariat, der Ministerrat, in dem die Teilnehmerstaaten durch ihre Außenminister vertreten sind, die Parlamentarische Versammlung, das Konfliktverhütungszentrum und das Büro für die Durchführung von freien Wahlen (später umgewandelt in das Büro für demokratische Institutionen und Menschenrechte).[1] Das Budapester Gipfeltreffen billigte eine neue Fassung des Wiener Dokuments über vertrauensbildende Maßnahmen, das die Bereitstellung umfassenderer Informationen über Streitkräfte, Rüstungsplanungen und Verteidigungsausgaben vorsah.

In der Lissabonner Erklärung zum Modell der allgemeinen Sicherheit für das Europa des 21. Jahrhunderts vom Dezember

1 S.: *Ot Helsinki do Budapeschta. Istorija SBSE/OBSE w dokumentach. 1973–1994 (»Von Helsinki bis Budapest. Geschichte der KSZE/OSZE in Dokumenten. 1973–1994«),* Bd. 3, Moskau 1997, S. 464–512.

1996 betonten die Staats- und Regierungschefs der Teilnehmerstaaten der OSZE den allumfassenden und unteilbaren Charakter der Sicherheit auf dem Kontinent.

In Vorbereitung auf das Gipfeltreffen in Istanbul Ende 1999 hatte sich die russische Diplomatie schwierigen Aufgaben zu stellen. Es ging darum, die vielfältigen außenpolitischen Interessen unseres Landes zu verfechten, die Annahme von Dokumenten als Grundlage der europäischen Sicherheit zu Beginn des 21. Jahrhunderts in einer uns zufrieden stellender Form zu erreichen und schließlich zu verhindern, dass das Gipfeltreffen wegen der Ereignisse in Tschetschenien zu einem öffentlichen Prozess gegen Russland gemacht wurde. Gleichzeitig galt es, für einen konstruktiven Verlauf des Treffens zu sorgen, weswegen vermieden werden musste, sich zu einer Konfrontation mit dem Westen hinreißen lassen. Alles in allem gelang es, diese Anforderungen zu erfüllen.

Das Istanbuler Treffen auf höchster Ebene, das Mitte November stattfand, wurde zu einem Meilenstein in der Geschichte der OSZE. Die Berichterstattung der Massenmedien in aller Welt war unverdient einseitig, obgleich der Gipfel mit sehr ernsthaften Beschlüssen endete, deren künftige Auswirkungen für jeden Europäer spürbar werden sollten.

Politisches Hauptergebnis war die Bekräftigung des Festhaltens aller Teilnehmerstaaten der OSZE an den grundlegenden Prinzipien der UN-Charta und der Schlussakte von Helsinki. Das bedeutet, dass das Fundament der zwischenstaatlichen Beziehungen in Europa nach wie vor die Achtung der souveränen Gleichheit der Staaten und ihrer territorialen Integrität, die Unantastbarkeit der Grenzen, der Verzicht auf die Anwendung oder Androhung von Gewalt, die friedliche Beilegung von Streitigkeiten, die Nichteinmischung in innere Angelegenheiten und die Einhaltung der Menschenrechte bilden. Auf diesen Prinzipien soll die europäische Sicherheit und Stabilität auf Jahre hinaus gründen.

Ausgehend davon, dass die OSZE hier ihre Möglichkeiten bei weitem nicht ausgeschöpft hat, setzt sich die russische Diplomatie beharrlich für die Stärkung ihres operativen Potentials auf dem Gebiet der Sicherheit ein. Die OSZE ist real dazu befähigt, künftig für das System der europäischen Sicherheit, zu dem in Abhängigkeit von ihrer Erfahrung und ihren Möglichkeiten auch andere Strukturen einen Beitrag leisten könnten, die Koordinierungsfunktion zu übernehmen. Die mit den verschiedenen Dimensionen der Sicherheit verbundenen Mechanismen dieser gesamteuropäischen Organisation müssen weiterentwickelt werden, das Potential der OSZE ist besser für die Zusammenarbeit auf diesem Gebiet zu nutzen. In den Istanbuler Beschlüssen, speziell in der »Plattform für kooperative Sicherheit«, ist dieser Entwicklungsweg ganz konkret festgelegt.

Indessen darf man vor den noch vorhandenen Hindernissen auf dem Weg der weiteren Stärkung der OSZE die Augen nicht verschließen. In letzter Zeit ist von Seiten der westlichen Länder das Bestreben spürbar, die Funktionen der OSZE einzuengen, sie in eine Art provinzielles Forum mit begrenzten Obliegenheiten, vornehmlich humanitärer Art, zu verwandeln. Dieser Trend wurde während der Außenministerberatung der OSZE im November 2000 in Wien deutlich. Die OSZE lief Gefahr, von einem universellen Mechanismus, der kollektive Entscheidungen der Teilnehmerstaaten erarbeitet, zu einem Mittel der Einflussnahme auf einzelne Staaten, einer Art »Instrument der Zwangsdemokratisierung«, gemacht zu werden. Hinter den Versuchen, die Aufgaben der OSZE auf die hauptsächliche Erörterung von humanitären und bürgerrechtlichen Problemen zu reduzieren, war vor allem die Tendenz erkennbar, geschlossene Organisationen und Vereinigungen, in erster Linie die NATO, zur Grundlage der europäischen Sicherheit zu machen. Russland ist der Überzeugung, dass dies ein falscher Weg wäre. Dabei geht es nicht nur darum, dass eine solche Entwicklung der eigentlichen Rolle der OSZE und den

Hauptentwicklungsrichtungen der europäischen Sicherheit, auf denen die Istanbuler Charta beruht, entschieden widerspräche. Die Dynamik der Prozesse in der Welt und in Europa zeugt davon, dass der Aufbau einer neuen Architektur der Sicherheit und Stabilität auf dem Kontinent nicht das Privileg »auserwählter« Staaten sein kann. Die Geschichte hat uns wiederholt gelehrt, dass Versuche, einem Staat von außen irgendwelche Schemata aufzuzwingen, von vornherein zum Scheitern verurteilt sind.

Die am 3. und 4. Dezember 2001 in Bukarest abgehaltene Außenministertagung der OSZE zeigte, dass die manifest gewordene Krise in der Organisation ihren Mitgliedern wachsende Sorgen bereitete. Ergebnis dieser Tagung war die Annahme einer Reihe wichtiger Dokumente, die insbesondere den Kampf gegen den internationalen Terrorismus betrafen; dadurch wurden die großen ungenutzten Möglichkeiten dieser einzigartigen Organisation erneut bestätigt.

Einen wichtigen Beitrag zu einem wahrhaft einigen Großeuropa mit gemeinsamen demokratischen Werten vermag der Europarat zu leisten. Der am 5. Mai 1949 gegründete Europarat erklärte das Streben nach Einigkeit zwischen den Europäern zur Durchsetzung der Ideale und Prinzipien der pluralistischen Demokratie und des Primats von Gesetz und Menschenrechten ebenso zu seiner Hauptaufgabe wie die Förderung des wirtschaftlichen und gesellschaftlichen Fortschritts in Europa.[1] Doch unter den Bedingungen des Kalten Krieges und der Spaltung des Kontinents war es dieser Organisation objektiv unmöglich, ihre Mission in ganz Europa zu erfüllen.

Die in der zweiten Hälfte der 80er Jahre einsetzenden grundlegenden Veränderungen in der politischen Landschaft des Kon-

1 S.: *Statut des Europarates,* in: *Diplomatitscheski westnik (»Diplomatisches Informationsblatt«),* Heft 4/1996, S. 30–50; Robertson, A. H.: *The Council of Europe. Its Structure, Functions and Achievements,* London 1956.

tinents verliehen der Tätigkeit des Europarates neue Dynamik. Seine Türen den jungen Demokratien öffnend, erhielt er die Chance, den Europäern real zu helfen, »gemeinsam ein neues Großeuropa ohne jedwede Trennungslinien zu errichten«.

Der Beitritt der Russischen Föderation zum Europarat am 28. Februar 1996 trug dazu bei, ihn zu einer wirklich gesamteuropäischen Institution zu machen.[1] Dieser Schritt war eine wohl bedachte strategische Entscheidung der russischen Führung, der Föderalen Versammlung und aktiver Schichten unserer Gesellschaft. Sie fußte auf der Überzeugung, dass die Mitgliedschaft im Europarat dem Aufbau und der Konsolidierung der demokratischen und rechtsstaatlichen Institutionen in Russland und der Sicherung der Grundfreiheiten und -rechte, die für die Bürger unseres Landes zu den größten Errungenschaften der Reformzeit gehören, förderlich sein werde.

Natürlich gab es auch Zweifel an der Zweckmäßigkeit des Beitritts zum Europarat, Befürchtungen, Russland werde unter den gegenwärtigen Bedingungen nicht in der Lage sein, alle aus der Mitgliedschaft in dieser Organisation resultierenden Verpflichtungen zu erfüllen, und so unter den Druck von Kritik und Sanktionen geraten.

Auch ungeachtet des »tschetschenischen Salto mortale« in der Parlamentarischen Versammlung des Europarates haben sich diese Befürchtungen, insgesamt betrachtet, nicht bewahrheitet. Dass Russland mit der Unterzeichnung von achtundzwanzig europäischen Konventionen die allgemein gültigen europäischen Rechtsnormen akzeptierte, war von größter Bedeutung für den Aufbau eines Rechtsstaates und die Entwick-

---

1 S.: *Konwenzii Sowjeta Jewropy i Rossiskaja Federazija (»Konventionen des Europarates und die Russische Föderation«).* Dokumentensammlung, Moskau 2000; Glotow, S. A.: *Rossija i Sowjet Jewropy: politikoprawowyje problemy wsaimodejstwija (»Russland und der Europarat: politisch-rechtliche Probleme des Zusammenwirkens«),* Krasnodar 1998.

lung einer demokratischen Gesellschaft in unserem Land.[1] Es geht dabei um so wichtige Bereiche des staatlichen und gesellschaftlichen Lebens wie den Schutz der Menschenrechte und der nationalen Minderheiten, das Bildungswesen, die Kultur und den Sport. Hier beabsichtigt Russland die Unterzeichnung eines weiteren Dutzends europäischer vertragsrechtlicher Dokumente. Einige von ihnen stellen das Wirken der Teilnehmerländer unter die Beobachtung internationaler Kontrollmechanismen, insbesondere unter die des Europäischen Gerichtshofs für Menschenrechte, was zusätzliche Garantien für die Stärkung von Demokratie und Gesetzlichkeit schafft. Obwohl sich der Prozess der Schaffung einer stabilen gesellschaftlichen und wirtschaftlichen Grundlage für die persönlichen Freiheiten schwieriger gestaltete, als dies zu Beginn der neunziger Jahre zu erwarten war, hat sich die Erkenntnis vom Primat der Menschenrechte und die Überzeugung von der Notwendigkeit ihres Schutzes auch mit internationalen Mitteln, insgesamt gesehen, in der russischen Gesellschaft durchgesetzt. Die dramatischen Vorgänge des letzten Jahrzehnts haben gezeigt, dass die Bürger unseres Lands selbst in den allerschwierigsten Momenten die Notwendigkeit freier Wahlen, der Gewaltenteilung und der Meinungsfreiheit nicht in Frage stellten, dass sie sich also in zunehmendem Maße als Teil der demokratischen zivilisierten europäischen Staatengemeinschaft fühlen.

Für Russland besitzt der möglich gewordene Zugriff auf das reiche Potential an Sachverstand und das intellektuelle Erbe des Europarats hohen Stellenwert. Vieles davon kann bei der Weiterführung des Demokratisierungsprozesses unseres Landes

---

1 S.: *Konwenzii Sowjeta Jewropy i Rossiskaja Federazija (»Konventionen des Europarates und die Russische Föderation«),* Moskau 2000. *Prawo Sowjeta Jewropy i Rossija (»Das Recht des Europarates und Russland«).* Dokumenten- und Materialsammlung, 2., erg. Aufl., Krasnodar 1996; *Rossija w Sowjete Jewropy (»Russland und der Europarat«),* Moskau 1999.

nutzbar gemacht werden. Zugleich ist es in vielerlei Hinsicht dem Europarat zu danken, wenn russische Ideen und Initiativen für die anderen Europäer verständlicher werden.

Durch die Erfüllung der mit dem Beitritt zum Europarat übernommenen Verpflichtungen leistet Russland seinen Beitrag zur Tätigkeit der Organisation und beweist eine aktive Haltung zu prinzipiellen Fragen ihrer Entwicklung. Als vorrangige Aufgabe betrachtet es die Erhaltung des auf dem zweiten Gipfeltreffen des Europarates proklamierten »Geistes von Straßburg«. Dabei geht es darum, Europa zu einen, statt neue Barrieren zu errichten, auf dem Kontinent dem Recht statt dem Gesetz der Gewalt mittels entsprechender militärischer Strukturen Geltung zu verschaffen. Zu begrüßen ist in diesem Zusammenhang die darauf gerichtete politische Deklaration über ein Großeuropa ohne Trennungslinien, die auf der 104. Tagung des Ministerkomitees des Europarates in Budapest beschlossen wurde.[1]

Andererseits kann Russland seine negative Position zu diversen Erscheinungen von Voreingenommenheit oder »doppelten Standards« auf Seiten des Europarates nicht verhehlen. So hat die Organisation im Zusammenhang mit den Bombenangriffen der NATO auf Jugoslawien eine Position bezogen, die diese widerrechtliche NATO-Aktion im Grunde rechtfertigte. Bei der Bewertung des russischen Vorgehens in Tschetschenien ließ die Parlamentarische Versammlung Objektivität vermissen, hingegen verschließt sie die Augen vor den offensichtlichen Verletzungen der Menschenrechte und der Rechte nationaler Minderheiten in Lettland und Estland.

Die russische Diplomatie betont immer wieder, dass der Europarat, will er den Traditionen des europäischen Humanis-

---

1 Text der politischen Deklaration in: *Diplomatitscheski westnik (»Diplomatisches Informationsblatt«),* Heft 6/1999, S. 36 f.

mus, der den Menschen zum Maß des gesamten Wertesystems erklärt, treu bleiben, einer effektiveren Überwachung der Einhaltung der Menschenrechte einschließlich der Rechte Tausender Staatenloser in den baltischen Ländern besonderes Augenmerk schenken sollte. Er könnte alle seine Mechanismen, so etwa die Europäische Kommission für den Kampf gegen Rassismus und Intoleranz und die auf der Budapester Tagung eingerichtete Institution des Menschenrechtskommissars, energischer dazu nutzen, Einfluss auf Lettland und Estland zu nehmen, damit die Lage ihrer russischsprachigen Bevölkerungsanteile in volle Übereinstimmung mit den allgemein gültigen europäischen Normen gebracht wird. Die russische Diplomatie arbeitet aktiv darauf hin.

Eine höchst verantwortungsvolle Aufgabe des Europarates, die sich aus seinem Gründungszweck ergibt, ist die Unterstützung der Reformen in den erst kürzlich dieser Organisation beigetretenen Staaten und die damit einhergehende Angleichung des Niveaus der demokratischen Entwicklung in den verschiedenen Teilen Europas. Dies ist eine wichtige Komponente der Stabilität auf dem Kontinent und ein wirksames Gegenmittel gegen das Entstehen der verschiedensten Konfliktsituationen.

Eine weitere Richtung, in der der Europarat seine Anstrengungen aktivieren könnte, ist der soziale und wirtschaftliche Bereich. Denn es dürfte für niemanden ein Geheimnis sein, dass im heutigen Europa an die Stelle der ideologischen Barrieren wirtschaftliche Gräben getreten und viele Länder, und zwar keineswegs nur im Osten, sozialen Konflikten ausgesetzt sind. Deshalb ist es notwendig, dass die auf dem zweiten Gipfeltreffen des Europarates verkündete Losung der sozialen Geschlossenheit des Kontinents – sowohl zwischen den europäischen Staaten als auch innerhalb jedes einzelnen – nicht nur auf dem Papier steht. Ihre praktische Umsetzung muss durch konkretes Handeln des Europarates gefördert werden, der mit den Prinzipien seiner Sozialcharta und anderen internationalen Instrumenten hierfür eine solide Stütze hat.[1]

Schließlich sei an die Worte eines der Urheber der Idee der Europäischen Union, JEAN MONNET, erinnert, der davon sprach, das einheitliche Europa könne nicht nur das »Europa von Kohle und Stahl« sein: die Kultur zu vergessen, wäre ein unverzeihlicher Fehler. Russland tritt dafür ein, dass der Europarat bei der Entwicklung der gesamteuropäischen kulturellen Zusammenarbeit eine größere Rolle spielt.

Der Europarat hat somit alle Chancen, neben der OSZE zu einer tragenden Säule der im Aufbau befindlichen europäischen Architektur zu werden und für die Gewährleistung der demokratischen, sozialen und humanitären Komponente der europäischen Sicherheit maßgeblich Sorge zu tragen. Mit der Gestaltung des rechtlichen, sozialen und kulturellen Raums legt der Europarat das Fundament für das künftige vollwertige politische Zusammenwirken aller Staaten des Kontinents.

Eine wichtige Rolle im Prozess der Stärkung der Sicherheit und der Entwicklung der Zusammenarbeit in Europa kommt der Europäischen Union zu. Das ist eine gesetzmäßige Erscheinung, wird die EU doch in dem Maße, wie sich die Integration vertieft, zu einem immer bedeutsameren Faktor der europäischen wie auch der weltweiten Politik.

Innerhalb der Union vollziehen sich derzeit tief greifende Veränderungen im Zusammenhang mit Prozessen wie der EU-Erweiterung, der Einführung des Euro als einheitliche europäische Währung und schließlich auch der Herausbildung neuer Integrationsstrukturen im politischen und militärischen

---

1 S.: Beschluss der Regierung der Russischen Föderation vom 12. April 2000, Nr. 33: *Ob odobrenii predloshenija o podpissanii Jewropejskoi sozialnoi chartii (»Billigung des Vorschlags zur Unterzeichnung der Europäischen Sozialcharta«),* in: *Sobranije sakonodatelstwa Rossiskoi Federazii (»Gesetzblatt der Russischen Föderation«),* Nr. 16/2000, S. 1732.

Bereich, beim Rechtsschutz und auf anderen Gebieten. Es ist offensichtlich, dass diese Prozesse, die die Lage auf dem gesamten Kontinent bereits heute stark beeinflussen, sein Erscheinungsbild im 21. Jahrhundert wesentlich mitprägen werden.

Russland wertet die allseitige Zusammenarbeit mit der EU als eines seiner vorrangigen Anliegen und setzt sich zum Ziel, sie zur strategischen Partnerschaft zu erheben, zumal die EU bereits heute einer unserer wichtigsten Partner sowohl auf dem Gebiet des politischen Dialogs als auch bei der Entwicklung der Zusammenarbeit in Handel und Wirtschaft sowie bei der Investitionstätigkeit ist.

In seiner im Jahre 2001 an die Föderale Versammlung der Russischen Föderation gerichteten Botschaft über die wachsende Bedeutung unseres Engagements zur Herstellung einer Partnerschaft mit der Europäischen Union betonte Präsident PUTIN, dass »die Integration in Europa zu einer der schwerpunktmäßig zu entwickelnden Richtungen der russischen Außenpolitik wird«. Einen positiven Impuls verlieh den Beziehungen zu den Mitgliedstaaten der EU das im Dezember 1997 in Kraft getretene Abkommen über Partnerschaft und Zusammenarbeit zwischen Russland und der Europäischen Union.[1] Vorläufig werden lediglich erste Schritte zur Nutzung des ungemein reichen Potentials dieses Abkommens unternommen. Der dynamische Charakter unserer Beziehungen wurde durch die beiderseitigen Strategien für die Entwicklung der Beziehungen zwischen Russland und der EU bekräftigt.

Die vom Präsidenten Russlands im Juni 2000 bestätigte Strategie für die Beziehungen der Russischen Föderation zur Eu-

---

1 Text des Abkommens über Partnerschaft und Zusammenarbeit zwischen der Russischen Föderation und der Europäischen Union, Juni 1994, im Sammelband: *Dokumenty, kassajuschtschijesja wsaimootnoscheni meshdu Jewropejskim Sojusom i Rossijej (»Dokumente der gegenseitigen Beziehungen zwischen der Europäischen Union und Russland«),* Moskau 1994, S. 84–210.

ropäischen Union im mittelfristigen Perspektivzeitraum regelt eine Reihe miteinander verquickter Probleme, die den Status unseres Landes als selbständiger Pol einer multipolaren Welt und die bilaterale Zusammenarbeit und Partnerschaft zwischen Russland und der EU betreffen.

Die russische Strategie zielt ab auf eine Erweiterung und einen höheren Nutzeffekt des politischen Dialogs zwischen Russland und der EU; die Entwicklung des gegenseitigen Handels und der Investitionen; die Zusammenarbeit im finanziellen Bereich, die Sicherstellung der Interessen Russlands bei der Erweiterung der EU; die Entwicklung der gesamteuropäischen Struktur der Zusammenarbeit; die Entwicklung der Zusammenarbeit zwischen Russland und der EU auf dem Gebiet von Wissenschaft und Technik; die Erweiterung der grenzüberschreitenden interregionalen Verbindungen; die Annäherung der wirtschaftlichen Gesetzgebung und der technischen Standards. Die Realisierung dieses Programms ist geeignet, die Zusammenarbeit zwischen Russland und der EU auf eine qualitativ höhere Stufe zu heben.

Die Erarbeitung einer einheitlichen Politik auf dem Gebiet von Sicherheit und Verteidigung ist eine neue Richtung in der Tätigkeit der EU. Das Bestreben der Europäer, mit eigenen Kräften ihre Sicherheit zu gewährleisten und Krisensituationen zu bereinigen, ist völlig gerechtfertigt, und Russland ist bereit, in dieser Hinsicht konstruktiv mit ihnen zusammenzuwirken. Schließlich sind Russland und die EU natürliche Partner bei der Suche nach gemeinsamen Antworten auf neue Bedrohungen und Herausforderungen für die europäische und internationale Sicherheit, und dieses Potential der Zusammenarbeit gilt es unter strikter Einhaltung der grundlegenden Prinzipien des Völkerrechts im Interesse der Festigung des globalen Friedens und der regionalen Sicherheit zu nutzen.

Davon geht auch die am 30. Oktober 2000 auf dem Pariser Gipfeltreffen zwischen Russland und der EU angenommene

Deklaration über die Stärkung des Dialogs und der Zusammenarbeit in Fragen der Politik und der Sicherheit in Europa aus, die die Grundlage für das zweiseitige Zusammenwirken auf dem Gebiet von Sicherheit und Verteidigung schuf. Entsprechend den Pariser Vereinbarungen sollen insbesondere spezielle Konsultationen zu Fragen von Sicherheit und Verteidigung durchgeführt sowie das Spektrum der Abrüstungskonsultationen und des strategischen Dialogs erweitert werden. Es wurde beschlossen, eine Zusammenarbeit auf dem Gebiet des operativen Krisenmanagements zu entwickeln und zu prüfen, welche Möglichkeiten bestehen, dass Russland seinen Beitrag zur Durchführung entsprechender Aktivitäten der EU leistet. Selbstverständlich setzt all dies voraus, dass die dafür notwendige Rechtsbasis und die Mechanismen geschaffen werden, die die Berücksichtigung der beiderseitigen Interessen sicherstellen.

Die Einführung des Amtes des Hohen Vertreters für die gemeinsame Außen- und Sicherheitspolitik der EU und seine praktische Zusammenlegung mit dem des Generalsekretärs der Westeuropäischen Union eröffnet ebenfalls neue Möglichkeiten für ein Zusammenwirken in der internationalen Arena. Wir sind bereit, mit der EU bei einem breiten Spektrum von Problemen der strategischen Stabilität, der Abrüstung, der Nichtweiterverbreitung von Massenvernichtungswaffen und der regionalen Sicherheit zu kooperieren, wobei wir uns offen zeigen für eine Zusammenarbeit mit der Union nicht nur in Europa, sondern überall, wo wir gemeinsam einen positiven Beitrag zur Stärkung der internationalen Sicherheit und Stabilität leisten können.

Mit einem Wort, Russland verfolgt den Fortgang der Integrationsprozesse innerhalb der Europäischen Union, besonders in den Bereichen, wo sich ein gemeinsamer Ansatz ihrer Teilnehmerstaaten hinsichtlich der aktuellsten europäischen und internationalen Probleme entwickelt. Unserem Land ist es nicht gleichgültig, in welche Richtung diese Prozesse gehen, bringen sie doch eine neue Struktur der internationalen Beziehungen in Europa hervor.

In seiner Rede auf dem Gipfeltreffen der EU am 23. März 2001 in Stockholm bekräftigte Präsident PUTIN, dass Russland sich gegenwärtig und für die absehbare Zukunft nicht das Ziel setzt, der EU beizutreten. Bei den weitreichenden Transformationen, die die Integrationsprozesse auf unserem Kontinent mit sich bringen, können wir indessen nicht beiseite stehen. Bemerkenswerterweise hat die europäische Politik bereits an der Wende vom 18. zum 19. Jahrhundert diverse Projekte zur Errichtung eines einheitlichen Europas einschließlich seiner sozialen Umgestaltung entwickelt.[1] Selbst in jener weit zurückliegenden Epoche sahen alle diese Projekte, trotz des höchst inhomogenen Bildes, das das Russische Reich den europäischen Aufklärern bot, in der einen oder anderen Form für Russland eine gewisse Rolle und einen entsprechenden Platz vor.

Heute, unter den Bedingungen der Globalisierung, kann ein enges Zusammenwirken zwischen Russland und der Europäischen Union zum mächtigen stabilisierenden Faktor werden, der nicht nur der Sicherheit und Zusammenarbeit auf dem Kontinent neue Horizonte eröffnen, sondern dem vereinten Europa auch einen angemessenen Platz in der Weltpolitik verschaffen würde. Russland ist bereit, im Rahmen der strategischen Partnerschaft darauf hinzuarbeiten.

Einen spürbaren Einfluss auf die Lage nicht nur in Europa übt der Nordatlantikpakt aus. Ungeachtet aller Erklärungen über ihre Transformation bleibt die NATO in erster Linie ein Militärblock. Das ist eine der Realitäten des heutigen Europas.

In den letzten zehn Jahren hat sich die russische Führung sehr darum bemüht, das Verhältnis der russischen Öffentlichkeit

---

1 Texte dieser Projekte s. in: *Traktaty o wetschnom mire (»Traktate über den ewigen Frieden«)*, Moskau 1963.

zur NATO, das in nicht geringem Maße vom Erbe des Kalten Krieges geprägt war, zum Besseren zu wenden. Unser Land hat weitgehende Schritte zur Annäherung an die NATO unternommen, sowohl im Rahmen der zweiseitigen Beziehungen als auch der »Partnerschaft für den Frieden«. Im Mai 1997 kam es zur Unterzeichnung der Grundakte über gegenseitige Beziehungen, Zusammenarbeit und Sicherheit zwischen dem Bündnis und der Russischen Föderation[1]. Auf dieser Basis wurde der Ständige Gemeinsame Rat ins Leben gerufen, dessen Aufgabe die Erörterung für beide Seiten besorgniserregender Sicherheitsfragen ist. Hier fanden bereits nützliche Diskussionen zu Problemen der europäischen Sicherheit, der Nichtweiterverbreitung von Massenvernichtungswaffen, der Beilegung regionaler Konflikte und der Friedensstiftung statt. Zur militärischen Kooperation mit der NATO kam es bei der Bosnienoperation und bei Hilfsmaßnahmen auf Grund von außergewöhnlichen Situationen und Naturkatastrophen.

Leider nahmen diese Bemühungen durch den Prozess der NATO-Osterweiterung und besonders durch das aggressive Vorgehen der Allianz gegen das souveräne Jugoslawien ernsthaften Schaden. Dass die NATO eine rückwärts gewandte statt einer zukunftsorientierten Politik betreibt, davon zeugt auch ihre neue strategische Konzeption. Trotzdem gestaltet Russland sein Verhältnis zum NATO-Bündnis auf unverändert pragmatischer Grundlage, wobei der Akzent auf die Entwicklung des Dialogs und des Zusammenwirkens in Bereichen von gegenseitigem Interesse gelegt wird.

Als Wendepunkt in den Beziehungen zwischen Russland und der NATO kann man die Tagung des Ständigen Gemein-

---

1 *Grundakte über gegenseitige Beziehungen, Zusammenarbeit und Sicherheit zwischen der Nordatlantikvertrags-Organisation und der Russischen Föderation,* in: *Diplomatitscheski westnik (»Diplomatisches Informationsheft«),* Heft 6/1997, S. 4–9.

samen Rates auf Außenministerebene am 7. Dezember 2001 in Brüssel werten. Hier wurde beschlossen, der Partnerschaft zwischen Russland und den Mitgliedstaaten der NATO einen neuen Impuls zu verleihen und einen veränderten Inhalt zu geben – mit der Bildung eines neuen Rates, dessen Aufgabe darin besteht, »Möglichkeiten für gemeinsames Handeln als ›Gruppe der Zwanzig‹ zu ermitteln und zu realisieren«. Darüber hinaus zeigte man sich gewillt, die Zusammenarbeit im Kampf gegen den Terrorismus zu aktivieren, wie auch auf Gebieten wie Krisenmanagement, Nichtweiterverbreitung von Atomwaffen, Rüstungskontrolle, vertrauensbildende Maßnahmen, Raketenabwehr, Rettungsmaßnahmen bei Seenot und Beseitigung der Auswirkungen von außergewöhnlichen Situationen und Katastrophen zu kooperieren.

Damit ist die reale Möglichkeit gegeben, ein qualitativ neues Niveau des Zusammenwirkens zwischen Russland und der NATO im Interesse der Gewährleistung der Sicherheit im euro-atlantischen Raum zu erreichen.

Es liegt auf der Hand, dass es keinerlei zuverlässiges europäisches Sicherheitssystem geben kann, wenn wir keinen effektiven Weg finden, lokale Spannungs- und Konfliktherde auf unserem Kontinent, vor allem auf dem Balkan, zu beseitigen. Heute bietet sich die einzigartige Chance, Solidarität mit der neuen jugoslawischen Führung zu beweisen und ihr mit vereinten Kräften zu helfen, die Demokratie in ihrem Land und damit auch die Sicherheit und Stabilität im gesamten Balkanraum zu stärken. Zum Wiederaufbau der zerstörten jugoslawischen Wirtschaft ist Soforthilfe vonnöten. Russland seinerseits bemüht sich, trotz seiner eigenen wirtschaftlichen Schwierigkeiten dem jugoslawischen Volk Unterstützung zu leisten.

In nicht geringem Maße wird das Schicksal der Demokratie in Jugoslawien von der Situation im Kosovo abhängen. Leider hat vieles, was bisher unter dem Deckmantel der in dieser Region installierten internationalen Strukturen geschah, de facto die Positionen der Separatisten gestärkt. Die Vorgänge in Südserbien und in Mazedonien in der ersten Hälfte des Jahres 2001 legen davon Zeugnis ab. Der Kosovo hat sich zur Hauptgefahr für die regionale Sicherheit, zur Hauptquelle von Instabilität, Kriminalität und Terrorismus in Südeuropa entwickelt.

Der Ausgang des »Kosovo-Dramas« lässt sich derzeit schwer vorhersagen. Eines ist klar – heute wird in dieser Region ein Präzedenzfall geschaffen, den man andernorts aufmerksam beobachtet. Und wenn es den kosovarischen Separatisten gelingt, ihr Ziel zu erreichen – diesen Landesteil von Jugoslawien loszureißen –, so wird der militante Separatismus und Extremismus, sei es auf dem Balkan oder sonst wo, einen mächtigen Impuls erhalten. Nach meiner Überzeugung widerspricht ein derartiges Szenario den Interessen der gesamten internationalen Gemeinschaft.

Was den Balkan betrifft, so ist dort die »Stunde der Wahrheit« gekommen. Entweder die Länder der Region schlagen, unterstützt durch die internationale Gemeinschaft, entschlossen den Weg der gegenseitigen Anerkennung ihrer Souveränität und territorialen Integrität, der Zusammenarbeit im Kampf gegen den Separatismus und Terrorismus ein, oder der Balkan wird einen neuen Gewaltausbruch erleben. Eine andere Alternative gibt es hier nicht; die dramatische Entwicklung der Geschehnisse in Mazedonien beweist das.

Von der Stabilität auf dem Balkan wird in vielem auch die Lage im Mittelmeerraum abhängen, wo man sehr sensibel auf Krisensituationen reagiert, sei es in Südeuropa oder im Nahen Osten.

Die historische Labilität der Sicherheitslage am Mittelmeer erfordert ein Höchstmaß an Umsicht. Jeder effektiven Strategie für die Stärkung der regionalen Sicherheit muss die Konzeption eines großen, offenen Mittelmeerraums zugrunde liegen, die dem Prinzip der allseitigen partnerschaftlichen Zusammenarbeit der Staaten der Schwarz- wie der Mittelmeerregion, Südeuropas und des Nahen Ostens Geltung verschafft.

Darauf müssen auch die verschiedenen für den Mittelmeerraum ins Auge gefassten regionalen und subregionalen Initiativen abzielen. In vollem Maße bezieht sich dies auch auf die Europa-Mittelmeer-Konferenz (Barcelona-Prozess). Trotz aller Schwierigkeiten, greifbare Ergebnisse zu erzielen, gewinnt diese Initiative an Kraft und fördert objektiv die Gesundung der Situation in der Region. Gegenwärtig läuft im Rahmen des Europa-Mittelmeer-Prozesses die Vorbereitung einer Friedens- und Stabilitätscharta für den Mittelmeerraum. Durch die Teilnahme aller interessierten Länder könnte die Sache nur gewinnen. Russland ist bereit, seinen Beitrag zur konkreten Ausfüllung dieses Dokuments zu leisten, das zum Verhaltenskodex der Mittelmeeranrainerstaaten im 21. Jahrhundert werden sollte. Natürlich wird es notwendig sein, seinen Inhalt auch mit der Charta der europäischen Sicherheit zu verknüpfen.

Nicht weniger aktuell erscheint die Aufgabe, die vertrauensbildenden und sicherheitsfördernden Maßnahmen am Mittelmeer insbesondere auf die dortigen Seekriegsflottenbewegungen zu übertragen, wobei es um Vorabinformationen über bestimmte Flottenbewegungen, um den Austausch diesbezüglicher Jahrespläne, um die Beobachtung tatsächlicher Bewegungen und um eine erweiterte Zusammenarbeit zwischen den Flotten geht.

Ein energisches internationales Engagement ist erforderlich, um die Weiterverbreitung der allergefährlichsten Waffenarten im Mittelmeerraum zu verhindern. Entschiedenste Unterstützung verdient die Idee, im Nahen Osten massenvernichtungswaffen- und trägermittelfreie Zonen zu schaffen.

Vor dem Hintergrund der komplexen und widersprüchlichen Prozesse in Südeuropa kann und muss der Norden unseres Kontinents zum Modell einer effektiven und gegenseitig nützlichen regionalen Zusammenarbeit werden. Selbst in den

Jahren des Kalten Krieges ist es hier gelungen, ein höheres Niveau der Stabilität und des Zusammenwirkens als in anderen Teilen der Alten Welt zu gewährleisten. Die neue Situation in Europa eröffnet enorme Möglichkeiten für die internationale Kooperation. In dieser Region gibt es eine unlösbare Verflechtung der Interessen großer und kleiner Staaten, die sich nicht nur hinsichtlich ihrer politisch-wirtschaftlichen Orientierung, sondern auch ihrer nationalen Sicherheitskonzeptionen deutlich voneinander unterscheiden. Deshalb besteht hier die Aussicht, eine Entwicklung auf den Weg zu bringen, die zum gut funktionierenden organischen Bestandteil des gesamteuropäischen Systems der Sicherheit und Zusammenarbeit werden kann. Die Voraussetzungen für eine derartige »Modellentwicklung« sind in der Tat gegeben: traditionelle Stabilität und Konfliktlosigkeit, fortgeschrittene multilaterale Zusammenarbeit in regionalen Organisationen – dem Rat der Ostseestaaten und dem Euro-arktischen Barentssee-Rat.

Mehr noch, im Norden des Kontinents wurden einzigartige Erfahrungen eines vielfältigen gleichberechtigten Zusammenwirkens von Staaten gesammelt, die nicht nur eine gemeinsame Geographie und Geschichte, sondern auch das wechselseitige Streben eint, die Beziehungen zu festigen und zusammen nach Antworten auf die Herausforderungen der Gegenwart zu suchen. Das Beispiel dieser Region sollte alle Europäer von der Realität der Gewährleistung von Sicherheit, Stabilität und Prosperität auf dem Wege einer tief greifenden gleichberechtigten internationalen Zusammenarbeit überzeugen. Darin sieht Russland das politische Hauptziel der Konzeption der »Nördlichen Dimension«, deren Realisierung die Europäische Union im Juni 2000 in Feira (Portugal) initiierte.

Vor allem gilt es, die von der Geschichte gebotene Chance zu nutzen und die einzigartigen wirtschaftlichen, wissenschaftlichen und intellektuellen Potentiale sowie die Rohstoffressourcen im Interesse einer harmonischen Entwicklung der

Staaten der Region, der Erhöhung des Lebensstandards der Völker und der Lösung akuter sozialer, wirtschaftlicher und ökologischer Probleme miteinander zu vereinigen. Die Zusammenarbeit auf dem Gebiet von Handel und Investitionen sowie innerhalb der Branchen und zwischen den Regionen auf eine qualitativ höhere Stufe zu heben, ist eine real lösbare Aufgabe. An eine Entwicklung dieser Prozesse im Norden und Nordwesten des Kontinents losgelöst vom übrigen Europa oder Russland wird in keiner Weise gedacht. Die betreffenden Projekte sind so angelegt, dass alle Europäer einen spürbaren Nutzen davon haben werden. Die zu schaffenden Transport- und Energiearterien sollen den Interessen des gesamten Kontinents dienen.

Der Beitrag Russlands zur »Nördlichen Dimension« kann gewichtig sein. Russland hat etwas zu bieten – und zwar nicht nur riesige Rohstoff-, Holz-, Erdöl- und Erdgasvorräte, sondern auch eine Produktions- und Wissenschaftsbasis, qualifizierte Arbeitskräfte und moderne Technologien. Russland möchte entschlossen die Modernisierung der Industrie, der Landwirtschaft, des sozialen und kulturellen Bereichs sowie die Konversion der Verteidigungsindustrie und der Verteidigungsanlagen in Angriff nehmen. Diverse Probleme haben sich angehäuft, die dringend einer Lösung bedürfen, allen voran die Ökologie und die Erhöhung der Strahlungssicherheit. Die »Nördliche Dimension« betrachten wir also als langfristige komplexe Zusammenarbeit, bei der alle diese Aspekte zu berücksichtigen sind. Mit anderen Worten, die Teilnahme Russlands an der »Nördlichen Dimension« wird umso umfangreicher sein, je mehr diese Konzeption unseren realen Bedürfnissen entspricht.

Die Entwicklung der Situation in der nördlichen Ostseeregion wird aus Sicht der russischen Interessen in nicht geringem Maße dem Einfluss des Prozesses der EU-Erweiterung unterliegen. Es steht zu erwarten, dass in den nächsten Jahren

Polen und die baltischen Länder EU-Mitglieder werden. In diesem Zusammenhang erfordert eine Reihe von Momenten zusätzliche Aufmerksamkeit. Einer davon ist die Perspektive des Gebietes Kaliningrad als russische Exklave im EU-Raum. Es wird erforderlich sein, ein dieser neuen Situation entsprechendes Modell für die soziale und wirtschaftliche Entwicklung und die Sicherung der Lebensfähigkeit des Gebietes Kaliningrad als Subjekt der Russischen Föderation zu erarbeiten, das auf gegenseitig vorteilhafter Zusammenarbeit zwischen Russland und der EU bei voller Respektierung der russischen Interessen gründet. Kaliningrad könnte zum vorgeschobenen Stützpunkt der wirtschaftlichen Zusammenarbeit Russlands mit den europäischen Staaten werden. Alle diese Fragen sind bereits Gegenstand eines aktiv geführten Dialogs zwischen Russland und der EU.

Angesichts des voraussichtlichen Beitritts Polens und der baltischen Länder zur EU dürften sich die Perspektiven des Rates der Ostseeanrainerstaaten als eines nützlichen Instruments des multilateralen Zusammenwirkens auf neue Weise darstellen. Aktualität erlangt in diesem Zusammenhang die gemeinsame Ausarbeitung einer Konzeption für die Tätigkeit des Rates in der Zeit nach der EU-Erweiterung, damit er bei der weiteren Entwicklung der Zusammenarbeit in der Region seine selbständige Rolle und ein eigenes Gesicht behält.

Kurz gesagt, in Nordeuropa besteht heute die Möglichkeit einer langfristigen, stabilen, gegenseitig vorteilhaften Zusammenarbeit, und diese Chance heißt es mit Umsicht zu nutzen.

Zusammenfassend lässt sich zur europäischen Richtung der russischen Außenpolitik mit Zuversicht feststellen, dass sie für einen langen Zeitraum ihre Vorrangigkeit behalten wird. Europa ist unter günstigen Voraussetzungen in das neue Jahrhundert eingetreten: die Gefahr eines großen militärischen Konfliktes ist beseitigt, und die Entwicklung des Kontinents vollzieht sich auf der Grundlage gemeinsamer demokratischer Werte. Jetzt steht Europa eine nicht weniger komplizierte Aufgabe bevor – zur Triebkraft bei der Schaffung einer gerechten demokratischen internationalen Ordnung zu werden, die der Welt Stabilität und Prosperität bringen kann. Erreichbar ist dieses edle Ziel nur, wenn die Europäer ihre Kräfte vereinen und wenn eine zuverlässige Struktur der Sicherheit, Stabilität und Zusammenarbeit auf dem europäischen Kontinent gestaltet wird.

3. Russland und die USA

Die grundlegenden Veränderungen in der internationalen Arena, die sich in den neunziger Jahren des 20. Jahrhunderts vollzogen, haben die USA in die Lage einer Großmacht versetzt, die allen anderen Staaten in allen Hauptbelangen – militärisch, finanziell-wirtschaftlich und wissenschaftlich-technisch – weit voraus ist.

Doch wie der Gang der Ereignisse in der Welt zeigt, reicht diese enorme Überlegenheit für eine uneingeschränkte Führerschaft auf internationaler Ebene nicht aus. Zu komplex ist das Geflecht der gegenwärtigen internationalen Beziehungen, um für einen Einzelnen beherrschbar zu sein. Heutzutage ist niemand mehr in der Lage, auch nur einen regionalen Konflikt ganz allein beizulegen – die Vorgänge der letzten Jahre im Nahen Osten beweisen dies.

Eine allgemein anerkannte Tatsache ist auch, dass die russisch-amerikanischen Beziehungen ein bedeutendes Gewicht behalten und damit das politische Klima in der Welt beeinflussen. Russland und die USA als ständige Mitglieder des Sicherheitsrates der UN und als größte Atommächte tragen eine besondere Verantwortung für die Erhaltung des Weltfriedens und der Sicherheit. Beide Staaten haben globale Interessen, betreiben eine multivektorielle Außenpolitik, beteiligen sich aktiv am Prozess der Rüstungsbegrenzung und -reduzierung und an der Bewältigung von Krisensituationen. Heute dürfte es kaum noch ein großes Weltproblem geben, das ohne Beteiligung Moskaus und Washingtons zu lösen wäre.

Andererseits haben sich Charakter und Inhalt der russisch-amerikanischen Beziehungen radikal verändert, sie gehorchen nicht mehr der Logik der erbitterten militärisch-politischen Konfrontation. Unsere Länder betrachten einander nicht mehr als Gegner. Mehr noch, das Gesamtpotential Russlands und der USA kann für die Gewährleistung von Sicherheit und strategischer Stabilität in der Welt zum ausschlaggebenden Faktor werden.

Realisieren lässt sich dieses Potential natürlich allein auf dem Wege der gleichberechtigten Partnerschaft und der Respektierung der gegenseitigen Interessen sowie im breiten Kontext der internationalen Zusammenarbeit. Von prinzipieller Bedeutung ist, dass dies seinen Niederschlag gefunden hat in der Gemeinsamen Erklärung über die Herausforderungen für die weltweite Sicherheit an der Wende zum 21. Jahrhundert, die von den Präsidenten BORIS JELZIN und BILL CLINTON im September 1998 in Moskau unterzeichnet wurde. Sie enthielt einen direkten Hinweis darauf, dass diese Herausforderungen allein durch die konsequente Mobilisierung der Kräfte der gesamten internationalen Gemeinschaft abgewehrt werden könnten. Dabei wurde betont, dass Russland und die USA weiterhin eine führende Rolle bei der Erreichung der generellen Ziele im Bereich der Sicherheit spielen würden.

Gewisse Vorgänge in den neunziger Jahren führten jedoch dazu, dass die Interessen beider Mächte in der Weltarena nicht immer übereinstimmten, ja bisweilen in Widerspruch zueinander gerieten. Das geschah in der Regel dann, wenn Washington seine Neigung demonstrierte, im Alleingang zu handeln, und nicht nur versuchte souveränen Staaten seinen Willen zu diktieren, sondern unter Umgehung der Normen des Völkerrechts auch Gewalt gegen sie anwandte. Auf das beiderseitige Verhältnis wirkte sich ebenfalls aus, dass Moskau und Washington die Situation in der Welt nach dem Ende des Kalten Krieges unterschiedlich bewerteten. Als Russland den Weg tief greifender innerer Wandlungen im politischen, sozialen und wirtschaftlichen Leben beschritt, brach es entschlossen mit den Schablonen der Konfrontation und orientierte sich in seinem außenpolitischen Kurs auf die Notwendigkeit der Gestaltung einer neuen demokratischen Weltordnung. Moskau strebte ehrlich eine gleichberechtigte Partnerschaft mit den USA an, was objektiv seinen nationalen Interessen entspricht, war es doch völlig offenkundig, dass eine anhaltende Konfrontation mit den USA, vor allem im militärisch-technischen Bereich, die Lösung der Aufgaben einer stabilen Entwicklung Russlands und seiner Wirtschaft ernsthaft erschweren musste.

Die Politik der Vereinigten Staaten wurde indessen in nicht geringem Maße vom »Syndrom des Siegers« im Kalten Krieg geprägt. Die Folge war das offene Bestreben, die UNO herabzuwürdigen, und der Hang, die allgemein anerkannten Normen des Völkerrechts zu ignorieren, Druck auszuüben bis hin zur Gewaltanwendung, besonders im Raum des Persischen Golfs und auf dem Balkan. Zu einem neuen Störfaktor in den russisch-amerikanischen Beziehungen wurden die Versuche der USA, Russland aus dem geographischen Raum der ehemaligen UdSSR herauszudrängen, indem man ihn, einschließlich der entsprechenden militärischen Infrastruktur, zur Sphäre »amerikanischer Lebensinteressen« erklärte. Von Seiten Washingtons machte sich hier eine eindeutige Überschätzung der eigenen Möglichkeiten bemerkbar, ebenso wie die Abneigung, objektiven Prozessen in den heutigen internationalen Beziehungen Rechnung zu tragen.

All das brachte gewisse Komplikationen in der Entwicklung der russisch-amerikanischen Beziehungen in den neunziger

Jahren mit sich. In entscheidenden Momenten gewann freilich stets der Realismus die Oberhand und die Erkenntnis, dass erstens die Interessengleichheit wesentlich größer ist als die Meinungsverschiedenheiten und dass zweitens Russland und die USA bei den wichtigsten strategischen Fragen der Sicherung von Frieden und Stabilität Partner und nicht Gegner sind. Allmählich bildete sich ein neuer Stil der Kooperation zwischen Moskau und Washington heraus, der auf der Respektierung der beiderseitigen Interessen und dem gemeinsamen Bestreben gründete, ungeachtet aller Schwierigkeiten die positive Perspektive der russisch-amerikanischen Beziehungen zu bewahren.

Das ermöglichte Moskau und Washington, einen intensiven politischen Dialog in erster Linie auf höchster Ebene aufzunehmen. Allein im Verlauf des Jahres 2000 traf der russische Präsident WLADIMIR PUTIN viermal mit US-Präsident BILL CLINTON zusammen, und im ersten Jahr nach der Machtübernahme durch die republikanische Administration fanden bereits vier Begegnungen PUTINS mit dem neuen amerikanischen Präsidenten GEORGE W. BUSH statt.

Zentrales Thema der russisch-amerikanischen Beziehungen blieb das Problem der Reduzierung der Kernwaffen. In die neunziger Jahre waren unsere Länder ja mit Arsenalen eingetreten, die je elf- bis zwölftausend Atomsprengköpfe zählten.

Seit die Logik des Kalten Krieges ihre Relevanz verloren hat und sich der Charakter der Beziehungen zwischen beiden Ländern grundlegend zu ändern begann, sind derart ungeheure Atomwaffenbestände schlicht anachronistisch geworden. Dass es zum Abschluss des Vertrages über die Begrenzung und Reduzierung der strategischen Offensivwaffen (START I) kam, war deshalb ein Gebot der Zeit. Dieser Vertrag, der am 31. Juli 1991 in Moskau unterzeichnet wurde und am 5. Dezember 1994 in Kraft trat, sah vor, binnen sieben Jahren die Zahl der strategischen Trägermittel beider Seiten auf je 1600 Einheiten und die der Atomsprengköpfe auf 6000 Einheiten zu verringern. Das heißt, insgesamt waren nach START I ca. 40% der strategischen Atomwaffenarsenale Russlands und der USA abzubauen. Moskau hat die ernsthafte Absicht, die übernommenen Verpflichtungen in vollem Umfang zu erfüllen, und setzt darauf, dass Washington ebenso verfahren wird.

Zum nächsten bedeutsamen Schritt Moskaus und Washingtons auf dem Gebiet der Atomabrüstung wurde die Unterzeichnung des START-II-Vertrages, die am 3. Januar 1993 erfolgte und den weiteren Abbau der strategischen Offensivwaffen auf insgesamt je 3000 bis 3500 Einheiten vorsieht. Dieses Niveau sollen Russland und die USA bis 2003 erreichen. Wegen der verzögerten Vertragsratifizierung vereinbarten beide Seiten im Jahre 1997 jedoch die Verlängerung der Reduzierungsfrist bis zum 31. Dezember 2007. Infolge der Haltung Washingtons sind der START-II-Vertrag und das dazugehörige Protokoll vom September 1997 leider bis heute nicht in Kraft getreten. Russland seinerseits hat diese Dokumente bereits im April 2000 ratifiziert.

Entsprechend den Vereinbarungen zwischen den Präsidenten Russlands und der USA fanden seit August 1999 Konsultationen zur START-III-Problematik statt, die zu weiteren Reduzierungen der strategischen Offensivrüstung beider Seiten führen sollen. Anfangs ging es laut Gemeinsamer Erklärung der Präsidenten Russlands und der USA vom März 1997 darum, die Zahl der strategischen Atomsprengköpfe bis zum 31. Dezember 2007 auf 2000 bis 2500 Einheiten zu senken. Dann, im November 2000, schlug Präsident PUTIN, wie weiter oben bereits erwähnt, eine Begrenzung auf höchstens 1500 Einheiten vor. Auch die US-Administration nannte ihre Zahlen. Bereits zuvor – auf dem Gipfeltreffen der G 8 in Okinawa – hatten wir den Amerikanern Vorschläge zu den Hauptrichtungen der START-III-Verhandlungen übergeben, die insbesondere Maßnahmen der Transparenz und zur strikten Einhaltung des Vertrags, die Erfassung von strategischen Offensivwaffen aller Art, die Beseitigung der gesamten Kategorie der seegestützten Marschflugkörper usw. enthalten. Nun gilt es, den realen Verhandlungsprozess einzuleiten, an dessen Stelle einige Leute in Washington freilich gern Gespräche darüber setzen würden, welche Vorteile Alleingänge bieten, die durch keine gegenseitigen juristischen Verpflichtungen, unter anderem auf dem Gebiet der Kontrolle, belastet werden.

Das Hinausschieben der Ausarbeitung neuer START-Vereinbarungen motivieren die USA hin und wieder auch mit der vermeintlich deutlichen Überlegenheit Russlands bei der nichtstrategischen atomaren Rüstung. Auch auf diesem Gebiet ist unser Land nicht nur gesprächsbereit, sondern unternimmt ganz konkrete Schritte. Was zum Beispiel die taktischen Atomwaffen anbelangt, so hat Russland sie vollständig von seinen Überwasserkampfschiffen und Mehrzweck-U-Booten sowie bei den landgestützten Marinefliegerkräften abgebaut. Ein Drittel der Kernmunition für seegestützte taktische Raketen und für die Marinefliegerkräfte wurde beseitigt. Die Vernichtung der Kernsprengköpfe von taktischen Raketen, Artilleriegeschossen mit Kernladung und Kernminen steht vor dem Abschluss, bei den Kernsprengköpfen für Fliegerabwehrraketen und den nuklearen Fliegerbomben ist sie jeweils zur Hälfte erfolgt.

Ein weiteres wichtiges Thema des russisch-amerikanischen Dialogs ist das Zusammenwirken auf dem Gebiet der Nichtweiterverbreitung von Massenvernichtungswaffen und ihren Trägermitteln. Hier gibt es eine ständige Kooperation auf der Grundlage vielfältiger öffentlicher und geheimer Kontakte. Nützliche Arbeit leisteten in den letzten Jahren sieben gemeinsame Expertengruppen zu konkreten Richtungen der Exportkontrolle, die immer mehr zu einem wichtigen Instrument der Gewährleistung der nationalen Sicherheit und der strategischen Stabilität wird.

Während der Moskauer Verhandlungen der Präsidenten Russlands und der USA im Juni 2000 wurde vereinbart, die Kooperation bei Fragen der im beiderseitigen Sicherheitsinteresse liegenden Nichtweiterverbreitung von Massenvernichtungswaffen fortzusetzen. Gleichzeitig erklärte die russische Seite erneut mit aller Entschiedenheit, dass dies keine Einschränkung des legitimen Rechts beider Staaten bedeuten könne, multilaterale Beziehungen mit Drittländern unter Einschluss der militärtechnischen Zusammenarbeit und der friedlichen Nutzung der Kernenergie zu entwickeln, soweit damit nicht gegen die geltenden Nichtweitergabe-Reglements verstoßen werde. Versuche, alle möglichen Sanktionen als Druckmittel gegen Russland zu benutzen, seien eindeutig kontraproduktiv und der Stärkung des Zusammenwirkens zwischen unseren Staaten im Bereich der Nichtweitergabe abträglich.

Bedeutsam ist die Rolle der russisch-amerikanischen Kooperation bei der Überwindung der Relikte der Konfrontationsperiode. Das CoCom (Coordinating Commitee for East-West-Trade Policy) von 1950 als Exportkontrollorgan des Westens gehört der Vergangenheit an, an seine Stelle ist 1996 das universelle Wassenaar-Abkommen[1] getreten, an dem auch Russland beteiligt ist und wo alle Entscheidungen im Konsens getroffen werden.

Russland hat sich der G 7 und der Asiatisch-Pazifischen Wirtschaftlichen Zusammenarbeit (APEC) angeschlossen. Dass die G 7 zur G 8 wurde, geschah übrigens 1997 in Denver, als die USA den Vorsitz in dieser Organisation innehatten.

Überdies sind Russland und die USA bestrebt, ihre Anstrengungen im Hinblick auf die UNO-Reform zu koordinieren.

Es ist kein Geheimnis, dass das Schicksal des gesamteuropäischen Prozesses, die Beibehaltung oder Überwindung der

1 Wassenaar-Abkommen zur Kontrolle des Exports konventioneller Rüstung, Waren und Technologien doppelter Zweckbestimmung.

Trennungslinien in der Alten Welt, in hohem Maße von Russland und den USA abhängt. Russland ist sich über die objektive Zwangsläufigkeit, ja die stabilisierende Wirkung der transatlantischen Dimension im Klaren. Wir sind keinesfalls dafür, die USA aus Europa »hinauszuekeln«, doch wir möchten auch nicht, dass Russland in die europäischen »Hinterhöfe« verdrängt wird. Die russische Diplomatie verfolgt das Ziel eines transatlantischen Verbundes von Kalifornien bis zum Fernen Osten, in dem sich für Moskau wie für Washington ein angemessener Platz findet. Guten Willen auf beiden Seiten vorausgesetzt, könnte vieles in der OSZE gemeinsam angepackt werden. Ohne ein koordiniertes Engagement Moskaus und Washingtons ist die Realisierung der auf dem Istanbuler Gipfel angenommenen ebenso gehaltvollen wie zukunftsgerichteten Europäischen Sicherheitscharta[1] schwer vorstellbar.

Mit der Befreiung der internationalen Beziehungen aus dem Korsett des Kalten Krieges wuchs die regionale Konfliktanfälligkeit. Ohne ein gut abgestimmtes Handeln, in erster Linie Russlands und der USA, sind diese Probleme nicht zu lösen. Erfahrungen aus derartiger Zusammenarbeit haben Moskau und Washington indessen bereits gesammelt; hier sei vor allem an ihre Vermittlerrolle im Nahen Osten erinnert. Nun sind große Aufgaben zur Realisierung der Kosovo-Beschlüsse des UN-Sicherheitsrates zu bewältigen, vor allem im Zusammenhang mit der Machtergreifung durch die demokratische Führung in Belgrad. Fruchtbringend gestaltet sich das russisch-amerikanische Zusammenwirken auch in der Afghanistan-Frage – auch dies ein Zeichen der neuen Zeit.

Es bleibt noch viel gemeinsam zu tun, um den neuen Herausforderungen zu begegnen – der Weiterverbreitung von Massenvernichtungswaffen, der transnationalen Kriminalität, der Gefahr einer globalen Finanz- und Wirtschaftskrise. Feste

1 *Europäische Sicherheitscharta,* Istanbul, 18./19. November 1999.

Formen hat die russisch-amerikanische Zusammenarbeit beim Kampf gegen den internationalen Terrorismus angenommen, was in der Epoche der Konfrontation undenkbar gewesen wäre.

Einen sehr lebhaften Aufschwung gab es auch bei den russisch-amerikanischen Wirtschaftsbeziehungen: Der Warenumsatz ist größer geworden, das Spektrum und der geographische Rahmen der geschäftlichen Zusammenarbeit breiter. Die Konsolidierung der vertragsrechtlichen Basis der zweiseitigen Wirtschaftsbeziehungen hat sich fortgesetzt, und bei den Kontakten auf regionaler Ebene ist eine erhöhte Intensität zu verzeichnen.

Wesentlich dazu beigetragen hat, dass es gelungen ist, eine recht effektive institutionelle Basis zu schaffen, die den Erfordernissen der wirtschaftlichen Kooperation zwischen Russland und den USA gerecht wird.

Eine Reihe wichtiger Schritte wurde unternommen, um die Beschränkungen der wirtschaftlichen Zusammenarbeit aufzuheben, die Relikte des Kalten Krieges darstellen. In den USA wurden auf der Grundlage des 1993 angenommenen Gesetzes »Über die Freundschaft mit Russland und den anderen neuen unabhängigen Staaten« über siebzig diskriminierende Gesetze revidiert. Die von den USA gewährten Handelspräferenzen fanden auch auf Russland Anwendung, was einem erheblichen Teil unseres Exports Zollfreiheit bescherte. Jetzt, nach dem Antritt der neuen Administration von GEORGE W. BUSH, ist es erforderlich, einen effektiven bilateralen Mechanismus für die Koordinierung der beiderseitigen Bemühungen um die weitere Entwicklung der Handels- und Wirtschaftsbeziehungen zwischen unseren Ländern zu schaffen.

Insgesamt betrachtet, haben die russisch-amerikanischen Wirtschaftsbeziehungen bereits ihre »Frosthärte« bewiesen – sowohl bei Zuspitzungen der internationalen Lage als auch nach dem weltweiten Finanzcrash von 1998. Im Jahre 2000 belief sich das Volumen des beiderseitigen Handels auf ca. 10,2 Mrd. Dollar, wobei der russische Aktivsaldo 5,8 Mrd. Dollar erreichte.

Keine schlechte Entwicklung nimmt auch die Zusammenarbeit auf dem Gebiet der Investitionstätigkeit. Die USA behaupten beim Gesamtumfang der ausländischen Direktinvestitionen in die russische Wirtschaft mit einem Anteil von über 35% die führende Position. Das Gros dieser Investitionen entfällt auf den russischen Brennstoff- und Energiesektor, wo gemeinsame Großprojekte zum Abbau von Erdöllagerstätten realisiert werden, in erster Linie auf Sachalin. Bedeutende Projekte laufen auch auf anderen Gebieten wie Maschinenbau, Telekommunikation, Lebensmittelindustrie, Hotelwesen und Finanzservice.

Daneben gibt es in den zweiseitigen Wirtschaftsbeziehungen natürlich noch Probleme, die allerdings zum größten Teil »hausgemacht« sind, da sie nicht mit geschäftlicher, sondern mit politischer Konjunktur zusammenhängen. Zwar sieht es jetzt so aus, dass Washington unserer Wirtschaft den Marktstatus zuerkennen und endgültig von diversen restriktiven Maßnahmen gegen den Handel mit Russland Abschied nehmen wird, doch zeigen gewisse Leute in den USA nach wie vor die Neigung, wirtschaftliche Aspekte dazu zu nutzen, politischen Druck auf unser Land auszuüben.

Solche Praktiken, die in der Zeit des Kalten Krieges gang und gäbe waren, sind heute natürlich deplatziert, ja einfach zum Scheitern verurteilt. Was die realen Probleme angeht, die einer intensiveren wirtschaftlichen Kooperation, insbesondere einem stärkeren Zustrom amerikanischer Investitionen, hinderlich sind, so wissen wir darum und behalten sie in unserem Reformprozess im Auge, um sie letzten Endes aus dem Weg zu räumen.

Was vor allem zählt, sind die positive Dynamik und der beiderseitige Wunsch, die russisch-amerikanische wirtschaftliche

Partnerschaft weiterzuentwickeln. Ihre Leitlinien wurden in der gemeinsamen Erklärung über die neuen russisch-amerikanischen Beziehungen auf wirtschaftlichem Gebiet festgelegt, die die Präsidenten Russlands und der USA im November 2001 in Washington angenommen haben.

In der Einstellung der einen oder anderen USA-Administration kann es durchaus Nuancen geben, doch in letzter Konsequenz muss sie sich an den außen- und innerwirtschaftlichen nationalen Interessen Amerikas und seines Business orientieren, das bestrebt ist, den riesigen russischen Markt zu erschließen und beiden Seiten den Zugriff auf progressive Technologien und menschliche Ressourcen zu sichern.

Mitte des 19. Jahrhunderts schrieb der russische Kanzler ALEXANDER GORTSCHAKOW über die USA: »Dieser Staatenbund ist in unseren Augen nicht nur ein wesentliches Element des weltpolitischen Gleichgewichts, er stellt darüber hinaus eine Nation dar, der unser Herrscher und ganz Russland freundschaftlichstes Interesse entgegenbringen, da unsere an zwei Weltenden gelegenen Länder sich in ihrer zurückliegenden Entwicklungszeit gleichsam zu einer natürlichen Interessen- und Sympathiesolidarität aufgerufen sahen, die sie verschiedentlich auch beiderseitig bereits bewiesen haben.«[1]

Diese These besitzt bis auf den heutigen Tag volle Aktualität. Die Philosophie des »pragmatischen Zusammenwirkens« pflegt sich stets, wenn auch nicht immer so rasch, wie es wünschenswert wäre, in den russisch-amerikanischen Beziehungen durchzusetzen. Das ist durchaus gesetzmäßig und entspricht den langfristigen Interessen unserer Länder. Mehr noch, die strategischen Ziele Russlands und der USA in Bezug auf die Lösung der meisten internationalen Probleme liegen nahe beieinander, sofern sie nicht Berührungspunkte haben. Freilich schlagen wir oft verschiedene Wege und Methoden für die Er-

---

1 *Kanzler A. M. Gortschakow … (»Der Kanzler A. M. Gortschakow«)*, S. 271 f.

reichung des Endziels vor, was mitunter zu Differenzen führt. Daher ist es erforderlich, den zweiseitigen politischen Dialog geduldig und unbeirrt fortzusetzen, nach Berührungspunkten der jeweiligen Positionen zu suchen und die Überwindung der Meinungsverschiedenheiten unter Achtung der gegenseitigen Interessen und auf der Grundlage des Völkerrechts anzustreben. Einen anderen Weg gibt es schlicht und einfach nicht.

Natürlich stimmen wir nicht in allem überein – dass Russland und die USA ihre nationalen Interessen haben, ist eine ganz normale Erscheinung, die nicht dramatisiert werden sollte. So kann es in unseren Ländern zum Beispiel unterschiedliche Vorstellungen darüber geben, wie sie ihre Beziehungen zu diesen oder jenen Staaten der Welt gestalten. So sind wir dagegen, dass die USA uns ihre Auffassungen über »gute« und »schlechte« Länder aufzwingen, darüber also, mit wem man Beziehungen entwickeln darf und wen man als »Paria« zu behandeln hat – bis hin zur Intervention mit dem Ziel, das betreffende politische Regime zu beseitigen. In unserer Zusammenarbeit mit Drittländern halten wir uns strikt an die durch internationale Abkommen geregelten Normen des Völkerrechts, und deshalb können wir es nicht akzeptieren, wenn die USA Anspruch erheben auf die Rolle des »Schiedsrichters«. Ebenso unannehmbar ist für Russland die Philosophie »doppelter Standards«, der Washington offenkundig huldigt und nach der ein Staat, mit dem Beziehungen zu pflegen man dessen »üblen Benehmens« wegen Moskau gestern noch »abriet«, schon morgen in den Rang eines amerikanischer Partners erhoben werden kann, woraufhin amerikanische Unternehmen seinen Markt überschwemmen.

Besorgniserregende Tendenzen zeichneten sich zwischen der zweiten Hälfte der neunziger Jahre und dem Beginn des neuen Jahrtausends in den beiderseitigen Beziehungen ab, als bestimmte Kräfte in Washington, die auf globale Dominanz setzten, danach trachteten, diesem politischen Kurs die langfristigen Interessen der Zusammenarbeit mit Russland zu opfern. Sie schreckten nicht einmal davor zurück, den Präsidentschaftswahlkampf in den USA für ihre Zwecke auszunutzen. In den amerikanischen Massenmedien wurde eine antirussische Kampagne entfesselt, die in ihrer Hemmungslosigkeit und ihren Ausmaßen für die Zeit nach dem Kalten Krieg beispiellos war.

Es ist nicht zu leugnen, dass sich auch in den Beziehungen zur neuen republikanischen Administration der Start alles andere als einfach gestaltete. Washington unternahm uns gegenüber eine ganze Serie unfreundlicher Schritte einschließlich der ungerechtfertigten Ausweisung einer großen Gruppe russischer Diplomaten. Die russische Seite blieb ihrer prinzipiellen Haltung, den Schutz der nationalen Interessen betreffend, treu und reagierte auf adäquate Weise.

Von seinen auf Zusammenarbeit orientierten langfristigen Interessen ausgehend, ließ sich Russland jedoch auf keine Eskalation der Spannung im Verhältnis zu den USA ein. Unsere Diplomatie bewies Langmut und Gelassenheit, und diese Haltung bewährte sich voll und ganz.

Wie die im Verlauf des Jahres 2001 zustande gekommenen Kontakte zwischen den Präsidenten WLADIMIR PUTIN und GEORGE W. BUSH zeigten, beginnt man auch in Washington zu begreifen, dass sich allein auf der Grundlage eines gleichberechtigten gegenseitig vorteilhaften Dialogs und einer realistischen Kooperation zwischen Russland und den USA den neuen globalen Herausforderungen und Bedrohungen wirksam begegnen lässt.

Heute kann, davon bin ich überzeugt, weder Russland noch den USA daran gelegen sein, die jeweils andere Seite zu schwächen oder ihre Stellung und Rolle in der Welt zu untergraben. Die Epoche des Kalten Krieges, in diesem Sinne hat sich GEORGE W. BUSH wiederholt geäußert, gehört ein für alle Mal der Vergangenheit an. Neue Zeiten sind angebrochen. Was

Russland anbelangt, so tragen wir den globalen Veränderungen in vollem Maße Rechnung und stärken konsequent das Fundament der erneuerten Beziehungen. Auf die Perspektiven der russisch-amerikanischen Beziehungen eingehend, unterstrich Präsident PUTIN auf der gemeinsamen Pressekonferenz mit GEORGE W. BUSH im Oktober 2001 in Shanghai, dass wir »im soeben angebrochenen Jahrhundert unsere strategische Priorität der langfristigen Partnerschaft einräumen – einer Partnerschaft, die die gemeinsamen Werte der weltweiten Zivilisation zur Grundlage hat. Einer Partnerschaft, die sich für die gemeinsamen Ziele der globalen Entwicklung und des globalen Fortschritts engagiert. Das ist die Richtung, in der wir uns weiterzubewegen gedenken.« Diese prinzipielle Haltung fand ihren Niederschlag auch in der bereits erwähnten Erklärung über die neuen Beziehungen zwischen Russland und den USA, die während des russisch-amerikanischen Gipfeltreffens in Washington angenommen wurde. In diesem Dokument wird betont, dass »unsere Länder (Russland und die USA) den Weg neuer Beziehungen für das 21. Jahrhundert beschritten haben, die auf ihrem Eintreten für die Werte der Demokratie, des freien Marktes und des Primats des Gesetzes basieren. Russland und die USA haben das Erbe des Kalten Krieges überwunden… Wir sind entschlossen, uns gemeinsam für die Stärkung der Sicherheit, für wirtschaftliches Wohlergehen und die Gewährleistung von Frieden, Prosperität und Freiheit in der Welt zu engagieren und mit anderen Staaten und internationalen Organisationen einschließlich der UNO zusammenzuarbeiten.«

Nicht überraschend kam für uns der Entschluss Washingtons, den ABM-Vertrag von 1972 aufzukündigen. Dass wir diesen Schritt nach wie vor als falsch betrachten, steht auf einem anderen Blatt. Gleichwohl muss das gegenwärtige Niveau der Beziehungen zwischen unseren Ländern nicht nur erhalten bleiben, sondern auch dazu genutzt werden, schnellstens einen neuen Rahmen für strategische Wechselbeziehungen zu erarbeiten.

Überhaupt ist Russland daran interessiert, dass die USA bei den Bemühungen der internationalen Gemeinschaft um eine stabile Weltordnung weiterhin eine aktive Rolle spielen und sich dafür einsetzen, die Entwicklung eines globalen Finanz- und Wirtschaftssystems voranzubringen. Dadurch könnten die Möglichkeiten des russisch-amerikanischen Zusammenwirkens in der internationalen Arena erweitert werden.

Das Leben selbst diktiert die Notwendigkeit, pragmatische, konstruktive und berechenbare Beziehungen zwischen Moskau und Washington aufzubauen. Hierzu gilt es, die Möglichkeiten der zweiseitigen Zusammenarbeit in den Richtungen, die unseren nationalen Interessen entsprechen, konstruktiv zu nutzen und da, wo aus bestimmten Gründen eine Kooperation nicht erreichbar ist, den russischen Standpunkt konsequent zu vertreten, dabei jedoch zu verhindern, dass unser Land in eine strategische Konfrontation mit den USA hineinschlittert. Dies ist das Konzept, nach dem die russische Führung mit der neuen US-Administration zusammenzuarbeiten beabsichtigt.

4. Russland und der asiatisch-pazifische Raum

In Asien besitzt Russland äußerst vielfältige und lebenswichtige Interessen. Von den Entwicklungen in Europa wie in Asien gleichermaßen betroffen zu sein, ist nicht nur eine einzigartige geopolitische Besonderheit unseres Landes, sondern auch sein unbestreitbarer Vorzug. Dialektische Einheit und Verflechtung, nicht etwa die Konstruktion eines Gegensatzes zwischen der euro-atlantischen und asiatisch-pazifischen Dimension machen das Wesen des außenpolitischen Kurses Russlands aus, sowohl allgemein als auch auf regionaler Ebene.

Die beträchtliche Aufmerksamkeit, die Russland dem asiatischen Kontinent zuteil werden lässt, ist nicht nur dadurch bedingt, dass zwei Drittel des russischen Territoriums zu Asien gehören. Hier überschneiden sich die Interessen der Mächte, die über das bedeutendste Kernwaffenpotential und über die größte militärische und wirtschaftliche Stärke verfügen. Davon, wie sich die internationalen Beziehungen in diesem Teil der Welt entwickeln und welcher Weg für die Abstimmung der natürlichen Interessen aller dort ansässigen Völker gewählt wird, hängt in nicht geringem Maße ab, wie sich das allgemeine politische Klima auf dem Erdball gestalten, welches Bild er im neuen Jahrhundert bieten wird.

In Asien, wo über die Hälfte der Menschheit lebt, bildet sich gegenwärtig ein mächtiges Zentrum der weltweiten wirtschaftlichen und technologischen Entwicklung heraus, hier sind die größten finanziellen Ressourcen der Welt konzentriert. Die Bedeutung der sich in der asiatischen Wirtschaft vollziehenden Integrationsprozesse geht weit über deren Grenzen hinaus.

An der Jahrtausendwende machte diese riesige Region in jeglicher Hinsicht – wirtschaftlich, politisch, militärisch, sozial, kulturell-zivilisatorisch – eine Umbruchs- und Aufbauphase durch. Ein hervorstechendes Merkmal dieser Phase war die widersprüchliche Verbindung des Strebens nach Zusammenarbeit und der Suche nach neuen Formen des Zusammenwirkens auf der einen Seite mit Rivalitäten und Versuchen, das nach dem Ende des Kalten Krieges entstandene »Kraftvakuum« auszufüllen, auf der andern.

Bei aller Kompliziertheit der Lage in Asien zeichnete sich deren Entwicklung im letzten Jahrzehnt des 20. Jahrhunderts jedoch durch eine Stabilität aus, die auf der nach dem Ende der Konfrontation gewonnenen positiven Dynamik beruhte. Die überwiegende Mehrheit der asiatischen Länder bewies ein feines Gespür für die zukunftsträchtigen Tendenzen der Welt von heute und setzte auf Entwicklung und wirtschaftliches

Wachstum unter den Bedingungen einer auf Gleichberechtigung und Interessenausgleich fußenden stabilen, demokratischen Weltordnung.

Die Folge war, dass jene für die Geschichte dieses Kontinents wahrhaft beispiellosen wirtschaftlichen Integrationsprozesse in Gang kamen, die eine Suche nach Mechanismen für die Gewährleistung der Sicherheit und die Erhaltung des Friedens auf bi- wie multilateraler Grundlage nach sich zogen. Dabei wurde die politische, wirtschaftliche und kulturell-historische Heterogenität der Region zu einem Faktor, der die Entwicklung der internationalen Beziehungen in Richtung Multipolarität und Stärkung des Gleichgewichts zwischen den verschiedenen Kraftzentren lenkte.

Indessen wäre es falsch zu glauben, dass die Entwicklung Asiens hin zur Multipolarität als solche bereits eine ausreichende Voraussetzung für einen sicheren Frieden und Stabilität in der Region sein könnte. In der Vielgestalt des asiatischen Kontinents liegt die Ursache dafür, dass hier nicht wenig größtenteils in der Vergangenheit angesammelter Zündstoff existiert – Probleme geteilter Staaten, territoriale und mit der Grenzziehung zusammenhängende Streitigkeiten. Nicht vollständig überwunden ist auch das über viele Jahre der Entfremdung gewachsene und in einer Reihe von Fällen auf Grund bitterer historischer Erfahrungen sehr tief sitzende gegenseitige Misstrauen.

Hinzu kommt, dass Asien dem direkten Einfluss des gesamten Spektrums widersprüchlicher globaler Prozesse ausgesetzt ist, besonders auf militärpolitischem Gebiet. Am deutlichsten erkennbar ist das im Bereich der strategischen Rüstung und der Raketenabwehrsysteme. Gerade in Asien besitzt das Problem der Weiterverbreitung von Massenvernichtungswaffen und ihren Trägermitteln allergrößte Brisanz.

Unübersehbar sind im asiatisch-pazifischen Raum auch solche Herausforderungen der Gegenwart wie Terrorismus, religiöser Extremismus und Separatismus, illegaler Waffen- und Drogenhandel, transnationale Kriminalität u. ä. Auf die Entwicklung der Region wirkt sich außerdem die Verschärfung globaler Probleme aus, zu denen die Erschöpfung der Bodenschätze, der Kampf um Rohstoffquellen und Energieträger, das unkontrollierte Bevölkerungswachstum, die allmähliche Zerstörung der Biosphäre usw. gehören.

Die nationalen Interessen Russlands orientieren die Tätigkeit ihrer Diplomatie in Asien vor allem auf die Lösung der Aufgaben, die mit der Gewährleistung der Sicherheit unserer Staatsgrenzen und mit der Schaffung günstiger Voraussetzungen für die wirtschaftliche und soziale Entwicklung der südlich und östlich des Urals gelegenen Landesteile zusammenhängen.

Erreichen lassen sich diese Ziele erstens dadurch, dass wir uns auf bi- und multilateraler Grundlage aktiv an den internationalen Bemühungen um Erhaltung von Frieden und militärisch-politischer Stabilität sowie an der Gestaltung einer weniger auf Kräftegleichgewicht als auf Interessengleichheit und wechselseitiger wirtschaftlicher Abhängigkeit der Staaten basierenden Sicherheitsgemeinschaft in der Region beteiligen, zweitens dadurch, dass unser Land stärker in die rasant fortschreitenden Prozesse der regionalen politischen und wirtschaftlichen Integration und der intensiven Suche nach neuen Entwicklungsformen einer umfassenden gegenseitig vorteilhaften Zusammenarbeit mit den Ländern Asiens einbezogen wird. Diesen Intentionen bringen unsere Partner, die Russland als natürlichen Teilnehmer an den regionalen Prozessen ansehen, Verständnis entgegen.

In der russischen Außenpolitik der letzten Jahre hat sich eine entschlossene Hinwendung zu Asien vollzogen. Ihre Kontinuität wird auch künftig gewahrt bleiben, dafür spricht die Fortsetzung unseres auf die Entwicklung der zweiseitigen Beziehungen mit den führenden Staaten der Region gerichteten

Kurses und unsere aktive Beteiligung an regionalen Integrationsmechanismen besonders im pazifischen Raum.

Die Beziehungen zu China, unserem größten Nachbarn, bilden eine der strategischen Richtungen der russischen Außenpolitik. Intensität und Gehalt des russisch-chinesischen politischen Dialogs sind seit Jahren gleich bleibend hoch. Das allgemeine Ziel wurde im April 1997 in der in Moskau unterzeichneten zweiseitigen Deklaration über eine multipolare Welt und die Gestaltung einer neuen Weltordnung formuliert als Herstellung von Beziehungen »auf strategisches Zusammenwirken im 21. Jahrhundert gerichteter gleichberechtigter vertrauensvoller Partnerschaft«[1]. Diese ist bereits zu einem bedeutenden Faktor der Erhaltung der globalen Stabilität geworden, was durch den Peking-Besuch des russischen Präsidenten WLADIMIR PUTIN im Sommer 2000 auf anschauliche Weise bekräftigt wurde. Und während des Moskau-Besuchs des Staatspräsidenten der Volksrepublik China JIANG ZEMIN im Sommer 2001 fand die Unterzeichnung eines breit angelegten Vertrages über gute Nachbarschaft, Freundschaft und Zusammenarbeit statt, der die grundlegenden Prinzipien der zwischenstaatlichen Beziehungen für einen langen Zeitraum festlegt. Als selbständige Pole der Welt von heute agierend, beabsichtigen Moskau und Peking, gemeinsam darauf hinzuwirken, dass die neu zu gestaltende Weltordnung gerechter und demokratischer wird. Von großer Nähe der Grundpositionen Russlands und Chinas zeugt auch die Asienpolitik beider Länder. Als vorrangige Aufgabe betrachtet man die Gewährleistung der Sicherheit in dieser Region und strebt eine allumfassende multilaterale poli-

---

1 Die gemeinsame russisch-chinesische Deklaration über eine multipolare Welt und die Gestaltung einer neuen Weltordnung, Moskau, 23. April 1997, findet sich in: *Wneschnjaja politika i besopasnost sowremennoi Rossii (»Außenpolitik und Sicherheit des heutigen Russlands«).* Chrestomathie, Bd. 2, S. 478ff.

tische Zusammenarbeit an, die jegliche Benachteiligung irgendeines der hier gelegenen Länder ausschließt.

Gegenwärtig wird daran gearbeitet, die Voraussetzungen für eine stabile materielle Basis der Partnerschaft im Bereich von Handel und Wirtschaft zu schaffen. Zum Motor einer derartigen Zusammenarbeit können und müssen gemeinsame Großprojekte werden. Ein riesiges Kooperationspotential ist auf dem Gebiet der Energiewirtschaft einschließlich der Atomenergie, der Infrastruktur, des Maschinenbaus, der Forschung und Entwicklung und der Anwendung neuer Technologien vorhanden. Wachsende Bedeutung haben direkte Handels- und Wirtschaftsbeziehungen auf regionaler Ebene.

Einen kaum zu überschätzenden Stellenwert besitzt in dieser Hinsicht die traditionelle Partnerschaft Russlands mit Indien, das einen gewichtigen Beitrag zur Stärkung der Stabilität und zum Aufbau eines ausgewogenen Gesamtsystems der internationalen Beziehungen leistet. Die Perspektiven der Entwicklung der zweiseitigen Beziehungen geben gegenwärtig über ihre gesamte Bandbreite – von den politischen und wirtschaftlichen bis zu den militärtechnischen und humanitären Aspekten – Anlass zu Optimismus. Grundlage hierfür ist die Übereinstimmung der Hauptinteressen beider Länder: Gemeinsam treten sie für demokratische Werte ein und betrachten internationale und innere Stabilität als unabdingbare Voraussetzung für ein beschleunigtes wirtschaftliches Wachstum – daher auch die weitgehend gleiche Haltung Moskaus und Delhis zu den Hauptproblemen der Weltpolitik.

Die vorrangige Aufgabe bei der Kooperation mit Indien besteht gegenwärtig darin, die Handels- und Wirtschaftsbeziehungen, die ganz offenkundig nicht den vorhandenen Möglichkeiten entsprechen, an das hohe Niveau des politischen Dialogs heranzuführen. In diesem Kontext besitzen die Ergebnisse des Indien-Besuchs Präsident PUTINS vom Oktober 2000 grundsätzliche Bedeutung. Im Verlauf dieses Besuchs wurde die außerordentlich wichtige Deklaration über die strategische Partnerschaft zwischen Russland und Indien unterzeichnet. Zu einem neuen Meilenstein in den beiderseitigen Beziehungen wurde der Besuch, den der indische Regierungschef ATAL BIHARI VAJPAYEE Russland im Herbst 2001 abstattete.

Qualitative Veränderungen sind in unseren Beziehungen mit Japan zu verzeichnen; in den letzten Jahren ist es gelungen, wesentliche Fortschritte zu erzielen. Regelmäßig finden jetzt Treffen auf höchster Ebene statt. Im November 1998 kam es zum ersten Besuch eines japanischen Ministerpräsidenten in Moskau seit einem Vierteljahrhundert. Das Hauptergebnis war die Annahme der Moskauer Deklaration, die als Hauptschwerpunkt den Aufbau von Beziehungen einer langfristigen kooperativen Partnerschaft vorsieht.

Eine beträchtliche Aufwertung und einen neuen Impuls erhielten die russisch-japanischen Beziehungen durch den Japan-Besuch des russischen Präsidenten im September 2000. Erstmals in der Geschichte der beiderseitigen Beziehungen unterzeichneten der Präsident Russlands und der Ministerpräsident Japans eine gemeinsame Erklärung über das internationale Zusammenwirken beider Staaten. Japan erklärte die Aufnahme Russlands in die WTO für bedeutungsvoll, und Russland befürwortete die Bewerbung Japans um einen ständigen Sitz im UN-Sicherheitsrat. Insgesamt fiel das Jahr 2000, was die russisch-japanischen Gipfeltreffen anbelangt, am »ertragreichsten« aus.

Völkerrechtlich ungeregelt bleibt indessen die russisch-japanische Grenzziehung im Gebiet der Südkurilen. Es ist völlig klar, dass die Lösung dieses komplexen Problems gegenseitig annehmbar sein, die Souveränität und territoriale Integrität der Russischen Föderation unbeeinträchtigt lassen, den nationalen Interessen beider Seiten entsprechen, auf den existierenden Realitäten basieren, die Unterstützung der breiten Öffentlichkeit erhalten und auf dem verfassungsrechtlich vorgeschriebenen Weg durch die höchsten gesetzgebenden Organe beider Länder gebilligt werden muss.

Langfristig gesehen, orientiert sich Russland auf die generelle Aktivierung seiner Beziehungen mit Japan einschließlich eines stärkeren Zusammenwirkens in der internationalen Arena und des Ausbaus der Zusammenarbeit in Handel, Wirtschaft und anderen Bereichen.

In seiner Politik gegenüber der koreanischen Halbinsel geht Russland von der Notwendigkeit aus, ausgewogene gutnachbarliche und partnerschaftliche Beziehungen zu beiden koreanischen Staaten zu unterhalten. Das Jahr 2000 brachte die Wende in unseren Beziehungen zur Demokratischen Volksrepublik Korea (DVRK). Mit der Unterzeichnung des neuen breit angelegten Staatsvertrages wurde der Schlussstrich gezogen unter eine zehnjährige Abkühlungsphase im Verhältnis beider Länder. Zum ersten Mal in der Geschichte der beiderseitigen Beziehungen besuchte ein Präsident Russlands die DVRK. Der Staatschef der DVRK KIM JONG-IL stattete Russland einen Gegenbesuch ab. Zu einem Treffen auf höchster Ebene kam es im Jahre 2001 auch in Südkorea, wodurch die erzielten Fortschritte in der Entwicklung der russisch-südkoreanischen Zusammenarbeit gefestigt werden konnten. Russland erhält auf diese Weise die Möglichkeit, eine konstruktive Rolle zu spielen, den Prozess der nationalen Aussöhnung zwischen beiden koreanischen Staaten und die Konsolidierung der Sicherheit und Stabilität auf der koreanischen Halbinsel zu fördern.

Die Ergebnisse des ersten innerkoreanischen Gipfeltreffens, das Mitte Juni 2000 in Pjöngjang stattfand, eröffnen Perspektiven für die friedliche Koexistenz der beiden koreanischen Staaten. Die Aktivierung der Kooperation Russlands mit Pjöngjang und Seoul besitzt auch große Bedeutung für die Entwicklung des mit den USA, China und Japan geführten Dialogs zur Lösung des Koreaproblems.

In Anbetracht der geographischen Lage und des wachsenden

wirtschaftlichen und militärisch-politischen Potentials Süd- und Südwestasiens gibt es keine Alternative zu den zielstrebig zu verstärkenden Bemühungen, ein breites Zusammenwirken Russlands mit den in dieser Region gelegenen Ländern zu entwickeln. Die Hauptaufgabe besteht hier darin, zu erreichen, dass dieser Teil des asiatischen Kontinents statt zu einer Arena der Konfrontation zu einer Zone der Berechenbarkeit und Stabilität wird, was wiederum positive Auswirkungen auf die Lage an den Süd- und Südostgrenzen Russlands hätte.

In Anbetracht der Schlüsselrolle Indiens und Pakistans in der südasiatischen Subregion tritt Russland für die Normalisierung der Beziehungen zwischen diesen Ländern und für die Fortsetzung des zweiseitigen Dialogs einschließlich der Erarbeitung vertrauensbildender Maßnahmen ein. In vollem Umfang betrifft das auch den langjährigen Kaschmirkonflikt, der auf friedlichem Wege auf der Grundlage des Abkommens von Simla aus dem Jahre 1972 und der 1999 in Lahore erzielten Vereinbarungen beigelegt werden muss.

Russland hat sich stets beharrlich dafür eingesetzt und besteht auch weiterhin darauf, dass Indien und Pakistan den Vertrag über das allumfassende Verbot von Atomtests und den Vertrag über die Nichtweiterverbreitung von Atomwaffen unterzeichnen. In diesem Zusammenhang ist hervorzuheben, dass Russland diese Länder trotz der im Mai 1998 von ihnen durchgeführten Testserien als nicht über Atomwaffen verfügende Staaten betrachtet und sie als solche zur Unterzeichnung des Vertrages über die Nichtweiterverbreitung von Atomwaffen auffordert. Die gleiche Position vertreten auch die übrigen fünf Atommächte.

Die russische Führung erklärte unmissverständlich, dass ihrer Auffassung nach die Atomtests in Indien und Pakistan der positiven Entwicklung der Lage in Südasien abträglich seien. Zugleich sprach sich Russland dagegen aus, Sanktionen gegen Indien und Pakistan zu verhängen, da sie weder vom völkerrechtlichen noch vom humanitären Standpunkt aus gerechtfertigt wären.

Eine internationale Dimension von erheblicher Relevanz hat der anhaltende Konflikt in Afghanistan angenommen. Durch den jahrelangen Bürgerkrieg verwüstet, hat sich das Land in den internationalen Hauptstützpunkt für die Expansion von Terrorismus und religiösem Extremismus verwandelt, was die Sicherheit Russlands, seiner Verbündeten in Zentralasien und zahlreicher anderer Staaten ernsthaft gefährdet. Wir haben die internationale Gemeinschaft wiederholt davor gewarnt, dass auf dem von den Taliban kontrollierten Territorium massenhaft terroristische Kämpfer ausgebildet werden, die aus der zu Russland gehörenden Nordkaukasusregion, aus zentralasiatischen, arabischen und einigen anderen Ländern kommen. Diese Terroristen, die über beträchtliche finanzielle Mittel aus dem in Afghanistan blühenden Drogenhandel und anderen kriminellen Quellen verfügen, begannen hier, ihre Kräfte zu sammeln.

Die tragischen Geschehnisse vom 11. September 2001 haben von ihren verbrecherischen Plänen auf schreckliche Weise Zeugnis abgelegt.

Russland, das beharrlich zur Mobilisierung der internationalen Anstrengungen aufgerufen hatte, um den von Afghanistan ausgehenden und sich gegen die gesamte Weltgemeinschaft richtenden Herausforderungen mit entschlossenem und präzise koordiniertem Handeln zu begegnen, leistete der Antiterrorkoalition, die den Kampf gegen die Taliban und die terroristischen Gruppierungen aufnahm, wirksame Unterstützung. Die Rückkehr Afghanistans in die internationale Völkerfamilie wird zweifellos ein langwieriger Prozess sein, der konsequente Unterstützung durch die Weltgemeinschaft erfordert. Ein gewichtiges Wort bei der afghanischen Konfliktbeilegung hat auch die UNO mitzureden. Moskau ist seinerseits bereit, jede nur mögliche Hilfe zur schnellen Wiederherstellung des Friedens in Afghanistan sowie zur Überwindung der verheerenden Konsequenzen des nationalen Zwists zu leisten.

Ein weiterer wichtiger Partner Russlands in Asien ist der Iran. Die Autorität und der Einfluss Teherans in der islamischen Welt sind allgemein bekannt. Beide Länder vereinen nicht nur die Bande traditionell guter Nachbarschaft, sondern auch die weitgehende Übereinstimmung ihrer Lösungsansätze für zahlreiche regionale und globale Probleme. Die erfolgreiche Entwicklung ihres Zusammenwirkens ist zu einem wichtigen positiven Faktor der regionalen Politik geworden. Einen überzeugenden Beweis lieferte die Bereinigung der Situation in Tadschikistan, wo Moskau und Teheran einen entscheidenden Beitrag zur Herbeiführung von Vereinbarungen zwischen den Konfliktparteien geleistet haben und Garanten ihrer Realisierung geworden sind. Auch gegenüber dem heutigen Afghanistan vertreten beide Länder übereinstimmende Positionen.

Die erfolgreiche russisch-iranische Kooperation im politischen Bereich wird durch die guten Perspektiven der für beide Seiten vorteilhaften Zusammenarbeit in Handel und Wirtschaft ergänzt. Gegenwärtig laufen vorbereitende Arbeiten zu einer ganzen Reihe von zweiseitigen Großprojekten in Zweigen wie Erdöl und Erdgas, Energiewirtschaft, Flugzeugbau und Verkehrswesen.

In den letzten Jahren kommen im asiatisch-pazifischen Raum die Prozesse der Integration und des Zusammenwirkens auf wirtschaftlichem wie auf politischem Gebiet zusehends in Gang. Eine erfolgversprechende Entwicklung nehmen neben der Asiatisch-Pazifischen Wirtschaftlichen Zusammenarbeit (APEC) als bedeutendster wirtschaftlicher Integrationsstruktur der Länder der Pazifik-Region auch das von der ASEAN ins Leben gerufene regionale Forum für den politischen Dialog zwischen den Ländern des asiatisch-pazifischen Raums, die in regelmäßigen Abständen zusammentretende Asien-Europa-Konferenz u. a. Gearbeitet wird an der Idee des Aufbaus eines gesamtasiatischen – den Raum vom Nahen bis zum Fernen Osten umfassenden – Systems des Dialogs auf der Grundlage der von Kasachstan initiierten Beratung für Zusammenwirken und vertrauensbildende Maßnahmen in Asien. Eine wachsende Rolle spielen subregionale Vereinigungen – die Shanghaier Organisation für Zusammenarbeit, an der sich Russland, China, Kasachstan, Kirgisistan, Tadschikistan und Usbekistan beteiligen, das ASEAN+3-Forum (unter Beteiligung Chinas, Japans und der Republik Korea), die Gemeinschaft für regionale Zusammenarbeit der Anrainerstaaten des Indischen Ozeans, die Vereinigung für wirtschaftliche Zusammenarbeit zwischen Bangladesh, Indien, Myanmar, Sri Lanka und Thailand u. a.

Russland entwickelt zielstrebig seine Beziehungen mit dem Verband Südostasiatischer Staaten (ASEAN) und baut die für diese Zusammenarbeit erforderliche Infrastruktur auf. Heute vereinigt diese einflussreiche Organisation praktisch alle Staaten der ausgedehnten südostasiatischen Region. Im Mittelpunkt der Bemühungen um die Schaffung eines Systems der kooperativen Sicherheit im asiatisch-pazifischen Raum steht das regionale ASEAN-Forum für Sicherheitsprobleme, in dem alle führenden Staaten der Region vertreten sind, dazu die USA, China, Japan, Indien und die Europäische Union.

Durch aktive Mitarbeit in diesem Forum sichert Russland seine volle Teilhabe an der Erörterung aktueller regionaler Probleme und nutzt die Instrumente der multilateralen Diplomatie im Interesse der Gestaltung eines Systems der kollektiven Sicherheit in Asien. Indem sie dafür eintritt, das Gewicht des asiatisch-pazifischen Raums als regionales Vorbild für den Dialog auf dem Gebiet von Politik und Sicherheit weiter zu erhöhen, würdigt die russische Seite die große Bedeutung der von den Teilnehmern dieses Forums geleisteten Arbeit an der Konzeption und den Prinzipien einer präventiven Diplomatie. Der von Russland initiierte Entwurf einer Deklaration über die Leitprinzipien der gegenseitigen Beziehungen – »Pazifisches Einvernehmen«, eine Art regionaler »Verhaltenskodex« – könnte Bestandteil dieser Konzeption werden. Parallel dazu werden in der Region die Bemühungen verstärkt, die vereinbarten vertrauensbildenden Maßnahmen auf militärpolitischem Gebiet zu realisieren und zu ergänzen, auch wird der Dialog auf weitere Richtungen des Zusammenwirkens ausgedehnt, die ebenfalls die Stärkung der regionalen Sicherheit fördern.

Die Integration in das Wirtschaftssystem des asiatisch-pazifischen Raums ist eine der wichtigsten Aufgaben der russischen Politik in diesem Teil Asiens. Die Prioritätensetzung entspricht hier den Zielen einer effektiven Nutzung des Wirtschaftspotentials der östlichen Landesteile Russlands, der Stimulierung und Unterstützung des industriellen Sektors des Landes, der Gesundung seines Kredit- und Finanzsystems und der Schaffung eines Investitionsklimas, das den Zustrom von ausländischem Kapital fördert. Russland hält für seine Partner in der Region interessante Angebote bereit. Schon heute gibt es in diesen Ländern an die vierhundert Betriebe mit russischer Kapitalbeteiligung. Im russischen Fernen Osten sind über tausend gemeinsame Betriebe eingetragen. Russland verfügt über alle Voraussetzungen, das Projekt eines Transportkorridors Wirklichkeit werden zu lassen, der den euroatlantischen und den asiatisch-pazifischen Raum einander wesentlich näher bringen könnte. Nicht zu vergessen sind schließlich seine Möglichkeiten, den wachsenden Energiebedarf der Länder des asiatisch-pazifischen Raums zu decken, wobei das Energiepotential Sibiriens und des Fernen Ostens es gestattet, ernsthafte Überlegungen darüber anzustellen, inwieweit die Voraussetzungen gegeben sind, im neuen Jahrhundert ein Energieverbundsystem Europas und Asiens zu schaffen.

Im vergangenen Jahrzehnt ist Russland Mitglied der meisten gesamt- und subregionalen Wirtschaftsorganisationen Asiens und des Pazifikraums und damit vollberechtigter Teilnehmer an der asiatisch-pazifischen Wirtschaftsintegration geworden. Im November 1998 wurde Russland in die Asiatisch-Pazifische Wirtschaftliche Zusammenarbeit aufgenommen, eine riesige Integrationsstruktur, die einundzwanzig Länder der Region vereinigt.

Die APEC ist die »Lokomotive« der Integrationsprozesse im asiatisch-pazifischen Raum. Auf ihre Mitglieder entfallen etwa 60% des weltweiten Bruttoinlandprodukts und etwa die Hälfte des Welthandelsvolumens. Mit dem Beitritt zur APEC hat Russland seine strategische Entscheidung für die wirtschaftliche Integration in den asiatisch-pazifischen Raum bekräftigt sowie die Absicht, die Vorzüge der internationalen Arbeitsteilung voll nutzbar zu machen. Die aussichtsreichsten Bereiche der russischen Beteiligung an den regionalen Projekten dieser Organisation sind Wissenschaft und Technologie, Energiewirtschaft, Verkehrswesen, Nutzung der Meeresressourcen, Umweltschutz, Tourismus etc. Was die unter der Ägide der APEC erfolgende Liberalisierung der Reglements für den Handel und die Investitionen betrifft, so besteht hier ein enger Zusammenhang mit dem Beitritt Russlands zur WTO.

In Vorbereitung auf seine Reise zum APEC-Gipfel in Brunei im November 2000 betonte WLADIMIR PUTIN: »Die vollgültige Teilnahme Russlands an den Prozessen des wirtschaftlichen Zusammenwirkens im asiatisch-pazifischen Raum ist ein natürlicher und zwangsläufiger Schritt… Heute eröffnet sich uns das gesamte Spektrum der Möglichkeiten: von der Zusammenarbeit in der Energiewirtschaft, in Fragen der Wirtschaft, der Nutzung der Schelfzone bis zur Entwicklung der Transportverbindungen und der Realisierung konkreter Wirtschafts- und Investitionsprojekte.«[1]

Ein positives Beispiel für die Anbahnung eines multilateralen

---

1 Putin, Wladimir: *Rossija – nowyje wostotschnyje perspektiwy (»Russland – neue östliche Perspektiven«)*, in: *Nesawissimaja gaseta,* 14. November 2000.

Zusammenwirkens in Sicherheitsfragen unter Teilnahme Russlands sind auch die Erfahrungen der »Shanghaier Fünf«. Die Umsetzung der zwischen den Beteiligten getroffenen Vereinbarungen über vertrauensbildende Maßnahmen und die Reduzierung der Streitkräfte an den gemeinsamen Grenzen bildet einen realen Beitrag zur Stärkung der Stabilität in der Region. Wichtig ist dabei, dass diese Zusammenarbeit offenen Charakter trägt und sich nicht gegen andere Länder richtet. In ihrem Bestreben, den Radius ihrer Zusammenarbeit zu erweitern, beschlossen die Fünf, eine neue Regionalstruktur zu schaffen. Am 15. Juni 2001 gründeten die Staatsführer Russlands, Kasachstans, Chinas, Kirgisistans, Tadschikistans und Usbekistans die Shanghaier Organisation für Zusammenarbeit. Zu ihren Hauptaufgaben gehört es, die Festigung des Vertrauensverhältnisses, der Freundschaft und der guten Nachbarschaft zwischen den Teilnehmerstaaten, die Entwicklung der Beziehungen auf verschiedenen Gebieten sowie die Vertiefung der Kooperation bei Fragen der Friedenssicherung und des Aufbaus einer auf den Prinzipien von Demokratie und Gerechtigkeit basierenden internationalen politischen und wirtschaftlichen Ordnung zu fördern. Insgesamt gesehen, geht es um die Gestaltung einer neuen Kultur des zwischenstaatlichen Verkehrs – einer Kultur der gemeinsamen Entwicklung unter den nicht eben einfachen Bedingungen des 21. Jahrhunderts.

Auf der Skala der außenpolitischen Prioritäten Russlands steigt die Bedeutung Asiens stetig. Dies ist ein objektiver Prozess, der vor allem mit der wachsenden Rolle Asiens bei der globalen wirtschaftlichen und politischen Entwicklung in Zusammenhang steht. Der Ausspruch des großen indischen Staatsmanns JAWAHARLAL NEHRU, ohne eine energische Rolle Asiens sei die Sicherung von Frieden und Stabilität auf der Erde nicht möglich, besitzt heute größere Aktualität denn je. Russland blickt optimistisch in die Zukunft der Region, die über alle Voraussetzungen verfügt, eine Harmonisierung der

Beziehungen zwischen den Staaten zu erreichen und zu einer Gemeinschaft des Friedens und der Prosperität zu werden.

5. Russland, der Nahe Osten und Nordafrika

Der Nahe Osten galt in Russland von jeher als eine besondere Region, ist er doch die Wiege dreier Weltreligionen. Bedauerlicherweise ist er aber auch seit Jahrzehnten Schauplatz von Konflikten, die sich periodisch zu militärischen Kollisionen mit einer starken internationalen Resonanz auswachsen. Hinzu kommt die Bedeutung dieser Region als einer der Hauptquellen der weltweiten Energieversorgung.

Auf Grund seiner geopolitischen Lage versteht sich für Russland ein Engagement in der Nahost-Problematik von selbst. In der Epoche der Globalisierung tangierten die im Nahen Osten fortdauernden Spannungen mehr denn je die Sicherheits- und Stabilitätsinteressen einer ausgedehnten Region, die südlich an unser Land angrenzt, und Russland ist daran interessiert, dass diese Region zu einer Zone des Friedens und der Stabilität wird.

Unsere Beziehungen zu den Staaten des Nahen Ostens und Nordafrikas haben jahrhundertealte Traditionen. Ein enormes Potential der Zusammenarbeit ist entstanden – von den Wallfahrten ins Heilige Land über die Einrichtung von russischen Schulen und Krankenhäusern im vergangenen Jahrhundert bis zur Ausbildung einer ganzen Armee von Fachleuten und dem Bau von großen Industriebetrieben, die die Entwicklung einer nationalen Wirtschaft in einigen arabischen Ländern förderten. Es genügt, an das Wunder der Ingenieurbaukunst im 20. Jahrhundert, das Wasserkraftwerk von Assuan, zu erinnern.

Im letzten Jahrzehnt hat sich das russische Verhältnis zur Nahostregion erheblich verändert. Vorbei sind die Zeiten, da sie das Konfrontationsfeld der Supermächte abgab. In mühevoller

Kleinarbeit schuf die russische Diplomatie die Voraussetzungen dafür, dass unser Land Beziehungen sowohl zu allen arabischen Ländern als auch zu Israel entwickeln konnte. Anfang der neunziger Jahre war es aus einer Reihe objektiver und subjektiver Gründe zu einer drastischen Einschränkung der traditionellen Beziehungen Russlands zur arabischen Welt gekommen. Die Folgen machten sich in einer Schwächung unserer politischen Position wie auch der von Handel und Wirtschaft unseres Landes in dieser Region bemerkbar. Den Platz Russlands auf den Märkten der arabischen Länder nahmen nach und nach andere Staaten ein. Deshalb sahen wir uns vor die dringende Aufgabe gestellt, die allseitige Zusammenarbeit mit unseren Partnern im Nahen Osten und in Nordafrika wiederaufzunehmen, was uns weitgehend gelang. Heute befindet sich Russland in einem intensiven politischen Dialog mit den Staaten der Region. In den Jahren 2000 und 2001 besuchte der Außenminister Russlands Ägypten, Israel, die palästinensischen Autonomiegebiete, Syrien, Libanon, Jordanien, Kuweit, den Irak und Saudi-Arabien. Allein in der ersten Hälfte des Jahres 2001 statteten die Präsidenten Israels und Ägyptens, der Vorsitzende der palästinensischen Autonomiebehörde, der Vizepräsident des Iraks, die Außenminister Syriens, Israels und Jemens ihrerseits Russland Besuche ab. Intensiviert werden auch die Beziehungen Russlands zu den nordafrikanischen Ländern, die zu der für uns wichtigen Mittelmeerregion gehören. Der russische Außenminister besuchte Algerien und Libyen, nach Moskau reisten der algerische Präsident sowie der tunesische Außenminister.

Die wesentliche Aktivierung der Beziehungen zu den Staaten dieser Region zeitigt greifbare Ergebnisse auf wirtschaftlichem Gebiet. Der Warenumsatz mit den Ländern des Nahen Ostens und Nordafrikas wächst, im Jahre 2000 belief er sich auf ca. 5 Mrd. Dollar. Neue Formen der wirtschaftlichen Zusammenarbeit entwickeln sich. Ein Beispiel dafür sind die ägyptischen Investitionen in den russischen Flugzeugbau.

Seine ausgewogene Politik ermöglicht es Russland, eine maßgebliche Rolle bei der Krisenbewältigung in der Region zu spielen. Unter tatkräftiger Mitwirkung unseres Landes ist es gelungen, Libyen aus der internationalen Isolation herauszuführen. Bei der Vermittlung im Nahost-Friedensprozess – und man kann ohne Übertreibung sagen, dass es ohne das Zutun Moskaus nicht möglich gewesen wäre, diesen Prozess in Madrid in Gang zu bringen – leistet Russland viel, um die Beilegung des arabisch-israelischen Konflikts voranzubringen. Unser Land strebt danach, diesem Prozess auf der Grundlage der Resolutionen 242 und 338 des UN-Sicherheitsrates und des aus ihnen resultierenden Prinzips »Land für Frieden«, einen stabilen und allumfassenden Charakter zu verleihen. Wir regen beide Seiten entschlossen dazu an, Vereinbarungen auf der Grundlage der Gegenseitigkeit, unter Verzicht auf unrealistische Forderungen, zu treffen und strikt einzuhalten. Moskau unterstützt das unbestreitbare Recht der Palästinenser auf einen eigenen Staat, das durch den Friedensprozess Realität werden muss. Besondere Bedeutung misst Russland der Aufgabe zu, im Verlauf der Verhandlungen den dauerhaften Status der palästinensischen Territorien festzulegen und eine gerechte, gegenseitig annehmbare Lösung für das Problem der palästinensischen Flüchtlinge zu finden. Dabei ist es notwendig, dass die vertraglichen Verpflichtungen die mit der Schaffung eines unabhängigen Palästinenserstaates verbundenen Sicherheitsbedenken Israels zerstreuen.

Des Weiteren tritt Russland für eine breit angelegte Koordinierung der internationalen Bemühungen ein, mit denen der Friedensprozess befördert werden soll. Die Praxis zeigt, wie kontraproduktiv die Monopolisierung der Vermittlungstätigkeit durch einen Staat ist, mag er auch über noch so starke Mittel der Einflussnahme auf die Konfliktseiten verfügen. Die im Herbst 2000 eingetretene Zuspitzung der Lage im Nahen Osten ist ein neuerlicher Beweis dafür, dass die diesbezüglichen Möglichkeiten nicht nur der USA, sondern auch Russlands, der Europäischen Union, der führenden arabischen Staaten, insbesondere Ägyptens und Jordaniens, und auch der UNO wirksamer ausgeschöpft werden müssen.

Russland pflegt intensive Kontakte mit den am Konflikt Beteiligten, um zusammen mit anderen Partnern energische Maßnahmen auszuarbeiten, die es ermöglichen sollen, die gewaltsamen Auseinandersetzungen zwischen Israelis und Palästinensern zu stoppen und einen stabilen Verhandlungsprozess in die Wege zu leiten. Ich bin davon überzeugt, dass es ungeachtet aller Dramatik der Lage auf den palästinensischen Territorien keine vernünftige Alternative zur Fortsetzung des Friedensprozesses gibt.

Die Vorgänge der Jahre 2000 und 2001 in der Region haben die Einschätzung bestätigt, dass im Nahen Osten keine stabile Befriedung zu erreichen ist, wenn der Friedensprozess nicht in allen Richtungen vorangebracht wird. Deshalb behält Russland die syrische und die libanesische Komponente dieses Prozesses ständig im Auge. Nachdem Israel sich im Mai 2000 zum Abzug seiner Truppen aus dem Südlibanon gemäß Resolution 425 des UN-Sicherheitsrates entschlossen hatte, engagierte sich Russland dafür, die positiven Entwicklungstendenzen der Lage im Südlibanon zu stärken und neuen Komplikationen an der libanesisch-israelischen Grenze vorzubeugen. Die russische Diplomatie setzt sich beharrlich für die Wiederaufnahme des Dialogs zwischen Israel und Syrien ein, ist er doch für das Schicksal des Friedensprozesses in der Region von entscheidender Bedeutung.

Mit eigenen Initiativen wirkt unsere Diplomatie ferner darauf hin, den Raum des Persischen Golfs zu einer Zone des Friedens, der Sicherheit und der guten Nachbarschaft zu entwickeln, wodurch neue Kriege und Konflikte in dieser strategisch so wichtigen Region vermieden werden könnten. Die von Russland unterbreiteten Ideen sehen vielfältige politische, militärische, wirtschaftliche und humanitäre Maßnahmen sowie die Schaffung eines Vereinbarungssystems mit entsprechenden internationalen Garantien vor.

Schwerpunkte des Neuordnungsprozesses nach der Krise in der Golfregion müssen nach Ansicht Russlands die Bewältigung der Irak-Problematik und die Normalisierung der Beziehungen zwischen den Staaten dieser Region sein. Es geht darum, die Kriegsgefahr zu verringern, das Wettrüsten einzuschränken, die ausländische Militärpräsenz zu reduzieren, vertrauensbildende Maßnahmen zu erarbeiten und eine breit angelegte regionale Zusammenarbeit auf den Weg zu bringen. Dazu gehört auch, in diesem Raum eine massenvernichtungswaffenfreie Zone zu schaffen. Abgesichert werden könnte der Befriedungsprozess durch eine gesamtregionale Organisation, die die Erhaltung von Frieden und Stabilität zu überwachen hätte und in der neben den Golfstaaten die ständigen Mitglieder des UN-Sicherheitsrates und andere interessierte Seiten vertreten wären.

Russland leistet mit seinen Initiativen zur Beilegung des Irak-Konflikts einen gewichtigen Beitrag; es spielt eine führende Rolle bei den internationalen Bemühungen, eine Lösung ausschließlich mit politischen Mitteln herbeizuführen und setzt sich in der UNO, zum Teil im Kontakt mit anderen ständigen Mitgliedern des Sicherheitsrates, für eine beschleunigte Aufhebung der verhängten Sanktionen ein – auf der Grundlage der Erfüllung der entsprechenden Resolutionen des Sicherheitsrates durch den Irak.

Dass die periodisch erfolgenden Bombenangriffe der USA und Großbritanniens auf das irakische Territorium widerrechtlich und folglich auch kontraproduktiv sind, liegt auf der Hand. Sie führten dazu, dass im Dezember 1998 die internationale Kontrolle der Militärprogramme im Irak eingestellt werden musste. Gleichwohl arbeitet Russland aktiv daran, dass es zwischen Bagdad und der UNO zum Dialog kommt – ein wichtiger Schritt zur Bereinigung der Situation.

Das konsequente Hinwirken der russischen Diplomatie auf die Linderung der Notlage der irakischen Bevölkerung machte die humanitäre Operation der UNO im Rahmen des Programms »Öl für Lebensmittel« möglich, an dem sich auch russische Unternehmen wirksam beteiligten. Gegenwärtig werden die Voraussetzungen dafür geschaffen, nach der Aufhebung der Sanktionen die Zusammenarbeit zwischen Russland und dem Irak auf dem Gebiet von Handel und Wirtschaft in größerem Umfang wiederaufzunehmen.

Die Entwicklung der Ereignisse im Nahen Osten, wo sich über Jahrzehnte ein gefährliches Konfliktpotential angesammelt hatte, zeugt davon, dass die Normalisierung der Situation in hochproblematischen Regionen der Welt auf der Grundlage gleicher Sicherheit für alle Staaten eine unabdingbare Voraussetzung dafür ist, internationale Stabilität zu erreichen und eine dauerhafte neue Weltordnung zu errichten.

6. Der lateinamerikanische Vektor der russischen Diplomatie

Die Beziehungen zu Lateinamerika und den Ländern der Karibik stellen eine eigenständige und überaus zukunftsträchtige Richtung der multivektoriellen Außenpolitik Russlands dar. Die fortschreitende Annäherung an die Staaten dieser Region wird durch eine ganze Reihe von Faktoren bedingt.

Russland verbinden mit Lateinamerika uralte historische Bande. Die diplomatischen Beziehungen mit Brasilien waren bereits 1828 aufgenommen worden, mit Argentinien 1885 und mit Mexiko 1890. Die Geschichte der russisch-lateinamerikanischen Beziehungen kennt nicht wenige Beispiele aufrichtiger Sympathie, glanzvoller Begegnungen der nationalen Kulturen, gegenseitiger Solidarität und Unterstützung selbst in den Zeiten der ideologischen Barrieren des Kalten Krieges.

Die forcierte Entwicklung der Wirtschaft und der Integrationsprozesse in Lateinamerika im letzten Jahrzehnt des 20. Jahrhunderts machte diese Region zu einem wichtigen selbständigen Pol der im Entstehen begriffenen multipolaren Welt. Im weltpolitischen Geschehen spielen die lateinamerikanischen Länder eine zunehmend größere Rolle, beschränken sie sich doch nicht auf ihre regionalen Grenzen, sondern bringen sich immer aktiver in die Lösung der Probleme der Weltpolitik ein. Das Interesse an der Stärkung einer vielfältigen Diplomatie und der Rolle der UNO, das traditionelle Eintreten für das Völkerrecht – diese Charakteristika der Diplomatie der lateinamerikanischen Länder rücken sie objektiv in die Nähe Russlands. Die außenpolitische Orientierung Lateinamerikas, deren Wesen im 19. Jahrhundert der mexikanische Nationalheld BENITO JUÁREZ in die Worte »Achtung der Rechte anderer – das ist Frieden« kleidete, muss den russischen Interessen einfach imponieren.

In wirtschaftlicher Hinsicht war Lateinamerika in den neunziger Jahren eine der sich am dynamischsten entwickelnden Regionen der Welt. Viele Staaten des Kontinents schlossen hinsichtlich etlicher Kennzahlen ihrer Entwicklung dicht zu den Industrieländern auf. Obwohl die weltweite Finanzkrise die lateinamerikanische Wirtschaft nicht verschont hat, verfügt dieser expandierende Markt für die russische Industrie über ein großes Potential auch im Hinblick auf die Möglichkeiten des Absatzes von Hightechprodukten (Luftfahrttechnik, Kraftfahrzeuge, Satellitenstarts u. a.). Für Russland von Interesse sind darüber hinaus die Erfahrungen Lateinamerikas bei der Schaffung effektiver Integrationsmechanismen und regionaler Vereinigungen wie der Organisation Amerikanischer Staaten, der Lateinamerikanischen Integrationsvereinigung, der Rio-Gruppe, des Gemeinsamen Südamerikanischen Marktes (Mercosur), der Andengemeinschaft u. a.

Besondere Aufmerksamkeit verdienen solche Parallelen in der neuesten Geschichte Russlands und vieler Länder dieses

Kontinents, die mit den Prozessen des demokratischen Umbaus und wirtschaftlicher Reformen zusammenhängen. Seit die lateinamerikanischen Länder der Herrschaft von Militärdiktaturen ein Ende gesetzt haben, konnten sie wertvolle Erfahrungen bei der Errichtung und Konsolidierung demokratischer Machtinstitutionen sammeln. Lateinamerika stellt auch ein einzigartiges »Versuchsfeld« für Markttransformationen dar, deren Ergebnisse mit allem Für und Wider bei gesellschaftlich-politischen Kreisen Russlands erhöhtes Interesse finden.

Das letzte Jahrzehnt des 20. Jahrhunderts ist zu einer Phase tief greifender Wandlungen in den russisch-lateinamerikanischen Beziehungen geworden. Bei aller Komplexität dieses Prozesses kann die Gesamtbilanz ihrer Entwicklung in den neunziger Jahren zweifellos positiv bewertet werden. Die Geographie der russischen diplomatischen Präsenz hat sich wesentlich erweitert, da Beziehungen zu einigen früher völlig von Russland »abgeschnittenen« Staaten aufgenommen wurden. Die Russische Föderation unterhält nunmehr diplomatische Beziehungen zu achtundzwanzig von dreiunddreißig souveränen Staaten des Kontinents (mit Ausnahme einzelner Inselstaaten in der Karibik). Neue Möglichkeiten ergaben sich für die Entwicklung von Kontakten auf multilateraler Grundlage. Begünstigt wurde dies durch die Herstellung von Verbindungen zu regionalen Organisationen und Integrationsvereinigungen sowie vor allem durch den 1992 erlangten Status des ständigen Beobachters bei der Organisation Amerikanischer Staaten.

Mitte der neunziger Jahre setzte eine Aktivierung der russisch-lateinamerikanischen Beziehungen ein. Wichtige Meilensteine auf diesem Weg waren die Reisen des damaligen Außenministers Russlands JEWGENI PRIMAKOW nach Mexiko, Venezuela, Brasilien, Argentinien, Kolumbien, Costa Rica und Kuba im Mai 1996 und November 1997 sowie die Moskau-Besuche des Präsidenten Argentiniens (1998), des Vizepräsidenten Brasiliens (2000), des Präsidenten Venezuelas (2001) und der Chefs der Auswärtigen Ämter etlicher lateinamerikanischer Staaten.

Ein wesentlicher Fortschritt bei der Entwicklung der zweiseitigen Beziehungen konnte durch den ersten Besuch des russischen Präsidenten WLADIMIR PUTIN in Lateinamerika – er weilte im Dezember 2000 in Kuba – erzielt werden. Während des Millenniumsgipfels in New York (September 2000) und des Gipfeltreffens der APEC in Brunei (November 2000) kam es zu ersten Kontakten des russischen Präsidenten mit den Staatsoberhäuptern Mexikos, Venezuelas und Chiles. Im Dezember 2001 reiste der Regierungschef unseres Landes erstmals in diese Region – MICHAIL KASSJANOW besuchte Brasilien und Venezuela.

Erheblich erneuert und erweitert hat sich die vertragsrechtliche Grundlage der russisch-lateinamerikanischen Beziehungen. Im Zeitraum zwischen 1992 und 2000 wurden über hundertvierzig bilaterale Dokumente unterzeichnet, darunter Verträge und Deklarationen »einer neuen Generation«, die die Grundlagen und Prinzipien des Zusammenwirkens regeln, Abkommen über die Zusammenarbeit in Handel und Wirtschaft sowie auf wissenschaftlich-technischem Gebiet, über die Förderung und den gegenseitigen Schutz der Investitionstätigkeit, über die Zusammenarbeit im kulturellen Bereich, bei der Weltraumforschung und -nutzung, beim Kampf gegen den Drogenhandel u. a.

Einen qualitativ neuen Inhalt haben die politischen Kontakte mit der Rio-Gruppe gewonnen. Seit 1997 finden während der Tagungen der Generalversammlung der UNO in New York regelmäßig Außenministertreffen statt. Für den Dialog Russlands mit dieser Vereinigung wurden ein Kalender und eine detaillierte Tagesordnung erarbeitet.

Die russische Diplomatie stellte Verbindungen her zum Iberoamerikanischen Gipfel, der die spanisch- und portugiesischsprachigen Länder Europas und Amerikas vereint.

Des Weiteren wurden erste Schritte unternommen zur Herstellung von Beziehungen und eines direkten Dialogs mit dem Gemeinsamen Südamerikanischen Markt (Mercosur) und der Andengemeinschaft sowie zur Ausgestaltung des von Russland erlangten Status eines ständigen Beobachters bei der Gemeinschaft der Karibikstaaten.

Was Lateinamerika betrifft, so konzentriert sich die russische Diplomatie gegenwärtig darauf, die Erweiterung des Zusammenwirkens unserer Länder in der Weltpolitik sowie die Intensivierung der gegenseitig vorteilhaften wirtschaftlichen Zusammenarbeit und der vielfältigen Beziehungen im Bereich der Kultur, des Bildungswesens und der Kontakte zwischen den Menschen maximal zu fördern.

Russland betrachtet die lateinamerikanischen Staaten als seine natürlichen Partner in der internationalen Arena, vor allem bei der Lösung eines solchen Schlüsselproblems wie des Aufbaus einer auf dem Primat des Völkerrechts und einer größeren Wirksamkeit multilateraler Mechanismen der Steuerung weltweiter Prozesse gründenden gerechten und stabilen Weltordnung. Uns verbinden zum einen die Idee, dass die tragende Rolle der UNO gestärkt und der Sicherheitsrat die Hauptverantwortung für die Erhaltung von Frieden und Sicherheit in der Welt haben muss, und zum anderen das Interesse an der Stärkung der strategischen Stabilität und an der Suche nach kollektiven Antworten auf die neuen Bedrohungen und Herausforderungen.

So sprachen sich auf der 55. Tagung der Generalversammlung der UNO fünfzehn lateinamerikanische und karibische Staaten mit ihrem Votum für den russischen Resolutionsentwurf dafür aus, dass der ABM-Vertrag von 1972 als Eckstein der strategischen Stabilität in der Welt in Kraft bleiben müsse. Dazu gehörten nicht nur große Mitglieder der interamerikanischen Gemeinschaft (Mexiko, Kolumbien), sondern auch solche Länder wie Honduras, Panama und karibische

Inselstaaten. Russland weiß diese Unterstützung sehr zu schätzen.

Lateinamerika gestaltet schrittweise seine eigene Konzeption der regionalen Sicherheit, zu deren Hauptgrundlagen die vertragsrechtliche Festschreibung des atomwaffenfreien Status der Region entsprechend dem bereits vor drei Jahrzehnten abgeschlossenen Tlatelolco-Vertrag gehört. Die Position der führenden lateinamerikanischen Staaten in dieser Frage, insbesondere Brasiliens und Argentiniens, ist zweifellos ein bedeutsamer Beitrag zur Lösung des globalen Problems, die Nichtweiterverbreitung von Atomwaffen durchzusetzen. Die Aktivität der Länder der Region nimmt auch in anderen Richtungen des Abrüstungsprozesses zu; dies betrifft insbesondere den Vorschlag, die westliche Hemisphäre zur infanterieminenfreien Zone zu erklären, die Annahme einer regionalen Konvention, die die widerrechtliche Herstellung von Feuerwaffen und den damit getriebenen Handel verbietet u. a.

Ein wichtiger Bereich der russisch-lateinamerikanischen Kooperation ist die Friedensstiftung. Die lateinamerikanischen Staaten haben nützliche Erfahrungen bei der selbständigen Beilegung innerer und regionaler Konflikte mit politischen Mitteln gesammelt. Russland hat diese Bemühungen stets unterstützt und eine konstruktive Rolle dabei gespielt, dass einige Dauerkonflikte in Mittelamerika (Nicaragua, El Salvador, Guatemala) einer Lösung zugeführt werden konnten. Die russische Seite hat darüber hinaus wiederholt ihre Bereitschaft bekräftigt, mitzuhelfen, einen Ausweg aus der schwierigen inneren Situation in Kolumbien zu finden, wo das Problem der linken Rebellen eng verquickt ist mit dem Kampf gegen den Drogenhandel und dem Schutz der Menschenrechte.

Besondere Würdigung verdient der bedeutende Beitrag Lateinamerikas zur Erarbeitung der politischen Prinzipien und der praktischen Zielrichtung des Kampfes gegen die widerrechtliche Herstellung und Verbreitung von Drogen einschließlich der Vorbereitung der im Jahre 1997 abgehaltenen Sondertagung der Generalversammlung der UNO zum Drogenproblem. Ausdruck der wachsenden Intensität des russisch-lateinamerikanischen Zusammenwirkens auch auf diesem Gebiet sind acht mit Staaten des Kontinents geschlossene bilaterale Abkommen, die es den Rechtsschutzorganen beider Seiten ermöglichen, ihre Kräfte im Kampf gegen die lateinamerikanischen Drogenhersteller und gegen kriminelle Gruppierungen in Russland zu vereinigen.

Die ungeregelte Situation um Kuba ist ein ernsthaftes politisches Problem in der westlichen Hemisphäre.

Für Russland wie auch für die Mehrzahl der anderen Länder sind die bereits vierzig Jahre währende Blockade und das von den USA gegen Kuba verhängte Handels- und Wirtschaftsembargo nicht akzeptabel. Diese Politik stellt sich als ein ins Auge springender Anachronismus dar, der niemandes Interesse entspricht, auch dem der USA nicht. Die Versuche, das Helms-Burton-Gesetz von 1996 exterritorial zur Anwendung zu bringen und so von der inneren amerikanischen Gesetzgebung festgelegte Restriktionen auf die Beziehungen souveräner Drittstaaten zu Kuba zu übertragen, stießen in der ganzen Welt auf Ablehnung.

Russland tritt für die volle Normalisierung dieser Situation ein – für die Aufhebung des Embargos und die Reintegration Kubas in die regionalen Institutionen der Zusammenarbeit. Unser Land respektiert die Wahl des kubanischen Volkes und bleibt seiner traditionellen These treu, dass die Menschenrechte der Vereinigung und nicht der Trennung von Staaten und Völkern dienen müssen.

Der offizielle Besuch Präsident PUTINS in Havanna vom Dezember 2000 hat gezeigt, dass die russische und die kubanische Führung willens sind, die politischen Beziehungen zu aktivieren, die zu Beginn der neunziger Jahre entstandenen Sperren im beiderseitigen Verhältnis zu beseitigen und Aufschluss über die

Perspektiven der wirtschaftlichen Zusammenarbeit zwischen beiden Staaten zu gewinnen. Im Verlauf der Verhandlungen in Havanna wurde eine wichtige prinzipielle Vereinbarung erzielt: Ausgehend vom hohen Niveau ihrer Beziehungen und gestützt auf die ihre Länder und Völker verbindenden Gefühle der Freundschaft und des gegenseitigen Verständnisses, beabsichtigen Russland und Kuba, auch künftig eine aktive Zusammenarbeit zu entwickeln. Dabei müssen sich diese Beziehungen natürlich an den Realitäten in beiden Ländern orientieren und auf den Prinzipien des Völkerrechts und des gegenseitigen Vorteils sowie den Regeln der internationalen Konkurrenz basieren.

Große Bedeutung messen wir der russisch-lateinamerikanischen Zusammenarbeit im Bereich des Handels und der Wirtschaft bei. In den letzten Jahren ist der beiderseitige Handel nach einer gewissen Zeit des Rückgangs wieder angestiegen: 1999 erreichte sein Volumen an die drei Mrd. Dollar.

Ein beträchtlicher Teil davon entfällt auf Lebensmittelkäufe russischer Privatfirmen. Russland ist zu einem der größten Importeure von brasilianischem, kolumbianischem sowie in Chile hergestelltem löslichem Kaffee geworden. Erfolgreich werden auch andere Importlinien erschlossen: Pflanzenöle, Kakao, Südfrüchte und Fruchtkonzentrate, alkoholfreie Getränke sowie Blumen. Unsere wichtigsten Handelspartner in der Region sind Kuba, Ecuador, Argentinien und Chile. Einzelne Projekte der Investitionszusammenarbeit werden mit Argentinien, Brasilien, Kuba, Nicaragua und Ecuador realisiert.

Befriedigend ist der erreichte Umfang der Handels- und Wirtschaftsbeziehungen jedoch nicht, zumal es in der russischen und lateinamerikanischen Wirtschaft erkennbar Komplementärbereiche gibt, die sie statt zu Konkurrenten zu potentiellen Partnern auf den Weltmärkten machen.

Ein objektives Hemmnis für die Entwicklung dieser Handels- und Wirtschaftsbeziehungen sind natürlich die großen Entfernungen. Zu den negativen Faktoren zählen auch die

Konsequenzen der Finanz- und Wirtschaftskrise, von der Russland und Lateinamerika im Jahre 1998 gleichermaßen betroffen wurden. Auch sind manche Erscheinungen unfairen Konkurrenzverhaltens gegenüber russischen Exportwaren noch nicht überwunden, wobei allerdings gewisse positive Veränderungen bereits erreicht werden konnten, vor allem über die Andengemeinschaft.

Die tieferen Ursachen des Problems sind indessen in der offensichtlich unzureichenden Diversifikation der Zusammenarbeit und im Fehlen eines effektiven finanziellen Mechanismus der gegenseitigen Investitionsgarantien zu suchen. Die russische Seite beabsichtigt, die Suche nach Lösungswegen auch auf höchster politischer Ebene zu unterstützen.

Zur Umsetzung der Vorhaben wurde die Tätigkeit der Regierungskommissionen für Zusammenarbeit in Handel und Wirtschaft sowie im wissenschaftlich-technischen Bereich mit Kuba, Mexiko, Argentinien und Kolumbien bereits wieder aufgenommen. Mit der Bildung einer hochrangigen Kommission für die Zusammenarbeit mit Brasilien ist dieses Land praktisch unter die wichtigsten Partner Russlands eingereiht worden, gibt es derartige Strukturen doch nur in der Zusammenarbeit mit Staaten wie Frankreich, China und der Ukraine.

1998 wurde das Nationale Komitee für die Förderung der wirtschaftlichen Zusammenarbeit mit den Ländern Lateinamerikas gegründet, das sich der Anbahnung von Geschäftsbeziehungen und des Informationsaustauschs, der Erforschung aussichtsreicher Richtungen der Zusammenarbeit und der Schaffung eines günstigen Geschäftsklimas in den russisch-lateinamerikanischen Beziehungen widmet.

Nachdem diese Anfang der neunziger Jahre eine schwierige, bisweilen mit schmerzlichen Erfahrungen verbundene Umstellungsphase zu überstehen hatten, sind sie jetzt dabei, eine auf konstruktiver Zusammenarbeit und gegenseitigem Vorteil basierende qualitativ neue Entwicklungsstufe zu erreichen.

7. Russland und Afrika

Russland ist offen für die Entwicklung freundschaftlicher Beziehungen und einer gegenseitig vorteilhaften Zusammenarbeit mit den afrikanischen Ländern. Hierfür sind günstige historische Voraussetzungen gegeben: im Verlauf der zweiten Hälfte des 20. Jahrhunderts stand unser Land trotz aller negativen Aspekte, die die Konfrontation und der Kalte Krieg mit sich brachten, im Streben Afrikas nach politischer Unabhängigkeit und stabiler wirtschaftlicher Entwicklung stets auf seiner Seite.

Heute sieht Russland in den afrikanischen Staaten vor allem Partner bei der Gestaltung einer neuen demokratischen Weltordnung. Ein System der internationalen Beziehungen, das gleichberechtigten multilateralen Mechanismen für die Lösung globaler Probleme, auch im Bereich des Welthandels und der Weltwirtschaft, den Vorrang einräumt, entspricht ganz offensichtlich den Interessen Afrikas. Russland und die afrikanischen Länder verbindet auch das gemeinsame Interesse, alle Versuche abzuwehren, die Grundpfeiler und Prinzipien des Völkerrechts zu unterhöhlen und der internationalen Gemeinschaft gewaltsame Methoden der Krisenbewältigung aufzuzwingen.

Ausgehend von diesen Grundsätzen sind wir bereit, den aktiven Dialog mit den afrikanischen Staaten fortzusetzen – sei es auf bilateraler Grundlage, in der UNO oder im Rahmen des Zusammenwirkens mit der Bewegung der nichtpaktgebundenen Staaten, der Afrikanischen Union und anderen regionalen Strukturen. Gegenstand dieses Dialogs ist neben internationalen Problemen die Beilegung der Konflikte auf dem afrikanischen Kontinent. Russland spielte und spielt eine konstruktive Rolle u. a. bei den Bemühungen zur Wiederherstellung des Friedens in Angola und bei der Suche nach einer Lösung im Konflikt zwischen Äthiopien und Eritrea. Die russische Diplomatie engagiert sich für die Stärkung des friedensstiftenden

Potentials in Afrika wie auch für die Gestaltung der Grundlagen der kollektiven Sicherheit. Intensiviert wird unsere Zusammenarbeit mit gesamtafrikanischen, regionalen und subregionalen Organisationen: der Organisation für Afrikanische Einheit (OAU), der Konferenz für die Koordinierung der Entwicklung der Länder Südafrikas (SADCC), der Wirtschaftsgemeinschaft der westafrikanischen Länder (ECOWAS) u. a.

Wir begrüßen die Erfolge des friedensstiftenden und integrationsfördernden Wirkens der OAU und der subregionalen Strukturen des Kontinents und die in diese Richtung gehenden Initiativen einzelner afrikanischer Staatsführer und sind bereit, uns auch künftig an den multi- und bilateralen Aktivitäten zur Gewährleistung von Frieden und Stabilität in dieser Region zu beteiligen.

Eines der vordringlichen Probleme der russischen Afrikapolitik ist die Suche nach einem optimalen, den realen Möglichkeiten unseres Landes entsprechenden Modell für die Entwicklung der Handels- und Wirtschaftsbeziehungen. Angesichts der tief greifenden Veränderungen in der gesellschaftlichen und wirtschaftlichen Situation in Russland kann ein solches Modell allein unter der Voraussetzung des vollen Engagements privater russischer und afrikanischer Geschäftskreise effizient sein. Ungeachtet des erheblichen Rückgangs des Warenumsatzes Russlands mit den afrikanischen Ländern – im Jahre 1994 sank er auf 0,74 Mrd. Dollar (gegenüber 2,7 Dollar Warenumsatz mit der UdSSR unmittelbar vor ihrem Zerfall) – sind Möglichkeiten für einen gegenseitig vorteilhaften Handelsaustausch zweifellos vorhanden. Unser Land ist bereit, seinen afrikanischen Partnern moderne russische Technologien anzubieten, die in der Industrie, der Landwirtschaft, dem Wohnungsbau, der Medizin und auf anderen Gebieten Anwendung finden können. Ein schwieriges Problem bleibt dabei allerdings die Unausgeglichenheit der Außenhandelsbilanz mit den afrikanischen Ländern, die einen Aktivsaldo Russlands ausweist. So belief sich im Jahre 1998 unser Export auf 1 Mrd. Dollar, der Import auf 427,8 Mill. Dollar.

Russland sieht die akuten Probleme Afrikas in all ihrer Komplexität und tritt dafür ein, alle Hauptaspekte (sozialer, humanitärer, wirtschaftlicher, politischer und militärischer Art) im Zusammenhang anzugehen und zu lösen, um eine stabile Entwicklung der Staaten dieses Kontinents zu gewährleisten.

IV. Kapitel

Neue Horizonte der Diplomatie

1. Außenpolitik und Wirtschaft: Evolution einer Wechselbeziehung in den neunziger Jahren

Die zentrale Aufgabe der russischen Außenpolitik besteht unverändert darin, optimale äußere Bedingungen für die Weiterführung des inneren Umbaus im Interesse der Stärkung des Staates, der Sicherung des wirtschaftlichen Aufschwungs und der Erhöhung des Lebensstandards der Bürger zu schaffen.

In der russischen Außenpolitik spielt die »Wirtschaftsdiplomatie« eine unablässig wachsende Rolle. Dies entspricht einer weltweiten Tendenz: Der wirtschaftliche Faktor übt einen immer stärkeren Einfluss auf die Außenpolitik der Staaten und die Entwicklung der internationalen Beziehungen auf globaler und regionaler Ebene aus.

Konkret geht es darum, das außenpolitische und diplomatische Instrumentarium immer umfassender und intensiver zur Lösung wichtiger Aufgaben zu nutzen, als da beispielsweise wären: die Stabilisierung und Gewährleistung eines stetigen Wachstums der Wirtschaft; die volle Integration des Landes in das System der Weltwirtschaftsbeziehungen einschließlich seiner Beteiligung an den internationalen Wirtschaftsorganisationen; die Unterstützung der russischen Unternehmerschaft in ihrem Bemühen, Zugang zu den Auslandsmärkten zu finden; die Sicherung der Voraussetzungen für einen gleichberechtigten und diskriminationsfreien Handelsaustausch mit ausländischen Partnern; die Schaffung eines günstigen Geschäftsklimas für ausländische Investoren; die Regelung der Probleme der Auslandsschulden.

Die erfolgreiche Realisierung dieser Zielsetzungen erfordert eine immer engere Koordination des außenpolitischen Wirkens des Staates mit den vielfältigen Richtungen seiner inneren und äußeren Wirtschaftspolitik. Hier wird eine doppelte Wechselbeziehung deutlich: Die Außenpolitik kann nur dann erfolgreich sein, wenn sie sich auf das Gesamtpotential des Staates und der Gesellschaft stützt. Unter den Bedingungen einer globalen Welt kann und muss die Außenpolitik die Rolle eines mächtigen Instruments zur Stärkung dieses Potentials mittels einer den nationalen Interessen entsprechend wohl bedacht organisierten internationalen Zusammenarbeit spielen. Mit anderen Worten, die Gegebenheiten sind heute so, dass die Außenpolitik wie nie zuvor als Teil der gesamtstaatlichen Strategie für die Entwicklung des Landes zu betrachten ist.

Große Möglichkeiten, das außenpolitische Potential in den Dienst des wirtschaftlichen Wachstums zu stellen, eröffnet in diesem Zusammenhang der vom russischen Präsidenten WLADIMIR PUTIN unterbreitete Maßnahmenkatalog, der auf die allseitige Stärkung und Vervollkommnung der demokratischen Staatlichkeit in Russland und vor allem der Rolle des Staates beim weiteren Aufbau der sozial orientierten Marktwirtschaft abzielt. Eines der Hauptelemente dieses Programms ist die Ergänzung der makroökonomischen Stabilisierung durch reales Handeln zur Stärkung der materiellen Basis der Wirtschaft. Insbesondere stellt sich die Aufgabe, für ein echtes Konkurrenzklima in der Wirtschaft zu sorgen, einheitliche stabile und transparente »Spielregeln« für alle am Markt Beteiligten anzuwenden, die Marktinstitutionen zu stärken und einen schonungslosen Kampf gegen die Korruption zu führen. Bei allen diesen Fragen kommt dem äußeren Faktor eine wichtige Funktion zu: die weitere Integration Russlands in das System der Weltwirtschaftsbeziehungen und der internationalen Wirtschaftsorganisationen zieht entsprechende Maßnahmen zur Anpassung der Wirtschaft des Landes an die für alle Teilnehmer am globalen Wirtschaftssystem verbindlichen Normen und Standards nach sich.

Im praktischen Wirken der russischen Diplomatie im außenwirtschaftlichen Bereich lassen sich folgende Hauptrichtungen definieren:

Russland ist es absolut nicht gleichgültig, wie das Weltwirtschaftssystem, in das es sich zu integrieren beabsichtigt, in der Realität aussehen wird. Deshalb zeigt es sich interessiert an der kollektiven Suche nach Wegen für die Steuerung der Globalisierungsprozesse und kann bei den Lösungen, die die langfristigen Entwicklungstendenzen der ökonomischen Prozesse in der Welt bestimmen werden, nicht beiseite stehen.

Zum Hauptforum der Teilnahme unseres Landes an der Erörterung und Erarbeitung derartiger Lösungen ist in den letzten Jahren seine Tätigkeit im Rahmen der G 8 geworden. Nahm Russland anfangs lediglich als Partner im politischen Dialog an den Treffen der höchsten Repräsentanten der sieben führenden Industriestaaten teil, so ist es heute bei den Beratungen von Vertretern dieser Staaten auf allen Ebenen und praktisch bei allen behandelten Fragen dabei: von der Weltwirtschaftsproblematik bis zu verschiedenen Aspekten der Zusammenarbeit bei der Lösung globaler Probleme sozialen, ökologischen oder rechtlichen Charakters etc.

Eine weitere Form der Verfechtung russischer Interessen in der Weltwirtschaft stellt das angestrebte stärkere Zusammenwirken mit den internationalen Wirtschaftsorganisationen dar. Die große außenwirtschaftliche Aufgabe für die nächste Zukunft ist Russlands Beitritt zur seit dem 1. Januar 1995 existierenden Welthandelsorganisation (WTO), deren Hauptaufgabe darin besteht, die Liberalisierung des Welthandels durch die Beseitigung nichttariflicher Barrieren und anderer Hindernisse im internationalen Austausch von Waren und Leistungen zu fördern.

Die russische Diplomatie begleitet den Verhandlungsprozess zum WTO-Beitritt Russlands. Die WTO-Thematik figuriert auf der Tagesordnung bei den Treffen der russischen Führung mit den höchsten Repräsentanten der Länder, die unsere wichtigsten Handelspartner sind, unter anderem die USA, Deutschland, Frankreich, Kanada, Japan. Auf dem G 8-Gipfel in Köln im Juni 1999 versprachen die führenden Industrieländer Russland ihre Unterstützung in dieser Frage. Die allgemeinen politischen Aspekte des Beitritts zur WTO werden von der russischen Führung und dem Außenministerium in den regionalen Organisationen Europas und des asiatisch-pazifischen Raums zur Diskussion gestellt. Auf bilateraler Ebene wird diese Frage von unseren Vertretern in den Regierungskommissionen für Zusammenarbeit im Handels- und Wirtschaftsbereich, bei Besuchen auf unterschiedlicher Ebene und bei Konsultationen des Außenministeriums mit ausländischen Partnern angesprochen.

Russland geht es darum, mit der Aufnahme in die WTO eine Verbesserung seiner wirtschaftlichen Situation, die Beendigung seiner Diskriminierung im Handel und die Schaffung günstigerer Konditionen für den russischen Export zu erreichen. Russlands Beitritt muss aber unter Standardbedingungen erfolgen, ohne jegliche Einschränkung unserer Rechte gegenüber anderen Mitgliedern dieser Organisation. Zugleich legt die russische Seite großen Wert darauf, dass alle WTO-Partner die besondere wirtschaftliche Situation Russlands anerkennen und ihm gegebenenfalls Zeit einräumen, sich auf gewisse Forderungen der WTO einzustellen.

Eine dritte außerordentlich wichtige Richtung des außenwirtschaftlichen Engagements der russischen Diplomatie besteht darin, die Entwicklung der Zusammenarbeit Russlands mit ausländischen Partnern auf dem Gebiet von Handel, Wirtschaft und Investitionen über die größten Integrationsvereinigungen und auf bilateraler Grundlage zu fördern.

Vorrangige Bedeutung besitzt für uns hier die Entwicklung der Zusammenarbeit innerhalb der Gemeinschaft Unabhängiger Staaten, die mit unterschiedlichen Geschwindigkeiten und auf verschiedenen Ebenen betrieben wird. Nach dem Einbruch in der ersten Hälfte der neunziger Jahre ist bei den Wirtschaftsbeziehungen Russlands mit den GUS-Partnern in den letzten Jahren ein gewisses Wachstum zu verzeichnen. Das bisher erreichte Niveau kann indessen nicht befriedigen. Die Vertiefung der wirtschaftlichen Zusammenarbeit und die Entwicklung der Integrationsprozesse innerhalb der GUS sind allein auf der Grundlage von Marktbeziehungen und mit verstärktem Einsatz von Industrie- und Bankkapital für diese Prozesse erreichbar. Nicht weniger offenkundig ist, dass in der gegenwärtigen Etappe ein stabiler Aufschwung der Zusammenarbeit in Handel und Wirtschaft allein unter der Voraussetzung einer zielgerichteten staatlichen Unterstützung und Regulierung bewerkstelligt werden kann. Eine derartige Verbindung von Marktmechanismen und staatlicher Regulierung ermöglicht eine optimale Synthese der Lösung laufender und für die nahe und ferne Zukunft anstehender Aufgaben sowie eine organische Verknüpfung der finanzwirtschaftlichen, sozialen und politischen Aspekte der Zusammenarbeit.

Sehr vielversprechend gestaltet sich die Hinwendung zu einer breit angelegten Zusammenarbeit mit der Europäischen Union. Diese Integrationsvereinigung, eine der größten der Welt, ist der führende Handelspartner unseres Landes (34% des russischen Außenhandels gegenüber 22% mit den GUS-Ländern und 3–6% mit China, den USA und Japan[1]. Demgegenüber rangiert Russland beim Import der EU an fünfter und beim Export an sechster Stelle. Hier ist auch der größte Teil der russischen Auslandsaktiva konzentriert. Russland besitzt traditionell einen Aktivsaldo im Außenhandel mit der EU.

---

1 Zollstatistische Angaben des Außenhandels der Russischen Föderation.

Günstig auf ihre Zusammenarbeit im Bereich von Handel und Wirtschaft wirkt sich aus, dass Russland und die EU geographisch nahe beieinander liegen, ihre Wirtschaften und Infrastrukturen sich gegenseitig ergänzen und für ihr Zusammenwirken eine entsprechende Rechtsbasis und alte geschäftliche Traditionen existieren. Angesichts ihres enormen Industrie-, Finanz-, Handels-, Investitions- und Wissenschaftspotentials wird die Europäische Union auch künftig in den Außenwirtschaftbeziehungen Russlands eine wachsende Rolle spielen. Hauptsächlich die EU ist es, wo sich die traditionellen russischen Exportwaren (Erdgas, Erdöl und Erdölprodukte, Kohle, Holz, Metalle, Düngemittel, Chemikalien, Waren des Nuklearzyklus, Diamanten u. a.) in großem Umfang absetzen lassen.

Die Exportstruktur Russlands stimmt nicht mit der generellen Struktur des EU-Imports überein, während der russische Import aus der EU alles in allem deren Exportstruktur entspricht. Industriewaren dominieren nicht nur im Export, sondern auch im Import der EU. Das aber heißt, dass in dem Maße, wie die Konkurrenzfähigkeit unserer Produkte steigt, Möglichkeiten bestehen, den russischen Industrieexport in die Europäische Union zu erhöhen. Außerdem ist auch das niedrige Niveau der Industriezölle der EU ein wichtiger Faktor für die Verbesserung der russischen Exportstruktur.

Ein weiterer ins Gewicht fallender Aspekt sind die hohen Energie- und Rohstoffimporte der Europäischen Union. Der russische Außenhandel seinerseits ist vorwiegend auf den Export dieser Waren orientiert, und diese Situation dürfte sich in den nächsten Jahren kaum ändern. Folglich ist ein hohes EU-Markt-Potential für Russland gesichert, dazu die Möglichkeit, im Handel mit der Europäischen Union seinen Aktivsaldo zu behalten.

Ein außerordentlich bedeutender Bereich der Partnerschaft mit der Europäischen Union ist die Investitionszusammenarbeit, bleibt die EU doch führender Investor in der russischen

Wirtschaft. Ungeachtet aller Schwierigkeiten und Verluste, die durch die Vorgänge der letzten Jahre verursacht wurden, denken die europäischen Investoren nicht daran, den russischen Markt zu verlassen.

Den Angaben des Staatlichen Komitees für Statistik der Russischen Föderation per 1. Juli 1998 zufolge betrug das Volumen der von den europäischen Ländern getätigten Investitionen ca. 21,3 Mrd. Dollar oder über 79% des Gesamtvolumens der ausländischen Investitionen in die russische Wirtschaft. Die Direktinvestitionen der europäischen Länder belaufen sich auf 5,34 Mrd. Dollar oder 62% des Gesamtvolumens der Direktinvestitionen in die russische Wirtschaft. Eine Zusammenarbeit mit europäischen Gesellschaften und Firmen bei effektiven Investitionsprogrammen auf dem Territorium der Russischen Föderation existiert in der Kraftfahrzeug-, Luft- und Raumfahrt- sowie in der Lebensmittelindustrie, im Hüttenwesen, auf dem Gebiet der Entwicklung von elektronischen Erzeugnissen der Fernmeldetechnik u.a. Die größte Aktivität entwickeln die europäischen Investoren im Bereich der Erdöl- und Erdgasförderung.

Gleichwohl gibt es in der Zusammenarbeit zwischen Russland und der EU auf dem Gebiet von Handel und Wirtschaft zunehmend Probleme, die ihre weitere Vertiefung und Entwicklung erschweren – so hält die Union in ihrer Handelspolitik an diskriminierenden Beschränkungen des Imports russischer Waren fest.

Das Abkommen über Partnerschaft und Zusammenarbeit zwischen Russland und der EU brachte die Liberalisierung des Zugangs für russische Waren und Leistungen. Der für den russischen Export geltende Tarifschutz auf dem EU-Markt wurde gesenkt. Die Europäische Union übernahm die Verpflichtung, keine quantitativen Restriktionen gegenüber russischen Waren anzuwenden; ausgenommen bleiben dabei die in der weltweiten Praxis allgemein gültigen Schutzmaßnahmen (bei Textilien sowie Stahlwaren aus der Liste der Europäischen Gemeinschaft für Kohle und Stahl). In Wahrheit ist der EU-Markt für den russischen Export jedoch nur bei seiner gegenwärtigen, von Rohstofflieferungen dominierten Struktur weit geöffnet.

Die russische Seite unternimmt die notwendigen Schritte zur Beseitigung der Hindernisse für die Entwicklung unserer Wirtschaftsbeziehungen mit der Europäischen Union. Dabei geht es in erster Linie um Gegenmaßnahmen gegen die Antidumpingregelungen der EU. Da die Europäische Kommission Russland im Widerspruch zur tatsächlichen Lage der Dinge als Land ohne funktionierende Marktwirtschaft betrachtet, wendet sie diese Regelungen diskriminierend auf den russischen Export an. Die erhobenen Antidumpingzölle verteuern die russischen Waren in einem Maße, dass sie für EU-Abnehmer ihre Konkurrenzfähigkeit verlieren; das gilt zum Beispiel für nahtlose Rohre, Kaliumchlorid, Ferrolegierungen u. a. Dabei werden gegen einzelne Betriebe verhängte Sanktionen in manchen Fällen auf den gesamten Wirtschaftszweig unseres Landes ausgedehnt, woraus ein Gesamtschaden entsteht, der auf 300 Millionen Dollar pro Jahr geschätzt wird.[1]

Am 27. April 1998 beschloss der Rat der Europäischen Union, Russland und China aus der Liste der Länder ohne funktionierende Marktwirtschaft zu streichen und die Antidumpingreglements der EU dementsprechend zu revidieren. Obwohl dieser Beschluss Einschränkungen und eine Reihe von Vorbehalten enthielt, wurde er zum ersten Schritt in eine positive Richtung. Das neue Antidumpingreglement trat am 1. Juli 1998 in Kraft. Wie die Verfahrensweise der Europäischen Kommission in der Zeit danach zeigte, wird es jedoch notwendig sein, weiter darauf zu dringen, dass die russische Markt-

1 Schischajew, A.: *Sredstwa torgowoi saschtschity: antidempingowyje mery (opyt JeS); (»Mittel des Handelsschutzes: Antidumpingmaßnahmen [EU-Erfahrungen]«)*, in: *Juriditscheski mir (»Juristische Welt«)*, Nr. 9–10/1998, S. 48–57.

wirtschaft voll anerkannt wird. Als Mittel zur Beschränkung des russischen Industrieexports dienen technische Handelsbarrieren, vor allem diverse Zertifikate, so bei Luftfahrttechnik, Kraftfahrzeugen, Werkzeugmaschinen und Chemikalien. Darüber hinaus werden die ökologischen Forderungen verschärft. Die dargestellten negativen Tendenzen können sich im Prozess der EU-Erweiterung noch verstärken.

Unter den gegebenen Bedingungen gewinnt die Umsetzung der im Juni 2000 von Präsident PUTIN bestätigten Strategie für die mittelfristige Entwicklung der Beziehungen zwischen der Russischen Förderation und der Europäischen Union (2000 – 2010) an Bedeutung.

Zu den vorrangigen Richtungen, in denen die Beziehungen zwischen Russland und der EU entwickelt werden sollen, gehören der gegenseitige Handelsaustausch und die Investitionen. Das genannte Dokument enthält eine präzise Definition der marktwirtschaftlichen Interessen Russlands und eine Absichtserklärung zur Erweiterung der Zusammenarbeit mit der EU. Der russischen Diplomatie werden anspruchsvolle Aufgaben gestellt: die volle Zuerkennung des Marktstatus für die russische Wirtschaft zu erlangen, russischen Waren und Leistungen günstige Konditionen auf den EU-Märkten zu sichern, dafür zu sorgen, dass Elemente ihrer Diskriminierung beseitigt werden und dass die EU eine positive Haltung zu den Bedingungen für die Aufnahme Russlands in die Welthandelsorganisation einnimmt etc. Zur Erreichung der gesteckten Ziele gilt es nicht nur innere, sondern auch internationale Mechanismen zu nutzen. Von größter Bedeutung ist überdies die von Russland und der Europäischen Union gemeinsam in Angriff genommene Konzeption für einen einheitlichen Wirtschaftsraum.

Ein außerordentlich wichtiger Schritt war der Beitritt Russlands zur APEC, der auf Regierungsebene arbeitenden Integrationsvereinigung im asiatisch-pazifischen Raum. Die Nutzung des APEC-Potentials wird für die Lösung der volkswirtschaftlichen Entwicklungsaufgaben Russlands hilfreich sein, bedeutet sie doch eine stärkere Einbeziehung in die Integrationsprozesse, die Diversifikation der wirtschaftlichen Beziehungen unseres Landes, die Erweiterung und die Verbesserung der Struktur des Exports in die Länder dieser Region, die Aussicht, Anschluss zu gewinnen an die Investitionsströme und unsere Interessen bei der Ausarbeitung der Regelungen für den internationalen Handel berücksichtigt zu sehen.

Mit seinem Beitritt zur APEC hat Russland der internationalen Gemeinschaft ein eindeutiges Signal seiner Orientierung auf die Gestaltung einer offenen Wirtschaft gegeben. Wie die weltweite Praxis zeigt, fördert die Liberalisierung des Handels und der Investitionen das Wachstum des Exportsektors und den Aufschwung der Wirtschaft. Für Russland können die Vorzüge der Liberalisierung besonders dort nutzbringend gemacht werden, wo wir Großexporteur sind – bei Energieträgern, Holzwaren, Fisch- und Meeresprodukten sowie chemischen Erzeugnissen. Die Liberalisierung der Investitionen im Rahmen der APEC wird helfen, ausländisches Kapital ins Land zu holen, das wir so sehr für die Entwicklung unserer Wirtschaft benötigen. Die mit der Liberalisierung, der Vereinfachung und Universalisierung der Export- und Importabläufe und deren erhöhter Transparenz verbundene Kostensenkung wird den einfachen Verbrauchern wie unseren Produzenten deutliche Vorteile bringen und zusätzliche Anreize für die Entwicklung einer konkurrenzfähigen nationalen Produktion schaffen.

Solche Betrachtungen über die Vorzüge der Liberalisierung mögen sich in der derzeit schwierigen Entwicklungsphase der russischen Wirtschaft mehr als fromme Wünsche denn als ein konkretes Aktionsprogramm ausnehmen. Es ist nicht von der Hand zu weisen, dass heute für viele Zweige und Bereiche der russischen Wirtschaft Maßnahmen zum Schutz der nationalen Produzenten, also Schritte protektionistischer Natur, aktueller sind als Liberalisierung. Unstreitig ist jedoch auch, dass die

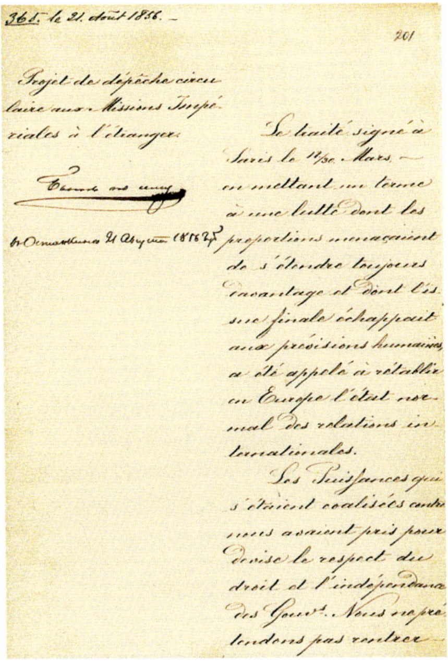

365. le 21. Août 1856. –

201

Projet de dépêche circulaire aux Missions Impériales à l'étranger.

Быть по сему

в Останкине 21 Августа 1856 г.

Le traité signé à Paris le 18/30 Mars, – en mettant un terme à une lutte dont les proportions menaçaient de s'étendre toujours davantage et dont l'issue finale échappait aux prévisions humaines, a été appelé à rétablir en Europe l'état normal des relations internationales.

Les Puissances qui s'étaient coalisées contre nous avaient pris pour devise le respect du droit et l'indépendance des Gouv^ts. Nous ne prétendons pas rentrer –

1 – Rundschreiben des russischen Außenministers Alexander Gortschakow vom 21.8./2.9.1856 an die diplomatischen Vertreter Russlands im Ausland (zur Übergabe an die jeweiligen Regierungen) mit Darlegung der Grundlagen der russischen Außenpolitik. Hiernach enthält Russland sich der aktiven Einmischung in europäische Angelegenheiten und verweist gleichzeitig auf seine inneren Entwicklungen; Russland sieht sich nicht mehr an frühere Verträge gebunden und hat freie Hand. Vermerk Zar Alexanders II.: »So soll es sein.«

2 – Note von Russlands Außenminister Michail Murajow an die ausländischen diplomatischen Vertreter in St. Petersburg vom 12./24.8.1898 mit dem Vorschlag, eine internationale Friedenskonferenz einzuberufen. Er schreibt unter anderem: »…die kaiserliche Regierung vertritt die Auffassung, dass der Zeitpunkt überaus günstig wäre, durch internationale Erörterung nach den sichersten Wegen zu suchen, allen Völkern das Wohl eines wahren und stabilen Friedens zu sichern und vor allem der fortschreitenden Entwicklung moderner Waffen ein Ende zu setzen.« Vermerk Zar Alexanders II.: »Einv.«

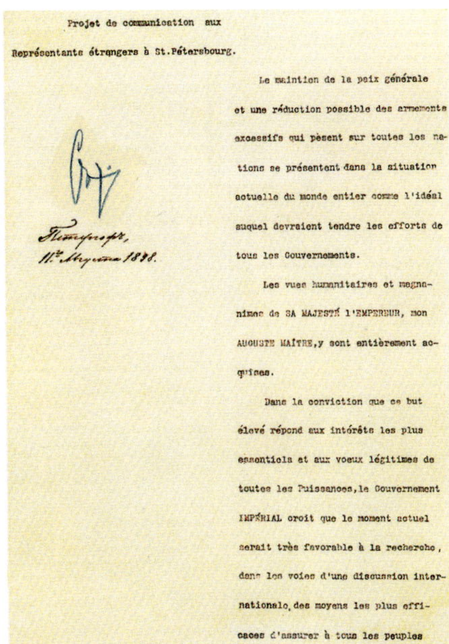

Projet de communication aux

Représentants étrangers à St.Pétersbourg.

Петергоф, 11го Августа 1898.

Le maintien de la paix générale et une réduction possible des armements excessifs qui pèsent sur toutes les nations se présentent dans la situation actuelle du monde entier comme l'idéal auquel devraient tendre les efforts de tous les Gouvernements.

Les vues humanitaires et magnanimes de SA MAJESTÉ l'EMPEREUR, mon AUGUSTE MAÎTRE, y sont entièrement acquises.

Dans la conviction que ce but élevé répond aux intérêts les plus essentiels et aux voeux légitimes de toutes les Puissances, le Gouvernement IMPÉRIAL croit que le moment actuel serait très favorable à la recherche, dans les voies d'une discussion internationale, des moyens les plus efficaces d'assurer à tous les peuples

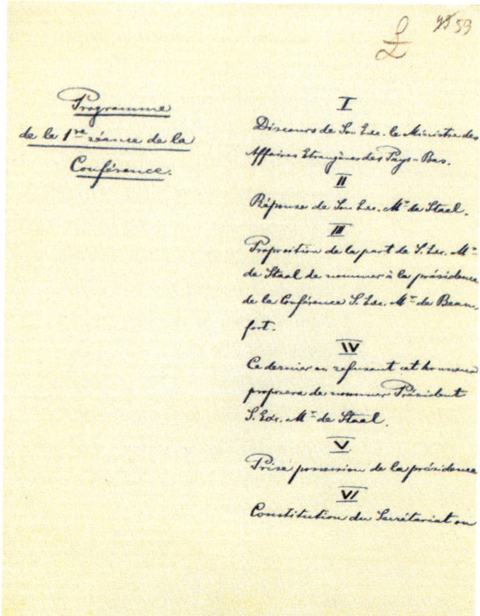

Programme de la 1re séance de la Conférence.

I
Discours de S. Exc. le Ministre des Affaires Etrangères des Pays-Bas.

II
Réponse de S. Exc. Mr de Staal.

III
Proposition de la part de S. Exc. Mr de Staal de nommer à la présidence de la Conférence S. Exc. Mr de Beaufort.

IV
Ce dernier en refusant cet honneur proposera de nommer Président S. Exc. Mr de Staal.

V
Prise possession de la présidence

VI
Constitution du Secrétariat ou

3 – Programm der ersten Tagung der von Fjodor Martens angeregten Haager Konferenz, 15.4.1899.

4 – Der Volkskommissar für auswärtige Angelegenheiten der UdSSR, Georgi Tschitscherin (sitzend, 4. v. links), mit Mitgliedern der sowjetischen Delegation auf der Konferenz von Genua 1922

5 – *Der Botschafter der UdSSR in den USA, Andrej Gromyko, Mitglied der sowjetischen Delegation auf der UN-Konferenz in San Francisco, unterzeichnet die Charta der Vereinten Nationen, 26.6.1945.*

6 – *Der Außenminister der UdSSR, Andrej Gromyko (rechts), und US-Außenminister Henry Kissinger im Gespräch; Moskau, März 1974.*

7 – *Der Generalsekretär des ZK der KPdSU, Leonid Breschnew (links), und US-Präsident Richard Nixon unterzeichnen den Vertrag über die Begrenzung der Raketenabwehrsysteme; Moskau, 26.5.1972.*

8 – KPdSU-Generalsekretär Leonid Breschnew (links) und US-Präsident Richard Nixon auf einem Empfang zu Ehren des amerikanischen Präsidenten; Moskau, 29.5.1972.

9 – Unterzeichnung sowjetisch-amerikanischer Dokumente durch den Präsidenten der UdSSR, Michail Gorbatschow (links), und den Präsidenten der USA, George Bush; Washington, 2.6.1990.

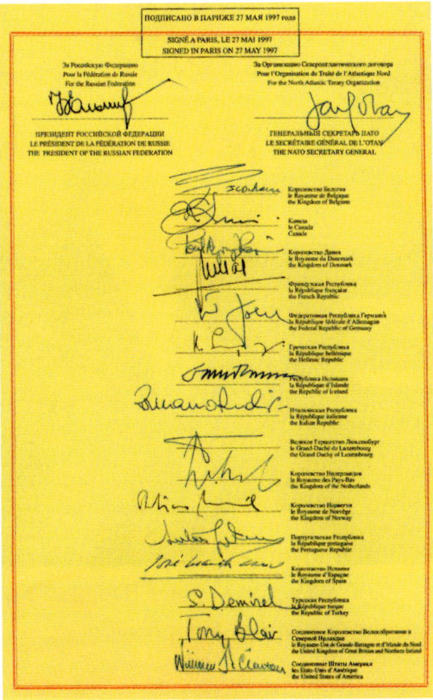

ПОДПИСАНО В ПАРИЖЕ 27 МАЯ 1997 года

SIGNÉ A PARIS, LE 27 MAI 1997
SIGNED IN PARIS ON 27 MAY 1997

За Российскую Федерацию
Pour la Fédération de Russie
For the Russian Federation

ПРЕЗИДЕНТ РОССИЙСКОЙ ФЕДЕРАЦИИ
LE PRÉSIDENT DE LA FÉDÉRATION DE RUSSIE
THE PRESIDENT OF THE RUSSIAN FEDERATION

За Организацию Североатлантического договора
Pour l'Organisation du Traité de l'Atlantique Nord
For the North Atlantic Treaty Organization

ГЕНЕРАЛЬНЫЙ СЕКРЕТАРЬ НАТО
LE SECRÉTAIRE GÉNÉRAL DE L'OTAN
THE NATO SECRETARY GENERAL

Королевство Бельгия
le Royaume de Belgique
the Kingdom of Belgium

Канада
le Canada
Canada

Королевство Дания
le Royaume du Danemark
the Kingdom of Denmark

Французская Республика
la République française
the French Republic

Федеративная Республика Германия
la République fédérale d'Allemagne
the Federal Republic of Germany

Греческая Республика
la République hellénique
the Hellenic Republic

Республика Исландия
la République d'Islande
the Republic of Iceland

Итальянская Республика
la République italienne
the Italian Republic

Великое Герцогство Люксембург
le Grand-Duché du Luxembourg
the Grand Duchy of Luxembourg

Королевство Нидерландов
le Royaume des Pays-Bas
the Kingdom of the Netherlands

Королевство Норвегия
le Royaume de Norvège
the Kingdom of Norway

Португальская Республика
la République portugaise
the Portuguese Republic

Королевство Испания
le Royaume d'Espagne
the Kingdom of Spain

Турецкая Республика
la République turque
the Republic of Turkey

Соединенное Королевство Великобритании и Северной Ирландии
le Royaume-Uni de Grande-Bretagne et d'Irlande du Nord
the United Kingdom of Great Britain and Northern Ireland

Соединенные Штаты Америки
les Etats-Unis d'Amérique
the United States of America

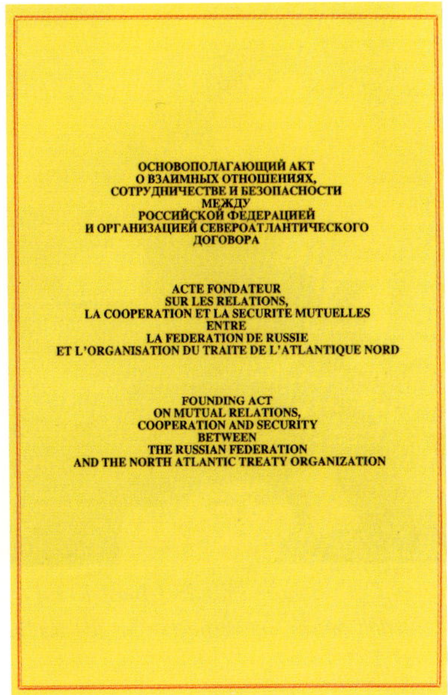

ОСНОВОПОЛАГАЮЩИЙ АКТ
О ВЗАИМНЫХ ОТНОШЕНИЯХ,
СОТРУДНИЧЕСТВЕ И БЕЗОПАСНОСТИ
МЕЖДУ
РОССИЙСКОЙ ФЕДЕРАЦИЕЙ
И ОРГАНИЗАЦИЕЙ СЕВЕРОАТЛАНТИЧЕСКОГО
ДОГОВОРА

ACTE FONDATEUR
SUR LES RELATIONS,
LA COOPERATION ET LA SECURITE MUTUELLES
ENTRE
LA FEDERATION DE RUSSIE
ET L'ORGANISATION DU TRAITE DE L'ATLANTIQUE NORD

FOUNDING ACT
ON MUTUAL RELATIONS,
COOPERATION AND SECURITY
BETWEEN
THE RUSSIAN FEDERATION
AND THE NORTH ATLANTIC TREATY ORGANIZATION

10 – Die Grundakte über Gegenseitige Beziehungen, Zusammenarbeit und Sicherheit zwischen der Nordatlantikvertrags-Organisation und der Russischen Föderation ist unterzeichnet. Sie trägt die Unterschriften von Russlands Präsident Boris Jelzin, NATO-Generalsekretär Javier Solana sowie der Staats- und Regierungschefs (bzw. deren Vertreter) der sechzehn NATO-Mitgliedstaaten: Jean-Luc Dehaene (Belgien), Ronald A. Irwin (Minister für "Indian Affairs & Northern Development", Kanada), Poul Nyrup Rasmussen (Dänemark), Jacques Chirac (Frankreich), Helmut Kohl (Deutschland), Konstantinos Simitis (Griechenland), David Oddsson (Island), Romano Prodi (Italien), Jean-Claude Juncker (Luxemburg), Wim Kok (Niederlande), Thorbjørn Jagland (Norwegen), António Guterres (Portugal), José María Aznar López (Spanien), Süleyman Demirel (Türkei), Tony Blair (Großbritannien und Nordirland), Bill Clinton (USA); Paris, 27.5.1997 (hier abgebildet: erstes und letztes Blatt).

11 – Der russische Präsident Boris Jelzin (rechts) und US-Präsident George Bush nach der Unterzeichnung des Vertrages über die Reduzierung der strategischen Offensivwaffen (SALT-II-Vertrag); Moskau, 3.1.1993.

12 – Der Präsident der USA, George W. Bush (links), und der russische Präsident Wladimir Putin auf einer gemeinsamen Pressekonferenz zu den Ergebnissen des russisch-amerikanischen Gipfeltreffens; Ljubljana, 16.6.2001.

13 – Unterzeichnung der Dokumente zum russisch-chinesischen Grenzverlauf durch den russischen Außenminister Igor Iwanow (links, sitzend) und seinen chinesischen Amtskollegen Tang Jiaxuan; Peking, 9.12.1999.

14 – Boris Jelzin in Istanbul, 17.11.1999.

15 – Der russische Präsident Wladimir Putin (rechts) und der indische Regierungschef Atal Bihari Vajpayee; Neu Delhi, 3.10.2000.

16 – Der russische Präsident Wladimir Putin (rechts) und Sultan Haji Hassan al-Bolkiah mit landesüblichen bruneiischen Hemdblusen; Brunei, 17.11.2000.

17 – US-Außenminister Colin Powell (links) und der russische Außenminister Igor Iwanow; Washington, 18.5.2001.

18 – Der russische Präsident Wladimir Putin (rechts) und Außenminister Igor Iwanow auf dem Millenniumsgipfel im Hauptquartier der UNO; New York, 6.9.2000.

19 – Nahost-Krise: der russische Außenminister Igor Iwanow (links), UN-Generalsekretär Kofi Annan (Mitte) und der palästinensische Präsident Yassir Arafat; Ramallah, 10.10.2000.

20 – Treffen der Staats- und Regierungschefs Russlands und der fünfzehn Mitgliedstaaten der Europäischen Union; Stockholm, 23.3.2001.

21 – Der russische Präsident Wladimir Putin (links) und der schwedische Regierungschef Göran Persson vor Beginn des Gipfeltreffens; Stockholm, 23.3.2001.

22 – Gipfeltreffen Russland–EU; v. l. n. r.: der schwedische Regierungschef Göran Persson, der russische Präsident Wladimir Putin, der Präsident der EU-Kommission Romano Prodi und der Hohe Vertreter für die gemeinsame Außen- und Sicherheitspolitik der EU, Javier Solana; Moskau, 17.5.2001.

23 – Verhandlungen des russischen Präsidenten Wladimir Putin (2. v. rechts) mit dem Präsidenten der Parlamentarischen Versammlung der OSZE, Adrian Severin; Moskau, 11.5.2001.

24 – Russlands Außenminister Igor Iwanow (links) und US-Außenministerin Madeleine Albright nach der Unterzeichnung des russisch-amerikanischen Memorandums zur gegenseitigen Information über Raketenstarts; Brüssel, 16.12.2000.

25 – Treffen des russischen Regierungschefs Michail Kassjanow (links) und des österreichischen Präsidenten Thomas Klestil; Salzburg, 3.6.2001.

26 – Treffen der Präsidenten der »Kaukasischen Vier«; v. l. n. r.: der armenische Präsident Robert Kotscharjan, der Präsident Aserbaidschans, Gejdar Alijew, der russische Präsident Wladimir Putin und der georgische Präsident Eduard Schewardnadse; Minsk, 31.5.2001.

27 – Der russische Außenminister Igor Iwanow (links) und NATO-Generalsekretär George Robertson vor Beginn der Tagung des Gemeinsamen Ständigen Rates Russland–NATO; Budapest, 29.5.2001.

28 – Arbeitstreffen des russischen Präsidenten Wladimir Putin (links) und des NATO-Generalsekretärs George Robertson; Brüssel, 3.10.2001.

29 – Pressekonferenz des russischen Präsidenten Wladimir Putin (links) und des deutschen Bundeskanzlers Gerhard Schröder zu den Ergebnissen von Putins Besuch in Deutschland; Berlin, 25.9.2001.

30 – Der russische Präsident Wladimir Putin (rechts) und der deutsche Bundeskanzler Gerhard Schröder während eines Arbeitstreffens in Moskau, 2.11.2001.

31 – Der Patriarch von Moskau und ganz Russland, Alexi II, empfängt den deutschen Bundeskanzler Gerhard Schröder (Mitte) und dessen Gattin Doris Schröder-Köpf; Sergijew Possad, 7.1.2001.

32 – Der russische Außenminister Igor Iwanow (rechts) und sein deutscher Amtskollege Joschka Fischer auf einer Pressekonferenz zu den Ergebnissen des Außenmininstertreffens der G8 (zur Friedensregelung für Jugoslawien); Bonn, 7.6.1999.

33 – Am 10.4.2001 unterzeichnen der russische Außenminister Igor Iwanow (rechts) und der deutsche Außenminister Joschka Fischer (2. v. links) während der deutsch-russischen Regierungskonsultationen in St. Petersburg im Beisein des deutschen Bundeskanzlers Gerhard Schröder (links) und des russischen Präsidenten Wladimir Putin das Regierungsabkommen über die Zusammenarbeit bei der friedlichen Weltraumforschung.

Liberalisierung eine bestimmende Entwicklungstendenz der internationalen Wirtschaftsbeziehungen bleiben wird. Die Idee einer schrittweise und ausgewogen zu vollziehenden Liberalisierung abzulehnen, wäre ein ebensolcher Fehler wie sich kopfüber in ihre schnelle Strömung zu stürzen. Die APEC-Prozesse sind für Russland eine Art »Anzug zum Hineinwachsen«. Und wenn dieser »Anzug« heute, auf Grund der Schwierigkeiten der russischen Wirtschaft, noch etwas groß ist, so wird er morgen, wenn sich unsere wirtschaftliche Lage gebessert hat, genau passend sein.

Die Ausgangsposition Russlands beim Beitritt zur APEC wurde in einem unmittelbar vor dem Gipfeltreffen in Kuala Lumpur unterbreiteten individuellen Aktionsplan zur Liberalisierung von Handel und Investitionen dargelegt. Das von nahezu vierzig föderalen Ministerien und anderen zentralen Staatsorganen gemeinsam ausgearbeitete und von der Regierung der Russischen Föderation bestätigte Dokument definierte die Leitlinien der Vervollkommnung der nationalen Regulierungen für die Außenwirtschaftstätigkeit und ihrer Annäherung an die weltweite Praxis unter Berücksichtigung der realen Möglichkeiten unserer Wirtschaft und in Abstimmung mit den Prozessen des Beitritts Russlands zur WTO.

Eine weitere wichtige Richtung des außenwirtschaftlichen Wirkens der russischen Diplomatie ist die aktive Unterstützung unserer Unternehmer bei ihrer Geschäftstätigkeit im Ausland und die Förderung eines günstigen außenpolitischen Klimas für vermehrte ausländische Investitionen in die russische Wirtschaft.

Hauptvoraussetzungen für die Verbesserung des Investitionsklimas in unserem Land sind vor allem die Realisierung vielfältiger auf die Sicherung von Transparenz und Berechenbarkeit der Wirtschaftspolitik gerichteter innerwirtschaftlicher Maßnahmen, die Stärkung des Primats des Gesetzes und die weitere Konsolidierung der gesetzgeberischen Basis auf dem

Gebiet der Auslandsinvestitionen. Dazu gehört in erster Linie die Annahme eines neuen Steuergesetzbuches, das nicht nur auf den Budget-, sondern auch auf den Investitionseffekt abzielt. Zu erwähnen ist auch die Ingangsetzung so wichtiger Mechanismen wie der Gesetzgebung zu Abkommen über den Schutz der Rechte ausländischer Investoren, und schließlich sind ernsthafte Maßnahmen zur Korruptions- und Kriminalitätsbekämpfung in Angriff zu nehmen.

Die Umsetzung all dessen muss begleitet sein von aktiven außenpolitischen Bemühungen um Stärkung der Stabilität in den Beziehungen zu den führenden Wirtschaftspartnern Russlands, um eine Atmosphäre des Vertrauens und der Berechenbarkeit, um Verbesserung des Bildes unseres Landes in den Augen der ausländischen Öffentlichkeit.

In Anbetracht der höchst komplexen und sich rasch entwickelnden Prozesse in der Weltwirtschaft bedürfen zahlreiche Aspekte unserer Außenwirtschaftsstrategie der weiteren Analyse und Präzisierung. Dabei ist von einer realistischen Einschätzung der Möglichkeiten der russischen Wirtschaft und ihrer Entwicklungsperspektiven in den nächsten Jahren auszugehen. Hauptsächlich gilt es, langfristige Maßnahmen auszuarbeiten, mit denen verhindert werden kann, dass Russland an die Peripherie des Weltwirtschaftssystems verdrängt und zu einem Rohstoffanhängsel der entwickelten Länder gemacht wird.

Die Effektivität der außenpolitischen Strategie hängt von der Umgestaltung der sozialen Struktur Russlands entsprechend den Erfordernissen der neuen globalen Situation ab. Dazu könnten insbesondere Wirtschaftssegmente mit hoher Konkurrenzfähigkeit entwickelt werden, die ein wirksames Agieren auf dem Weltmarkt ermöglichen und über geschützte Rohstoffquellen verfügen. Wie die Erfahrungen der Länder des asiatisch-pazifischen Raumes zeigen, ist eine übermäßige Abhängigkeit vom globalen Markt in Krisenzeiten nicht weniger gefährlich als Autarkie. Beim Aufbau eines Mechanismus für den aktiven Schutz vor Schwankungen des weltweiten Finanzmarktes kann Russland die innerwirtschaftliche Stabilität auch durch Verstärkung seiner wirtschaftlichen Präsenz in Ländern und Regionen erhöhen, zu denen historisch gewachsene Beziehungen bestehen.

Angesichts der außerordentlich ernsthaften Probleme und Herausforderungen, vor die sich die russische Wirtschaft an der Wende zum 21. Jahrhundert gestellt sieht, ist zu erwarten, dass die Schaffung und Vervollkommnung jener Mechanismen, die für die außenpolitische Begleitung der wirtschaftlichen Entwicklung unseres Landes benötigt werden, in nächster Zukunft die vordringlichste Aufgabe der russischen Außenpolitik und Diplomatie sein wird.

2. Die russischen Regionen und die Außenpolitik

Die regionalen Verbindungen werden zu einer immer gewichtigeren Komponente der bilateralen Beziehungen Russlands zu anderen Staaten. Ihr Umfang und ihre Geographie haben sich wesentlich erweitert, ihr Inhalt ist reicher geworden. Die russischen Regionen bringen sich, der gesamteuropäischen und weltweiten Tendenz folgend, immer aktiver ein in die beschleunigte Entwicklung vielfältiger Verbindungen auf der Ebene der Gebietskörperschaften, der Provinzen und Gemeinden, der Elemente der Zivilgesellschaft allgemein.

Dieser Prozess begann mit großen Schwierigkeiten, die daher rührten, dass die Subjekte der Russischen Föderation sich zu Beginn der neunziger Jahre urplötzlich und praktisch völlig unvorbereitet vor die Notwendigkeit gestellt sahen, Direktverbindungen zu ausländischen Partnern herzustellen, oftmals ohne dass es dafür einen fest umrissenen politischen und gesetzgeberischen Rahmen gegeben hätte. Deshalb bestand die Aufgabe der russischen Diplomatie anfangs darin, den Regionen, die lange Zeit in völliger politischer Abgeschlossenheit gelebt hatten, zu helfen, gegenseitig vorteilhafte internationale Kontakte herzustellen, ohne dass der Einheit und Integrität der Russischen Föderation dadurch Schaden entstand. Mit anderen Worten, es ging darum, eine optimale Formel der Verknüpfung von gesamtstaatlichen und lokalen Interessen im Rahmen einer einheitlichen Außenpolitik zu finden.

Heute zweifelt niemand mehr daran, dass der Ausbau der Auslandskontakte der Subjekte der Föderation ein gesunder und natürlicher Prozess ist. Bei der Umgestaltung unserer Gesellschaft und den durchzuführenden Reformen hat sich der Schwerpunkt der Lösung gewisser Fragen legitimerweise von der gesamtstaatlichen auf die regionale Ebene verlagert. Dieser Prozess erfordert eine überaus beschwerliche Präzisierung des Verhältnisses zwischen den Befugnissen der föderalen und regionalen Machtstrukturen im Bereich der Auslandskontakte auf der Grundlage der inneren Gesetzgebung und der Normen des Völkerrechts. Es geht darum, das Gleichgewicht der Interessen des föderativen Ganzen und seiner Bestandteile zu bewahren, den Subjekten der Föderation wirksame Hilfe in Richtung einer zunehmend fruchtbaren Gestaltung ihrer Auslandskontakte zu leisten und die Interessen der Regionen in den außenpolitischen Mechanismus des Staates zu integrieren.

Das Verhältnis zwischen den Befugnissen des föderalen Zentrums und den Subjekten der Föderation auf diesem Gebiet ist keineswegs bloß eine theoretische Frage. Es ist vielmehr für die Praxis von hoher Bedeutung, da von der Lösung dieser Frage die Effektivität der wirtschaftlichen Zusammenarbeit der Regionen und Subjekte der Föderation mit der Außenwelt abhängt. Die sinnvolle Entwicklung solcher Verbindungen stärkt das Gesamtpotential Russlands, wohingegen lokale Engstirnigkeit und eine falsch verstandene »Selbständigkeit« den Interessen und der Autorität der Regionen selbst wie auch der Föderation als Ganzes schaden.

Nach der russischen Verfassung liegen die Außenpolitik und die internationalen Beziehungen in der ausschließlichen Kompetenz der Föderation (Art. 71). Zugleich fallen die Koordinierung der internationalen und außenwirtschaftlichen Kontakte und die Erfüllung internationaler Verträge in die gemeinsame Zuständigkeit der Föderation und der Subjekte (Art. 72). Das bedeutet nicht, dass die Subjekte der Föderation gänzlich von der Ausarbeitung und Umsetzung der Hauptrichtungen der internationalen Zusammenarbeit Russlands ausgeschlossen wären. Die Führer der Republiken und Gebiete reisen als Leiter russischer Delegationen ins Ausland und unterzeichnen im Auftrag der Regierung wichtige Dokumente. Nicht selten sind sie offizielle Begleiter des russischen Präsidenten bei seinen Staatsbesuchen im Ausland.

Die Fragen des Zusammenwirkens zwischen der Föderation und den Subjekten auf dem Gebiet der außenwirtschaftlichen Kontakte haben ihren Niederschlag gefunden im Gesetz über die staatliche Lenkung der Außenhandelstätigkeit und im Gesetz über die internationalen Verträge der Russischen Föderation sowie einer Reihe weiterer fundamentaler gesetzlicher Regelungen. Die gesetzgeberische Basis ist allerdings noch in der Entwicklung begriffen. Die vorhandenen Lücken werden durch leider nicht immer gelungene Normenschaffungen auf regionaler Ebene ausgefüllt. Es versteht sich von selbst, dass die föderalen Organe nicht tatenlos zusehen können, wenn sie in Widerspruch zur Verfassung und zu den föderalen Gesetzen Russlands gerät.

Eine wichtige Etappe der Vervollkommnung der russischen Gesetzgebung auf diesem Gebiet war die Unterzeichnung des Gesetzes »Über die Koordinierung der internationalen und außenwirtschaftlichen Kontakte der Subjekte der Russischen Föderation«[1] durch den Präsidenten der Russischen Föderation

1 Vgl.: *Rossiskaja gaseta,* 16. Januar 1999.

am 4. Januar 1999. Dieser zeitgemäße Schritt hat zweifellos zur Aktivierung der internationalen Zusammenarbeit auf regionaler Ebene und zur Erhöhung ihrer Effektivität im gesamtstaatlichen Interesse beigetragen.

Da etwa die Hälfte der Subjekte der Russischen Föderation Land- und Seegrenzen mit Nachbarstaaten hat, ist die grenzüberschreitende Zusammenarbeit für unser Land von besonderer Bedeutung. Ihre dynamische Entwicklung wird in vielem durch die Besonderheiten der gegenwärtigen Phase der internationalen Beziehungen bestimmt. Direkte Kontakte zwischen Grenzregionen haben sich allenthalben auf dem europäischen Kontinent entwickelt, wodurch die Existenz eines »Europas der Regionen« Wirklichkeit geworden ist. Aufmerksamkeit verdienen vor allem die westeuropäischen Erfahrungen der Schaffung regionaler Integrationsbildungen – so genannter Euroregionen, die gemeinsame Organe zur Lösung ihrer Probleme besitzen. Besonders groß sind ihre Perspektiven, was die Erarbeitung multilateraler Projekte und die Schaffung eines günstigen Klimas für ausländische Investitionen anbelangt. Die Bedeutung dieser Richtung des zwischenstaatlichen Zusammenwirkens geht über den Rahmen der lokalen Interessen hinaus, da es die Lebensinteressen der Bürger tangiert und seine tatsächlichen Erfolge sich in erheblichem Maße auf das allgemeine politische Klima der zwischenstaatlichen Beziehungen auswirken.

Der hohe Stellenwert dieser Zusammenarbeit liegt für Russland darin begründet, dass in erster Linie solche Regionen in sie einbezogen wurden, die in der Vergangenheit am stärksten von jeglichen internationalen Kontakten ausgeschlossen waren. In diesem Kontext hat die praktische Lösung von Fragen des Aufbaus eines grenzüberschreitenden Handels, des vereinfachten Grenzübertritts, der Öffnung neuer Übergangsstellen für Personen und Waren sowie der Entwicklung der Infrastruktur u.a. das Antlitz einer ganzen Reihe von russischen Grenzregionen wesentlich verändert – besonders der des Nordens und

Nordwestens, des Gebiets Kaliningrad und des Fernen Ostens einschließlich der Küstenregion am Pazifik.

So wurden in den letzten Jahren bedeutsame Erfahrungen bei der Entwicklung der Zusammenarbeit Kareliens und des Gebiets Murmansk mit den angrenzenden territorialen Verwaltungseinheiten Finnlands und Norwegens sowohl auf bilateraler Grundlage als auch im Rahmen des euro-arktischen Barentssee-Rats gesammelt. Das Kaliningrader, das Leningrader und andere Gebiete des Nordwestens bringen sich zunehmend in die Zusammenarbeit im Rahmen einer analogen Organisation im Ostseeraum ein: des Rates der Ostseestaaten.

Unter aktiver Teilnahme der russischen Diplomatie entwickelt sich die Tätigkeit der Organisation für wirtschaftliche Zusammenarbeit im Schwarzmeerraum, die einen Großteil der Anliegerstaaten des Schwarzen Meers und von unserer Seite die Regionen Südrusslands in die hier bestehenden vielfältigen subregionalen Verbindungen einbindet.

Neue Möglichkeiten eröffnen sich durch das Inkrafttreten des Abkommens über Partnerschaft und Zusammenarbeit zwischen der EU und Russland, in dem unter anderem festgelegt ist, dass beide Seiten die regionale Entwicklung und Kontakte zwischen den entsprechenden Regionen fördern werden.

Die Mitwirkung der russischen Regionen in multilateralen regionalen und subregionalen Organisationen erschließt zusätzliche Möglichkeiten für die Vervollkommnung des Mechanismus der gesetzgeberischen Regulierung grenzüberschreitender Zusammenarbeit. Einen wesentlichen Fortschritt in dieser Richtung könnte der Beitritt Russlands zum Europäischen Rahmenübereinkommen über die grenzüberschreitende Zusammenarbeit zwischen Gebietskörperschaften von 1980[1]

1 Text des Europäischen Rahmenübereinkommens über die grenzüberschreitende Zusammenarbeit zwischen Gebietskörperschaften, Madrid, 21. Mai 1980, in: *Konwenzii Sowjeta Jewropy i Rossiskaja Federazija (»Konventionen des Europarates und die Russische Föderation«),* S. 298–370.

bringen. Aussichtsreich erscheint auch der Abschluss zwischenstaatlicher »Dachabkommen«, die den Rahmen und die Bereiche der Zusammenarbeit der Regionen und Gebietskörperschaften regeln.

Bei der praktischen Umsetzung der Prinzipien des Föderalismus sind beide Extreme – auf der einen Seite rigide Zentralisierung, auf der anderen Zersplitterung und Verabsolutierung regionaler Besonderheiten – gleichermaßen gefährlich. Um sie zu vermeiden, ist es erforderlich, unter Bewahrung der Offenheit und Flexibilität des föderativen Staatsaufbaus die Einheit des territorialen, rechtlichen und wirtschaftlichen Raums der Föderation als Ganzes zu garantieren. Eine obligatorische Bedingung ist die Beachtung der gesamtföderalen gesetzgeberischen Basis, die Einhaltung der für ganz Russland geltenden Gesetze, Normen und Regelungen.

Große Aufmerksamkeit verdienen die Fragen der interregionalen Verbindungen der Subjekte der Russischen Föderation mit den Teilnehmerstaaten der GUS. Auf Grund dessen, dass die Integrationsprozesse innerhalb der Gemeinschaft mit unterschiedlichen Geschwindigkeiten ablaufen, gewinnt die auf zweiseitiger Grundlage erfolgende Intensivierung der Zusammenarbeit mit den GUS-Staaten für Russland besondere Aktualität. Mit der Vertiefung der interregionalen Verbindungen leisten die Subjekte der Föderation ihren Beitrag zur Lösung einer strategischen Aufgabe – der Stärkung des Zusammenhalts Russlands mit den Ländern der Gemeinschaft.

Bei den interregionalen Verbindungen werden höchstwahrscheinlich die in Handel und Wirtschaft auch künftig dominieren. Erfolgversprechend erscheint es, die Vereinigungen für wirtschaftliche Kooperation der Subjekte der Föderation in diese Verbindungen mit einzubeziehen. Dies wird die Möglichkeiten und Formen der Zusammenarbeit vielfältiger machen und erlauben, das sensible Problem der unnötigen Konkurrenz der russischen Regionen untereinander auf den Außenmärkten, die gewisse ausländische Partner geschickt für sich zu nutzen wissen, weitgehend zu lösen. Bislang unternehmen die betreffenden Vereinigungen auf diesem Gebiet lediglich erste Schritte.

Bei aller Dominanz der wirtschaftlichen Belange darf man auch die kulturellen und humanitären Aspekte der zwischenregionalen Beziehungen nicht außer Acht lassen. Die historisch gewachsene geistige und kulturelle Nähe der Völker Russlands und der Gemeinschaft ist ein außerordentlich wertvolles strategisches Kapital. Diese Nähe ist bisher nicht verloren gegangen, sie zu bewahren erfordert jedoch gemeinsames Bemühen. Mitunter ist das Problem auf regionaler Ebene leichter zu lösen als auf föderaler. Von größerer Dimension könnte die Rolle der Subjekte der Föderation bei der Verfechtung der Interessen unserer in ausländischen Staaten lebenden Landsleute sein.

Die Entwicklung der Auslandskontakte der Subjekte der Föderation könnte neben gesetzgeberischen Schritten durch zweiseitige Staatsabkommen über regionale Zusammenarbeit gefördert werden, die es bisher zwischen Russland und den GUS-Ländern nicht gibt. Die Erfahrungen der Realisierung derartiger Abkommen mit China, Finnland und anderen Staaten zeigen aber, dass sie ein recht effektives Mittel der Regulierung regionaler Verbindungen sind. Bewährt hat sich auch die Praxis der Bildung spezieller Gruppen für regionale Zusammenarbeit innerhalb der Regierungskommissionen.

Eine wichtige Aufgabe bleibt die Harmonisierung der Gesetzgebung der Teilnehmerstaaten der Gemeinschaft auf dem Gebiet der interregionalen Zusammenarbeit. Bei dieser Frage könnte die Interparlamentarische Versammlung der GUS eine wesentliche Rolle spielen – durch Ausarbeitung entsprechender Mustergesetze unter anderem auf dem Gebiet der Beziehungen zwischen Grenzregionen.

3. Diplomatie und Kultur

Die gegenwärtige Etappe der internationalen Beziehungen ist durch eine beträchtliche Ausweitung der multi- und bilateralen Zusammenarbeit der Staaten gekennzeichnet. Unter den Bedingungen der Globalisierung werden praktisch alle Hauptrichtungen der menschlichen Tätigkeit in diese Zusammenarbeit einbezogen. Von diesem Prozess nicht ausgenommen bleibt auch die intellektuelle Sphäre: Fragen der Wissenschaft, des Bildungswesens, der Kultur, der Kommunikation usw. Man kann sogar behaupten, dass in der Welt von heute das internationale Ansehen und die Position eines Staates neben den traditionellen Faktoren der wirtschaftlichen und militärischen Stärke in wachsendem Maße sein intellektuelles Potential und die Attraktivität der Modelle seiner Entwicklung auf dem Gebiet von Wissenschaft, Bildungswesen und Kultur ausmachen.

In Anbetracht der enormen weltweiten Bedeutung der russischen Kultur und der allgemein bekannten Errungenschaften von Wissenschaft und Bildung in unserem Land besitzt dieser Problemkreis einen hohen Stellenwert für unsere Außenpolitik, besonders da in einer Reihe von Ländern versucht wird, ein extrem einseitiges, negatives Russlandbild zu zeichnen – ganz eindeutig zu dem Zweck, die Entwicklung partnerschaftlicher Beziehungen zu Russland zu verhindern.

Die russische Diplomatie verfügt über reiche Erfahrungen auf dem Gebiet der internationalen intellektuellen Zusammenarbeit und des Zusammenwirkens mit der Kultur ihres Landes, gab es doch in unserer Geschichte stets ein enges und organisches Wechselverhältnis von Diplomatie und Kultur. ANTINOCH KANTEMIR, einer der Begründer des russischen Klassizismus des 18. Jahrhunderts, war russischer Botschafter in England und Frankreich. Untrennbar mit dem diplomatischen Dienst verbunden sind des Weiteren die Namen ALEXANDER GRIBOJEDOWS und DENIS FONWISINS, KONSTANTIN BATJUSCH-

KOWS und FJODOR TJUTSCHEWS. Nach Absolvierung des Lyzeums von Zarskoje Selo wurde auch ALEXANDER PUSCHKIN dem Kollegium für auswärtige Angelegenheiten zugeteilt.

In der heutigen Zeit erhöht sich die Bedeutung des Zusammenwirkens von russischer Diplomatie und Kultur ganz erheblich. Die demokratischen Reformen haben unsere Kultur von ihren Fesseln befreit, günstige Voraussetzungen für ihre freie Entfaltung und ihre natürliche Einbindung in den weltweiten kulturellen Prozess geschaffen. Andererseits hat die Umstellung von Kultur, Bildungswesen und Wissenschaft auf vorwiegend kommerzielle Basis die reale Gefahr eines Absinkens ihres Qualitätsniveaus mit sich gebracht, da eine Reihe von Richtungen der kulturellen und intellektuellen Tätigkeit die staatliche Förderung einbüßten, womit man ihnen die Existenzgrundlage entzog. Zu einem ernsten Problem wachsen sich die langfristigen Auswirkungen der Überschwemmung Russlands mit minderwertiger westlicher »Massenkultur« und des Weggangs hoch qualifizierter Wissenschaftler ins Ausland aus.

Die Notwendigkeit, möglichst günstige Voraussetzungen dafür zu schaffen, dass Kultur, Wissenschaft und Bildungswesen unseres Landes in das System der internationalen Beziehungen integriert werden können, stellt die russische Diplomatie vor große Aufgaben. Ihre Lösung setzt natürlich vor allem einen tiefen Einblick in die Situation, in der sich gegenwärtig Bildungswesen, Wissenschaft und Kultur in Russland befinden, sowie enge Kontakte zu führenden russischen Fachleuten auf diesen Gebieten voraus. Diese Erkenntnis führte dazu, dass im Jahre 1999 beim Außenministerium ein Rat gebildet wurde, der sich aus Vertretern von Wissenschaft, Bildungswesen und Kultur zusammensetzt. Sie leisteten einen wertvollen Beitrag zur Erarbeitung der »Hauptrichtungen der Tätigkeit des Außenministeriums bei der Förderung der kulturellen Beziehungen Russlands mit dem Ausland«.

Noch nie hat es in der Geschichte der russischen Diplomatie ein konzeptionelles Dokument gegeben, in dem die Rolle des kulturellen und intellektuellen Faktors bei der Stärkung des internationalen Ansehens Russlands und seines positiven Bildes in der Welt so vollständig und detailliert dargestellt worden wäre. Der seit langem in vielen Ländern gebräuchliche Begriff »auswärtige Kulturpolitik« wird so zum festen Bestandteil der russischen diplomatischen Praxis.

Unter Berücksichtigung der historischen Erfahrungen und der heutigen Realitäten umfasst diese Politik traditionelle wie auch neue Betätigungsfelder.

Zu Ersteren ist vor allem die bilaterale kulturelle Zusammenarbeit mit anderen Staaten zu rechnen. Mit den meisten von ihnen existieren entsprechende Abkommen und zweiseitige Programme des kulturellen Austauschs. Der Charakter dieses Austauschs ist ein Spiegelbild der tief greifenden Veränderungen in der russischen Kulturpolitik. Ein beträchtlicher Teil der Austauschprogramme wird auf dezentralisierter kommerzieller Basis ohne direkte Beteiligung staatlicher Strukturen realisiert. Das bedeutet jedoch keineswegs, dass die russische Diplomatie sich der Aufgabe entzöge, die Entwicklung derartiger Beziehungen zu fördern. Nicht selten sind die russischen Botschaften im Ausland gezwungen, einzugreifen, wenn Repräsentanten der russischen Kultur in schwierige Situationen geraten, etwa durch Unzuverlässigkeit ausländischer Partner u. ä.

Einen besonderen Platz in der auswärtigen Kulturpolitik nehmen naturgemäß die Beziehungen mit den GUS-Ländern ein. Hier findet die bedeutende politische Rolle der kulturellen Zusammenarbeit besonders sinnfälligen Ausdruck, geht es doch darum, historisch gewachsene geistige Bindungen zu Staaten, die für Russland eine Vorrangstellung einnehmen, zu erhalten und zu festigen. Die Kultur ist dazu berufen, einen wichtigen Beitrag zur Annäherung der Länder der Gemeinschaft auf neuer demokratischer Grundlage zu leisten.

Diese Aufgabe ist zugegebenermaßen alles andere als einfach

zu bewältigen. Mehr noch, nicht selten bedürfen gerade die Kultur und solche Faktoren wie die Verbreitung der russischen Sprache, die Gemeinsamkeit des Bildungssystems, das Vorhandensein wissenschaftlicher Schulen mit engen gegenseitigen Bindungen usw. der Förderung und des Schutzes von Seiten des Staates. Eine besondere Tätigkeitsrichtung ist die Betreuung unserer Landsleute im »nahen Ausland« mit Kultur- und Bildungsangeboten, die ihren Bedürfnissen entsprechen, wobei natürlich zielgerichtete Maßnahmen auf der Grundlage einer einheitlichen gesamtstaatlichen Strategie erforderlich sind.

Die Praxis der letzten Jahre zeigt, dass sich in der auswärtigen Kulturpolitik der größte Nutzeffekt mit groß angelegten kulturellen Aktivitäten unter Teilnahme mehrerer bis zahlreicher Länder und unter Einbeziehung breiter kultureller Kreise im Ausland erzielen lässt. Den Anlass zu solchen Großaktionen bieten in der Regel denkwürdige Ereignisse in der Geschichte der russischen Kultur und Jubiläen ihrer herausragendsten Repräsentanten.

Eine besonders tiefe Spur hinterließen in dieser Hinsicht die in Russland und im Ausland durchgeführten Veranstaltungen zum 200. Geburtstag ALEXANDER PUSCHKINS. Unter unmittelbarer Mitwirkung des Außenministeriums und der russischen Botschaften laufend, erfassten sie praktisch die ganze Welt und zeichneten sich durch ungewöhnliche Vielfalt aus. Zum Gedenken an den großen russischen Dichter fanden zahlreiche Konferenzen, Ausstellungen und internationale Wettbewerbe statt, in einer Reihe von Städten der Welt kam es zur Errichtung von Puschkin-Denkmälern, und im Exekutivrat der UNESCO nahmen Repräsentanten von über fünfzig Staaten einmütig eine diesem Jubiläum gewidmete Resolution an. Damit demonstrierten die Puschkinfeierlichkeiten im Ausland nicht nur den hohen Rang der russischen Kultur, sie waren auch ein wichtiger Beitrag zur Prägung eines positiven Russlandbildes in der Welt.

Unter den Bedingungen der Globalisierung wächst die Bedeutung der Teilnahme Russlands am multilateralen Dialog und an der Zusammenarbeit auf dem Gebiet von Bildungswesen, Wissenschaft und Kultur noch zusätzlich. Ein traditioneller Partner Russlands in diesem Bereich ist die UNESCO. Mit dieser Organisation, die bei uns hohes Ansehen und große Popularität genießt, verbindet unser Land seit jeher eine fruchtbare Zusammenarbeit. In einer schwierigen internationalen Situation hielt die UNESCO ihrer von Anbeginn verkündeten Mission, den Interessen der »intellektuellen und moralischen Solidarität der Menschheit« dienen zu wollen, die Treue. Ihre Ideen und konzeptionellen Entwürfe zur Erziehung der Völker im Geiste des Friedens und zur Erhaltung der kulturellen Vielfalt der menschlichen Zivilisation haben breite internationale Anerkennung gefunden und sich in einer Reihe konkreter multilateraler Projekte und Programme niedergeschlagen. Zeugnis davon legen nicht zuletzt die durch die Generalversammlung der UNO angenommene Deklaration der UNESCO über die Weltkultur und der dazu erarbeitete Aktionsplan ab.

Das Wirken der UNESCO und die ihm zugrunde liegenden Werte widerlegen auf anschauliche Weise die in den Ländern des Westens verbreiteten Konzeptionen von der angeblichen Unausbleiblichkeit des »Zivilisationskonflikts«. Käme es zu einem derartigen Konflikt, so wäre er ausschließlich das Ergebnis von Versuchen, anderen Ländern die eigenen ideologischen und zivilisatorisch-kulturellen Modelle aufzuzwingen. Die überwältigende Mehrheit der Staaten ist indessen gewillt, in den internationalen Beziehungen das Prinzip einer »Einheit in der Vielfalt« der menschlichen Zivilisation durchzusetzen.

Russland unterstützt die UNESCO nach Kräften, ist doch in ihrem Zuständigkeitsbereich – auf den intellektuellen Gebieten der Zusammenarbeit – die Lösung zu suchen für derart gravierende Zivilisationsprobleme wie die Unfähigkeit des Menschen, die negativen »Nebenwirkungen« des wissenschaftlich-technischen Fortschritts, das immer stärker werdende Auseinanderklaffen des Entwicklungsniveaus der Staaten, die Erosion der moralischen Werte etc. zu meistern. Unser Land beteiligt sich aktiv an den internationalen Programmen der UNESCO zur Vervollkommnung und Humanisierung der Bildungssysteme, zur Erziehung der Jugend im Geiste des Friedens, der Demokratie und der Menschenrechte, zu Bildungsmöglichkeiten für Flüchtlinge und jugendliche Außenseitergruppen, zur Erforschung der ethischen Aspekte des wissenschaftlich-technischen Fortschritts einschließlich der Bereiche der Genmanipulation sowie der Informations- und Informatikmittel.

Heutzutage wird es immer schwieriger, in Wissenschaft, Kultur und Bildungswesen die Grenze zwischen universellen und nationalen Werten zu ziehen. Prinzipielle Bedeutung besitzt daher die Unterstützung, die die UNESCO unserer Wissenschaft und den Hochschulen, der Eremitage, der Russischen Staatsbibliothek, dem Bolschoi-Theater sowie Projekten zur Erhaltung von Objekten des Weltkulturerbes auf russischem Territorium zuteil werden lässt. All dies geschieht nicht nur aus Solidarität mit unserem Land, sondern ist auch ein Beitrag zur Erhaltung des kulturellen Erbes und des intellektuellen Potentials der gesamten Menschheit.

4. Diplomatie und Wissenschaft

Die oben dargestellten Besonderheiten der derzeitigen Etappe der internationalen Beziehungen, vor allem die wesentliche Erweiterung des Problemspektrums wie auch der Bereiche, die zum Gegenstand der Zusammenarbeit zwischen den Staaten werden, bedeuten für die Diplomatie die Notwendigkeit, ihr professionelles Instrumentarium von Grund auf zu erneuern. Das betrifft sowohl die Formen und Methoden der diplomatischen Tätigkeit als auch die Ausbildung des Diplomaten von heute.

Im Rahmen dieser Monographie ist es nicht möglich, auf alle Aspekte dieses Problems einzugehen, das fraglos eine gesonderte Untersuchung verdient. Vermerkt seien lediglich die Hauptentwicklungsrichtungen der diplomatischen Tätigkeit, die sich objektiv aus den Hauptanforderungen der gegenwärtigen Übergangsepoche in den internationalen Beziehungen ableiten.

In Verbindung mit der in diesem Kapitel bereits erläuterten gestiegenen Bedeutung der Diplomatie im Wirtschafts-, Informations- und Kulturbereich geht es um die Verstärkung der intellektuellen Komponente der diplomatischen Tätigkeit im weiteren Sinne. Das hängt nicht nur mit der Notwendigkeit zusammen, bei der Ausarbeitung des außenpolitischen Kurses immer komplexer und vielschichtiger werdende Erscheinungen der heutigen internationalen Wirklichkeit zu analysieren, sondern auch damit, dass in zunehmendem Maße die Interessen anderer Staaten und der gesamten Weltgemeinschaft zu berücksichtigen sind. Anders ausgedrückt: ein ausschließlich von egoistischen Eigeninteressen abgeleiteter und sich auf die traditionellen Faktoren wirtschaftlicher und militärischer Stärke stützender außenpolitischer Kurs gerät in Widerspruch zur Realität einer globalen Welt mit ihren wechselseitigen Abhängigkeiten. Das bedeutet, dass die Diplomatie von heute sich mit der komplexen Aufgabe konfrontiert sieht, die Kunst der Abstimmung und Harmonisierung der nationalen Interessen der Staaten mit den breit gefächerten Interessen der gesamten internationalen Gemeinschaft zu erlernen.

Konkret betrachtet, erfordert das zunehmende Gewicht der intellektuellen Komponente ein engeres und organischeres Zusammenwirken zwischen Diplomatie und Wissenschaft als je zuvor. In letzter Zeit wird ein solches Zusammenwirken in Russland mehr und mehr zu einem untrennbaren Bestandteil des Mechanismus für die Erarbeitung außenpolitischer Lösungen. Die gegenwärtige Praxis zeigt, dass kein diplomatisches Amt in der Lage ist, seine Entscheidungen ohne entsprechende wissenschaftliche Vorarbeit zu treffen. In vielen Ländern sind den Außenministerien entsprechende spezielle Institute angegliedert. Ähnlich verhält es sich auch in Russland, wo im Außenministerium ein wissenschaftlicher Rat geschaffen wurde, der periodisch zusammentritt, um für die Leitung Empfehlungen zu den Hauptrichtungen und konkreten Formen des außenpolitischen Wirkens zu erarbeiten. Dem Rat gehören namhafte Wissenschaftler und Leiter einer Reihe von Universitäts- und Akademiezentren an.

Zweifellos wird der Mechanismus eines Zusammenwirkens von Diplomatie und Wissenschaft auch weiterhin verbessert werden, so dass es möglich sein wird, die erforderlichen Antworten zu geben auf immer komplexere Herausforderungen des heutigen internationalen Lebens, die einer tiefgründigen Untersuchung durch Fachleute bedürfen.

Schlussbemerkung

Die Gestaltung der russischen Außenpolitik wie auch die Entwicklung der internationalen Beziehungen als Ganzes stellt einen lebendigen, schöpferischen und kontinuierlichen Prozess dar. Am Ende dieses Buches angekommen, sollte man sich deshalb klar vor Augen halten, dass in diesem Prozess niemals ein Schlusspunkt zu setzen sein wird.

Der außenpolitische Mechanismus eines jeden Staates lässt sich in Form einer mathematischen Formel mit eng miteinander verknüpften »konstanten« und »variablen« Größen darstellen. Zu Ersteren gehören die Grundinteressen und -ziele des Staates. Letztere stellen die Gesamtheit der sich endlos verändernden inneren und äußeren Faktoren und Umstände dar, denen er bei seinem praktischen Handeln in der internationalen Arena Rechnung zu tragen hat. Dabei müssen beide in einem optimalen Gleichgewicht gehalten werden. Ein Abdriften nach der einen wie der anderen Seite führt entweder zu doktrinärem Verhalten und Verlust der außenpolitischen Flexibilität oder, umgekehrt, zu konjunkturabhängiger Wankelmütigkeit in den außenpolitischen Entscheidungen.

Als Russland im Jahre 1991 die internationale Arena mit einem völlig neuen geopolitischen Antlitz betrat, musste es in erster Linie sich selbst und der Welt Antwort darauf geben, worin seine fundamentalen Interessen bestehen und welche Rolle es im internationalen Geschehen zu spielen, welchen Platz es einzunehmen gedenkt. Die Suche nach dieser Antwort war, wir haben uns davon überzeugt, zwangsläufig mühsam und langwierig.

Heute, da die »konstanten Größen« unserer Außenpolitik im

Wesentlichen klar sind, rückt die Vervollkommnung der Mechanismen für ihre Umsetzung in den Vordergrund – solcher Mechanismen, dies sei nochmals betont, die dem heutigen komplexen und sich ständig fortentwickelnden System der internationalen Beziehungen entsprechen.

Wir leben in einer Epoche der kontinuierlichen Erneuerung der »Technologien« und Instrumentarien der Außenpolitik und der Diplomatie. Vor hundert Jahren bewegte sich die Weltpolitik in vielerlei Hinsicht innerhalb der Grenzen Europas und blieb praktisch auf Beziehungen zwischen fünf, sechs Großmächten reduziert. Die Außenpolitik wurde von einem sehr begrenzten Personenkreis erarbeitet und realisiert, in der Regel unter strenger Geheimhaltung gegenüber der breiten Öffentlichkeit. Im Blickfeld der führenden Köpfe der diplomatischen Einrichtungen befand sich stets eine relativ geringe Zahl von internationalen Problemen.

Eines der charakteristischen Phänomene des 20. Jahrhunderts war die beispiellose Ausweitung des Netzes der internationalen Beziehungen. Die heutige Weltgemeinschaft umfasst etwa zweihundert unabhängige Staaten und Dutzende von internationalen Organisationen, die in ihrer Tätigkeit ein außerordentlich breites Spektrum von Fragen der internationalen Zusammenarbeit auf globaler wie auf regionaler Ebene zum Gegenstand haben. Einen immer stärkeren Einfluss auf den weltweiten Gang der Dinge üben nicht nur die Finanz- und Wirtschaftskreise des Big Business und die Massenmedien aus, sondern auch eine unübersehbare Zahl neuer Teilnehmer der internationalen Kommunikationssysteme.

Die russische Außenpolitik und Diplomatie des 21. Jahrhunderts ist allein in dieser sich rasant entwickelnden neuen Struktur der internationalen Beziehungen vorstellbar. Die Globalisierung greift gebieterisch in alle Lebensbereiche der Gesellschaft von heute ein. Die diesen Prozess erforschenden Wissenschaftler stimmen darin überein, dass die Grenze zwischen

Außen- und Innenpolitik allmählich fließend wird. Will man darunter die Wechselbeziehung zwischen außenpolitischen Aufgaben und den Prioritäten der inneren Entwicklung des Landes verstehen, die so eng ist wie nie zuvor, so wurde genau dieser Ansatz der gegenwärtigen außenpolitischen Konzeption Russlands zugrunde gelegt. Alles, was wir heute im Bereich der Außenpolitik tun, ist der Hauptaufgabe untergeordnet, die günstigsten Voraussetzungen für die fortschreitende Entwicklung der russischen Wirtschaft und unserer Gesellschaft zu schaffen. Die Außenpolitik wendet ihr Gesicht immer mehr dem realen Leben des Landes zu. Daher erhöht sich das Gewicht solcher Aufgaben wie des Schutzes der Interessen der Bürger Russlands und unserer Landsleute im Ausland, der aktiven Unterstützung der russischen Unternehmerschaft bei ihren Bestrebungen, auf neuen Außenmärkten Fuß zu fassen, und der Entwicklung der kulturellen, wissenschaftlichen und sonstigen Auslandsbeziehungen.

Dies wiederum bedeutet, dass in gewissem Sinne die gesamte Gesellschaft an der Außenpolitik beteiligt wird. Der wichtigste Garant ihres Erfolges ist deshalb auch künftig ihre Unterstützung durch die russische Öffentlichkeit, der Konsens der führenden politischen Kräfte bezüglich ihrer Hauptleitlinien und ein verbesserter Informationsstand.

Unsere Diplomatie wird in hohem Maße einer in außenpolitischen Fragen bestens informierten Öffentlichkeit bedürfen, wobei der russischen Wissenschaft eine wichtige Rolle zukommt. Unter den Bedingungen der Globalisierung wird in der Außenpolitik zweifellos ein höheres Niveau der wissenschaftlichen Analyse und der Prognose langfristiger Tendenzen in den internationalen Beziehungen sowie deren Berücksichtigung in der praktischen Politik erforderlich sein.

In der Vergangenheit wurde für die Diplomatie oftmals der Terminus »diplomatische Kunst« verwendet. Ohne die Aktualität dieses Vergleichs einzuschränken, darf man im neuen Jahrhundert den Begriff »diplomatische Wissenschaft« als treffender ansehen.

Die Festigung der organischen Verbindung zwischen Diplomatie und Wissenschaft ist ein zwingendes Erfordernis unserer Zeit. Der Verfasser hofft aufrichtig, dass die historischen Erfahrungen des ersten Jahrzehnts der Außenpolitik des neuen Russlands, dem diese Arbeit gewidmet ist, noch als Material für tief schürfende Forschungen dienen – und so der weiteren Erarbeitung von Einschätzungen zu den außenpolitischen Aufgaben unseres Landes, zu seinem Platz und seiner Rolle in der künftigen Weltarchitektur förderlich sein werden.

Anhang

Die Außenpolitische Konzeption der Russischen Föderation

(Bestätigt durch den Präsidenten der Russischen Föderation WLADIMIR PUTIN am 28. Juni 2000)

I. Allgemeine Grundsätze

Die Außenpolitische Konzeption der Russischen Föderation stellt ein System von Ansichten über Inhalt und Schwerpunkte der außenpolitischen Tätigkeit Russlands dar.

Rechtsgrundlage dieser Konzeption sind die Verfassung der Russischen Föderation, föderale Gesetze, weitere Rechtsvorschriften der Russischen Föderation, die im Bereich der Außenpolitik die Tätigkeit der föderalen Organe der Staatsgewalt regeln, die allgemein anerkannten Prinzipien und Normen des Völkerrechts und die völkerrechtlichen Verträge der Russischen Föderation sowie die durch den Erlass des Präsidenten der Russischen Föderation vom 10. Januar 2000 bestätigte Nationale Sicherheitskonzeption der Russischen Föderation.

Die internationale Lage zu Beginn des 21. Jahrhunderts hat es erforderlich gemacht, die allgemeine Situation außerhalb der Russischen Föderation, die Prioritäten der russischen Außenpolitik und die Möglichkeiten der Bereitstellung der notwendigen Mittel neu zu überdenken. Neben einer gewissen Festigung der internationalen Positionen der Russischen Föderation sind auch negative Tendenzen zutage getreten. Nicht erfüllt haben sich einige Erwartungen, die an die Gestaltung neuer gleichberechtigter, gegenseitig vorteilhafter partnerschaftlicher Beziehungen Russlands zu den umliegenden Staaten geknüpft worden waren, wie dies in den durch den Erlass des Präsidenten der Russischen Föderation vom 23. April 1993 bestätigten Grundsätzen der Außenpolitischen Konzeption der Russischen Föderation sowie in anderen Dokumenten angenommen worden war.

Oberste Priorität beim außenpolitischen Kurs Russlands genießt der Schutz der Interessen des Individuums, der Gesellschaft und des Staates. Im Rahmen dieses Prozesses gilt es, die Bemühungen vor allem auf folgende Hauptziele zu richten:

- Gewährleistung der Sicherheit Russlands, Wahrung und Stärkung seiner Souveränität und territorialen Integrität, seiner Autorität und seiner Positionen in der internationalen Gemeinschaft, die den Interessen der Russischen Föderation als Großmacht und als eines einflussreichen Zentrums der heutigen Welt entsprechen und für das Wachstum seines politischen, wirtschaftlichen und geistigen Potentials notwendig sind;
- Einflussnahme auf die weltweiten Bemühungen um die Schaffung einer stabilen, gerechten und demokratischen Weltordnung, deren Grundlage die allgemein anerkannten Normen des Völkerrechts, darunter vor allem die Ziele und Grundsätze der Charta der Vereinten Nationen, sowie gleichberechtigte und partnerschaftliche Beziehungen zwischen den Staaten bilden;
- Schaffung günstiger äußerer Voraussetzungen für die Entwicklung Russlands, für seinen wirtschaftlichen Aufschwung, für die Hebung des Lebensstandards der Bevölkerung, die erfolgreiche Durchführung demokratischer Veränderungen, die Festigung der verfassungsmäßigen Ordnung sowie die Gewährleistung der Rechte und Freiheiten des Menschen;
- Entwicklung gutnachbarlicher Beziehungen zu den Anrai-

nerstaaten Russlands, Mitwirkung an der Beseitigung von Spannungsherden und an der Beilegung von Konflikten in den benachbarten Regionen der Russischen Föderation sowie an der Verhütung der Entstehung von Spannungsherden und Konflikten in diesen Regionen;
- Streben nach gutem Einvernehmen mit anderen Ländern und mit zwischenstaatlichen Organisationen bei der Lösung von Aufgaben, die von den nationalen Prioritäten Russlands bestimmt sind, und darauf aufbauend die Entwicklung eines Systems von Partnerschafts- und Bündnisbeziehungen, die die Bedingungen und Parameter des internationalen Zusammenwirkens verbessern;
- umfassende Wahrung der Rechte und Interessen russischer Bürger und Landsleute im Ausland;
- Förderung einer positiven Wahrnehmung der Russischen Föderation in der Welt, sowie der Verbreitung der russischen Sprache und Kultur der Völker Russlands in anderen Staaten.

II. Die heutige Welt und die Außenpolitik der Russischen Föderation

Gegenwärtig erfährt die Welt fundamentale und dynamische Veränderungen, die die Interessen der Russischen Föderation und ihrer Bürger zutiefst berühren. Russland ist an diesem Prozess aktiv beteiligt. Als ständiges Mitglied des UN-Sicherheitsrates übt Russland, das über bedeutende Potenzen und Ressourcen in allen Lebensbereichen verfügt und intensive Beziehungen zu den führenden Staaten der Welt unterhält, einen wesentlichen Einfluss auf die Gestaltung einer neuen Weltordnung aus.

Die Umgestaltung der internationalen Beziehungen, die Beendigung der Konfrontation und die konsequente Überwindung der Folgen des Kalten Krieges sowie die Fortschritte bei der Durchführung der russischen Reformen haben die Möglichkeiten der Zusammenarbeit in der Welt wesentlich erweitert. Die Gefahr eines globalen nuklearen Konflikts ist auf ein Mindestmaß reduziert. Obwohl die militärische Stärke die Beziehungen zwischen den Staaten weiterhin maßgeblich beeinflusst, spielen wirtschaftliche, politische, wissenschaftlich-technische, ökologische und informationelle Faktoren eine immer größere Rolle. Als Hauptkomponenten der nationalen Stärke der Russischen Föderation treten sowohl ihre intellektuellen als auch ihre Informations- und Kommunikationsmöglichkeiten, der Lebensstandard und das Bildungsniveau der Bevölkerung, die Verbindung von wissenschaftlichen und Produktionsressourcen, die Konzentration des Finanzkapitals und die Diversifizierung der Wirtschaftsbeziehungen in den Vordergrund. Die überwiegende Mehrheit der Staaten ist dauerhaft auf marktwirtschaftliche Methoden der Wirtschaftsführung und auf demokratische Werte ausgerichtet. Der große Durchbruch, der in mehreren Schlüsselbereichen des wissenschaftlich-technischen Fortschritts erzielt wurde und zur Entstehung eines einheitlichen weltweiten Informationsraumes führt, sowie die Vertiefung und Diversifizierung der internationalen Wirtschaftsbeziehungen verleihen der gegenseitigen Abhängigkeit der Staaten einen globalen Charakter. Es existieren Voraussetzungen für die Errichtung einer stabileren und krisenbeständigeren Weltordnung.

Gleichzeitig entstehen im internationalen Bereich neue Herausforderungen und Gefahren für die nationalen Interessen Russlands. Es verstärkt sich die Tendenz zur Schaffung einer unipolaren Weltstruktur, in der die USA aufgrund ihrer Wirtschaft und Stärke dominieren. Bei der Lösung grundlegender Fragen der internationalen Sicherheit wird der Akzent auf westliche Institutionen und Foren mit begrenztem Teilnehmerkreis sowie auf die Schwächung der Rolle des Sicherheitsrates der Vereinten Nationen gelegt.

Die Strategie unilateraler Aktionen kann die internationale Lage destabilisieren, Spannungen und Wettrüsten provozieren, Widersprüche zwischen Staaten vertiefen und nationalen oder religiösen Zwist verschärfen. Die Anwendung von Gewalt unter Umgehung bestehender völkerrechtlicher Mechanismen ist nicht das geeignete Mittel, tief greifende soziale und wirtschaftliche, ethnische und andere Gegensätze, die Konflikten zugrunde liegen, zu beseitigen, sondern untergräbt nur die Grundlagen der Rechtsordnung.

Russland wird sich für die Entstehung eines multipolaren Systems internationaler Beziehungen einsetzen, das die Vielfalt der heutigen Welt mit ihren unterschiedlichen Interessen real widerspiegelt. Die gegenseitige Respektierung der Interessen garantiert die Wirksamkeit und Sicherheit einer solchen Weltordnung. Die Weltordnung des 21. Jahrhunderts muss sich auf Mechanismen der kollektiven Lösung von Schlüsselproblemen, auf den Vorrang des Rechts und einer breiten Demokratisierung der internationalen Beziehungen gründen.

Die Interessen Russlands sind auch direkt mit anderen Tendenzen verknüpft, darunter mit der

- Globalisierung der Weltwirtschaft. Außer zusätzlichen Möglichkeiten für den sozialen und ökonomischen Fortschritt und die Erweiterung menschlicher Kontakte bringt diese Tendenz besonders für wirtschaftlich schwache Länder auch neue Gefahren mit sich, und es erhöht sich die Wahrscheinlichkeit großer Finanz- und Wirtschaftskrisen. Es wächst die Gefahr, dass das Wirtschaftssystem und der Informationsraum der Russischen Föderation für äußere Einwirkungen anfällig werden;
- Stärkung der Rolle internationaler Institutionen und Mechanismen in der Weltwirtschaft und in der Politik (zum Beispiel der G 8, des Internationalen Währungsfonds, der Weltbank etc.), die sich aus der objektiven Zunahme der

gegenseitigen Abhängigkeit der Staaten und der Notwendigkeit ergibt, die Steuerbarkeit des internationalen Systems zu verbessern. Im Interesse Russlands liegt es, in vollem Umfang und gleichberechtigt an der Ausarbeitung der Grundprinzipien für ein funktionsfähiges weltweites Finanz- und Wirtschaftssystem teilzunehmen, das den heutigen Bedingungen entspricht;

– Entwicklung der regionalen und subregionalen Integration in Europa, im asiatisch-pazifischen Raum, in Afrika und in Lateinamerika. Integrative Zusammenschlüsse gewinnen in der Weltwirtschaft immer mehr an Bedeutung und werden zu einem wichtigen Faktor der regionalen und subregionalen Sicherheit und Friedenssicherung;
– militärisch-politischen Rivalität regionaler Mächte und der Zunahme des Separatismus sowie des ethnisch-nationalen und religiösen Extremismus. Die Integrationsprozesse haben vor allem in der euro-atlantischen Region oft einen selektiv-begrenzenden Charakter. Versuche, die Bedeutung des souveränen Staates als grundlegendes Element der internationalen Beziehungen abzuwerten, beschwören die Gefahr einer Einmischung in innere Angelegenheiten herauf. Das Problem der Weiterverbreitung von Massenvernichtungswaffen und ihrer Trägermittel nimmt ernst zu nehmende Dimensionen an. Die nicht beigelegten bzw. potentiellen regionalen und lokalen bewaffneten Konflikte bilden eine Gefahr für den internationalen Frieden und die internationale Sicherheit. Die Zunahme des internationalen Terrorismus, der grenzüberschreitenden organisierten Kriminalität und des illegalen Drogen- und Waffenhandels beginnt einen wesentlichen Einfluss auf die globale und regionale Stabilität auszuüben.

Die mit den genannten Tendenzen verbundenen Gefahren erhöhen sich durch die Knappheit der für die Außenpolitik der

Russischen Föderation bereitgestellten Mittel. Dies erschwert eine erfolgreiche Vertretung ihrer außenwirtschaftlichen Interessen und engt den Rahmen ihres informatorischen und kulturellen Einflusses im Ausland ein.

Gleichwohl verfügt die Russische Föderation über reale Möglichkeiten, einen würdigen Platz in der Welt einzunehmen. Von entscheidender Bedeutung sind in diesem Zusammenhang die weitere Festigung des russischen Staates, die Konsolidierung der Zivilgesellschaft und ein möglichst rascher Übergang zu einem stabilen Wirtschaftswachstum.

In den letzten Jahrzehnten konnte Russland die zusätzlichen Möglichkeiten der internationalen Zusammenarbeit nutzen, die sich durch die tief greifenden Wandlungen im Lande eröffnet haben. Es hat wesentliche Fortschritte auf dem Weg der Eingliederung in die weltwirtschaftlichen Beziehungen zu verzeichnen und ist Mitglied mehrerer einflussreicher internationaler Organisationen und Institutionen geworden. Durch große Anstrengungen ist es gelungen, in verschiedenen wichtigen Bereichen die Positionen Russlands in der internationalen Arena zu festigen.

Die Russische Föderation verfolgt eine eigenständige und konstruktive Außenpolitik. Sie zeichnet sich durch Kontinuität, Berechenbarkeit und einen gegenseitig vorteilhaften Pragmatismus aus. Diese Politik ist in höchstem Maße transparent, berücksichtigt die legitimen Interessen anderer Staaten und zielt auf eine Suche nach gemeinsamen Lösungen.

Russland ist ein zuverlässiger Partner in den internationalen Beziehungen. Seine konstruktive Rolle bei der Lösung akuter internationaler Probleme findet allgemein Anerkennung.

Ein spezifisches Merkmal der russischen Außenpolitik ist ihre Ausgewogenheit. Dies ist durch die geopolitische Lage Russlands als einer bedeutenden eurasischen Macht bedingt, eine Lage, die eine optimale Kombination der Bemühungen in allen Bereichen erfordert. Dieser Ansatz bestimmt von vornherein die Verantwortung Russlands, sowohl auf globaler als auch auf regionaler Ebene für Sicherheit in der Welt einzutreten, und erfordert die Entwicklung und wechselseitige Ergänzung der außenpolitischen Tätigkeit auf bilateraler und multilateraler Grundlage.

III. Prioritäten der Russischen Föderation bei der Lösung globaler Probleme

Eine erfolgreiche Außenpolitik der Russischen Föderation muss auf der Wahrung eines vernünftigen Gleichgewichts zwischen den Zielen und den Möglichkeiten ihrer Verwirklichung beruhen. Die Konzentration politischer, diplomatischer, militärischer, wirtschaftlicher, finanzieller und anderer Mittel auf die Lösung außenpolitischer Aufgaben muss ihrer tatsächlichen Bedeutung für die Wahrung der nationalen Interessen Russlands und der Umfang der Beteiligung an internationalen Angelegenheiten dem tatsächlichen Beitrag zur Stärkung der Positionen des Landes entsprechen. Vielfalt und Komplexität der internationalen Probleme sowie die existierenden Krisensituationen machen es erforderlich, rechtzeitig Prioritäten für die außenpolitische Tätigkeit der Russischen Föderation festzulegen. Die Effizienz der politischen, rechtlichen, außenwirtschaftlichen und anderen Instrumente für den Schutz der staatlichen Souveränität und der Volkswirtschaft Russlands muss unter den Bedingungen der Globalisierung erhöht werden.

1. Die Gestaltung einer neuen Weltordnung

Russland ist an einem stabilen System internationaler Beziehungen interessiert, das auf den Prinzipien der Gleichberechtigung, der gegenseitigen Achtung und der gegenseitig vorteilhaften Zusammenarbeit beruht. Dieses System soll jedem Mitglied der internationalen Gemeinschaft dauerhafte Sicherheit auf politischem, militärischem, wirtschaftlichem, humanitärem und anderen Gebieten gewährleisten.

Hauptzentrum für die Regelung der internationalen Beziehungen im 21. Jahrhundert müssen die Vereinten Nationen bleiben. Die Russische Föderation wird sich entschieden jeglichen Versuchen widersetzen, die Rolle der UN und ihres Sicherheitsrates in internationalen Angelegenheiten zu vermindern.

Die Verstärkung der konsolidierenden Rolle der UN in der Welt setzt Folgendes voraus:

- die strikte Wahrung der Grundprinzipien der UN-Charta, darunter des Status der ständigen Mitglieder des Sicherheitsrates der Vereinten Nationen;
- die Durchführung vernünftiger Reformen in den Vereinten Nationen, um ihren Mechanismus des schnellen Reagierens auf Ereignisse in der Welt auszubauen und ihre Möglichkeiten zu erweitern, Krisen und Konflikte zu verhüten bzw. in solchen Fällen regulierend einzugreifen;
- eine weitere Erhöhung der Wirksamkeit des Sicherheitsrates der Vereinten Nationen, der die Hauptverantwortung für die Erhaltung des Weltfriedens und der internationalen Sicherheit trägt, und Stärkung des repräsentativen Charakters dieses Organs durch Aufnahme neuer ständiger Mitglieder, in erster Linie angesehener Entwicklungsländer. Bei der Reformierung der UNO muss von der Unveränderbarkeit des Vetorechts der ständigen Mitglieder des Sicherheitsrates ausgegangen werden.

Russland misst seiner Teilnahme an der G 8, der Gruppe der acht führenden Industriestaaten, große Bedeutung bei. Die Russische Föderation betrachtet den Mechanismus der Konsultationen und der Abstimmung von Positionen zu den wichtigsten Problemen der Gegenwart als ein wesentliches Mittel, ihre außenpolitischen Interessen zu vertreten und zu fördern, und ist gewillt, die Zusammenarbeit mit den Partnern in diesem Forum zu verstärken.

2. Erhöhung der internationalen Sicherheit

Russland tritt ein für eine weitere Verringerung der Rolle, die der Faktor Gewalt in den internationalen Beziehungen spielt, und gleichzeitig für die Erhöhung der strategischen und regionalen Stabilität. Daher

– wird die Russische Föderation die Verpflichtungen, die sie entsprechend den geltenden Verträgen und Abkommen über Rüstungsbegrenzung und -reduzierung übernommen hat, strikt einhalten und sich an der Ausarbeitung und am Abschluss neuer Vereinbarungen, die sowohl ihren eigenen nationalen Interessen als auch den Sicherheitsinteressen anderer Staaten entsprechen, beteiligen;
– ist die Russische Föderation bereit, ihr nukleares Potential auf der Grundlage bilateraler Abkommen mit den USA und – im multilateralen Maßstab – bei Beteiligung der anderen Nuklearmächte unter der Bedingung weiter zu reduzieren, dass die strategische Stabilität im nuklearen Bereich nicht verletzt wird. Russland wird sich für die Erhaltung und Einhaltung des ABM-Vertrages von 1972 als des Ecksteins der strategischen Stabilität einsetzen. Die Verwirklichung der Pläne der USA zur Errichtung eines Raketenabwehrsystems für ihr Hoheitsgebiet wird die Russische Föderation unweigerlich zwingen, entsprechende Maßnahmen zur Gewährleistung ihrer nationalen Sicherheit auf angemessenem Niveau zu treffen;
– bekräftigt die Russische Föderation, dass sie unverändert am Kurs festhält, gemeinsam mit anderen Staaten die Weiterverbreitung von Kernwaffen, anderen Arten von Massenvernichtungswaffen und Trägermitteln sowie entsprechen-

den Materialien und Technologien zu verhindern. Die Russische Föderation tritt nachdrücklich für die Stärkung und Entwicklung entsprechender internationaler Maßnahmen, einschließlich der Schaffung eines globalen Kontrollsystems für die Nichtweiterverbreitung von Raketen und Raketentechnologien, ein. Die Russische Föderation ist gewillt, ihre sich aus dem Abkommen über ein Verbot jeglicher Kernwaffentests ergebenden Verpflichtungen strikt zu erfüllen, und ruft alle Staaten auf, sich diesem Verbot anzuschließen;

- misst die Russische Föderation der informationellen Sicherheit als einem Aspekt der Erhöhung der strategischen Stabilität besondere Bedeutung bei;
- ist die Russische Föderation gewillt, die Erhöhung der regionalen Stabilität auch weiterhin durch Beteiligung an Bemühungen um die Reduzierung und Begrenzung der konventionellen Streitkräfte sowie durch vertrauensbildende Maßnahmen im militärischen Bereich zu fördern;
- hält die Russische Föderation die internationale Friedensschaffung für ein wirksames Instrument zur Regelung bewaffneter Konflikte und setzt sich für die Stärkung der entsprechenden Rechtsgrundlagen in strikter Übereinstimmung mit den Grundsätzen der UN-Charta ein. Die Russische Föderation unterstützt Maßnahmen zur Verstärkung und Modernisierung des Krisenreaktionspotentials der UNO und ist gewillt, sich weiterhin aktiv an friedenserhaltenden Einsätzen zu beteiligen, die unter der Ägide sowohl der UN als auch – in konkreten Fällen – regionaler und subregionaler Organisationen durchgeführt werden. Notwendigkeit und Umfang dieser Beteiligung werden den nationalen Interessen und den internationalen Verpflichtungen Russlands angemessen sein. Russland geht davon aus, dass nur der Sicherheitsrat der UN berechtigt ist, die Anwendung von Gewalt zur Sicherung des Friedens zu genehmigen;

– geht die Russische Föderation davon aus, dass die Anwendung von Gewalt unter Verletzung der UN-Charta nicht legitim ist und die Stabilisierung des gesamten Systems der internationalen Beziehungen gefährdet. Inakzeptabel sind Versuche, Begriffe wie »humanitäre Intervention« und »begrenzte Souveränität« international in Umlauf zu setzen, um unilaterale gewaltsame Aktionen unter Umgehung des UN-Sicherheitsrates zu rechtfertigen. Die Russische Föderation ist zu einem sachlichen Dialog darüber bereit, wie unter den Bedingungen der Globalisierung die rechtliche Seite der Anwendung von Gewalt in den internationalen Beziehungen verbessert werden kann, und geht davon aus, dass die Suche nach konkreten Formen des Reagierens der internationalen Gemeinschaft auf verschiedene akute Situationen, einschließlich humanitärer Krisen, gemeinschaftlich, auf der Grundlage der strikten Wahrung der Normen des Völkerrechts und der UN-Charta, erfolgen muss;
– wird sich die Russische Föderation an Hilfsmaßnahmen beteiligen, die unter der Ägide der UN und anderer internationaler Organisationen bei Natur- und technisch bedingten Katastrophen sowie anderen Notsituationen durchgeführt werden, und den betroffenen Ländern humanitäre Hilfe leisten;
– sieht die Russische Föderation die Bekämpfung des internationalen Terrorismus, der nicht nur die Lage in einzelnen Staaten, sondern in ganzen Regionen destabilisieren kann, als eine der wichtigsten außenpolitischen Aufgaben an. Die Russische Föderation tritt für die Ausarbeitung weiterer Maßnahmen ein, bei denen die Staaten auf diesem Gebiet verstärkt zusammenarbeiten. Jeder Staat hat die Pflicht, seine Bürger vor Terroranschlägen zu schützen, in seinem Hoheitsgebiet keine Tätigkeit zuzulassen, die der Organisierung von Terrorakten gegen Bürger oder Interessen anderer Länder dient, und Terroristen kein Asyl zu gewähren;

– wird die Russische Föderation dem illegalen Drogenhandel und dem Anstieg der organisierten Kriminalität zielgerichtet entgegenwirken und dabei mit anderen Staaten multilateral, vor allem innerhalb der entsprechenden internationalen Organe, und bilateral zusammenarbeiten.

3. Die internationalen Wirtschaftsbeziehungen

Oberste Priorität in der Außenpolitik der Russischen Föderation hat im Bereich der internationalen Wirtschaftsbeziehungen die Förderung der nationalen Wirtschaft. Diese Förderung ist ohne breite Einbindung Russlands in das System der weltwirtschaftlichen Beziehungen unter den Bedingungen der Globalisierung undenkbar. Zur Erreichung dieses Zieles ist es erforderlich,

– günstige äußere Voraussetzungen für die Herausbildung der Marktwirtschaft im Lande sowie für eine neue außenwirtschaftliche Spezialisierung der Russischen Föderation zu schaffen, welche durch die Teilnahme Russlands an der internationalen Arbeitsteilung einen maximalen Nutzen gewährleistet;
– anzustreben, die mit der weiteren Integration Russlands in die Weltwirtschaft verbundenen Risiken im Interesse der wirtschaftlichen Sicherheit des Landes auf ein Mindestmaß zu beschränken;
– die Herausbildung eines fairen internationalen Handelssystems zu fördern, wobei die vollwertige Mitgliedschaft der Russischen Föderation in den internationalen Wirtschaftsorganisationen den Schutz der nationalen Interessen des Landes in diesen Organisationen gewährleistet;
– die Erweiterung der russischen Exporte und die Rationalisierung der russischen Importe sowie die russischen Unternehmer im Ausland zu fördern, ihre Interessen auf den Außenmärkten zu unterstützen, einer Diskriminierung rus-

sischer Produzenten und Exporteure entgegenzuwirken und zu gewährleisten, dass inländische Subjekte außenwirtschaftlicher Tätigkeit bei der Abwicklung solcher Geschäfte die russischen Rechtsvorschriften strikt einhalten;
- die Gewinnung ausländischer Investoren vor allem für den produktiven Sektor und die vorrangigen Bereiche der russischen Wirtschaft zu unterstützen;
- die Erhaltung und optimale Nutzung des russischen Auslandseigentums zu gewährleisten;
- die Bedienung der russischen Auslandsschulden mit den realen Möglichkeiten des Landes in Einklang zu bringen und die maximale Rückzahlung von Krediten ausländischer Staaten anzustreben;
- ein umfassendes System von Rechtsvorschriften und eine internationale vertragsrechtliche Grundlage im wirtschaftlichen Bereich zu schaffen.

Angesichts der zunehmenden Gefahr von Natur- und technisch bedingten Katastrophen tritt die Russische Föderation für die Erweiterung der internationalen Zusammenarbeit ein, um die Umweltsicherheit auch unter Nutzung neuester Technologien im Interesse der ganzen internationalen Gemeinschaft zu gewährleisten.

4. Menschenrechte und internationale Beziehungen

Russland, das sich zu den Werten einer demokratischen Gesellschaft einschließlich der Rechte und Freiheiten des Menschen bekennt, sieht seine Aufgabe darin,

- für die Achtung der Rechte und Freiheiten des Menschen in der ganzen Welt auf der Grundlage der Normen des Völkerrechts einzutreten;
- die Rechte und Interessen der russischen Bürger und Landsleute im Ausland auf der Grundlage des Völkerrechts

und der geltenden bilateralen Abkommen zu schützen. Die Russische Föderation wird sich für eine angemessene Wahrung der Rechte und Freiheiten der Landsleute in denjenigen Staaten einsetzen, in denen diese ständig wohnhaft sind, sowie mit ihnen und ihren Organisationen allseitige Beziehungen unterhalten und pflegen;

- die internationale Zusammenarbeit auf dem Gebiet des humanitären Austauschs zu entwickeln;
- die Mitwirkung an internationalen Konventionen und Vereinbarungen auf dem Gebiet der Menschenrechte zu erweitern;
- die Anpassung der Rechtsvorschriften der Russischen Föderation an die internationalen Verpflichtungen Russlands fortzusetzen.

5. Informatorische Begleitung der außenpolitischen Tätigkeit

Ein wichtiger Bereich der außenpolitischen Tätigkeit der Russischen Föderation besteht darin, breite Kreise der Weltöffentlichkeit objektiv und präzise über die Positionen Russlands zu den wichtigsten internationalen Problemen, über die außenpolitischen Initiativen und Aktionen der Russischen Föderation und über die Leistungen der russischen Kultur und Wissenschaft sowie des geistigen Schaffens zu informieren. Im Vordergrund steht die Aufgabe, im Ausland für eine positive Wahrnehmung Russlands und für freundschaftliche Beziehungen zu werben. Zu einem unabdingbaren Bestandteil dieser Arbeit müssen zielstrebige Bemühungen werden, im Ausland den Inhalt der russischen Innenpolitik und die sich im Lande vollziehenden Prozesse umfassend zu erläutern. Eine aktuelle Aufgabe besteht darin, in der Russischen Föderation eigene wirksame Mittel zu entwickeln, um die öffentliche Meinung im Ausland durch Informationen zu beeinflussen.

IV. Regionale Prioritäten

Eine vorrangige Aufgabe der russischen Außenpolitik besteht darin, dafür zu sorgen, dass die multi- und die bilaterale Zusammenarbeit mit den Staaten der Gemeinschaft Unabhängiger Staaten (GUS) den Aufgaben der Gewährleistung der nationalen Sicherheit des Landes entspricht.

Den Schwerpunkt wird die Entwicklung gutnachbarlicher Beziehungen und einer strategischen Partnerschaft mit allen Mitgliedstaaten der GUS bilden. Bei der Entwicklung der praktischen Beziehungen zu jedem einzelnen von ihnen muss berücksichtigt werden, inwieweit die Gegenseite für eine Zusammenarbeit aufgeschlossen und bereit ist, den Interessen der Russischen Föderation auch im Hinblick auf die Wahrung der Rechte der russischen Landsleute gebührend Rechnung zu tragen.

Ausgehend vom unterschiedlichen Tempo und Niveau der Integration innerhalb der GUS wird Russland die Bedingungen und den Charakter seiner Zusammenarbeit mit den GUS-Staaten sowohl in der GUS insgesamt als auch in kleineren Zusammenschlüssen – in erster Linie in der Zollunion und im Vertrag über kollektive Sicherheit – bestimmen. Eine vorrangige Aufgabe ist die Festigung der Allianz von Belarus und Russland, die in der gegenwärtigen Phase die höchste Form der Integration zweier souveräner Staaten darstellt.

Von vorrangiger Bedeutung werden auch die gemeinsamen Bemühungen zur Beilegung von Konflikten in den Mitgliedstaaten der GUS und zur Entwicklung der Zusammenarbeit auf politisch-militärischem Gebiet und im Sicherheitsbereich sein, insbesondere bei der Bekämpfung des internationalen Terrorismus und Extremismus.

Besonderer Nachdruck wird auf die Entwicklung der wirtschaftlichen Zusammenarbeit gelegt werden, darunter die Schaffung einer Freihandelszone und die Verwirklichung von

Programmen zur gemeinsamen rationellen Nutzung natürlicher Ressourcen. Russland wird sich insbesondere darum bemühen, einen Status für das Kaspische Meer auszuarbeiten, der es den Anrainerstaaten ermöglicht, eine gegenseitig vorteilhafte Zusammenarbeit zur Nutzung der in der Region vorhandenen Ressourcen unter Berücksichtigung der legitimen Interessen der beteiligten Seiten zu entwickeln.

Die Russische Föderation wird sich bemühen, die gegenseitigen Verpflichtungen zur Erhaltung und Mehrung des gemeinsamen kulturellen Erbes in den Mitgliedstaaten der GUS zu erfüllen.

Die Beziehungen zu den europäischen Staaten stellen traditionell einen vorrangigen Bereich der Außenpolitik Russlands dar. Das Hauptziel der russischen Außenpolitik in Richtung Europa besteht darin, ein stabiles, demokratisches System der gesamteuropäischen Sicherheit und Zusammenarbeit zu schaffen. Russland ist an der weiteren ausgewogenen Entwicklung des multifunktionalen Charakters der Organisation für Sicherheit und Zusammenarbeit in Europa (OSZE) interessiert und wird Anstrengungn in dieser Richtung unternehmen.

Wichtig ist, das Normen schaffende Potential, das von dieser Organisation seit der Annahme der Schlussakte von Helsinki im Jahre 1975 entwickelt wurde und bis heute seine volle Aktualität bewahrt hat, maximal zu nutzen. Russland wird sich entschieden einer Einengung der Funktionen der OSZE widersetzen, insbesondere den Versuchen, das Profil ihrer Tätigkeit im postsowjetischen Raum und auf dem Balkan zu ändern.

Russland wird darauf hinwirken, den geänderten Vertrag über konventionelle Streitkräfte in Europa zu einem effizienten Mittel zur Gewährleistung der europäischen Sicherheit zu machen und den vertrauensbildenden Maßnahmen einen umfassenden Charakter zu verleihen, der insbesondere die Bündnisaktivitäten und die Aktivitäten der Seestreitkräfte einschließt.

Ausgehend von den eigenen Bedürfnissen bei der Entwicklung einer Zivilgesellschaft beabsichtigt Russland, sich weiterhin an der Arbeit des Europarates zu beteiligen.

Die Beziehungen zur Europäischen Union (EU) spielen eine Schlüsselrolle. Die in der EU ablaufenden Prozesse beeinflussen in wachsendem Maße die Entwicklung in Europa. Es handelt sich dabei um die Erweiterung der EU, die Einführung einer neuen einheitlichen Währung, die institutionellen Reformen, die Entwicklung einer gemeinsamen Außen- und Sicherheitspolitik sowie einer Verteidigungsidentität. Russland betrachtet diese Prozesse als eine objektive Komponente der europäischen Entwicklung und wird darauf hinwirken, dass seine Interessen auch im Bereich der bilateralen Beziehungen zu den einzelnen EU-Mitgliedern gebührend berücksichtigt werden.

Die Russische Föderation sieht die Europäische Union als einen ihrer wichtigsten politischen und wirtschaftlichen Partner an und wird danach streben, mit der EU eine intensive, stabile und langfristige Zusammenarbeit zu entwickeln, die keinen konjunkturellen Schwankungen unterliegt.

Der Charakter der Beziehungen zur EU ist durch den Rahmen des Abkommens über Partnerschaft und Kooperation vom 24. Juni 1994 festgelegt, das die Partnerschaft zwischen der Russischen Föderation einerseits und der Europäischen Gemeinschaft und ihren Mitgliedstaaten andererseits begründet hat, aber noch nicht voll wirksam geworden ist. Konkrete Probleme, vor allem das der angemessenen Berücksichtigung der Interessen der russischen Seite bei der Erweiterung und den Reformen der EU, werden auf der Grundlage der 1999 angenommenen Gemeinsamen Strategie der Europäischen Union für Russland gelöst werden.

Russland schätzt die Rolle der Nordatlantikvertrags-Organisation (NATO) realistisch ein, geht davon aus, dass die Kooperation mit der NATO im Interesse der Sicherheit und Stabilität auf dem Kontinent wichtig ist, und steht einer konstruktiven Zusammenarbeit aufgeschlossen gegenüber. Die Grundlage dafür stellt die Grundakte über gegenseitige Beziehungen, Zusammenarbeit und Sicherheit zwischen der Nordatlantikvertrags-Organisation und der Russischen Föderation vom 27. Mai 1997 dar. Die Intensität der Kooperation mit der NATO wird von der Erfüllung der entscheidenden Bestimmungen dieses Dokuments abhängen, die in erster Linie die Nichtanwendung und Nichtandrohung von Gewalt sowie die Nichtstationierung von Gruppierungen konventioneller Streitkräfte, von Kernwaffen und deren Trägermittel auf dem Territorium neuer Mitglieder betreffen.

Gleichzeitig stimmen aber die gegenwärtigen politischen und militärischen Zielsetzungen der NATO in zahlreichen Punkten nicht mit den Sicherheitsinteressen der Russischen Föderation überein, ja stehen mitunter in einem krassen Gegensatz dazu. Dies betrifft in erster Linie die Bestimmungen der neuen strategischen Konzeption der NATO, die militärische Operationen außerhalb des Geltungsbereichs des Washingtoner Vertrages ohne Billigung durch den Sicherheitsrat der UN nicht ausschließen. Russland bleibt bei seiner negativen Einstellung zur Erweiterung der NATO.

Eine substantielle und konstruktive Zusammenarbeit zwischen Russland und der NATO ist nur dann möglich, wenn sie auf einer gebührenden Respektierung der Interessen beider Seiten und einer bedingungslosen Erfüllung der von beiden Seiten übernommenen Verpflichtungen beruht.

Die Zusammenarbeit mit den westeuropäischen Staaten, in erster Linie mit so einflussreichen Länder wie Großbritannien, Deutschland, Italien und Frankreich, ist eine wichtige Voraussetzung für die Wahrung der Interessen Russlands in europäischen und internationalen Angelegenheiten sowie für die Stabilisierung und das Wachstum der russischen Wirtschaft.

In den Beziehungen zu den Staaten in Mittel- und Osteuropa bleibt es eine vorrangige Aufgabe, die entstandenen menschlichen, wirtschaftlichen und kulturellen Beziehungen zu erhalten, die vorhandenen krisenhaften Erscheinungen zu überwinden und der Zusammenarbeit entsprechend den neuen Bedingungen und den russischen Interessen einen zusätzlichen Impuls zu verleihen.

Gute Aussichten bestehen für die Entwicklung der Beziehungen der Russischen Föderation zu Litauen, Lettland und Estland. Russland tritt dafür ein, diese Beziehungen in die Bahnen guter Nachbarschaft und gegenseitig vorteilhafter Zusammenarbeit zu lenken. Eine unabdingbare Voraussetzung dafür ist die Respektierung der russischen Interessen durch diese Staaten, unter anderem hinsichtlich der Wahrung der Rechte der russischsprachigen Bevölkerungsanteile.

Russland wird nach Kräften die Bemühungen unterstützen, eine dauerhafte und gerechte Regelung der Lage auf dem Balkan auf der Grundlage abgestimmter Beschlüsse der internationalen Gemeinschaft herbeizuführen. Von grundsätzlicher Bedeutung ist es, die territoriale Integrität der Bundesrepublik Jugoslawien zu erhalten und der Aufteilung dieses Staates entgegenzuwirken, weil sonst die Gefahr eines Konflikts auf dem gesamten Balkan mit unabsehbaren Folgen heraufbeschworen würde.

Die Russische Föderation ist bereit, die in letzter Zeit in den Beziehungen zu den USA aufgetretenen erheblichen Schwierigkeiten zu überwinden und die im Laufe von fast zehn Jahren entstandene Infrastruktur der russisch-amerikanischen Zusammenarbeit zu erhalten. Trotz bestehender ernster und in einigen Fällen grundsätzlicher Differenzen ist eine russisch-amerikanische Zusammenarbeit eine unerlässliche Voraussetzung für die Verbesserung der internationalen Lage und die globale strategische Stabilität.

Dies betrifft vor allem die Probleme der Abrüstung, der Rüstungskontrolle und der Nichtweiterverbreitung von Massenvernichtungswaffen sowie die Verhütung und Beilegung der gefährlichsten regionalen Konflikte. Nur in einem aktiven Dialog mit den USA ist es möglich, die Fragen der Begrenzung und Reduzierung der strategischen Kernwaffen zu lösen. Es liegt im beiderseitigen Interesse, regelmäßige bilaterale Kontakte auf allen Ebenen zu unterhalten und keine Unterbrechung in den Beziehungen und Verhandlungen über grundlegende politische, militärische und ökonomische Fragen zuzulassen.

Eine große und ständige zunehmende Bedeutung kommt Asien in der Außenpolitik der Russischen Föderation zu, was sich aus der direkten Zugehörigkeit Russlands zu dieser sich dynamisch entwickelnden Region und der Notwendigkeit eines wirtschaftlichen Aufschwungs in Sibirien und im Fernen Osten ergibt. Einen wichtigen Schwerpunkt wird die aktivere Mitwirkung Russlands an den wichtigsten Integrationsstrukturen des asiatisch-pazifischen Raumes, am Forum »Ökonomische Zusammenarbeit im Asiatisch-Pazifischen Raum«, dem regionalen Forum der Vereinigung der südostasiatischen Staaten (ASEAN), und in der auf Initiative Russlands ins Leben gerufenen »Shanghaier Fünf« (Russland, China, Kambodscha, Kirgisistan und Tadschikistan) – bilden.

Einer der wichtigsten Bereiche der russischen Außenpolitik in Asien ist die Entwicklung freundschaftlicher Beziehungen zu den führenden Staaten Asiens, in erster Linie zu China und Indien. Die Übereinstimmung grundlegender Ansätze Russlands und der Volksrepublik China bei Schlüsselfragen der Weltpolitik ist einer der Grundpfeiler für die regionale und globale Stabilität. Russland strebt eine für beide Seiten vorteilhafte Zusammenarbeit mit China auf allen Gebieten an. Die Hauptaufgabe besteht weiterhin darin, den Umfang der wirtschaftlichen Zusammenarbeit mit dem Stand der politischen Beziehungen in Einklang zu bringen.

Russland ist gewillt, die traditionelle Partnerschaft mit Indien, darunter auch in internationalen Angelegenheiten, zu vertiefen und die Lösung der in Südasien nach wie vor bestehenden Probleme sowie die Festigung der Stabilität in dieser Region zu fördern.

Russland betrachtet die Unterzeichnung des Abkommens über ein Verbot jeglicher Kernwaffentests durch Indien und Pakistan und deren Beitritt zum Vertrag über die Nichtweiterverbreitung von Kernwaffen als wichtigen Faktor für die Gewährleistung von Stabilität im asiatisch-pazifischen Raum. Russland wird die Schaffung von kernwaffenfreien Zonen in Asien unterstützen.

Die Russische Föderation tritt für eine stabile Entwicklung der Beziehungen zu Japan und eine den nationalen Interessen beider Länder entsprechende wirklich gute Nachbarschaft ein. Im Rahmen der bestehenden Verhandlungsmechanismen setzt Russland seine Suche nach einer für beide Seiten annehmbaren Lösung für die Festlegung einer international anerkannten Grenze zwischen beiden Staaten fort.

Die russische Außenpolitik ist darauf ausgerichtet, die positive Dynamik in den Beziehungen zu den Staaten Südostasiens zu verstärken.

Wichtig ist auch der weitere Ausbau der Beziehungen zum Iran. Für Russland ist die allgemeine Verbesserung der Situation in Asien, wo sich die geopolitischen Ambitionen einiger Staaten verstärken, das Wettrüsten zunimmt und die Quellen für Spannungen und Konflikte weiterbestehen, von prinzipieller Bedeutung. Die größte Sorge bereitet die Lage auf der koreanischen Halbinsel. Die Bemühungen werden darauf gerichtet sein, die gleichberechtigte Teilnahme Russlands an der Lösung des Koreaproblems zu gewährleisten und ausgewogene Beziehungen zu beiden koreanischen Staaten zu unterhalten.

Der seit langem bestehende Konflikt in Afghanistan stellt eine reale Gefahr für die Sicherheit an den Südgrenzen der GUS dar und berührt direkt russische Interessen. Gemeinsam mit anderen betroffenen Staaten wird Russland konsequente

Anstrengungen unternehmen, um eine dauerhafte und gerechte politische Lösung des afghanischen Problems zu erreichen und einen Export von Terrorismus und Extremismus aus diesem Land nicht zuzulassen.

Russland wird bestrebt sein, eine Stabilisierung der Lage im Nahen Osten, darunter auch am Persischen Golf und in Nordafrika, unter Berücksichtigung der Auswirkungen der Situation in der Region auf die Lage in der ganzen Welt zu erreichen. Russland beabsichtigt, seinen Status als Kosponsor des Friedensprozesses zu nutzen und nach Überwindung der Krise einen Kurs der aktiven Mitwirkung an der Normalisierung der Situation in der Region zu verfolgen. In diesem Zusammenhang wird die vorrangige Aufgabe Russlands darin bestehen, seine Positionen, besonders die ökonomische Position, in dieser reichen und für unsere Interessen wichtigen Region wiederherzustellen und zu festigen.

Was den Mittelmeerraum als Bindeglied zwischen solchen Regionen wie dem Nahen Osten, der Schwarzmeerregion, dem Kaukasus und dem kaspischen Becken betrifft, so beabsichtigt Russland, einen klaren Kurs auf die Umwandlung dieses Raumes in eine Zone des Friedens, der Stabilität und guter Nachbarschaft zu verfolgen. Dies wird den russischen ökonomischen Interessen dienlich sein und auch die Entscheidung über den Verlauf der Routen für wichtige Ströme von Energieträgern erleichtern.

Russland wird die Zusammenarbeit mit den afrikanischen Staaten erweitern und eine möglichst schnelle Überwindung der regionalen militärischen Konflikte in Afrika unterstützen. Notwendig ist auch, den politischen Dialog mit der Organisation für afrikanische Einheit (OAU) und den subregionalen Organisationen zu entwickeln und deren Möglichkeiten für die Beteiligung Russlands an multilateralen Wirtschaftsprojekten auf dem Kontinent zu nutzen.

Russland strebt ein höheres Niveau des politischen Dialogs

und der wirtschaftlichen Zusammenarbeit mit den Ländern Mittel- und Südamerikas an und stützt sich auf die beträchtlichen Fortschritte, die in den 90er Jahren in den Beziehungen Russlands zu dieser Region erreicht wurden. Russland wird insbesondere bemüht sein, die Zusammenarbeit mit den Staaten Mittel- und Südamerikas in internationalen Organisationen zu erweitern, den Export russischer wissenschaftsintensiver Industrieerzeugnisse in die lateinamerikanischen Länder zu fördern und die militärtechnische Zusammenarbeit zu entwickeln.

Bei der Festlegung der regionalen Prioritäten ihrer Außenpolitik wird die Russische Föderation Intensität und Orientierung der Herausbildung wichtiger Weltzentren sowie den Grad der Bereitschaft ihrer Mitglieder berücksichtigen, die bilateralen Beziehungen zu Russland zu erweitern.

V. Gestaltung und Umsetzung der Außenpolitik der Russischen Föderation

Der Präsident der Russischen Föderation leitet die Außenpolitik des Landes entsprechend seinen verfassungsmäßigen Vollmachten und vertritt als Staatsoberhaupt die Russische Föderation in den internationalen Beziehungen.

Der Föderationsrat und die Staatsduma der Föderalen Versammlung der Russischen Föderation üben im Rahmen ihrer verfassungsmäßigen Vollmachten die legislative Tätigkeit zur Gewährleistung des außenpolitischen Kurses der Russischen Föderation und zur Erfüllung ihrer internationalen Verpflichtungen aus.

Der Sicherheitsrat der Russischen Föderation bereitet die Entscheidungen des Präsidenten der Russischen Föderation auf dem Gebiet der Gewährleistung der internationalen Sicherheit vor und ist befugt, ihre Durchführung zu kontrollieren.

Dem Außenministerium der Russischen Föderation obliegt

die unmittelbare Realisierung des vom Präsidenten der Russischen Föderation bestätigten außenpolitischen Kurses. Das russische Außenministerium koordiniert die außenpolitische Tätigkeit der föderalen Organe der Exekutive und ist entsprechend dem Erlass Nr. 375 des Präsidenten der Russischen Föderation vom 12. März 1996 »Über die koordinierende Rolle des Außenministeriums der Russischen Föderation zur Durchsetzung einer einheitlichen außenpolitischen Linie der Russischen Föderation« befugt, sie zu kontrollieren.

Die Subjekte der Russischen Föderation entwickeln ihre internationalen Beziehungen entsprechend der Verfassung der Russischen Föderation, dem Föderalen Gesetz über die Koordinierung der internationalen und außenwirtschaftlichen Beziehungen der Subjekte der Russischen Föderation und weiteren Rechtsvorschriften. Das Außenministerium Russlands und die anderen föderalen Organe der Exekutive unterstützen die Subjekte der Russischen Föderation bei der Durchführung der internationalen Zusammenarbeit unter strikter Wahrung der Souveränität und territorialen Integrität der Russischen Föderation.

Bei der Vorbereitung von Entscheidungen über die Realisierung des außenpolitischen Kurses Russlands arbeiten die föderalen Organe der Exekutive gegebenenfalls mit russischen nichtstaatlichen Organisationen zusammen. Die breitere Einbeziehung nichtstaatlicher Organisationen in die außenpolitische Tätigkeit des Landes entspricht der Aufgabe, die maximale Unterstützung der Außenpolitik des Staates durch die Zivilgesellschaft zu gewährleisten, und dient dazu, einen Beitrag zur effektiven Durchführung der Außenpolitik zu leisten.

Milleniumserklärung der Vereinten Nationen

(Resolution 55/2 der Generalversammlung vom 8. September 2000)

I. Werte und Grundsätze

1. Wir, die Staats- und Regierungschefs, sind zu Beginn eines neuen Jahrtausends vom 6. bis 8. September 2000 am Amtssitz der Vereinten Nationen in New York zusammengekommen, um unseren Glauben an die Vereinten Nationen und ihre Charta als unverzichtbare Grundlagen einer friedlicheren, in größerem Wohlstand lebenden, gerechteren Welt zu bekräftigen.
2. Wir erkennen an, dass wir neben unseren eigenen Verpflichtungen gegenüber unserer jeweiligen Gesellschaft gemeinsam dafür verantwortlich sind, weltweit die Grundsätze der Menschenwürde, der Gerechtigkeit und der Gleichheit zu wahren. Als Führer haben wir daher eine Pflicht gegenüber allen Bürgern der Welt zu erfüllen, und zwar den schwächsten unter ihnen und insbesondere den Kindern der Welt, denen die Zukunft gehört.
3. Wir bekräftigen unser Engagement für die Ziele und Grundsätze der Charta der Vereinten Nationen, die sich als zeitlos und universal erwiesen haben. Sie haben mit der wachsenden Verflechtung von Nationen und Völkern und ihrer zunehmenden Interdependenz sogar noch an Aktualität und Bedeutung als Quelle der Inspiration gewonnen.
4. Wir sind entschlossen, im Einklang mit den Zielen und Grundsätzen der Charta in der ganzen Welt einen gerechten und dauerhaften Frieden herbeizuführen. Wir bekennen uns erneut dazu, alle Bemühungen zu unterstützen, die auf die Wahrung der souveränen Gleichheit aller Staaten, die Achtung ihrer territorialen Integrität und politischen Unabhängigkeit, die Beilegung von Streitigkeiten mit friedlichen Mitteln in

Übereinstimmung mit den Grundsätzen der Gerechtigkeit und des Völkerrechts, das Selbstbestimmungsrecht der Völker, die sich weiterhin unter kolonialer Herrschaft und ausländischer Besetzung befinden, die Nichteinmischung in die inneren Angelegenheiten der Staaten, die Achtung der Menschenrechte und Grundfreiheiten, die Gleichberechtigung aller ohne Unterschied der Rasse, des Geschlechts, der Sprache oder der Religion und die internationale Zusammenarbeit bei der Lösung internationaler Probleme wirtschaftlicher, sozialer, kultureller oder humanitärer Art gerichtet sind.

5. Wir sind überzeugt, dass die zentrale Herausforderung, vor der wir heute stehen, darin besteht, sicherzustellen, dass die Globalisierung zu einer positiven Kraft für alle Menschen der Welt wird. Denn obwohl uns die Globalisierung große Chancen eröffnet, sind die mit ihr einhergehenden Vorteile ebenso wie ihre Kosten gegenwärtig doch sehr ungleich verteilt. Wir erkennen an, dass die Entwicklungs- und Übergangsländer besondere Schwierigkeiten überwinden müssen, um dieser zentralen Herausforderung zu begegnen. Die Globalisierung kann also nur dann alle voll mit einschließen, wenn breit angelegte, dauerhafte Anstrengungen unternommen werden, auf der Grundlage der ganzen Vielfalt unserer einzigen Menschheit eine gemeinsame Zukunft zu schaffen. Diese Anstrengungen müssen auf weltweiter Ebene verfolgte Politiken und Maßnahmen umfassen, die den Bedürfnissen der Entwicklungs- und Übergangsländer entsprechend und mit ihrer effektiven Mitwirkung formuliert und umgesetzt werden.

6. Wir sind der Auffassung, dass die internationalen Beziehungen im 21. Jahrhundert unbedingt von bestimmten Grundwerten geprägt sein müssen:

- *Freiheit*. Männer und Frauen haben das Recht, in Würde, frei von Hunger und der Furcht vor Gewalt, Unterdrückung oder Ungerechtigkeit, ihr Leben zu leben und ihre Kinder zu erziehen. Diese Rechte werden am besten durch eine demokratische und partizipatorische Staatsführung auf der Grundlage des Willens des Volkes gewährleistet.

- *Gleichheit.* Keinem Menschen und keiner Nation darf die Chance vorenthalten werden, aus der Entwicklung Nutzen zu ziehen. Die Gleichberechtigung und Chancengleichheit von Männern und Frauen muss gewährleistet sein.
- *Solidarität.* Die globalen Probleme müssen so bewältigt werden, dass die damit verbundenen Belastungen im Einklang mit den Grundsätzen der Gleichheit und der sozialen Gerechtigkeit fair verteilt werden. Diejenigen, die leiden oder denen die geringsten Vorteile entstehen, haben ein Anrecht darauf, Hilfe von den größten Nutznießern zu erhalten.
- *Toleranz.* Die Menschen müssen einander in der ganzen Vielfalt ihres Glaubens, ihrer Kultur und ihrer Sprache achten. Unterschiede innerhalb einer Gesellschaft sowie zwischen verschiedenen Gesellschaften sollten weder gefürchtet noch unterdrückt, sondern vielmehr als kostbares Gut der Menschheit geschätzt werden. Eine Kultur des Friedens und des Dialogs zwischen allen Kulturen sollte aktiv gefördert werden.
- *Achtung vor der Natur.* Bei der Nutzung aller lebenden Arten und natürlichen Ressourcen muss im Einklang mit den Grundsätzen der nachhaltigen Entwicklung Umsicht bewiesen werden. Nur so können wir die unermesslichen Reichtümer, mit denen uns die Natur beschenkt, erhalten und an unsere Nachkommen weitergeben. Die heutigen nicht mehr zukunftsfähigen Produktions- und Konsumtionsstrukturen müssen im Interesse unseres künftigen Wohls und des Wohls unserer Nachkommen geändert werden.
- *Gemeinsam getragene Verantwortung.* Die Verantwortung für die Gestaltung der weltweiten wirtschaftlichen und sozialen Entwicklung und die Bewältigung von Gefahren für den Weltfrieden und der internationalen Sicherheit muss von allen Nationen der Welt gemeinsam getragen und auf mul-

tilateraler Ebene wahrgenommen werden. Als universellste und repräsentativste Organisation der Welt müssen die Vereinten Nationen dabei die zentrale Rolle spielen.

7. Um diese gemeinsamen Werte in Taten umzusetzen, haben wir grundlegende Ziele festgelegt, denen wir besondere Bedeutung beimessen.

II. Frieden, Sicherheit und Abrüstung

8. Wir werden keine Mühe scheuen, unsere Völker von der Geißel des Krieges, ob Bürgerkriege oder Kriege zwischen den Staaten, die im letzten Jahrzehnt über 5 Millionen Menschenleben gefordert haben, zu befreien.

9. Wir beschließen daher:

– die Achtung vor dem Primat des Rechts sowohl in den internationalen als auch den nationalen Angelegenheiten zu stärken und insbesondere sicherzustellen, dass die Mitgliedstaaten den Entscheidungen des Internationalen Gerichtshofes im Einklang mit der Charta der Vereinten Nationen in den Fällen Folge leisten, in denen sie Parteien sind;
– den Vereinten Nationen in der Wahrung des Friedens und der Sicherheit zu größerer Wirksamkeit zu verhelfen, indem wir ihnen die Mittel und Werkzeuge in die Hand geben, die sie für die Konfliktverhütung, die friedliche Beilegung von Streitigkeiten, die Friedenssicherung, die Friedenskonsolidierung in der Zeit nach dem Konflikt und den Wiederaufbau benötigen. In diesem Zusammenhang nehmen wir Kenntnis von dem Bericht der Sachverständigengruppe über die Friedenseinsätze der Vereinten Nationen und ersuchen die Generalversammlung, ihre Empfehlungen umgehend zu prüfen;
– die Zusammenarbeit zwischen den Vereinten Nationen und den Regionalorganisationen im Einklang mit den Bestimmungen von Kapitel VIII der Charta zu verstärken;

- sicherzustellen, dass die Vertragsstaaten die Verträge auf Gebieten wie Rüstungskontrolle und Abrüstung, humanitäres Völkerrecht und Menschenrechte erfüllen, und fordern alle Staaten auf, die Unterzeichnung und Ratifikation des Römischen Statuts des Internationalen Strafgerichtshofes in Erwägung zu ziehen;
- konzertierte Maßnahmen gegen den internationalen Terrorismus zu ergreifen und sobald wie möglich allen diesbezüglichen internationalen Abkommen beizutreten;
- unsere Anstrengungen zu verdoppeln, unsere Verpflichtungen zur Bekämpfung des weltweiten Drogenproblems zu erfüllen;
- unsere Anstrengungen im Kampf gegen die grenzüberschreitende Kriminalität in allen ihren Dimensionen, insbesondere gegen den Menschenhandel, die Schleuserkriminalität und die Geldwäsche, zu intensivieren;
- die nachteiligen Auswirkungen von Wirtschaftssanktionen der Vereinten Nationen auf unschuldige Bevölkerungen auf ein Mindestmaß zu beschränken, die entsprechenden Sanktionsregimes regelmäßig zu überprüfen und die nachteiligen Auswirkungen von Sanktionen auf Dritte zu beseitigen;
- uns für die Abschaffung der Massenvernichtungswaffen, insbesondere der Kernwaffen, einzusetzen und keine Möglichkeit zu Erreichung dieses Ziels außer Acht zu lassen, einschließlich der Möglichkeit, eine internationale Konferenz einzuberufen, um Mittel und Wege zur Überwindung der nuklearen Gefahren aufzuzeigen;
- konzertierte Maßnahmen zu ergreifen, um dem unerlaubten Handel mit Kleinwaffen und leichten Waffen insbesondere dadurch ein Ende zu bereiten, dass wir Waffentransfers transparenter machen und regionale Abrüstungsmaßnahmen unterstützen, unter Berücksichtigung aller Empfehlungen der bevorstehenden Konferenz der Vereinten Nationen über den unerlaubten Handel mit Kleinwaffen und leichten Waffen;

– alle Staaten aufzufordern, den Beitritt zur Konvention über das Verbot des Einsatzes, der Lagerung, der Herstellung und der Weitergabe von Antipersonenminen und über deren Vernichtung sowie zum Minenprotokoll zur Konvention über konventionelle Waffen in seiner geänderten Fassung zu erwägen.

10. Wir fordern die Mitgliedstaaten nachdrücklich auf, einzeln und gemeinsam heute und in Zukunft die Olympische Waffenruhe einzuhalten und das Internationale Olympische Komitee bei seinen Bemühungen um die Förderung des Friedens und der Verständigung zwischen den Menschen durch den Sport und das olympische Ideal zu unterstützen.

III. Entwicklung und Armutsbeseitigung

11. Wir werden keine Mühe scheuen, unsere Mitmenschen – Männer, Frauen und Kinder – von den erbärmlichen und entmenschlichenden Lebensbedingungen extremer Armut, unter der gegenwärtig mehr als eine Milliarde Menschen leiden, zu befreien. Wir sind entschlossen, das Recht auf Entwicklung für jeden zu verwirklichen und die ganze Menschheit von Not zu befreien.

12. Wir beschließen daher, auf nationaler wie auf internationaler Ebene ein Umfeld zu schaffen, das der Entwicklung und der Beseitigung der Armut förderlich ist.

13. Der Erfolg bei der Verwirklichung dieser Ziele hängt unter anderem von guter Lenkung in einem jeden Land ab. Er hängt ferner von guter Lenkung auf internationaler Ebene und von der Transparenz der Finanz-, Geld- und Handelssysteme ab. Wir sind gewillt, ein offenes, faires, regelgestütztes, berechenbares und nichtdiskriminierendes multilaterales Handels- und Finanzsystem zu schaffen.

14. Mit Sorge erfüllen uns die Hindernisse, denen die Entwicklungsländer bei der Mobilisierung der Mittel begegnen,

die sie zur Finanzierung ihrer dauerhaften Entwicklung benötigen. Wir werden daher alle erdenklichen Anstrengungen unternehmen, um den Erfolg der für 2001 geplanten Internationalen zwischenstaatlichen Veranstaltung auf hoher Ebene über Entwicklungsfinanzierung zu gewährleisten.

15. Wir verpflichten uns außerdem, auf die besonderen Bedürfnisse der am wenigsten entwickelten Länder einzugehen. In diesem Zusammenhang begrüßen wir die für Mai 2001 anberaumte Dritte Konferenz der Vereinten Nationen über die am wenigsten entwickelten Länder und werden bestrebt sein, ihren Erfolg zu gewährleisten. Wir fordern die Industriestaaten auf:

– möglichst bis zur Konferenz eine Politik der zoll- und quotenfreien Einfuhr praktisch aller Exportgüter aus den am wenigsten entwickelten Ländern zu beschließen;
– ohne weitere Verzögerung das erweiterte Programm der Schuldenerleichterung für die hoch verschuldeten armen Länder zu verwirklichen und zu beschließen, alle bilateralen öffentlichen Schulden dieser Länder zu annullieren, wenn sich diese Länder im Gegenzug zu einer Verringerung der Armut verpflichten;
– insbesondere Ländern, die wirklich Anstrengungen unternehmen, ihre Ressourcen für die Verringerung der Armut einzusetzen, großzügigere Entwicklungshilfe zu gewähren.

16. Wir sind außerdem entschlossen, die Schuldenprobleme der Entwicklungsländer mit niedrigen und mittleren Einkommen umfassend und wirksam anzugehen, indem wir auf nationaler und internationaler Ebene verschiedene Maßnahmen ergreifen, die ihre Schulden auf lange Sicht erträglich machen sollen.

17. Wir beschließen außerdem, der besonderen Bedürfnisse kleiner Entwicklungsländer in Insellage dadurch Rechnung zu tragen, dass wir das Aktionsprogramm von Barbados und das Ergebnis der 22. Sondersitzung der Generalversammlung rasch

und in vollem Umfang verwirklichen. Wir fordern die internationale Gemeinschaft nachdrücklich auf, sicherzustellen, dass bei der Erarbeitung eines Gefährdungsindexes die besonderen Bedürfnisse der kleinen Entwicklungsländer in Insellage berücksichtigt werden.

18. Wir sind uns der besonderen Bedürfnisse und Probleme der Entwicklungsländer in Binnenlage bewusst und fordern sowohl die bilateralen als auch multilateralen Geber nachdrücklich auf, dieser Ländergruppe erhöhte finanzielle und technische Hilfe zu gewähren, um ihren besonderen Entwicklungsbedürfnissen gerecht zu werden und ihnen durch die Verbesserung ihrer Transitverkehrssysteme bei der Überwindung geographisch bedingter Hindernisse zu helfen.

19. Wir beschließen außerdem:

- bis zum Jahre 2015 den Anteil der Weltbevölkerung, dessen Einkommen weniger als 1 Dollar pro Tag beträgt, und den Anteil der Menschen, die Hunger leiden, zu halbieren, sowie bis zum gleichen Jahr den Anteil der Menschen, die keinen Zugang zu hygienisch einwandfreiem Trinkwasser haben oder die sich solches Trinkwasser nicht leisten können, zu halbieren;
- bis zum selben Zeitpunkt sicherzustellen, dass die Kinder in der ganzen Welt, Jungen wie Mädchen, eine Primärschulbildung vollständig abschließen können und Mädchen wie Jungen gleichberechtigten Zugang zu allen Bildungsebenen haben;
- bis zum selben Zeitpunkt die Müttersterblichkeit um drei Viertel und die Sterblichkeit von Kindern unter fünf Jahren um zwei Drittel im Vergleich zu den derzeitigen Raten zu senken;
- bis dahin die Ausbreitung von HIV/Aids, Malaria und anderen schweren Krankheiten, von denen die Menschheit heimgesucht wird, zum Stillstand gebracht und begonnen zu haben, sie zum Rückzug zu zwingen;

– Kindern, die durch HIV/Aids zu Waisen wurden, besondere Hilfe zuteil werden zu lassen;
– bis zum Jahre 2020, wie in der Initiative »Städte ohne Slums« vorgeschlagen, erhebliche Verbesserungen im Leben von mindestens 100 Millionen Slumbewohnern erzielt zu haben.

20. Wir beschließen ferner:
– die Gleichstellung der Geschlechter und die Gleichberechtigung der Frau als wirksame Mittel zur Bekämpfung von Armut, Hunger und Krankheiten zu fördern und eine wirklich nachhaltige Entwicklung zu stimulieren;
– Strategien zu erarbeiten und umzusetzen, die jungen Menschen überall eine reale Chance geben, menschenwürdige und produktive Arbeit zu finden;
– der pharmazeutischen Industrie nahe zu legen, lebenswichtige Medikamente in Entwicklungsländern in größerem Umfang verfügbar und für alle Menschen, die sie benötigen, erschwinglich zu machen;
– in Verfolgung des Ziels der Entwicklung und der Beseitigung der Armut feste Partnerschaften zwischen dem Privatsektor und den Organisationen der Zivilgesellschaft aufzubauen;
– sicherzustellen, dass alle Menschen die Vorteile der neuen Technologien, insbesondere der Informations- und Kommunikationstechnologien, entsprechend den Empfehlungen nutzen können, die in der Ministererklärung des ECOSOC[1] aus dem Jahre 2000 enthalten sind.

IV. Schutz unserer gemeinsamen Umwelt

21. Wir dürfen keine Mühe scheuen, die gesamte Menschheit und vor allem unsere Kinder und Kindeskinder von der Gefahr

1 Wirtschafts- und Sozialrat der Vereinten Nationen.

zu befreien, auf einem Planeten leben zu müssen, der durch menschliches Handeln nicht wieder gutzumachende Schäden davongetragen hat und dessen Ressourcen ihren Bedarf nicht länger decken können.

22. Wir bekräftigen, dass wir die Grundsätze der nachhaltigen Entwicklung, einschließlich der in der Agenda 21 enthaltenen Grundsätze, die auf der Konferenz der Vereinten Nationen über Umwelt und Entwicklung beschlossen wurden, unterstützen.

23. Wir beschließen daher, bei allen unseren die Umwelt betreffenden Maßnahmen eine neue Ethik der Erhaltung der Umwelt und des schonenden Umganges mit ihr zu verfolgen, und beschließen zunächst:

- alles zu tun, um zu gewährleisten, dass das Protokoll von Kyoto möglichst bis zum zehnten Jahrestag der Konferenz der Vereinten Nationen über Umwelt und Entwicklung im Jahre 2002 in Kraft tritt, und mit der geforderten Senkung des Ausstoßes von Treibhausgasen zu beginnen;
- unsere gemeinsamen Bemühungen um die Bewirtschaftung, Erhaltung und nachhaltige Entwicklung aller Arten von Wäldern zu verstärken;
- uns nachdrücklich für die volle Verwirklichung der Konvention über biologische Vielfalt und der Konvention zur Bekämpfung der Wüstenbildung in den von Dürre und/oder Wüstenbildung schwer betroffenen Ländern, insbesondere in Afrika, einzusetzen;
- der auf die Dauer unhaltbaren Ausbeutung der Wasserreserven durch die Entwicklung regionaler, nationaler und lokaler Wasserwirtschaftsstrategien ein Ende zu bereiten, die sowohl einen fairen Zugang zu Wasservorkommen als auch eine ausreichende Wasserversorgung gewährleisten;
- intensiver zusammenzuarbeiten, um die Zahl und die Auswirkungen von Natur- und anthropogenen Katastrophen zu vermindern;

– den freien Zugang zu den Informationen über die menschlichen Genome zu gewährleisten.

V. Menschenrechte, Demokratie und gute Lenkung

24. Wir werden keine Mühe scheuen, die Demokratie zu fördern und die Rechtsstaatlichkeit sowie die Achtung aller international anerkannten Menschenrechte und Grundfreiheiten, einschließlich des Rechts auf Entwicklung, zu stärken.
25. Wir beschließen daher:
– die Allgemeine Erklärung der Menschenrechte uneingeschränkt zu achten und ihr volle Geltung zu verschaffen;
– in allen unseren Ländern für den vollen Schutz und die Förderung der bürgerlichen, politischen, ökonomischen, sozialen und kulturellen Rechte für alle einzutreten;
– die Fähigkeit aller unserer Länder zu stärken, die demokratischen Grundsätze und Verfahren und die Achtung der Menschenrechte, einschließlich der Rechte der Minderheiten, zu verwirklichen;
– alle Formen der Gewalt gegen Frauen zu bekämpfen und die Konvention zur Beseitigung jeder Form von Diskriminierung der Frau zu verwirklichen;
– Maßnahmen zu treffen, um die Achtung und den Schutz der Menschenrechte von Migranten, Wanderarbeitern und ihren Familien zu gewährleisten, die in vielen Gesellschaften immer häufiger vorkommenden rassistischen und fremdenfeindlichen Taten zu unterbinden und in allen Gesellschaften größere Harmonie und Toleranz zu fördern;
– kollektiv integrativere politische Prozesse zu fördern, die in allen unseren Ländern allen Bürgern eine echte Mitsprache ermöglichen;
– die Freiheit der Medien zur Wahrnehmung ihrer wichtigen Funktion und das Recht der Öffentlichkeit, Zugang zu Informationen zu haben, zu gewährleisten.

VI. Schutz der Schwächeren

29. Wir werden keine Mühe scheuen, sicherzustellen, dass Kinder und alle Mitglieder der Zivilbevölkerung, die den Folgen von Naturkatastrophen, Völkermord, bewaffneten Konflikten und anderen humanitären Notsituationen unverhältnismäßig stark ausgesetzt sind, in jeder Hinsicht Hilfe und Schutz erhalten, damit sie sobald wie möglich wieder ein normales Leben führen können.

Wir beschließen daher:

- den Schutz von Zivilpersonen in komplexen Notsituationen in Übereinstimmung mit dem humanitären Völkerrecht auszuweiten und zu verstärken;
- die internationale Zusammenarbeit, namentlich auch die Teilung der Lasten mit Ländern, die Flüchtlinge aufgenommen haben, und die Koordinierung der humanitären Hilfe für diese Länder zu verstärken und allen Flüchtlingen und Vertriebenen zur freiwilligen Rückkehr an ihre Heimstätten in Sicherheit und Würde und zu einer reibungslosen Wiedereingliederung in ihre Gesellschaft zu verhelfen;
- die Ratifikation und volle Verwirklichung der Konvention über die Rechte des Kindes und der dazugehörigen Fakultativprotokolle zur Beteiligung von Kindern an bewaffneten Konflikten sowie zum Kinderhandel, zur Kinderprostitution und zur Kinderpornographie zu fördern.

VII. Deckung der besonderen Bedürfnisse Afrikas

27. Wir werden die Konsolidierung der Demokratie in Afrika unterstützen und den Afrikanern bei ihrem Kampf um dauerhaften Frieden, die Beseitigung der Armut und eine nachhaltige Entwicklung behilflich sein und Afrika so in die Weltwirtschaft integrieren.

28. Wir beschließen daher:

- den politischen und institutionellen Strukturen der sich herausbildenden Demokratien in Afrika unsere volle Unterstützung zu gewähren;
- die regionalen und subregionalen Mechanismen zur Konfliktverhütung und zur Förderung der politischen Stabilität zu unterstützen und einen verlässlichen Zufluss von Ressourcen für Friedenssicherungseinsätze auf dem afrikanischen Kontinent sicherzustellen;
- Sondermaßnahmen zu ergreifen, um den Herausforderungen der Armutsbeseitigung und nachhaltigen Entwicklung in Afrika zu begegnen, einschließlich Schuldenerlass, Verbesserung des Zugangs zu Märkten, Verstärkung der öffentlichen Entwicklungshilfe und Erhöhung ausländischer Direktinvestitionen sowie Technologietransfer;
- Afrika zu helfen, die Kapazitäten aufzubauen, die es braucht, um der Ausbreitung der HIV/Aids-Pandemie und anderer Infektionskrankheiten entgegenzuwirken.

VIII. Stärkung der Vereinten Nationen

29. Wir werden keine Mühe scheuen, die Vereinten Nationen zu einem wirksameren Instrument zur Verfolgung aller nachstehend genannten Prioritäten zu machen: Kampf für die Entwicklung aller Völker der Welt, Kampf gegen Armut, Unwissenheit und Krankheit, Kampf gegen Gewalt, Terror und Kriminalität und Kampf gegen die Schädigung und Zerstörung unserer gemeinsamen Heimat.

30. Wir beschließen daher:

- die zentrale Rolle der Generalversammlung als wichtigstes Beratungs-, richtungweisendes und repräsentatives Organ der Vereinten Nationen zu bekräftigen und sie zu befähigen, diese Rolle wirksam zu spielen;
- uns verstärkt zu bemühen, eine umfassende Reform des Sicherheitsrates in allen Aspekten herbeizuführen;

- den Wirtschafts- und Sozialrat der Vereinten Nationen, aufbauend auf seinen jüngsten Erfolgen, weiter zu stärken, um ihm zu helfen, seine ihm in der Charta zugewiesene Aufgabe zu erfüllen;
- den Internationalen Gerichtshof zu stärken, um sicherzustellen, dass in den internationalen Angelegenheiten Recht und Gesetz herrschen;
- regelmäßige Konsultationen und Koordination zwischen den Hauptorganen der Vereinten Nationen bei der Verfolgung ihrer Ziele;
- sicherzustellen, dass die Organisation rechtzeitig und auf berechenbarer Grundlage mit den Mitteln ausgestattet wird, die sie benötigt, um ihre Mandate zu erfüllen;
- das Sekretariat aufzufordern, diese Mittel in Übereinstimmung mit den von der Generalversammlung beschlossenen klaren Vorschriften und Verfahren im Interesse aller Mitgliedstaaten optimal einzusetzen, indem es sich die besten Leitungsmethoden und Technologien zunutze macht und sich auf diejenigen Aufgaben konzentriert, die den vereinbarten Prioritäten entsprechen;
- die Einhaltung der Konvention über die Sicherheit des Personals und des beigeordneten Personals der Vereinten Nationen zu fördern;
- größere Politikkohärenz und bessere Zusammenarbeit zwischen den Vereinten Nationen, ihren Organisationen, den Bretton-Woods-Institutionen und der Welthandelsorganisation sowie anderen multilateralen Organen zu gewährleisten mit dem Ziel, bezüglich der Probleme des Friedens und der Entwicklung zu einer vollständig koordinierten Herangehensweise zu gelangen;
- die Zusammenarbeit zwischen den Vereinten Nationen und den Parlamenten der einzelnen Staaten durch die Interparlamentarische Union, ihre Weltorganisation, zu verstärken, namentlich in den Bereichen Frieden und Sicherheit, öko-

nomische und soziale Entwicklung, Völkerrecht und Menschenrechte, Demokratie und Fragen der Gleichstellung von Mann und Frau;

- dem privaten Sektor, den nichtstaatlichen Organisationen und der Zivilgesellschaft insgesamt mehr Gelegenheit zu geben, zur Verwirklichung der Ziele und Programme der Vereinten Nationen beizutragen.

31. Wir ersuchen die Generalversammlung, die bei der Verwirklichung dieser Erklärung erzielten Fortschritte regelmäßig zu überprüfen, und bitten den Generalsekretär, regelmäßig Berichte herauszugeben, die von der Generalversammlung erörtert werden und als Grundlage für weiteres Vorgehen dienen sollen.

32. Zu diesem historischen Anlass bestätigen wir feierlich, dass die Vereinten Nationen die unverzichtbare Begegnungsstätte der gesamten Menschheitsfamilie sind und wir uns bemühen werden, durch sie unserem universellen Streben nach Frieden, Zusammenarbeit und Entwicklung konkrete Gestalt zu verleihen. Wir versprechen daher, in der Unterstützung dieser gemeinsamen Ziele nicht nachzulassen, und erklären unsere Entschlossenheit, sie zu verwirklichen.

Europäische Sicherheitscharta

(Verabschiedet auf dem Gipfeltreffen der OSZE-Staaten am 18. und 19. November 1999 in Istanbul)

1. An der Schwelle zum einundzwanzigsten Jahrhundert erklären wir, die Staats- und Regierungschefs der OSZE-Teilnehmerstaaten, unser festes Bekenntnis zu einem freien, demokratischen und integrierteren OSZE-Gebiet, in dem Frieden zwischen den Teilnehmerstaaten herrscht und jeder Einzelne und jede Gemeinschaft in Freiheit, Wohlstand und Sicherheit lebt. Um dieses Bekenntnis Wirklichkeit werden zu lassen, haben wir beschlossen, eine Reihe neuer Schritte zu setzen. Wir sind übereingekommen,

- die Plattform für kooperative Sicherheit zu verabschieden, um die Zusammenarbeit zwischen der OSZE und anderen internationalen Organisationen und Institutionen zu stärken und auf diese Weise die Ressourcen der internationalen Gemeinschaft besser zu nutzen;
- die Rolle der OSZE in der Friedenserhaltung auszubauen und damit den umfassenden Sicherheitsbegriff der Organisation deutlicher zu machen;
- »Schnelle Einsatzgruppen für Expertenhilfe und Kooperation« (REACT) zu schaffen, um die OSZE in die Lage zu versetzen, Ersuchen um Hilfe und um Entsendung umfangreicher ziviler Feldoperationen rasch nachzukommen;
- unsere Fähigkeit zur Wahrnehmung von Aufgaben im polizeilichen Bereich zu verstärken, um mitzuhelfen, die Vorherrschaft des Rechts zu bewahren;
- eine Einsatzzentrale einzurichten, von der aus Feldoperationen der OSZE geplant und entsandt werden;
- den Konsultationsprozess innerhalb der OSZE durch die Schaffung des Vorbereitungsausschusses unter der Leitung des Ständigen Rates der OSZE zu stärken.

Wir haben den festen Willen, den Ausbruch gewalttätiger Konflikte wo immer möglich zu verhindern. Die Maßnahmen, die zu ergreifen wir in dieser Charta vereinbart haben, werden sowohl die diesbezügliche Fähigkeit der OSZE als auch ihre Möglichkeiten stärken, Konflikte beizulegen und in von Krieg und Zerstörung verheerten Gesellschaften wieder normale Verhältnisse herzustellen. Die Charta wird zur Schaffung eines gemeinsamen und unteilbaren Sicherheitsraums beitragen. Sie wird mithelfen, ein OSZE-Gebiet ohne Trennlinien und Zonen mit unterschiedlichem Sicherheitsniveau zu schaffen.

I. Unsere gemeinsamen Herausforderungen

2. Im letzten Jahrzehnt des zwanzigsten Jahrhunderts wurde im OSZE-Gebiet Beachtliches erreicht; Zusammenarbeit trat an die Stelle von Konfrontation, doch ist die Gefahr von Konflikten zwischen Staaten nicht gänzlich gebannt. Wir haben überwunden, was Europa einst trennte, doch kommen neue Risiken und Herausforderungen auf uns zu. Seit wir die Charta von Paris unterzeichnet haben, wird immer deutlicher, dass eine Bedrohung unserer Sicherheit sowohl von Konflikten innerhalb von Staaten als auch von Konflikten zwischen Staaten ausgehen kann. Wir haben Konflikte erlebt, die in vielen Fällen auf eklatante Verletzungen der OSZE-Normen und -Prinzipien zurückgingen. Wir waren Zeugen von Gräueltaten, von denen wir dachten, dass sie längst der Vergangenheit angehörten. In diesem Jahrzehnt wurde deutlich, dass jeder derartige Konflikt die Sicherheit aller OSZE-Teilnehmerstaaten in Frage stellen kann.

3. Wir sind entschlossen, aus den Gefahren, die Konfrontation und Uneinigkeit zwischen den Staaten mit sich bringen, und aus den Tragödien des letzten Jahrzehnts zu lernen. Sicherheit und Frieden müssen durch einen Ansatz gefestigt werden, der zwei Grundelemente in sich vereint: Wir müssen Vertrauen zwischen den Menschen innerhalb der Staaten schaffen und

die Zusammenarbeit zwischen den Staaten vertiefen. Deshalb werden wir die vorhandenen Instrumente stärken und zusätzliche entwickeln, um Hilfe und Rat anbieten zu können. Wir werden uns noch mehr als bisher bemühen, für die volle Erhaltung der Menschenrechte und Grundfreiheiten einschließlich der Rechte von Angehörigen nationaler Minderheiten zu sorgen. Gleichzeitig werden wir verstärkte Anstrengungen unternehmen, um mehr Vertrauen und Sicherheit zwischen den Staaten zu schaffen. Wir sind entschlossen, die uns zur Verfügung stehenden Mittel zur friedlichen Beilegung von Streitigkeiten zwischen ihnen weiterzuentwickeln.

4. Internationaler Terrorismus, gewalttätiger Extremismus, organisiertes Verbrechen und Drogenhandel stellen in steigendem Maße Sicherheitsrisiken dar. Terrorismus ist, was immer seine Beweggründe sein mögen, in all seinen Formen und Äußerungen unannehmbar. Wir werden uns verstärkt bemühen zu verhindern, dass in unseren Hoheitsgebieten terroristische Handlungen vorbereitet und finanziert werden oder Terroristen Zuflucht gewährt wird. Die maßlose und destabilisierende Anhäufung und unkontrollierte Verbreitung von Kleinwaffen und leichten Waffen stellt eine Bedrohung für den Frieden und die Sicherheit dar. Wir sind entschlossen, unsere Schutzmaßnahmen gegen diese neuen Risiken und Herausforderungen zu verstärken; Grundlage dieses Schutzes sind starke demokratische Institutionen und die Rechtsstaatlichkeit. Wir sind außerdem entschlossen, untereinander aktiver und enger zusammenzuarbeiten, um diesen Herausforderungen zu begegnen.

5. Akute Wirtschaftsprobleme und die Schädigung der Umwelt können gravierende Folgen für unsere Sicherheit haben. Die Zusammenarbeit in den Bereichen Wirtschaft, Wissenschaft, Technik und Umwelt sind daher von größter Bedeutung. Wir werden energischer auf solche Bedrohungen reagieren, sowohl in Form fortgesetzter Reformen im Wirtschafts- und Umwelt-

bereich und stabiler und transparenter Rahmenbedingungen für die Wirtschaft als auch durch die Förderung der Marktwirtschaft unter gebührender Berücksichtigung wirtschaftlicher und sozialer Rechte. Wir registrieren mit großer Anerkennung den in der Geschichte einmaligen wirtschaftlichen Reformprozess, der in vielen Teilnehmerstaaten im Gange ist. Wir ermutigen sie zur Weiterführung dieser Reformen, die zu Sicherheit und Wohlstand im gesamten OSZE-Gebiet beitragen werden. Wir werden in allen Dimensionen der OSZE verstärkte Anstrengungen im Kampf gegen die Korruption und zur Förderung der Rechtsstaatlichkeit unternehmen.

6. Wir bestätigen, dass die Sicherheit in nahe gelegenen Gebieten insbesondere im Mittelmeerraum sowie in Gebieten, die in direkter Nähe zu Teilnehmerstaaten wie jenen in Zentralasien liegen, für die OSZE von immer größerer Bedeutung ist. Wir erkennen an, dass sich aus einer Instabilität in diesen Gebieten Probleme ergeben, die unmittelbare Folgen für die Sicherheit und den Wohlstand der OSZE-Staaten haben.

II. Unser gemeinsames Fundament

7. Wir bekräftigen unser uneingeschränktes Bekenntnis zur Charta der Vereinten Nationen sowie zur Schlussakte von Helsinki, zur Charta von Paris und zu allen anderen OSZE-Dokumenten, denen wir zugestimmt haben. Diese Dokumente stellen unsere gemeinsamen Verpflichtungen dar und sind die Grundlage unserer Arbeit. Sie haben uns geholfen, der Konfrontation in Europa ein Ende zu setzen und im gesamten OSZE-Gebiet ein neues Zeitalter der Demokratie, des Friedens und der Solidarität einzuläuten. Sie geben eindeutige Standards für den Umgang der Teilnehmerstaaten miteinander und mit allen Menschen in ihrem Hoheitsgebiet vor. Alle OSZE-Verpflichtungen gelten ausnahmslos und gleichermaßen für jeden Teilnehmerstaat. Ihre Umsetzung in gutem

Glauben ist unerlässlich für die Beziehungen zwischen den Staaten, zwischen den Regierungen und ihren Völkern sowie zwischen den Organisationen, denen sie angehören. Die Teilnehmerstaaten schulden ihren Bürgern Rechenschaft und sind einander verantwortlich für die Durchführung ihrer OSZE-Verpflichtungen. Wir betrachten diese Verpflichtungen als unsere gemeinsame Errungenschaft und somit als Angelegenheiten, die für alle Teilnehmerstaaten unmittelbare und legitime Anliegen sind.
Wir bekräftigen, dass die OSZE eine regionale Abmachung im Sinne von Kapitel VIII der Charta der Vereinten Nationen und eine der wichtigsten Organisationen für die friedliche Beilegung von Streitigkeiten innerhalb ihrer Region sowie ein Hauptinstrument für Frühwarnung, Konfliktverhütung, Krisenbewältigung und die Normalisierung der Lage nach Konflikten ist. Die OSZE ist die umfassende Organisation für Konsultation, Beschlussfassung und Zusammenarbeit in ihrer Region.
8. Jeder Teilnehmerstaat hat dasselbe Recht auf Sicherheit. Wir bekräftigen das jedem Teilnehmerstaat innewohnende Recht, seine Sicherheitsvereinbarungen einschließlich von Bündnisverträgen frei zu wählen oder diese im Laufe ihrer Entwicklung zu verändern. Jeder Staat hat auch das Recht auf Neutralität. Jeder Teilnehmerstaat wird diesbezüglich die Rechte aller anderen achten. Sie werden ihre Sicherheit nicht auf Kosten der Sicherheit anderer Staaten festigen. Innerhalb der OSZE kommt keinem Staat, keiner Staatengruppe oder Organisation mehr Verantwortung für die Erhaltung von Frieden und Stabilität im OSZE-Gebiet zu als anderen, noch kann einer/eine von ihnen irgendeinen Teil des OSZE-Gebiets als seinen/ihren Einflussbereich betrachten.
9. Wir werden unsere Beziehungen im Einklang mit dem Konzept der gemeinsamen und umfassenden Sicherheit gestalten, im Sinne von gleichberechtigter Partnerschaft, Solidarität

und Transparenz. Die Sicherheit jedes Teilnehmerstaats ist untrennbar mit der Sicherheit aller anderen verbunden. Wir werden uns mit der menschlichen, wirtschaftlichen, politischen und militärischen Dimension der Sicherheit als einem unteilbaren Ganzen befassen.

10. Wir werden den Konsens als Grundlage der Beschlussfassung in der OSZE weiterhin beibehalten. Die Flexibilität und Fähigkeit der OSZE, rasch auf ein politisches Umfeld im Wandel zu reagieren, sollte wie bisher das Kernstück des kooperativen und umfassenden Herangehens der OSZE an die gemeinsame und unteilbare Sicherheit sein.

11. Wir anerkennen die Hauptverantwortung des Sicherheitsrates der Vereinten Nationen für die Aufrechterhaltung des Weltfriedens und der internationalen Sicherheit und seine unverzichtbare Rolle für die Sicherheit und Stabilität in unserer Region. Wir bekräftigen unsere Rechte und Pflichten aus der Charta der Vereinten Nationen, einschließlich unserer Verpflichtung in der Frage der Nichtanwendung von Gewalt oder der Androhung von Gewalt. Diesbezüglich bekräftigen wir ferner unsere Verpflichtung, die friedliche Beilegung von Streitigkeiten anzustreben, wie dies in der Charta der Vereinten Nationen festgeschrieben ist.

Auf dieser Grundlage werden wir unsere gemeinsame Reaktion und unsere gemeinsamen Instrumente stärken, um den Herausforderungen, mit denen wir konfrontiert sind, wirksamer entgegentreten zu können.

III. Unsere Gemeinsame Reaktion

Zusammenarbeit mit anderen Organisationen:
die Plattform für kooperative Sicherheit

12. Den Risiken und Herausforderungen, mit denen wir heute konfrontiert sind, ist ein einzelner Staat oder eine einzelne

Organisation nicht gewachsen. Im Verlauf des letzten Jahrzehnts haben wir große Anstrengungen unternommen, um einen neue Zusammenarbeit zwischen der OSZE und anderen internationalen Organisationen zu begründen. Wir bekennen uns zu einer noch engeren Zusammenarbeit zwischen den internationalen Organisationen, um die Ressourcen der internationalen Gemeinschaft bestmöglich nutzen zu können.

Wir verpflichten uns, durch die Plattform für kooperative Sicherheit, die hiermit als wesentliches Element dieser Charta angenommen wird, die Zusammenarbeit mit den zuständigen Organisationen auf der Basis der Gleichberechtigung und im Geiste der Partnerschaft weiter zu verstärken und zu vertiefen. Die Prinzipien der Plattform für kooperative Sicherheit, die in dem Beschlussdokument in der Anlage zu dieser Charta niedergelegt sind, gelten für jede Organisation oder Institution, deren Mitglieder einzeln und gemeinsam beschließen, sich an diese Prinzipien zu halten. Sie gelten für alle Dimensionen der Sicherheit: die politisch-militärische, die menschliche und die wirtschaftliche. Mit dieser Plattform wollen wir auf der Grundlage gemeinsamer Werte für politische und operative Kohärenz zwischen den vielen verschiedenen Gremien sorgen, die sich mit Sicherheit beschäftigen, sowohl im Umgang mit konkreten Krisen als auch bei der Festlegung, wie auf neue Risiken und Herausforderungen reagiert werden soll. In Anerkennung der integrativen Schlüsselrolle, die die OSZE spielen kann, bieten wir die OSZE gegebenenfalls als einen flexiblen Koordinierungsrahmen für Zusammenarbeit an, in dem verschiedene Organisationen ausgehend von ihren jeweiligen Stärken einen Synergieeffekt erzielen können. Wir beabsichtigen nicht, eine Hierarchie der Organisationen oder eine ständige Arbeitsteilung zwischen ihnen zu begründen.

Wir sind grundsätzlich bereit, die Ressourcen der internationalen Organisationen und Institutionen, denen wir angehören, vorbehaltlich der von Fall zu Fall erforderlichen politischen Entscheidungen zur Unterstützung der Arbeit der OSZE einzusetzen.

13. Die subregionale Zusammenarbeit hat sich zu einem wichtigen Element für die Stärkung der Sicherheit im gesamten OSZE-Gebiet entwickelt. Prozesse wie der Stabilitätspakt für Südosteuropa, der unter die Schirmherrschaft der OSZE gestellt wurde, dienen der Förderung unserer gemeinsamen Werte. Sie tragen nicht nur in der betreffenden Subregion, sondern im ganzen OSZE-Gebiet zur Verbesserung der Sicherheit bei. Wir bieten die OSZE im Einklang mit der Plattform für kooperative Sicherheit als ein Forum für subregionale Zusammenarbeit an. In diesem Zusammenhang wird die OSZE im Einklang mit den im Beschlussdokument festgelegten Modalitäten den Informations- und Erfahrungsaustausch zwischen subregionalen Gruppen erleichtern; sie kann auf Ersuchen deren jeweilige Verträge und Übereinkommen entgegennehmen und verwahren.

Solidarität und Partnerschaft

14. Der beste Garant für Frieden und Sicherheit in unserer Region sind die Bereitschaft und die Fähigkeit jedes Teilnehmerstaats, die Demokratie und die Rechtsstaatlichkeit zu wahren und die Menschenrechte zu achten. Wir bekräftigen jeder für sich unsere Bereitschaft, uns voll und ganz an unsere Verpflichtungen zu halten. Wir tragen aber auch gemeinsam die Verantwortung für die Einhaltung der OSZE-Prinzipien. Deshalb sind wir entschlossen, innerhalb der OSZE und mit ihren Institutionen und Vertretern zusammenzuarbeiten, und wir sind bereit, von den Instrumenten und Mechanismen der OSZE Gebrauch zu machen. Wir werden im Geiste der Solidarität und der Partnerschaft gemeinsam für die laufende Überprüfung und Durchführung sorgen. Wir verpflichten uns heute zu gemeinsamen Maßnahmen auf der Grundlage der Zusammenarbeit – sowohl innerhalb der OSZE als auch in

den Organisationen, denen wir angehören –, um den Teilnehmerstaaten Hilfe zur Verbesserung ihrer Einhaltung der OSZE-Prinzipien und -Verpflichtungen anzubieten. Wir werden vorhandene Instrumente der Zusammenarbeit stärken und neue entwickeln, um wirksam auf Hilfeersuchen von Teilnehmerstaaten reagieren zu können. Wir werden nach Möglichkeiten suchen, die Effizienz der Organisation in Fällen eindeutiger, grober und nicht behobener Verletzungen dieser Prinzipien und Verpflichtungen weiter zu erhöhen.

15. Wir sind entschlossen, Mittel und Wege zu prüfen, wie wir Teilnehmerstaaten helfen können, die in Fällen des Zusammenbruchs von Recht und Ordnung in ihrem Land um Hilfe ersuchen. Wir werden gemeinsam die jeweiligen Umstände sowie Möglichkeiten prüfen, wie dem betreffenden Staat geholfen werden kann.

16. Wir bekräftigen die Gültigkeit des Verhaltenskodex zu politisch-militärischen Aspekten der Sicherheit. Wir werden im Einklang mit unseren OSZE-Verantwortlichkeiten mit einem Teilnehmerstaat, der bei der Wahrnehmung seines Rechts auf individuelle oder kollektive Selbstverteidigung Beistand sucht, umgehend Gespräche aufnehmen, wenn dessen Souveränität, territoriale Integrität und politische Unabhängigkeit bedroht sind. Wir werden gemeinsam die Art der Bedrohung erörtern und Aktionen erwägen, die zur Verteidigung unserer gemeinsamen Werte eventuell erforderlich sein können.

Unsere Institutionen

17. Die Parlamentarische Versammlung hat sich zu einer der wichtigsten OSZE-Institutionen entwickelt, die ständig neue Ideen und Vorschläge hervorbringt. Wir begrüßen diese zunehmende Rolle, insbesondere im Bereich der demokratischen Entwicklung und der Wahlüberwachung. Wir rufen die Parlamentarische Versammlung dazu auf, ihre Aktivitäten als wesentliches Element in unseren Bemühungen um die Förderung der

Demokratie, des Wohlstands und des wachsenden Vertrauens innerhalb der Teilnehmerstaaten und zwischen ihnen weiter auszubauen.

18. Das Büro für demokratische Institutionen und Menschenrechte (BDIMR), der Hohe Kommissar für nationale Minderheiten (HKNM) und der Beauftragte für Medienfreiheit sind wesentliche Instrumente zur Gewährleistung der Achtung der Menschenrechte, der Demokratie und der Rechtsstaatlichkeit. Das OSZE-Sekretariat leistet dem Amtierenden Vorsitzenden und für die Aktivitäten unserer Organisation insbesondere vor Ort wertvolle Hilfe. Wir werden auch die operativen Fähigkeiten des OSZE-Sekretariats weiter verstärken, damit es mit der Ausweitung unserer Aktivitäten Schritt halten kann und um sicherzustellen, dass die Feldoperationen effizient und im Einklang mit ihren Mandaten und Vorgaben erfolgen.

Wir sagen den OSZE-Institutionen unsere volle Unterstützung zu. Wir verweisen nachdrücklich auf die Wichtigkeit einer engen Zusammenarbeit zwischen den OSZE-Institutionen und zwischen unseren Feldoperationen, damit unsere gemeinsamen Ressourcen optimal genutzt werden. Wir werden bei der Einstellung von Personal für OSZE-Institutionen und -Feldoperationen die Notwendigkeit der geographischen Streuung und der Ausgewogenheit zwischen den Geschlechtern berücksichtigen.

Wir stellen fest, dass sich die OSZE-Aktivitäten enorm entwickelt und diversifiziert haben. Wir sind uns der Tatsache bewusst, dass eine große Anzahl von OSZE-Teilnehmerstaaten nicht in der Lage war, den Beschluss des Ratstreffens von Rom 1993 umzusetzen, und dass die fehlende Rechtsfähigkeit der Organisation zu Schwierigkeiten führen kann. Wir werden uns bemühen, diesbezüglich Abhilfe zu schaffen.

Die menschliche Dimension

19. Wir bekräftigen, dass die Achtung der Menschenrechte

und Grundfreiheiten, der Demokratie und Rechtsstaatlichkeit der Grundpfeiler des umfassenden Sicherheitskonzepts der OSZE ist. Wir verpflichten uns, einer Bedrohung der Sicherheit etwa durch Verletzung der Menschenrechte und Grundfreiheiten, einschließlich der Gedanken-, Gewissens-, Religions- und Überzeugungsfreiheit, und Äußerungen der Intoleranz, des aggressiven Nationalismus, des Rassismus, des Chauvinismus, der Fremdenfeindlichkeit und des Antisemitismus entschlossen entgegenzutreten. Der Schutz und die Förderung der Rechte von Angehörigen nationaler Minderheiten sind wesentliche Faktoren für Demokratie, Frieden, Gerechtigkeit und Stabilität innerhalb der Teilnehmerstaaten und zwischen ihnen. Diesbezüglich bekräftigen wir unsere Verpflichtungen, insbesondere nach den einschlägigen Bestimmungen des Kopenhagener Dokuments 1990 zur menschlichen Dimension, und verweisen auf den Bericht des Genfer Expertentreffens über nationale Minderheiten 1991. Die uneingeschränkte Achtung der Menschenrechte, einschließlich der Rechte von Angehörigen nationaler Minderheiten, ist nicht nur ein Ziel an sich; sie höhlt die territoriale Integrität und die Souveränität keineswegs aus, sondern stärkt sie vielmehr. Verschiedene Konzepte der Autonomie sowie andere in den oben genannten Dokumenten dargestellte Lösungsansätze im Einklang mit den OSZE-Prinzipien bieten sich für die Bewahrung und Förderung der ethnischen, kulturellen, sprachlichen und religiösen Identität nationaler Minderheiten innerhalb eines gegebenen Staates an.

Wir verurteilen jede Gewalt gegen eine Minderheit. Wir versprechen, Maßnahmen zur Förderung der Toleranz und zur Errichtung pluralistischer Gesellschaften zu ergreifen, in denen alle Angehörigen nationaler Minderheiten ungeachtet ihrer ethnischen Herkunft volle Chancengleichheiten genießen. Wir betonen, dass Fragen nationaler Minderheiten nur in einem demokratischen politischen Rahmen auf der Grundlage der

Rechtsstaatlichkeit zufriedenstellend gelöst werden können. Wir bekräftigen, dass jedermann das Recht auf eine Staatsangehörigkeit hat und niemandem seine Staatsangehörigkeit willkürlich entzogen werden sollte. Wir verpflichten uns, weiterhin danach zu trachten, dass jedermann dieses Recht ausüben kann. Wir verpflichten uns ferner, den völkerrechtlichen Schutz Staatenloser zu fördern.

20. Wir sind uns der besonderen Schwierigkeiten der Roma und Sinti bewusst und erkennen die Notwendigkeit an, wirksame Maßnahmen zu ergreifen, um für Angehörige der Roma und Sinti im Einklang mit den OSZE-Verpflichtungen volle Chancengleichheit zu verwirklichen. Wir werden verstärkte Anstrengungen unternehmen, um sicherzustellen, dass Roma und Sinti an unserer Gesellschaft uneingeschränkt und gleichberechtigt teilnehmen können, und um ihre Diskriminierung ein für allemal zu beseitigen.

21. Wir haben den festen Willen, Folter und grausame, unmenschliche oder erniedrigende Behandlung oder Bestrafung im gesamten OSZE-Gebiet auszumerzen. Zu diesem Zweck werden wir uns für Rechtsvorschriften einsetzen, die formelle und materielle Absicherungen und Handhaben zur Bekämpfung solcher Praktiken vorsehen. Wir werden den Opfern helfen und gegebenenfalls mit einschlägigen internationalen Organisationen und nichtstaatlichen Organisationen zusammenarbeiten.

22. Wir lehnen jede Politik der ethnischen Säuberung oder Massenvertreibung strikt ab. Wir bekräftigen unsere Verpflichtung, das Recht auf Asylsuche zu achten und den völkerrechtlichen Schutz von Flüchtlingen im Sinne der Konvention von 1951 über die Rechtsstellung der Flüchtlinge und ihres Protokolls von 1967 zu gewährleisten und die freiwillige Rückkehr von Flüchtlingen und Binnenvertriebenen in Würde und Sicherheit zu erleichtern. Wir werden uns ohne Diskriminierung für die Wiedereingliederung der Flüchtlinge und Bin-

nenvertriebenen an ihren Herkunftsorten einsetzen. Zur Verbesserung des Schutzes von Zivilpersonen in Konfliktzeiten werden wir nach Mitteln und Wegen suchen, um die Umsetzung des humanitären Völkerrechts zu verbessern.

23. Frauen müssen ihre Menschenrechte in vollem Umfang und gleichberechtigt ausüben können, damit ein friedlicheres, wohlhabenderes und demokratischeres OSZE-Gebiet entsteht. Wir sind entschlossen, die Gleichstellung von Männern und Frauen zum Bestandteil unserer Politik zu machen, sowohl in unseren Staaten als auch innerhalb der Organisation.

24. Wir werden Maßnahmen ergreifen, um jede Form der Diskriminierung von Frauen zu beseitigen und der Gewalt gegen Frauen und Kinder, der sexuellen Ausbeutung und jeder Form des Menschenhandels ein Ende zu setzen. Um derartige Verbrechen zu verhüten, werden wir unter anderem für die Verabschiedung oder Verschärfung von Gesetzen eintreten, die die Täter zur Verantwortung ziehen und den Opferschutz verbessern. Wir werden ferner Maßnahmen erarbeiten und umsetzen, um die Rechte und Interessen von Kindern in bewaffneten Konflikten und nach Konflikten, einschließlich von Kinderflüchtlingen und Kindervertriebenen, zu fördern. Wir werden Möglichkeiten prüfen, wie die Zwangs- oder Pflichtrekrutierung von Jugendlichen unter 18 Jahren zum Einsatz in bewaffneten Konflikten verhindert werden kann.

25. Wir bekräftigen unsere Verpflichtung, freie und faire Wahlen im Einklang mit den OSZE-Verpflichtungen – insbesondere dem Kopenhagener Dokument 1990 – abzuhalten. Wir erkennen die Hilfe an, die das BDIMR den Teilnehmerstaaten bei der Ausarbeitung und Umsetzung von Wahlgesetzen anbieten kann. Im Sinne dieser Verpflichtungen werden wir Beobachter aus anderen Teilnehmerstaaten, dem BDIMR, der Parlamentarischen Versammlung und geeigneten Institutionen und Organisationen einladen, die die Abhaltung von Wahlen in unseren Ländern beobachten wollen. Wir kommen überein, den

Wahlbeurteilungen und Empfehlungen des BDIMR umgehend Folge zu leisten.

26. Wir bekräftigen die Bedeutung unabhängiger Medien und des freien Informationsflusses sowie des Zugangs der Öffentlichkeit zu Informationen. Wir verpflichten uns, alle notwendigen Schritte zu unternehmen, um die Grundvoraussetzungen für freie und unabhängige Medien sowie für den unbehinderten Informationsfluss über Landesgrenzen hinweg und innerhalb der Staaten zu schaffen, die wir als wesentliche Komponente einer demokratischen, freien und offenen Gesellschaft betrachten.

27. Nichtstaatliche Organisationen (NGOs) können bei der Förderung der Menschenrechte, der Demokratie und der Rechtsstaatlichkeit eine äußerst wichtige Rolle spielen. Sie sind fester Bestandteil einer starken Bürgergesellschaft. Wir versprechen, die Fähigkeit der NGOs so zu stärken, dass sie ihren vollen Beitrag zur weiteren Entwicklung der Bürgergesellschaft und der Achtung der Menschenrechte und Grundfreiheiten leisten können.

Die politisch-militärische Dimension

28. Die politisch-militärischen Aspekte der Sicherheit sind und bleiben lebenswichtig für die Interessen der Teilnehmerstaaten. Sie sind ein Kernstück des umfassenden Sicherheitskonzepts der OSZE. Abrüstung, Rüstungskontrolle und vertrauens- und sicherheitsbildende Maßnahmen (VSBM) sind wichtige Teile der Bemühungen zur Stärkung der Sicherheit durch die Festigung von Stabilität, Transparenz und Vorhersehbarkeit im militärischen Bereich. Die volle Umsetzung, die rechtzeitige Anpassung und nötigenfalls die Weiterentwicklung von Rüstungskontrollvereinbarungen und VSBM leisten einen wesentlichen Beitrag zu unserer politischen und militärischen Stabilität.

29. Der Vertrag über konventionelle Streitkräfte in Europa

(KSE) muss ein Eckpfeiler der europäischen Sicherheit bleiben. Er hat zu einer erheblichen Verringerung der Rüstungsniveaus geführt. Er trägt grundlegend zu einem sichereren und integrierteren Europa bei. Die Vertragsstaaten setzen einen außerordentlich wichtigen Schritt. Der Vertrag wird durch die Anpassung seiner Bestimmungen gestärkt, um mehr Stabilität, Vorhersehbarkeit und Transparenz unter geänderten Umständen zu gewährleisten. Eine Reihe von Vertragsstaaten wird ihr Rüstungsniveau weiter absenken. Der angepasste Vertrag wird nach Inkrafttreten für den freiwilligen Beitritt anderer OSZE-Teilnehmerstaaten im Gebiet zwischen dem Atlantischen Ozean und dem Uralgebirge offen stehen und damit einen wichtigen zusätzlichen Beitrag zur europäischen Stabilität und Sicherheit leisten.

30. Das Wiener Dokument 1999 der OSZE bietet gemeinsam mit anderen Dokumenten, die vom Forum für Sicherheitskooperation (FSK) zu politisch-militärischen Aspekten der Sicherheit verabschiedet wurden, allen Teilnehmerstaaten der OSZE ein wertvolles Instrumentarium zur Stärkung des gegenseitigen Vertrauens und der militärischen Transparenz. Wir werden alle OSZE-Instrumente in diesem Bereich regelmäßig nutzen und voll umsetzen und für ihre rechtzeitige Anpassung sorgen, um den Sicherheitsbedürfnissen im OSZE-Gebiet in angemessener Weise Rechnung zu tragen. Wir bekennen uns unverändert zu den Prinzipien des Verhaltenskodex zu politisch-militärischen Aspekten der Sicherheit. Wir sind entschlossen, innerhalb des FSK weitere Anstrengungen zu unternehmen, um miteinander gemeinsame Sicherheitsanliegen der Teilnehmerstaaten zu behandeln und das OSZE-Konzept der umfassenden und unteilbaren Sicherheit, soweit es die politisch-militärische Dimension betrifft, weiter voran zu bringen. Wir werden auch weiterhin einen substanziellen Sicherheitsdialog führen und unsere Vertreter beauftragen, diesen Dialog im Rahmen des FSK zu führen.

Die ökonomische und ökologische Dimension

31. Die Verbindung zwischen Sicherheit, Demokratie und Wohlstand tritt im OSZE-Gebiet immer deutlicher zutage, ebenso wie das Sicherheitsrisiko durch Umweltschäden und den Raubbau an natürlichen Ressourcen. Wirtschaftliche Freiheit, soziale Gerechtigkeit und Verantwortungsbewusstsein gegenüber der Umwelt sind für den Wohlstand unerlässlich. Angesichts dieser Zusammenhänge werden wir sicherstellen, dass die wirtschaftliche Dimension entsprechenden Raum erhält, insbesondere als ein Element unserer Frühwarn- und Konfliktverhütungsarbeit. Dabei werden wir unter anderem bemüht sein, die Einbindung der Reformländer in die Weltwirtschaft zu fördern und die Rechtsstaatlichkeit und die Entwicklung eines transparenten und stabilen Rechtssystems im Wirtschaftsbereich sicherzustellen.

32. Kennzeichnend für die OSZE sind ihr großer Teilnehmerkreis, ihr umfassender Sicherheitsbegriff, ihre zahlreichen Feldoperationen und ihre lange Geschichte als normsetzende Organisation. Diese Merkmale versetzen sie in die Lage, Bedrohungen zu erkennen und als Katalysator für die Zusammenarbeit zwischen wichtigen internationalen Organisationen und Institutionen im Wirtschafts- und Umweltbereich zu fungieren. Die OSZE ist bereit, diese Rolle zu spielen, wo immer dies angebracht ist. Wir werden diese Koordination zwischen der OSZE und einschlägigen internationalen Organisationen im Einklang mit der Plattform für kooperative Sicherheit fördern. Wir werden die Fähigkeit der OSZE stärken, sich mit Fragen der Wirtschaft und der Umwelt in einer Weise auseinander zu setzen, dass dabei weder Überschneidungen mit der Arbeit anderer Organisationen stattfinden noch Bemühungen unternommen werden, für die andere Organisationen besser geeignet sind. Wir werden uns auf Gebiete konzentrieren, in denen die OSZE über bessere Kompetenz verfügt. Die Arbeit der OSZE in der menschlichen Dimension hat weitreichende wirtschaftliche

Konsequenzen – was auch umgekehrt gilt –, zum Beispiel durch die Mobilisierung menschlicher Ressourcen und Talente und durch ihren Beitrag zum Aufbau einer lebendigen Bürgergesellschaft. Im Geiste der Århus-Konvention von 1998 über den Zugang zu Informationen, die Öffentlichkeitsbeteiligung an Entscheidungsverfahren und den Zugang zu Gerichten in Umweltangelegenheiten werden wir insbesondere danach trachten, den Zugang zu Informationen, die Teilnahme der Öffentlichkeit am Entscheidungsprozess und den Zugang zu Gerichten in Umweltangelegenheiten sicherzustellen.

Rechtsstaatlichkeit und der Kampf gegen die Korruption
33. Wir bekräftigen unser Bekenntnis zur Rechtsstaatlichkeit. Wir sind uns der Tatsache bewusst, dass die Korruption eine große Bedrohung für die gemeinsamen Werte der OSZE darstellt. Sie schafft Instabilität und betrifft viele Aspekte der Sicherheitsdimension sowie der wirtschaftlichen und der menschlichen Dimension. Die Teilnehmerstaaten verpflichten sich, ihre Bemühungen im Kampf gegen die Korruption und die Verhältnisse, die sie begünstigen, zu verstärken und sich für einen positiven Rahmen für verantwortungsvolle Staatsführung und Integrität im staatlichen Bereich einsetzen. Sie werden von vorhandenen internationalen Rechtsdokumenten besser Gebrauch machen und einander in ihrem Kampf gegen die Korruption unterstützen. Als Teil ihrer Arbeit zur Förderung der Rechtsstaatlichkeit wird die OSZE mit NGOs zusammenarbeiten, die einem von der Öffentlichkeit und der Wirtschaft getragenen Wunsch nach der Bekämpfung korrupter Praktiken verpflichtet sind.

IV. Unsere gemeinsamen Instrumente

Stärkung unseres Dialogs
34. Wir sind entschlossen, unseren Dialog über Entwicklun-

gen bezüglich aller Sicherheitsaspekte im OSZE-Gebiet auszuweiten und zu vertiefen. Wir beauftragen den Ständigen Rat und das FSK, sich in ihrem jeweiligen Zuständigkeitsbereich eingehender mit den Sicherheitsanliegen der Teilnehmerstaaten auseinander zu setzen und das OSZE-Konzept der umfassenden und unteilbaren Sicherheit weiter zu verfolgen.

35. Der Ständige Rat wird sich als reguläres Gremium für politische Konsultation und Beschlussfassung mit der gesamten Bandbreite von Grundsatzfragen und mit dem täglichen Arbeitsablauf der Organisation befassen. Als Hilfestellung für seine Beratungen und Beschlussfassung und zur Stärkung des politischen Konsultationsprozesses und der Transparenz innerhalb der Organisation werden wir einen Vorbereitungsausschuss unter der Leitung des Ständigen Rates einrichten. Dieser allen Teilnehmerstaaten offenstehende Ausschuss wird in der Regel informell zusammentreten und vom Rat oder Ratsvorsitzenden mit Erörterungen und der Berichterstattung an den Rat betraut werden.

36. Im Geiste unserer Solidarität und Partnerschaft werden wir auch unseren politischen Dialog stärken, um Teilnehmerstaaten Hilfestellung anzubieten, wodurch die Einhaltung der OSZE-Verpflichtungen sichergestellt werden soll. Um diesen Dialog zu fördern, haben wir beschlossen, im Einklang mit etablierten Regeln und Praktiken unter anderem von folgenden OSZE-Instrumenten verstärkt Gebrauch zu machen:

- Entsendung von Delegationen aus OSZE-Institutionen, gegebenenfalls unter Beteiligung anderer einschlägiger internationaler Organisationen, die bei Reformen der Gesetzgebung und der geübten Praxis Beratung und Expertenwissen einbringen;
- Entsendung Persönlicher Beauftragter des Amtierenden Vorsitzenden zu Sondierungs- und Beratungsmissionen im Einvernehmen mit dem betroffenen Staat;
- Vermittlung von Treffen zwischen Vertretern der OSZE und

betroffener Staaten, um Fragen im Zusammenhang mit der Einhaltung von OSZE-Verpflichtungen zu erörtern;

- Veranstaltung von Schulungskursen zur Verbesserung der Standards und Verfahren, unter anderem im Bereich der Menschenrechte, der Demokratisierung und der Rechtsstaatlichkeit;
- Behandlung von Fragen der Einhaltung von OSZE-Verpflichtungen auf Überprüfungstreffen und -konferenzen der OSZE sowie im Wirtschaftsforum;
- Befassung des Ständigen Rates mit derartigen Fragen, unter anderem auf der Grundlage von Empfehlungen der OSZE-Institutionen im Rahmen ihres jeweiligen Mandats oder Persönlicher Beauftragter des Amtierenden Vorsitzenden;
- Einberufung von Sondersitzungen oder weiteren Sitzungen des Ständigen Rates, um Fragen der Nichteinhaltung von OSZE-Verpflichtungen zu erörtern und Beschlüsse über geeignete Vorgehensweisen zu fassen;
- Einrichtung von Feldoperationen mit Zustimmung des betroffenen Staates.

Feldoperationen der OSZE

37. Der Ständige Rat wird Feldoperationen einrichten. Er wird ihre Mandate und ihre Haushaltspläne beschließen. Ausgehend davon werden der Ständige Rat und der Amtierende Vorsitzende Leitlinien für diese Einsätze festlegen.

38. Die Entwicklung der Feldoperationen der OSZE stellt eine wesentliche Veränderung der Organisation dar, die es der OSZE ermöglicht, bei der Förderung des Friedens, der Sicherheit und der Einhaltung der OSZE-Verpflichtungen eine gewichtigere Rolle zu spielen. Auf der Grundlage unserer bisherigen Erfahrungen werden wir dieses Instrument weiter ausbauen und stärken, um im Einklang mit dem jeweiligen Mandat Aufgaben wahrzunehmen, die unter anderem Folgendes beinhalten werden:

- Hilfestellung und Beratung beziehungsweise Ausarbeitung von Empfehlungen in Bereichen, die von der OSZE und dem Gastland vereinbart werden;
- Beobachtung der Einhaltung von OSZE-Verpflichtungen und Beratung oder Empfehlungen im Hinblick auf eine bessere Umsetzung;
- Hilfestellung bei der Organisation und Überwachung von Wahlen;
- Unterstützung für die Vorherrschaft des Rechts und für demokratische Institutionen sowie für die Wahrung und Wiederherstellung von Recht und Ordnung;
- Hilfe bei der Schaffung von Voraussetzungen für Verhandlungen oder andere Maßnahmen, die die friedliche Beilegung von Konflikten erleichtern könnten;
- Verifikation und/oder Hilfe bei der Einhaltung von Vereinbarungen über die friedliche Beilegung von Konflikten;
- Unterstützung bei der Wiederherstellung normaler Verhältnisse und beim Wiederaufbau verschiedener Aspekte der Gesellschaft.

39. Bei der Einstellung von Mitarbeitern für Feldoperationen muss gewährleistet sein, dass die Teilnehmerstaaten qualifiziertes Personal zur Verfügung stellen. Die Ausbildung des Personals ist ein wichtiger Aspekt für die Steigerung der Leistungsfähigkeit der OSZE und ihrer Feldoperationen und wird daher verbessert werden In den OSZE-Teilnehmerstaaten vorhandene Ausbildungseinrichtungen könnten ebenso wie Schulungsaktivitäten der OSZE, gegebenenfalls in Zusammenarbeit mit anderen Organisationen und Institutionen, eingesetzt werden, um dieses Ziel zu erreichen.

40. Entsprechend der Plattform für kooperative Sicherheit wird die Zusammenarbeit zwischen der OSZE und anderen internationalen Organisationen bei Feldoperationen verstärkt. Dies wird unter anderem durch gemeinsame Projekte mit anderen Partnern erfolgen, insbesondere dem Europarat, wo-

durch die OSZE deren Expertenwissen nutzen kann, die Identität und die Beschlussfassungsverfahren jeder beteiligten Organisation jedoch gewahrt bleiben.

41. Das Gastland einer OSZE-Feldoperation sollte gegebenenfalls in seinem Verantwortungsbereich beim Aufbau eigener Fähigkeiten und eigener Kompetenz unterstützt werden. Dadurch würde eine effiziente Übertragung der Einsatzaufgaben an das Gastland und somit die Beendigung der Feldoperationen erleichtert.

Schnelle Reaktion (REACT)

42. Wir sind uns der Tatsache bewusst, dass die Fähigkeit, ziviles und polizeiliches Expertenwissen rasch zum Einsatz zu bringen, für die wirksame Konfliktverhütung, die wirksame Krisenbewältigung und die erfolgreiche Normalisierung der Lage nach Konflikten ausschlaggebend ist. Wir haben den festen Willen, innerhalb der Teilnehmerstaaten und der OSZE die Fähigkeit zu schaffen, »Schnelle Einsatztruppen für Expertenhilfe und Kooperation« (REACT) einzurichten, auf die die OSZE zurückgreifen kann. Dadurch können die OSZE-Gremien und -Institutionen entsprechend ihren jeweiligen Verfahren OSZE-Teilnehmerstaaten umgehend Experten anbieten, um im Einklang mit den OSZE-Normen Hilfestellung bei Konfliktverhütung, Krisenbewältigung und der Normalisierung der Lage nach Konflikten zu leisten. Diese rasch einsatzbereiten Ressourcen werden ein breites Spektrum an zivilem Expertenwissen abdecken.

Dank dieser Ressourcen werden wir uns mit Problemen befassen können, ehe sie das Ausmaß einer Krise annehmen, und die zivile Komponente einer friedenserhaltenden Operation wenn nötig rasch zum Einsatz bringen. Diese Gruppen könnten auch als Kapazitätsreserve verwendet werden und der OSZE die rasche Entsendung von Groß- oder Sondereinsätzen erleichtern. Wir gehen davon aus, dass sich REACT parallel zu anderen OSZE-Fähigkeiten weiterentwickelt, um mit den Anforderungen der Organisation Schritt zu halten.

Einsatzzentrale

43. Eine rasche Entsendung ist wichtig, wenn die OSZE effizient im Rahmen unserer Bemühungen um Konfliktverhütung, Krisenbewältigung und die Normalisierung der Lage nach Konflikten tätig werden soll; sie verlangt eine gründliche Vorbereitung und Planung. Um diese zu erleichtern, beschließen wir, im Konfliktverhütungszentrum eine Einsatzzentrale mit einem kleinen Mitarbeiterstab einzurichten, der fachlich alle Arten von OSZE-Einsätzen abdeckt und bei Bedarf rasch aufgestockt werden kann. Diese Einsatzzentrale wird Feldoperationen planen und entsenden, darunter auch Operationen unter Einsatz von REACT-Ressourcen. Sie wird gemäß der Plattform für kooperative Sicherheit nach Bedarf Verbindung mit anderen internationalen Organisationen und Institutionen halten.

Bei den wenigen ständigen Mitarbeitern der Zentrale wird es sich nach Möglichkeit um Personal mit dem entsprechenden Expertenwissen handeln, das von Teilnehmerstaaten dienstzugeteilt beziehungsweise aus bestehenden Sekretariatsressourcen zugeteilt wird. Diese Kerngruppe kann rasch aufgestockt werden, wenn sich neue Aufgaben stellen. Die genauen Vorkehrungen werden in Übereinstimmung mit bestehenden Verfahren beschlossen.

Aktivitäten im polizeilichen Bereich

44. Wir werden daran arbeiten, die Rolle der OSZE im zivilpolizeilichen Bereich als Bestandteil der Bemühungen der Organisation um Konfliktverhütung, Krisenbewältigung und die Normalisierung der Lage nach Konflikten zu stärken. Diese Aktivitäten können Folgendes beinhalten:

- Polizeiüberwachung, unter anderem auch um zu verhindern, dass die Polizei Handlungen setzt, die etwa eine Diskriminierung aus Gründen religiöser oder ethnischer Zugehörigkeit darstellen;

- Polizeischulung, die unter anderem folgende Aufgaben umfassen könnte:
  - Verbesserung der einsatzbezogenen und taktischen Fähigkeiten örtlicher Polizeidienste und Umschulung paramilitärischer Kräfte;
  - Vermittlung neuer, moderner Polizeimethoden, wie freiwillige Bürgerpolizei, Fähigkeiten zur Bekämpfung des Drogenhandels, der Korruption und des Terrorismus;
  - Schaffung eines Polizeidienstes, der sich aus Mitgliedern verschiedener Volksgruppen beziehungsweise unterschiedlicher religiöser Gemeinschaften zusammensetzt und das Vertrauen der gesamten Bevölkerung besitzt;
  - generelle Förderung der Achtung der Menschenrechte und Grundfreiheiten.

Wir werden zur Bereitstellung einer modernen technischen Ausrüstung ermutigen, die Polizeidiensten, die für diese neuen Aufgaben ausgebildet werden, angemessen sind. Darüber hinaus wird die OSZE Möglichkeiten und Bedingungen für eine Rolle bei vollzugspolizeilichen Tätigkeiten prüfen.

45. Wir werden ferner die Entwicklung unabhängiger Gerichtssysteme fördern, die als Rechtsmittel bei Menschenrechtsverletzungen von größter Bedeutung sind, und Reformen des Gefängniswesens mit Rat und Tat unterstützen. Die OSZE wird auch mit anderen internationalen Organisationen bei der Schaffung eines politischen und rechtlichen Rahmens zusammenarbeiten, in dem die Polizei ihre Aufgaben im Einklang mit demokratischen Grundsätzen und dem Rechtsstaatlichkeitsprinzip erfüllen kann.

Friedenserhaltung

46. Wir bekennen uns unverändert zur Verstärkung der Schlüsselrolle der OSZE in der Erhaltung von Frieden und

Stabilität in unserem gesamten Gebiet. Die wirksamsten Beiträge zur regionalen Sicherheit leistete die OSZE bisher in Bereichen wie Feldoperationen, Normalisierung der Lage nach Konflikten, Demokratisierung, Überwachung der Menschenrechte und Wahlbeobachtung. Wir haben beschlossen, Möglichkeiten einer potentiell größeren und umfassenderen Rolle für die OSZE bei der Friedenserhaltung zu prüfen. Unter Bekräftigung unserer Rechte und Pflichten aus der Charta der Vereinten Nationen und auf der Grundlage unserer bereits gefassten Beschlüsse bestätigen wir, dass die OSZE, im Einzelfall und im Konsens, beschließen kann, eine Rolle bei der Friedenserhaltung zu übernehmen, und zwar auch eine führende Rolle, wenn sie nach Einschätzung der Teilnehmerstaaten die jeweils wirksamste und geeignetste Organisation ist. Diesbezüglich könnte sie auch beschließen, das Mandat für die Friedenserhaltung durch andere zur Verfügung zu stellen und die Unterstützung von Teilnehmerstaaten sowie anderer Organisationen in Form von Ressourcen und Expertenwissen anzustreben. Im Einklang mit der Plattform für kooperative Sicherheit könnte sie auch einen koordinierenden Rahmen für derartige Bemühungen zur Verfügung stellen.

Der Vergleichs- und Schiedsgerichtshof

47. Wir erklären erneut, dass der Grundsatz der friedlichen Beilegung von Streitigkeiten zum Kernbereich der OSZE-Verpflichtungen gehört. Der Vergleichs- und Schiedsgerichtshof stellt diesbezüglich nach wie vor ein Instrument dar, das den zahlreichen Teilnehmerstaaten, die das Übereinkommen von Stockholm 1992 unterzeichnet haben, zur Verfügung steht. Wir ermutigen sie dazu, von diesem Instrument zur Beilegung von Streitigkeiten zwischen ihnen sowie mit anderen Teilnehmerstaaten, die sich freiwillig der Gerichtsbarkeit des Gerichtshofs unterwerfen, Gebrauch zu machen. Wir ermutigen auch jene Teilnehmerstaaten, die dem Übereinkommen

noch nicht beigetreten sind, den Beitritt in Erwägung zu ziehen.

V. Unsere Kooperationspartner

48. Wir anerkennen die Wechselbeziehung zwischen der Sicherheit im OSZE-Gebiet und der Sicherheit der Kooperationspartner und bekennen uns nachdrücklich zu unserer Beziehung und dem Dialog mit ihnen. Wir verweisen ganz besonders auf die langjährigen Beziehungen zu unseren Mittelmeerpartnern Ägypten, Algerien, Israel, Jordanien, Marokko und Tunesien. Wir erkennen das zunehmende Engagement unserer Kooperationspartner in der OSZE und ihre Unterstützung für unsere Arbeit an. Aufbauend auf dieser Wechselbeziehung sind wir bereit, diesen Prozess weiterzuentwickeln. In Durchführung des Helsinki-Dokuments 1992 und des Budapester Dokuments 1994 und darauf aufbauend werden wir mit den Kooperationspartnern enger zusammenarbeiten, um die OSZE-Normen und -Prinzipien zu fördern. Wir begrüßen ihren Wunsch, sich für die Verwirklichung der Normen und Prinzipien der Organisation einzusetzen, darunter auch das grundlegende Prinzip der Konfliktbeilegung durch friedliche Mittel. Mit dem Fortschreiten des Dialogs werden wir die Kooperationspartner daher einladen, sich auf einer regelmäßigeren Basis stärker an der Arbeit der OSZE zu beteiligen.
49. Das Potential der Kontaktgruppe und der Mittelmeerseminare muss vollständig ausgelotet und ausgeschöpft werden. Ausgehend von dem Budapester Mandat wird der Ständige Rat die Empfehlungen der Kontaktgruppe und der Mittelmeerseminare prüfen. Wir werden den Kooperationspartnern im Mittelmeerraum nahe legen, sich bei der Schaffung von Strukturen und Mechanismen für Frühwarnung, vorbeugende Diplomatie und Konfliktverhütung im Mittelmeerraum unser Expertenwissen zunutze zu machen.

50. Wir begrüßen die verstärkte Teilnahme Japans und der Republik Korea an unserer Arbeit. Wir begrüßen den Beitrag Japans zu den Feldaktivitäten der OSZE. Wir werden danach trachten, unsere Zusammenarbeit mit unseren Partnern in Asien zur Bewältigung von Herausforderungen gemeinsamen Interesses zu festigen.

VI. Schlussfolgerung

51. Diese Charta wird durch die Festigung und Stärkung der OSZE an der Schwelle zum einundzwanzigsten Jahrhundert der Sicherheit aller Teilnehmerstaaten zugute kommen. Wir haben heute beschlossen, ihre vorhandenen Instrumente weiterzuentwickeln und neue zu schaffen. Wir werden sie in vollem Umfang zur Förderung eines freien, demokratischen und sicheren OSZE-Gebiets einsetzen. Dadurch wird die Charta das Fundament bilden, auf dem die OSZE ihre Rolle als einzige gesamteuropäische Sicherheitsorganisation wahrnimmt, der die Sicherung des Friedens und der Stabilität in ihrer Region anvertraut ist. Wir danken dem Sicherheitsmodellausschuss für die Vollendung seiner Arbeit.

52. Die Urschrift dieser Charta, die in Deutsch, Englisch, Französisch, Italienisch, Russisch und Spanisch abgefasst ist, wird dem Generalsekretär der Organisation zugeleitet, der allen Teilnehmerstaaten gehörig beglaubigte Abschriften dieser Charta übermitteln wird.

Wir, die unterzeichneten Hohen Vertreter der Teilnehmerstaaten, haben im Bewusstsein der großen politischen Bedeutung, die wir dieser Charta beimessen, und unter Bekundung unserer Entschlossenheit, im Einklang mit den darin enthaltenen Bestimmungen zu handeln, unsere Unterschrift unter dieses Dokument gesetzt.

I. Die Plattform

1. Das Ziel einer Plattform für kooperative Sicherheit ist es, die auf gegenseitiger Verstärkung beruhende Beziehung zwischen jenen Organisationen und Institutionen zu stärken, die mit der Förderung der umfassenden Sicherheit innerhalb des OSZE-Gebiets befasst sind.

2. Die OSZE wird mit denjenigen Organisationen und Institutionen kooperativ arbeiten, deren Mitglieder einzeln und gemeinsam, auf eine Weise, die mit den für jede Organisation beziehungsweise Institution geeigneten Modalitäten vereinbar ist, heute und in Zukunft

– die Grundsätze der Charta der Vereinten Nationen und die OSZE-Prinzipien und -Verpflichtungen einhalten, wie sie in der Schlussakte von Helsinki, der Charta von Paris, dem Helsinki-Dokument 1992, dem Budapester Dokument 1994, dem OSZE-Verhaltenskodex zu politisch-militärischen Aspekten der Sicherheit und der Erklärung von Lissabon über ein gemeinsames und umfassendes Sicherheitsmodell für Europa im einundzwanzigsten Jahrhundert niedergelegt sind;
– sich in ihren Handlungen im Geiste des Wiener Dokuments 1999 der Verhandlungen über vertrauens- und sicherheitsbildende Maßnahmen zu den Prinzipien der Transparenz und der Vorhersehbarkeit bekennen;
– von ihnen eingegangene Rüstungskontrollverpflichtungen, einschließlich Abrüstung und VSBM, vollständig umsetzen;
– davon ausgehen, dass diese Organisationen und Institutionen, denen sie angehören, in ihrer Entwicklung der Transparenz verpflichtet bleiben;

- gewährleisten, dass ihre Mitgliedschaft bei diesen Organisationen und Institutionen auf Offenheit und Freiwilligkeit beruht;
- das Konzept der OSZE für eine gemeinsame, umfassende und unteilbare Sicherheit und einen gemeinsamen Sicherheitsraum ohne Trennlinien aktiv unterstützen;
- in vollem Umfang und in geeigneter Weise an der Entwicklung der Beziehungen zwischen einander verstärkenden Institutionen im OSZE-Gebiet mitwirken, die sich mit Sicherheitsfragen befassen;
- grundsätzlich bereit sind, institutionelle Ressourcen internationaler Organisationen und Institutionen, denen sie angehören, bei Vorliegen der entsprechenden Grundlagenbeschlüsse, gegebenenfalls für die OSZE-Arbeit einzusetzen. Diesbezüglich stellen die Teilnehmerstaaten fest, dass die Zusammenarbeit in den Bereichen der Konfliktverhütung und Krisenbewältigung von besonderer Bedeutung ist.

3. Diese Prinzipien und Verpflichtungen bilden gemeinsam die Plattform für kooperative Sicherheit.

II. Modalitäten der Zusammenarbeit

1. Im Rahmen der einschlägigen Organisationen und Institutionen, denen sie angehören, werden sich die Teilnehmerstaaten dafür einsetzen, dass die Organisationen und Institutionen an der Plattform für kooperative Sicherheit mitwirken. Diese Mitwirkung auf der Grundlage von Beschlüssen, die jeder Mitgliedstaat innerhalb der einschlägigen Organisationen und Institutionen mitträgt, erfolgt im Einklang mit den für die einzelne Organisation beziehungsweise Institution geltenden Modalitäten. Die Kontakte und die Zusammenarbeit der OSZE mit anderen Organisationen und Institutionen werden für die Teilnehmerstaaten transparent sein und in einer Weise durchgeführt, die mit den der OSZE und diesen Organisatio-

nen und Institutionen angemessenen Modalitäten vereinbar ist.

2. Auf dem Ministerratstreffen 1997 in Kopenhagen wurde ein Beschluss über das Gemeinsame Konzept für die Entwicklung der Zusammenarbeit zwischen einander verstärkenden Institutionen gefasst. Wir stellen fest, dass seither ein umfassendes Netz von Kontakten geknüpft wurde, insbesondere die zunehmende Zusammenarbeit mit Organisationen und Institutionen, die sowohl im politisch-militärischen Bereich als auch in der menschlichen und der wirtschaftlichen Dimension der Sicherheit aktiv sind, sowie die Festigung der Zusammenarbeit zwischen der OSZE und den verschiedenen Gremien und Organisationen der Vereinten Nationen, wobei wir auf die Rolle der OSZE als regionale Abmachung im Sinne der Charta der Vereinten Nationen verweisen. Wir sind entschlossen, dies weiterzuentwickeln.

3. Die wachsende Bedeutung subregionaler Gruppierungen in der Arbeit der OSZE ist ein weiterer wichtiger Bereich und wir unterstützen die zunehmende Zusammenarbeit mit diesen Gruppen auf der Grundlage dieser Plattform.

4. Die Entwicklung der Zusammenarbeit kann durch den umfassenden Einsatz folgender Instrumente und Mechanismen weiter gestärkt werden:

regelmäßige Kontakte, darunter auch Treffen; innerhalb eines ständigen Rahmens für Dialog, erhöhte Transparenz und praktische Zusammenarbeit, darunter die Benennung von Verbindungsoffizieren oder Kontaktstellen; gegenseitige Vertretung bei entsprechenden Treffen; und sonstige Kontakte, die geeignet sind, die Instrumente jeder Organisation zur Konfliktverhütung besser kennen zu lernen.

5. Darüber hinaus kann die OSZE an Sondertreffen mit anderen im OSZE-Gebiet tätigen Organisationen, Institutionen und Strukturen mitwirken. Diese Treffen können auf politischer beziehungsweise leitender Ebene (zur grundsatzpoliti-

schen Koordinierung oder zur Festlegung von Bereichen der Zusammenarbeit) oder auf Arbeitsebene (zur Erörterung der Modalitäten der Zusammenarbeit) stattfinden.

6. Die Entwicklung von Feldoperationen der OSZE in den vergangenen Jahren brachte eine wesentliche Veränderung der Organisation mit sich. Im Hinblick auf die Verabschiedung der Plattform für kooperative Sicherheit sollte die bestehende Zusammenarbeit zwischen der OSZE und anderen einschlägigen internationalen Gremien, Organisationen und Institutionen in Feldoperationen im Einklang mit ihren jeweiligen Mandaten entwickelt und als Ausgangsbasis herangezogen werden. Diese Form der Zusammenarbeit könnte unter anderem auf folgende Art und Weise erfolgen: regelmäßiger Informationsaustausch und regelmäßige Treffen, gemeinsame Bedarfserhebungsmissionen, Dienstzuteilung von Experten anderer Organisationen zur OSZE, Bestellung von Verbindungspersonen, Entwicklung gemeinsamer Projekte und Feldoperationen und gemeinsame Schulungsbemühungen.

7. Zusammenarbeit bei der Reaktion auf konkrete Krisen:

- Die OSZE über ihren Amtierenden Vorsitzenden und mit Unterstützung des Generalsekretärs sowie die einschlägigen Organisationen und Institutionen werden ermutigt, einander über die von ihnen in Hinblick auf die Bewältigung einer speziellen Situation unternommenen oder geplanten Aktionen zu unterrichten;
- zu diesem Zweck ermutigen die Teilnehmerstaaten den Amtierenden Vorsitzenden, mit Unterstützung des Generalsekretärs, sich mit anderen Organisationen und Institutionen im Wege der Zusammenarbeit um eine koordinierte Vorgehensweise zu bemühen, durch die Doppelgleisigkeit vermieden und der rationelle Einsatz der verfügbaren Ressourcen gewährleistet wird. Die OSZE kann nach Bedarf ihre Dienste als flexibler Rahmen für die Zusammenarbeit der verschiedenen, einander verstärkenden Bemühungen an-

bieten. Der Amtierende Vorsitzende wird mit den Teilnehmerstaaten über den Prozess Rücksprache halten und entsprechend den Ergebnissen dieser Konsultationen tätig werden.

8. Der Generalsekretär erstellt für den Ständigen Rat einen jährlichen Bericht über das Zusammenwirken zwischen Organisationen und Institutionen im OSZE-Gebiet.

Strategie für die mittelfristige Entwicklung der Beziehungen zwischen der Russischen Föderation und der Europäischen Union (2000–2010)

(Bestätigt vom Präsidenten der Russischen Föderation, WLADIMIR PUTIN, am 3. Juni 2000)

In dieser Strategie werden die Ziele der Beziehungen zwischen der Russischen Föderation und der Europäischen Union für die nächsten Jahrzehnte sowie Mittel und Wege zur Erreichung dieser Ziele dargelegt. Sie ergibt sich logisch aus der allgemeinen Außenpolitischen Konzeption der Russischen Föderation in Bezug auf Europa und geht aus von der objektiven Notwendigkeit der Herausbildung einer multipolaren Welt, dem gemeinsamen historischen Schicksal der Völker, der Verantwortung der europäischen Staaten für die Zukunft des Kontinents und der gegenseitigen Ergänzung der Volkswirtschaften dieser Länder. Zwischen dieser Strategie und dem nationalen Sicherheitskonzept der Russischen Föderation besteht ein unmittelbarer Zusammenhang.

Die Hauptziele sind die Wahrung der nationalen Interessen der Russischen Föderation, die Erhöhung des Gewichts und der Autorität der Russischen Föderation in Europa und in der Welt durch die Schaffung eines zuverlässigen kollektiven Sicherheitssystems in Europa, die Nutzung des wirtschaftlichen Potentials und der Erfahrungen der Europäischen Union für die Entwicklung einer auf den Grundsätzen von vernünftiger Konkurrenz beruhenden sozialen Marktwirtschaft in der Russischen Föderation und der weitere Aufbau eines demokratischen Rechtsstaates. In der Übergangszeit der Reformen ist der Schutz der einheimischen Produktion unter Berücksichtigung des internationalen Rechts in bestimmten Wirtschaftsbereichen gerechtfertigt.

Ziel dieser Strategie ist die Herausbildung und Festigung der Partnerschaft zwischen der Russischen Föderation und der Europäischen Union in gesamteuropäischen und Weltangelegenheiten sowie die Beilegung bzw. Verhütung lokaler Konflikte durch gemeinsame Anstrengungen, wobei der Akzent auf der Priorität des Völkerrechts und der Nichtanwendung von Gewalt liegt. Die Strategie setzt voraus, dass ein einheitliches Europa ohne Trennungslinien geschaffen und ein Kurs verfolgt wird, der auf die gegenseitige und ausgewogene Stärkung der Positionen der Russischen Föderation und der Europäischen Union innerhalb der internationalen Gemeinschaft des 21. Jahrhunderts gerichtet ist.

Unter Berücksichtigung dessen, dass sich Europa heute in einem Übergangsstadium seiner Entwicklung befindet (Notwendigkeit einer Stabilisierung der Wirtschaft und Fortführung der sozial orientierten Reformen in der Russischen Föderation, Erweiterung der Europäischen Union, institutionelle Reform, Herausbildung einer »Verteidigungsidentität« und Konsolidierung der gemeinsamen Außen- und Sicherheitspolitik sowie der Wirtschafts- und Währungsunion der Europäischen Union), konzentriert sich die vorliegende Strategie in der Hauptsache auf die Lösung der kurz- und mittelfristigen Aufgaben der derzeitigen Etappe und die Entwicklung der partnerschaftlichen Beziehungen zwischen der Russischen Föderation und der Europäischen Union. Die wichtigste rechtliche und organisatorische Basis der Strategie ist das Partnerschafts- und Kooperationsabkommen aus dem Jahre 1994, das die Partnerschaft zwischen der Russischen Föderation einerseits, den europäischen Gemeinschaften und ihren Mitgliedstaaten andererseits begründet hat (im Folgenden abgekürzt PKA genannt). Die Entwicklung der Zusammenarbeit zwischen der Russischen Föderation und der Europäischen Union muss eng mit dem Beitritt der Russischen Föderation zur Welthandelsorganisation koordiniert werden, was nach der Vollendung des

Prozesses eine gewisse Korrektur des Abkommens erfordern wird.

Die Strategie wurde unter Berücksichtigung der Grundrichtung und des Ziels der Gemeinsamen Strategie der Europäischen Union für Russland ausgearbeitet, die vom Europäischen Rat im Juni 1999 in Köln beschlossen wurde. Es ist ebenso möglich wie erstrebenswert, die Bemühungen der beteiligten Seiten bei der Verwirklichung der dort fixierten Ziele durch regelmäßige Zusammenkünfte ihrer Staats- und Regierungschefs, durch Dialog, politische Konsultationen, gemeinsame Programme für die Realisierung des vom Rat beschlossenen Kooperationsabkommens im Rahmen der Tätigkeit der Arbeitsgremien des PKA und über die politischen Kanäle zu vereinen.

Die nachstehenden Richtungen der Entwicklung und Festigung der Partnerschafts- und Kooperationsbeziehungen zwischen der Russischen Föderation und der Europäischen Union sind im bevorstehenden Jahrzehnt vorrangig zu behandeln.

I. Strategischer Charakter der Partnerschaft zwischen der Russischen Föderation und der Europäischen Union

1. Die Partnerschaft zwischen der Russischen Föderation und der Europäischen Union in der betreffenden Periode wird sich auf Vertragsbeziehungen gründen, ohne dass offiziell ein Beitritt der Russischen Föderation zur Europäischen Union oder eine »Assoziierung« der Russischen Union mit der Europäischen Union ins Auge gefasst wird. Als eine auf zwei Kontinenten existierende Weltmacht muss die Russische Föderation die Freiheit, ihre Innen- und Außenpolitik selbst zu bestimmen und zu verwirklichen, ihren Status und die Vorteile, ein eurasischer wie auch der größte Mitgliedstaat der Gemeinschaft Unabhängiger Staaten zu sein, sowie die Unabhängigkeit ihrer

Positionen und ihrer Tätigkeit in internationalen Organisationen bewahren. Im genannten Zeitraum kann die Partnerschaft mit der Europäischen Union in Folgendem Ausdruck finden: in gemeinsamen Anstrengungen, ein effektives System der kollektiven Sicherheit in Europa auf gleichberechtigter Grundlage ohne Trennlinien – unter anderem durch Verwirklichung der Europäischen Sicherheitscharta – zu schaffen, in (bei Vorhandensein der dafür erforderlichen Bedingungen) Fortschritten auf dem Weg zur Errichtung einer Freihandelszone »Russische Föderation und Europäische Union« sowie in einem hohen Niveau des gegenseitigen Vertrauens und der Zusammenarbeit in Politik und Wirtschaft.

2. Die strategische Partnerschaft zwischen der Russischen Föderation und der Europäischen Union wird sich durch die aktive Zusammenarbeit der beteiligten Seiten bei der Lösung einzelner bedeutender Aufgaben von beiderseitigem Interesse, sowohl gesamteuropäischer als auch internationaler Probleme, und durch die Festigung der positiven Elemente europäischer Selbständigkeit und Eigenart in Wirtschaft und Politik herausbilden.

3. Ein solcher Charakter der Partnerschaft bedeutet nicht nur, dass die Russische Föderation das Potential der Europäischen Union nutzt, sondern auch, dass sie die Bemühungen der Europäischen Union auf für sie wichtigen und beide gemeinsam interessierenden Gebieten unterstützt.

4. Die Partnerschaft zwischen der Russischen Föderation und der Europäischen Union hat von der maximalen Nutzung der sich aus dem PKA ergebenden Vorteile, der möglichst umfassenden Verwirklichung seiner Bestimmungen und den von beiden Seiten vereinbarten Aufgaben zur weiteren Entwicklung der Partnerschaft auszugehen und auch die Erweiterung der supranationalen Vollmachten der Organe der Europäischen Union entsprechend dem am 1. Mai 1999 in Kraft getretenen Amsterdamer Vertrag zu berücksichtigen.

5. Eine solche Partnerschaft könnte im kommenden Jahrzehnt folgende Schritte beinhalten:

– die Gewährleistung der europäischen Sicherheit durch die Europäer selbst, ohne Isolation von den USA und der NATO, aber auch ohne deren Monopolismus auf dem Kontinent;
– die Ausarbeitung der Positionen der Russischen Föderation im Hinblick auf die »Verteidigungsidentität« der Europäischen Union im Falle der Aufnahme der Russischen Föderation in die Westeuropäische Union und Entwicklung der politischen und militärischen Kontakte zur Westeuropäischen Union als Bestandteil der Europäischen Union, sowie praktische Zusammenarbeit im Sicherheitsbereich (Friedensstiftung, Krisenmanagement, verschiedene Aspekte der Rüstungsbegrenzung und -reduzierung), die unter anderem als Gegengewicht zum NATO-Zentrismus in Europa dienen könnte;
– die Entstehung einer entwickelten gesamteuropäischen wirtschaftlichen und rechtlichen Infrastruktur als zuverlässige Grundlage für Handel, Investitionen, eine fachspezifische, überregionale und grenzüberschreitende Zusammenarbeit (z.B. in der »Nördlichen Dimension« oder im europäischen Mittelmeerraum), Umweltschutz und Schaffung menschenwürdiger Lebensbedingungen; gemeinsame Anstrengungen in den Bereichen Wissenschaft, Bildung und Gesundheitswesen; Kampf gegen Terrorismus, illegalen Drogenhandel und transnationale organisierte Kriminalität;
– die Konsultation und, falls erforderlich, Koordination der Standpunkte der beteiligten Seiten in internationalen Organisationen.

6. Fortgesetzt werden die Bemühungen, den Markt der Europäischen Union für den russischen Export noch weiter zu öffnen, die restlichen Diskriminierungen im Handel zu beseitigen, europäische Investoren dafür zu gewinnen, besonders in

den produktiven Sektor der russischen Wirtschaft zu investieren, die berechtigten Interessen der Russischen Föderation bei der Erweiterung der Europäischen Union und beim Übergang zu einer einheitlichen Währung – dem Euro – zu wahren und Versuchen entgegenzuwirken, die ökonomische Integration im Rahmen der Gemeinschaft Unabhängiger Staaten, etwa durch die Herstellung »besonderer Beziehungen« zu einzelnen Mitgliedstaaten der Gemeinschaft Unabhängiger Staaten, zum Nachteil russischer Interessen zu behindern.

7. Wichtig ist die Nutzung der im Rahmen der Europäischen Union gewonnenen positiven Integrationserfahrungen für die Festigung und Entwicklung der Integrationsprozesse in der Region der Gemeinschaft Unabhängiger Staaten. Anzustreben ist die Koordination des Zusammenwirkens mit den Ländern der Zollunion und anderen Mitgliedsländern der Gemeinschaft Unabhängiger Staaten in Fragen der handelspolitischen, wirtschaftlichen, finanziellen, humanitären und anderen Beziehungen zur Europäischen Union.

8. Mit ihrem Potential könnte die Russische Föderation dazu beitragen, auf reziproker Grundlage eine ganze Reihe von Problemen der Europäischen Union zu lösen und gemeinsame Positionen Europas in der Welt zu festigen – helfen, Wirtschaftswachstum und Beschäftigung über Handels- und Investitionskanäle zu sichern, auf der Grundlage von Verträgen (unter anderem durch Abkommen über eine Aufteilung der Produktion und durch Konzessionen) die Europäische Union langfristig und stabil mit Brenn- und Rohstoffen zu versorgen, das wissenschaftliche Potential beider Seiten stärker zu integrieren und die Ergebnisse der russischen Grundlagen- und Verteidigungsforschung auf dem Markt der Europäischen Union zu kommerzialisieren, die Infrastruktur- (Transportwesen, Pipelines, Fernleitungen für die Übertragung von Elektroenergie) und die Informationssysteme (europäische Informationsgesellschaft) zu vereinen; die Zusammenarbeit bei der Erfor-

schung und Erschließung des Weltraums (einschließlich der Schaffung globaler Navigations-, Nachrichten- und Umweltüberwachungssysteme) fördern; die Modernisierung und Gewährleistung der Sicherheit der Kernkraftwerke in Europa unterstützen; durch offizielle Aufnahme des Euro in die Valutareserven der Zentralbank der Russischen Föderation dazu beitragen, dass er ein internationales Zahlungsmittel wird; die Entwicklung der wissenschaftlich-technischen Zusammenarbeit im Hinblick auf die Schaffung einer europäischen »Verteidigungsidentität« fördern; dazu beitragen, gemeinsam lokale Konflikte und die organisierte Kriminalität in Europa zu verhindern und zu beseitigen.

Die Entwicklung der Partnerschaft zur Europäischen Union soll zugleich zur Stärkung der Russischen Föderation als einer führenden Kraft bei der Herausbildung eines neuen Systems zwischenstaatlicher politischer und wirtschaftlicher Beziehungen in der Region der Gemeinschaft Unabhängiger Staaten beitragen.

9. Die interessierten Regionen der Russischen Föderation sollen die Möglichkeit haben, aktiv an der Entwicklung der Partnerschaft zur Europäischen Union im wirtschaftlichen und humanitären Bereich sowie an der Verwirklichung von Programmen der grenzüberschreitenden Zusammenarbeit teilzunehmen.

10. Die Realisierung dieser Strategie berührt die Beziehungen der Russischen Föderation zur Organisation der Vereinten Nationen, zur Organisation für Sicherheit und Zusammenarbeit in Europa (OSZE), zum Europarat, zur Nordatlantikvertrags-Organisation (NATO), zur Organisation für wirtschaftliche Zusammenarbeit und Entwicklung (OECD), zum Internationalen Währungsfonds und zur Internationalen Bank für Wiederaufbau und Entwicklung (Weltbank), daher wird ihre operative Anwendung eng mit der Politik der Russischen Föderation gegenüber diesen Organisationen verbunden sein.

II. Die Erweiterung des politischen Dialogs und die Erhöhung seiner Wirksamkeit

11. Erforderlich sind Arbeitskontakte und Zusammenarbeit mit den Organen der Europäischen Union, welche entsprechend dem Amsterdamer Vertrag im Bereich der Außen- und Sicherheitspolitik der Europäischen Union, einschließlich der von der Europäischen Union zu entwickelnden »Verteidigungsidentität«, geschaffen werden. Für die Entwicklung des politischen Dialogs ist es wichtig, die Frage der Institutionalisierung der jährlich stattfindenden Treffen zwischen dem Ministerpräsidenten der Russischen Föderation und dem Vorsitzenden der Kommission der Europäischen Gemeinschaften sowie zwischen den Vorsitzenden der Kammern der Föderalen Versammlung der Russischen Föderation und dem Vorsitzenden des Europäischen Parlaments zu lösen.

12. Es ist darauf hinzuwirken, dass von der gegenseitigen Information über die Standpunkte beider Seiten zu Konsultationen über die akutesten Probleme übergegangen wird mit dem Ziel, zu abgestimmten Lösungen zu gelangen. Anzustreben ist, für Begegnungen auf höchster Ebene und für Tagungen des Rates für Zusammenarbeit ein Paket von gemeinsamen Initiativen vorzubereiten, die von gegenseitigem Interesse sind. Zu gewährleisten ist eine sachliche Kooperation zwischen dem Rat für Zusammenarbeit, dem Komitee für Zusammenarbeit und dem Komitee für die Zusammenarbeit der Parlamente.

13. Die gemeinsame Arbeit für den Erhalt der Organisation für Sicherheit und Zusammenarbeit in Europa als einer Hauptstütze der europäischen Sicherheit ist zu aktivieren. Dabei ist anzustreben, dass für alle Organe und Einrichtungen der Organisation für Sicherheit und Zusammenarbeit ein genaue Verfahrensweise ausgearbeitet und der Konsens als Grundlage für die Beschlussfassung unbedingt beibehalten wird. Zu erweitern ist die praktische Zusammenarbeit mit der Europäi-

schen Union in Fragen, die die Verhinderung und friedliche Beilegung von Konflikten innerhalb des Raums der Organisation für Sicherheit und Zusammenarbeit in Europa betreffen.

14. Fortzusetzen ist die beharrliche Suche nach möglichen Formen der Beteiligung der Russischen Föderation am Dialog, den die Europäische Union mit Weltmächten und Wirtschaftsgruppierungen führt. In diesem Zusammenhang wird der Vorschlag Finnlands unterstützt, einen dreiseitigen Gipfel »Russische Föderation – Europäische Union – Vereinigte Staaten von Amerika« – mit einer umfassenden Tagesordnung abzuhalten, welche die Interessen der Russischen Föderation widerspiegelt.

III. Entwicklung des gemeinsamen Handels und der Investitionen

15. Fortzusetzen sind die Bemühungen, günstige Bedingungen dafür zu schaffen, dass russische Waren und Dienstleistungen auf den Markt der Europäischen Union gelangen und dass die teilweise Diskriminierung dieser Waren und Dienstleistungen überwunden wird; anzustreben ist, dass der russischen Wirtschaft volle Marktfähigkeit zuerkannt wird.

16. Zu untersuchen ist die Frage, was für Maßnahmen zur Entwicklung der Zusammenarbeit mit der Europäischen Union auf dem Gebiet des Handels und der Wirtschaft ergriffen werden können, die kommerzielle, wirtschaftlich-finanzielle, steuerliche und sonstige Vergünstigungen vorsehen, welche durch Investitionen in die Wirtschaft der Russischen Föderation kompensiert würden.

17. Zusammen mit der Europäischen Union ist ein Paket von gemeinsamen Maßnahmen zur Stimulierung von ausländischen Investitionen im produktiven Sektor der russischen Wirtschaft auszuarbeiten, Maßnahmen, die von der russischen Seite

die Annahme günstiger Gesetze für Investitionen und die Gewährleistung der Sicherheit ausländischer Investitionen vorsehen und seitens der Europäischen Union und ihrer Mitgliedstaaten entsprechende Instrumente und Programme, darunter die Ausdehnung von Operationen der Europäischen Investitionsbank auf die Russische Föderation, vorsehen. Zu erreichen ist, dass in größerem Umfang Mittel von technischen Kooperationsprogrammen der Europäischen Union für die Schaffung der technischen und wirtschaftlichen Voraussetzungen für Projekte bereitgestellt werden, die für ausländische Investitionen vorgesehen sind. Bemühungen sind zu unternehmen, um günstige Bedingungen für die Anlage russischen Kapitals in der Europäischen Union zu schaffen.

18. Unter Berücksichtigung des wechselseitigen Zusammenhangs von Handel und Konkurrenz ist anzustreben, dass seitens der Europäischen Union die progressiven Änderungen in der russischen antimonopolistischen Politik anerkannt werden und dass sich in diesem Bereich eine aktive Zusammenarbeit entwickelt.

19. Schwerpunkte sind die Normalisierung des Exports spaltbaren Materials in die Europäische Union unter Beibehaltung der Marktpositionen für Anlagen, Brennelemente und Dienstleistungen für Kernkraftwerke in den Ländern Mittel- und Osteuropas und im Baltikum; Dienstleistungen wie der Start von Raketen für kommerzielle Zwecke; die Überprüfung und der schrittweise Abbau von Antidumpingmaßnahmen; der Erhalt und die Gewährung zusätzlicher Präferenzen im Handel; in der Perspektive die Beseitigung der Quoten für die Einfuhr russischer Erzeugnisse aus Stahl in die Europäische Union.

20. Die Zusammenarbeit im nuklearen Bereich setzt voraus:

– die Gewinnung europäischer Investoren für den Bau von Kernkraftwerken einer neuen Generation in der Russischen Föderation (wobei die Kredite durch Stromlieferungen zurückzuzahlen sind);

– die Beteiligung der Russischen Föderation an der Entwicklung eines europäischen Kernreaktors und gemeinsame Bemühungen bei der Verwirklichung eines Projekts, das den Bau eines internationalen thermonuklearen Versuchsreaktors vorsieht;
– die Schaffung neuer Technologien der nuklearen Energieerzeugung, einschließlich der Entwicklung eines für die Umwelt ungefährlichen Brennstoffzyklus;
– die Gewährleistung des gefahrlosen Transports und der sicheren Lagerung und Verwendung nuklearer Abfälle im Nordwesten der Russischen Föderation;
– Maßnahmen, die die Teilnahme an der vorgesehenen Modernisierung der Kernenergieerzeugung in der Europäischen Union ermöglichen sollen.

21. Anzugehen ist die Aufgabe, mit Beteiligung von Firmen der Mitgliedstaaten der Europäischen Union große Investitionsvorhaben zur Erschließung von Erdgasvorkommen zu realisieren und Strukturen für den Energietransport zu schaffen, die wesentlich zur Entwicklung der gesamteuropäischen wirtschaftlichen und energetischen Integration beitragen werden. Dabei wird die Erhöhung der energetischen Effizienz bei der Nutzung von Energie in der Russischen Föderation und in der Europäischen Union als wichtigstes Mittel angesehen, die anthropogene Belastung der Umwelt und die Emission von Treibhausgasen entsprechend den Beschlüssen der internationalen Konferenzen von Kyoto und Buenos-Aires zu senken. Anzustreben ist, zwecks Schaffung eines einheitlichen europäischen und in der Perspektive eurasischen energiewirtschaftlichen Raumes eine gemeinsame langfristige Energiepolitik zu entwickeln.

22. Anzustreben ist, dass die Europäische Union eine realistische und positive Haltung zu den Bedingungen des Beitritts der Russischen Föderation zur Welthandelsorganisation entwickelt. Vor dem Beginn der »WTO-Milleniumsrunde«, d.h.

der multilateralen Verhandlungen über Handelsfragen im Rahmen der Welthandelsorganisation, ist ausgehend von der Haltung der Europäischen Union zu dieser Frage die vollberechtigte Teilnahme der Russischen Föderation anzustreben.

23. Zusammen mit Experten der Europäischen Union ist zu prüfen, ob die Bedingungen gegeben sind, mit Verhandlungen über die Errichtung einer Freihandelszone entsprechend den Festlegungen des PKA zu beginnen. Auszugehen ist davon, ob es zweckmäßig ist, sie nach dem Beitritt der Russischen Föderation zur Welthandelsorganisation auf der Grundlage des Artikels XXIV von GATT 94 und entsprechend der Interpretation dieses Artikels etappenweise zu errichten. Anzustreben ist, dass die Russische Föderation nach Bildung einer solchen Zone Zugang zum Markt des ganzen europäischen Wirtschaftsraumes erhält, dass die entsprechenden Verpflichtungen und die Vorteile, die sie erhält, einander die Waage halten und dass die Vereinbarungen nicht in Konflikt mit den Rechtsvorschriften für die wirtschaftliche Integration im Rahmen der Gemeinschaft Unabhängiger Staaten, einschließlich der Länder der Zollunion, geraten.

24. Unter Berücksichtigung der Fortschritte, die in Europa bei der Schaffung eines Ressourcen sparenden Modells der Produktion erzielt wurden, und in Anbetracht der zu erwartenden Investitionen in den produzierenden Wirtschaftssektor der Russischen Föderation sind Maßnahmen zu treffen, die dazu führen, dass der Umfang des Handels zunimmt und der Anteil von Fertigprodukten, Maschinen, Betriebsanlagen, Elektroenergie und Dienstleistungen wächst.

25. Sobald wie möglich ist zusammen mit der Europäischen Union ein Maßnahmeplan auf dem Gebiet des Schutzes geistigen Eigentums auszuarbeiten und zu beschließen, zugleich sind in diesem Bereich die Zusammenarbeit sowie der Austausch von wissenschaftlichen Informationen und von Personal zu entwickeln.

IV. Zusammenarbeit auf finanziellem Gebiet

26. Anzustreben ist die Erweiterung der Programme für die technische wie auch anderweitige Zusammenarbeit der Russischen Föderation und der Europäischen Union. Ein bedeutender Teil der Mittel dieser Programme ist für die Umstrukturierung des russischen Banksystems und für die Gewinnung ausländischer Investoren zu verwenden.

27. Zu fördern ist eine Einigung über die teilweise Abschreibung oder Umstrukturierung der Schulden der Russischen Föderation gegenüber Mitgliedstaaten der Europäischen Union. Mit der Kommission der Europäischen Gemeinschaften und der Europäischen Zentralbank sind Verhandlungen über den Modus der Umrechnung der Zinszahlungen und der Hauptschuld in Euro sowie über die Zinssätze für Kredite zu führen, die russischen Kreditnehmern in nationalen Währungen gewährt wurden. Abzustimmen sind die Bedingungen und Fristen der wertgleichen Umrechnung eines Teils der ausländischen Staatsschulden der Russischen Föderation in nationalen Währungen der Mitgliedstaaten der Europäischen Union.

28. Es sind die Voraussetzungen dafür zu schaffen, dass der Euro in der außenwirtschaftlichen Tätigkeit russischer Betriebe und Banken breiter genutzt und der Umfang der Operationen mit dem Euro auf dem inländischen Finanzmarkt der Russischen Föderation (in erster Linie durch Vervollkommnung der entsprechenden normativen Grundlage) erweitert wird. Je nachdem, wie sich der Euromarkt entwickelt, sind in der Russischen Föderation Maßnahmen zu treffen, damit die einheitliche europäische Währung bei der Kurspolitik der Zentralbank der Russischen Föderation eine größere Rolle spielt. Die praktische Kooperation mit der Europäischen Zentralbank, dem europäischen System der Zentralbanken und anderen Organen der Europäischen Union ist im Interesse der künftigen Koordination von Maßnahmen zur Reform des internationa-

len Währungs- und Finanzsystems zu erweitern und zu festigen.

29. Im Zusammenhang mit der Erweiterung des Umfangs europäischer Investitionen in der Russischen Föderation und der Mithilfe bei der Umgestaltung des Bankensystems der Russischen Föderation ist zu prüfen, welche Möglichkeiten bestehen, um den Anteil ausländischen, insbesondere europäischen Kapitals am Gesamtkapital des russischen Banksystems im Interesse seiner Gesundung und Rekapitalisierung zu erhöhen.

30. Fortzusetzen sind die Bemühungen zur Nutzung der Möglichkeiten, die eine Zusammenarbeit mit der Europäischen Union in anderen im PKA aufgeführten Bereichen bietet.

V. Wahrung der Interessen der Russischen Föderation bei der Erweiterung der Europäischen Union

31. Unter Berücksichtigung des uneinheitlichen Charakters des Einflusses, den die Erweiterung der Europäischen Union auf die Bedingungen der Zusammenarbeit zwischen ihr und der Russischen Föderation und auf die nationalen Interessen haben wird, ist die maximale Nutzung der Vorteile, die sich aus einer solchen Erweiterung ergeben (Senkung des Niveaus des Protektionismus, Übergang zu zivilisierten Normen des Transitverkehrs), anzustreben, wobei mögliche negative Folgen vermieden werden müssen.

32. Bis zur vorgesehenen Erweiterung der Europäischen Union sind zwecks Wahrung der Interessen der Russischen Föderation bei der Ausdehnung der Normen der Agrar-, Technologie- und Antidumpingpolitik der Europäischen Union, ihrer Visaregelungen und ihres Grenzregimes auf die Länder Mittel- und Osteuropas und des Baltikums sowie der Präferenzen für Entwicklungsländer, die mit dem Export russischer Waren konkurrieren, aber auch im Interesse der Stabilität, Sicherheit und Zusammenarbeit in Europa sowie der Garantierung der Rech-

te der in den baltischen Ländern lebenden russischsprachigen Bevölkerung Konsultationen mit der Europäischen Union, mit einzelnen ihrer Mitgliedstaaten und mit den beitrittswilligen Kandidaten durchzuführen. Als mögliche Variante ist in Betracht zu ziehen, denjenigen Beitrittskandidaten die Bedingungen des PKA zu verweigern, die nicht die Einhaltung der allgemein anerkannten Normen des Völkerrechts garantieren. Von der Europäischen Union ist zu verlangen, dass sie die von ihr festgelegten hohen Kriterien für die Aufnahme neuer Mitglieder in vollem Umfang anwendet. Besonders ist darauf zu achten, dass die Interessen des Gebiets Kaliningrad als Subjekt der Russischen Föderation, einschließlich seiner völkerrechtlichen Interessen, gewahrt werden.

VI. Entwicklung der gesamteuropäischen Infrastruktur der Zusammenarbeit

33. Die staatliche Verkehrspolitik ist unter Berücksichtigung des in der Perspektive wachsenden Umfangs des Warenaustauschs, des Personenverkehrs und des Gütertransports zwischen der Russischen Föderation und den Mitgliedstaaten der Europäischen Union westlich auszurichten. Die Bemühungen, auf diplomatischem Wege die Fragen der Normalisierung des Transits durch die Länder des Baltikums sowie Mittel- und Osteuropas zu lösen, sind mit der Schaffung eigener alternativer Transportwege und Umschlagplätze für Frachtgüter zu verbinden.

34. Für den Fall, dass mit der Europäischen Union Vereinbarungen getroffen werden können, ist die Vereinigung der Erdgas- und Erdölleitungen sowie der Systeme zur Verteilung der Elektroenergie im europäischen Teil der Russischen Föderation mit den entsprechenden Systemen der Europäischen Union und der Länder Mittel- und Osteuropas in Angriff zu nehmen. Anzustreben ist eine aktive Beteiligung der Europäischen

Union an der Lösung der finanziellen Probleme wie auch an der Realisierung von Projekten, die für ganz Europa von Bedeutung sind, insbesondere an der Errichtung eines neuen Stranges der Gasleitung Jamal-Westeuropa und von Abzweigungen nach Skandinavien sowie an der Schaffung europäischer Transportkorridore.

35. Anzustreben ist die Beteiligung an Wettbewerben, um Kontrakte und Subkontrakte für die Entwicklung und Modernisierung von Objekten der Infrastruktur innerhalb der Europäischen Union zu erhalten, die für ganz Europa von Bedeutung sind. Je nachdem, welche finanziellen und technischen Möglichkeiten sich bieten, sind die Handelsflotte und der Lastkraftwagenpark zu erneuern. Mit den Mitgliedstaaten der Europäischen Union sind die Bemühungen fortzusetzen, gemeinsam rollendes Material herzustellen, darunter Waggons mit verschiebbaren Radpaaren, die ein automatisches Überwechseln während der Fahrt von Gleisen mit europäischer Spurweite auf Gleise mit russischer Spurweite ermöglichen.

36. Zu fördern sind die Beteiligung russischer Unternehmen an Objekten der Infrastruktur der Europäischen Union und die Schaffung gemeinsamer Güterverkehrsunternehmen, Lagerhäuser, Speicher, Hafenanlagen und Stützpunkte für den Güterumschlag. Vorzusehen ist die etappenweise Zulassung von Schiffen der Europäischen Union auf den Wasserstraßen der Russischen Föderation auf der Basis der Gegenseitigkeit und unter Mithilfe der Europäischen Union bei der Modernisierung dieser Wasserstraßen. Dieser Prozess ist mit den Fortschritten zu verbinden, die bei der Aufnahme in die Welthandelsorganisation erzielt werden.

37. Zu fördern sind die Entwicklung der Zusammenarbeit bei der Ausarbeitung einer einheitlichen Verkehrspolitik, die Einführung effizienter Technologien des Verkehrswesens auf der Grundlage der gegenseitigen Annäherung und Harmonisierung der Rechtsvorschriften und die Vereinfachung der Grenz-

abfertigung, wobei die wirtschaftliche Sicherheit der Russischen Föderation gewährleistet sein muss.

38. Fortzusetzen ist der Ausbau der europäischen Transportkorridore, vor allem des 1. (insbesondere der Abzweigung Riga-Kaliningrad-Danzig), des 2. und des 9. Zu erhöhen ist die Qualität der Transportdienstleistungen, und für die Nutzer der Dienstleistungen der Eisenbahn sind attraktivere Bedingungen zu schaffen. Zu aktivieren ist die Zusammenarbeit bei der Entwicklung der durch das Territorium der Russischen Föderation führenden eurasischen Verkehrsverbindungen (in erster Linie das enge Zusammenwirken der europäischen Transportkorridore mit der Transsibirischen Magistrale). Zu erreichen ist, dass diese oder andere Projekte zur Verbesserung der Infrastruktur aus Mitteln der Europäischen Investitionsbank finanziert werden.

39. Anzustreben ist die gemeinsame Entwicklung und der gemeinsame Bau neuer Luftfahrzeuge, des Weiteren sind Verhandlungen zu führen über den Abschluss eines Abkommens über die Zertifikation russischer Zivilflugzeuge in der Europäischen Union und die Erweiterung der Zulassung russischer Luftfahrtunternehmen zu Flughäfen von Mitgliedstaaten der Europäischen Union.

40. Bei der Verwirklichung von Projekten, die den Bau anderer Erdgas- und Erdölleitungen unter Umgehung des Territoriums der Russischen Föderation vorsehen, sollen sich die Mitgliedstaaten der Gemeinschaft Unabhängiger Staaten auf geschäftlich lohnende Beteiligungsformen, den Verkauf von Baustoffen, Baumaschinen, die Übernahme von Arbeiten sowie Dienstleistungen konzentrieren. Es ist dafür zu sorgen, dass die russischen Interessen an den Projekten »Inogate« und »Trasek«, die von Mitgliedstaaten der Gemeinschaft Unabhängiger Staaten und von Mitgliedstaaten der Europäischen Union verwirklicht werden, gewahrt werden.

VII. Zusammenarbeit auf dem Gebiet von Wissenschaft und Technik sowie dem Schutz geistigen Eigentums

41. Anzustreben ist der möglichst baldige Abschluss eines neuen Abkommens im Wissenschafts- und Technologiebereich. Im vollen Umfang sind die Möglichkeiten der Teilnahme russischer Wissenschaftler und Wissenschaftszentren an Rahmenprogrammen der Europäischen Union für wissenschaftliche und technologische Entwicklung, an Ausstellungen und an Bildungsprogrammen der Europäischen Union zu nutzen.

42. Wünschenswert ist die aktive Teilnahme an der Entwicklung der europäischen Informationsgesellschaft. Zu gewährleisten ist, dass die Russische Föderation als ein untrennbarer Bestandteil dieser Gesellschaft angesehen wird.

43. Es sind Maßnahmen zur Verwirklichung gemeinsamer Großprojekte auf dem Gebiet der Raumforschung zu treffen, einschließlich der Teilnahme an der Entwicklung des von der Europäischen Union geplanten eigenen Navigationssystems sowie neuer Fernmeldesatelliten und Systeme zur Überwachung der Umwelt Europas vom erdnahen Raum aus.

44. Gemeinsam mit der Europäischen Union ist die Möglichkeit zu prüfen, ein Programm für die gegenseitige Annäherung und teilweise Integration des wissenschaftlich-technischen Potentials der Russischen Föderation und der Europäischen Union auszuarbeiten und zu starten und die Position der europäischen Wissenschaft und Industrie, gestützt auf russische wissenschaftlich-technische Spitzenleistungen (darunter Konversionsergebnisse) im Austausch gegen die Unterstützung der russischen Wissenschaft durch die Europäische Union, zu festigen.

45. Es sind Maßnahmen zur Nutzung technischer Kooperationsprogramme der Europäischen Union für die Entwicklung der Innovationstätigkeit sowie für eine breitere Beteiligung der

Europäischen Union an Programmen des Internationalen wissenschaftlich-technischen Zentrums zu treffen.

VIII. Grenzüberschreitende Zusammenarbeit

46. Die Tatsache, dass die Russische Föderation und die Europäische Union eine gemeinsame Grenze besitzen, die künftig noch länger werden wird, ist zu nutzen, um die grenzüberschreitende interregionale Zusammenarbeit und die Entwicklung von Regionen beider Seiten auf das Niveau zu heben, das im Rahmen der so genannten Euroregionen erreicht wurde. Anzustreben ist, dass die in der Europäischen Union existierenden supranationalen und nationalen Förderungsprogramme, darunter auch die Visaregelungen und das Grenzregime, auf eine solche Zusammenarbeit angewendet werden. Zu fördern sind die Kontakte zwischen Regionen der Russischen Föderation und der Europäischen Union, darunter auch die Nutzung der Möglichkeiten des Ausschusses der Regionen der Europäischen Union mit dem Ziel, die Entfaltung der humanitären und wirtschaftlichen Beziehungen zu unterstützen und den Erfahrungsaustausch über Fragen der örtlichen Selbstverwaltung und Wirtschaftsführung in Gang zu setzen.
47. Gemeinsam ist der Initiative »Nördliche Dimension« ein praktischer Inhalt zu verleihen. Anzustreben ist, dass sie von der Europäischen Union finanziell unterstützt wird und dass Kapital aus nichteuropäischen Ländern herbeiströmt. Es ist darauf hinzuwirken, dass die Verwirklichung dieser Initiative nicht nur auf die Förderung und den Export von Rohstoffen eine stimulierende Wirkung ausübt, sondern auch auf die umfassende Entwicklung des Nordens und Nordwestens der Russischen Föderation.
48. Unter Berücksichtigung der besonderen geographischen und wirtschaftlichen Lage des Gebiets Kaliningrad sind die notwendigen äußeren Bedingungen für seine Existenz und

Entwicklung als untrennbarer Bestandteil der Russischen Föderation und aktiver Teilnehmer an der grenzüberschreitenden und interregionalen Zusammenarbeit zu gewährleisten. In der Perspektive ist eine optimale wirtschaftliche, energetische und verkehrsmäßige Spezialisierung dieses Gebiets vorzusehen, die es ihm ermöglicht, unter den neuen Bedingungen effizient zu funktionieren. Falls erforderlich, ist mit der Europäischen Union ein spezielles Abkommen abzuschließen, das dem Schutz der Interessen des Gebiets Kaliningrad als Subjekt der Russischen Föderation bei der Erweiterung der Europäischen Union dient und möglichst dazu beiträgt, dass es sich zu einer russischen »Pilotregion« für die Zusammenarbeit der Russischen Föderation mit der Europäischen Union im 21. Jahrhundert entwickelt.

49. Bei der interregionalen Zusammenarbeit im Mittelmeerraum (Barcelona-Prozess) wird eine wahlweise Beteiligung der Russischen Föderation an den entsprechenden Maßnahmen angestrebt sowie die Gewährleistung der russischen Interessen bei der Errichtung einer Freihandelszone der Europäischen Union und der Länder der Mittelmeerregion.

IX. Entwicklung der Rechtsgrundlage für die Zusammenarbeit. Gegenseitige Annäherung der wirtschaftsrechtlichen Bestimmungen und der technischen Standards

50. Angestrebt wird, das PKA durch den Abschluss einzelner Vereinbarungen auf verschiedenen Gebieten der Zusammenarbeit mit der Europäischen Union zu stärken und weiterzuentwickeln.

51. Herbeizuführen ist eine Übereinkunft mit der Europäischen Union über die gemeinsame Ausarbeitung und den Abschluss eines neuen umfassenden Abkommens über strategische Partnerschaft und Zusammenarbeit im 21. Jahrhundert, das all-

mählich, je nach Erfüllung des PKA gemäß den erzielten konkreten Ergebnissen, aber auch gemäß den einzelnen allgemeinen Momenten in den Strategien für die Entwicklung einer Partnerschaft und Zusammenarbeit zwischen der Russischen Föderation und der Europäischen Union, das PKA ersetzen soll.

52. Erstrebenswert ist eine Annäherung der russischen Gesetzgebung, bei gleichzeitiger Wahrung ihrer Unabhängigkeit, an die Gesetzgebung der Europäischen Union in den Bereichen der aktivsten Zusammenarbeit der Russischen Föderation mit der Europäischen Union, darunter auch im Rahmen des Ausschusses für parlamentarische Zusammenarbeit.

53. Unter Beibehaltung der eigenen Standardisierungs- und Zertifikationssysteme ist ihre Harmonisierung mit analogen Systemen auf den Gebieten der aktivsten Handelsbeziehungen und der technischen Zusammenarbeit der Russischen Föderation und der Europäischen Union vorzunehmen. In größerem Umfang sind die Standards der Internationalen Organisation für Standardisierung anzuwenden. Anzustreben ist die gegenseitige Anerkennung von Zertifikationen, u. a. über die Schaffung gemeinsamer Zertifikationszentren.

X. Zusammenarbeit im Bereich des Rechtsschutzes

54. In die Wege zu leiten ist die operative Zusammenarbeit mit den bestehenden und neu zu schaffenden Organen der Europäischen Union, die für die Bekämpfung des internationalen Terrorismus, des illegalen Drogenhandels, der internationalen Kriminalität, einschließlich der Geldwäsche, der Steuerhinterziehung, der ungesetzlichen Ausfuhr von Kapital, der Verletzung der Zollbestimmungen, des Menschenhandels, des unerlaubten Eindringens in fremde Datenbanken und der Geldfälschung zuständig sind. Fortzusetzen sind die aktiven Bemühungen, die Zusammenarbeit mit Europol in die Wege zu leiten und zu entwickeln.

55. Dazu ist so weit wie möglich die Teilnahme an Aktionsprogrammen und -plänen der Europäischen Union für die Kriminalitätsbekämpfung und die Ausbildung von Nachwuchskräften zu nutzen, darunter an Programmen für technische Zusammenarbeit. Zu entwickeln ist ferner die Zusammenarbeit zwischen den Justiz- und Zollbehörden sowie anderen Institutionen zur Durchsetzung der Rechtsordnung der Russischen Föderation und der Europäischen Union sowie ihrer Mitgliedstaaten.

56. Anzustreben ist die Ergänzung des PKA durch ein spezielles Abkommen über die Tätigkeit auf dem Gebiet der Durchsetzung der Rechtsordnung.

57. In die Wege zu leiten ist die Kooperation der zuständigen Behörden der Russischen Föderation und der Europäischen Union im Kampf gegen die illegale Einwanderung, darunter auch aus Ländern außerhalb von Europa.

58. Anzustreben ist die justitielle Kooperation der Mitgliedstaaten der Europäischen Union zur Anerkennung von Strafen, die gegen Personen verhängt wurden, welche gegen das russische Wirtschafts- und Devisenrecht verstoßen haben. Herbeizuführen ist die Kooperation zur Auffindung und Rückgabe von Kapital, das illegal aus der Russischen Föderation ins Ausland geschafft worden ist, und zu prüfen ist die Möglichkeit, dieses Kapital zur Begleichung eines Teils der Auslandsschulden der Russischen Föderation bei Mitgliedstaaten der Europäischen Union zu verwenden oder die wirtschaftliche Zusammenarbeit beider Seiten zu stimulieren.

XI. Rolle der Geschäftskreise bei der Entwicklung der Zusammenarbeit

59. Nach Kräften sind Kontakte zwischen russischen Unternehmen und ihren Verbänden auf der einen Seite und Unternehmen in den Mitgliedstaaten der Europäischen Union auf der

anderen Seite zu fördern, Kontakte, die dazu dienen, die Zusammenarbeit auf den Gebieten des Handels, der Wirtschaft und der Investitionen zu entwickeln, Erfahrungen über die Marktwirtschaft zu vermitteln und Streitigkeiten zu vermeiden. Dem »Runden Tisch« der Industriellen der Russischen Föderation und der Europäischen Union ist erhöhte Bedeutung beizumessen, damit sie sich gegebenenfalls in diesem Rahmen mit wichtigen Fragen und Lösungsvorschlägen gegenseitig konsultieren; seine Tätigkeit ist darauf zu lenken, europäische Investoren zu gewinnen sowie den russischen Export und die wissenschaftlich-technische Zusammenarbeit zu erweitern.

60. Zu suchen ist nach Formen der effektiven Berücksichtigung und Vertretung der Interessen von Geschäftskreisen in den Arbeitsgremien für die Zusammenarbeit der Russischen Föderation und der Europäischen Union.

XII. Realisierung dieser Strategie in der Russischen Föderation

61. Es ist davon auszugehen, dass der Erfolg dieser Strategie außer von der Entwicklung der europäischen Integration und der internationalen Lage insgesamt entscheidend von der organisatorisch-rechtlichen und materiellen Absicherung der in ihr angeführten Aufgaben in der Russischen Föderation abhängen wird.

62. Zu gewährleisten ist, dass vor allem durch die Tätigkeit der Regierungskommission der Russischen Föderation für die Zusammenarbeit mit der Europäischen Union und durch die koordinierende Rolle des russischen Außenministeriums eine einheitliche staatliche Politik gegenüber der Europäischen Union verfolgt wird. Um eventuelle Streitfälle zu vermeiden, ist eine spezielle Expertise über Entwürfe für legislatorische und andere normative rechtliche Maßnahmen anzufertigen, damit diese dem PKA entsprechen.

63. Im Interesse der Weiterentwicklung der Zusammenarbeit und der Erfüllung des PKA durch die Europäische Union und ihre Mitgliedstaaten

- sind in den föderalen Organen der Exekutive, die sich unmittelbar mit Fragen der Zusammenarbeit der Russischen Föderation mit der Europäischen Union befassen, Gruppen von Spezialisten zu bilden, die die Probleme, welche die Tätigkeit der Europäischen Union und die Zusammenarbeit der Russischen Föderation mit der Europäischen Union betreffen, genau kennen;
- ist ein für russische Unternehmer zugängliches umfassendes Informationssystem über die Tätigkeit der Europäischen Union und die Bedingungen und Regeln zu schaffen, die ihnen aufgrund des PKA und anderer bilateraler Dokumente den Zugang zu den Märkten der Europäischen Union ermöglichen;
- ist durch die Ständige Vertretung der Russischen Föderation bei den Europäischen Gemeinschaften und die Botschaften der Russischen Föderation in den Mitgliedstaaten und beitrittswilligen Ländern die Erfüllung der Festlegungen des PKA und der Beschlüsse seiner Organe durch die Europäische Union nachprüfen und neue Reserven für die Entwicklung der Zusammenarbeit ausfindig machen zu lassen.

64. Anzustreben ist die Gewährleistung einer raschen Ausarbeitung und Annahme von Gesetzesvorlagen und anderen Verfügungen, die die Entwicklung der Zusammenarbeit der Russischen Föderation mit der Europäischen Union regeln, sowie die Erfüllung der von der russischen Seite übernommenen Verpflichtungen.

65. Es sind Maßnahmen zu treffen, um die Ausbildung von Spezialisten für verschiedene Tätigkeitsbereiche der Europäischen Union an Hochschulen und Wirtschaftsakademien der Russischen Föderation zu erweitern und wissenschaftliche

Untersuchungen über die betreffenden Probleme durchzuführen. Der wissenschaftliche Austausch und die Ausbildung hoch qualifizierter russischer Kader sind unter Nutzung der Möglichkeiten der Europäischen Union und ihrer Mitgliedstaaten zu unterstützen.

66. Für die Realisierung der in dieser Strategie umrissenen Ziele sind die Mittel rationell zu nutzen, die im Rahmen der technischen Kooperationsprogramme der Europäischen Union verfügbar sind.

Grundakte über gegenseitige Beziehungen, Zusammenarbeit und Sicherheit zwischen der Nordatlantikvertrags-Organisation und der Russischen Föderation

(Unterzeichnet vom Präsidenten der Russischen Föderation und von den Staats- und Regierungschefs der Mitgliedstaaten der NATO sowie dem Generalsekretär der NATO am 27. Mai 1997 in Paris)

Die Nordatlantikvertrags-Organisation und ihre Mitgliedstaaten einerseits und die Russische Föderation andererseits, im Folgenden als NATO und Russland bezeichnet, gestützt auf eine auf höchster politischer Ebene eingegangene dauerhafte politische Verpflichtung, werden gemeinsam im euro-atlantischen Raum einen dauerhaften und umfassenden Frieden auf der Grundlage der Prinzipien der Demokratie und der kooperativen Sicherheit schaffen.

Die NATO und Russland betrachten einander nicht als Gegner. Sie verfolgen gemeinsam das Ziel, die Spuren der früheren Konfrontation und Konkurrenz zu beseitigen und das gegenseitige Vertrauen und die Zusammenarbeit zu stärken. Diese Akte bekräftigt die Entschlossenheit der NATO und Russlands, ihre gemeinsamen Verpflichtungen zum Bau eines stabilen, friedlichen und ungeteilten, geeinten und freien Europas zum Nutzen aller seiner Völker konkreten Ausdruck zu verleihen. Die Übernahme dieser Verpflichtungen auf höchster politischer Ebene stellt den Beginn grundlegend neuer Beziehungen zwischen der NATO und Russland dar. Beide Seiten beabsichtigen, auf der Grundlage gemeinsamen Interesses, der Gegenseitigkeit und der Transparenz eine starke, stabile und dauerhafte Partnerschaft zu entwickeln.

Diese Akte legt die Ziele und den Mechanismus für Konsultationen, Zusammenarbeit, gemeinsame Entscheidungsfindung und gemeinsames Handeln fest, die den Kern der Beziehungen zwischen der NATO und Russland bilden werden.

Die NATO hat eine historische Umwandlung in Gang gesetzt – ein Prozess, der fortgesetzt wird. 1991 änderte das Bündnis seine strategische Doktrin, um dem neuen Sicherheitsumfeld in Europa Rechnung zu tragen. Im Einklang damit hat die NATO ihre konventionellen und nuklearen Streitkräfte drastisch reduziert und setzt deren Anpassung fort. Während die NATO sich die Fähigkeit erhalten hat, ihren Verpflichtungen aus dem Washingtoner Vertrag nachzukommen, hat sie ihre politischen Funktionen erweitert und wird dies auch künftig tun, und sie hat neue Aufgaben der Friedenserhaltung und Krisenbewältigung zur Unterstützung der Vereinten Nationen (VN) und der Organisation für Sicherheit und Zusammenarbeit in Europa (OSZE), beispielsweise in Bosnien und Herzegowina, übernommen, um neuen sicherheitspolitischen Herausforderungen in enger Abstimmung mit anderen Ländern und internationalen Organisationen zu begegnen. Die NATO ist gegenwärtig dabei, die Europäische Sicherheits- und Verteidigungsidentität (ESVI) innerhalb des Bündnisses zu entwickeln. Sie wird die breit angelegte und dynamische Struktur der Zusammenarbeit mit OSZE-Teilnehmerstaaten insbesondere durch die Partnerschaft für den Frieden weiter ausbauen und arbeitet mit Partnerländern an der Initiative zur Schaffung eines Euro-Atlantischen Partnerschaftsrates zusammen. Die NATO-Mitgliedstaaten haben beschlossen, das Strategische Konzept des Bündnisses zu überprüfen, um sicherzustellen, dass es mit der neuen Sicherheitslage und den neuen Herausforderungen in Europa voll im Einklang steht.

Russland setzt den Aufbau einer demokratischen Gesellschaft und die politische und wirtschaftliche Transformation fort. Es entwickelt das Konzept seiner nationalen Sicherheit und überprüft seine Militärdoktrin in einer Weise, die gewährleisten soll, dass diese mit den neuen sicherheitspolitischen

Realitäten voll im Einklang stehen. Russland hat tiefe Einschnitte in seine Streitkräfte vorgenommen, in beispielloser Weise Truppen aus den Ländern Mittel- und Osteuropas sowie den baltischen Staaten abgezogen und alle seine Nuklearwaffen in sein eigenes Hoheitsgebiet zurückgeführt. Russland ist entschlossen, seine konventionellen und nuklearen Streitkräfte weiter zu reduzieren. Es nimmt aktiv an friedenserhaltenden Operationen zur Unterstützung der VN und der OSZE sowie an Krisenbewältigungseinsätzen in verschiedenen Regionen der Welt teil. Russland leistet seinen Beitrag zu den multinationalen Streitkräften in Bosnien und Herzegowina.

I. Grundsätze

Ausgehend von dem Grundsatz, dass die Sicherheit aller Staaten in der euro-atlantischen Gemeinschaft unteilbar ist, werden die NATO und Russland zusammenarbeiten, um einen Beitrag dazu zu leisten, dass in Europa gemeinsame und umfassende Sicherheit auf der Grundlage des Bekenntnisses zu gemeinsamen Werten, Verpflichtungen und Verhaltensnormen im Interesse aller Staaten geschaffen wird.

Die NATO und Russland werden zur Stärkung der Organisation für Sicherheit und Zusammenarbeit in Europa (OSZE) beitragen, darunter auch zur Weiterentwicklung ihrer Rolle als eines der Hauptinstrumente für präventive Diplomatie, Konfliktverhütung, Krisenbewältigung, Normalisierungsmaßnahmen nach einem Konflikt und regionale Sicherheitszusammenarbeit, und die Verbesserung ihrer operationellen Fähigkeiten zur Durchführung dieser Aufgaben unterstützen. Der OSZE als einziger gesamteuropäischer Sicherheitsorganisation kommt eine Schlüsselrolle für Frieden und Stabilität in Europa zu. Im Zuge der Stärkung der OSZE werden die NATO und Russland zusammenarbeiten, um jede Möglichkeit einer Rückkehr zu einem Europa der Spaltung und Konfrontation oder der Isolierung irgendeines Staates auszuschließen.

Im Einklang mit der Arbeit der OSZE an einem gemeinsamen und umfassenden Sicherheitsmodell für Europa im 21. Jahrhundert und unter Berücksichtigung der Beschlüsse des Lissabonner Gipfels betreffend eine Europäische Sicherheitscharta werden die NATO und Russland eine möglichst umfassende Zusammenarbeit unter den Teilnehmerstaaten der OSZE mit dem Ziel anstreben, in Europa einen gemeinsamen Sicherheits- und Stabilitätsraum ohne Trennlinien oder Einflusssphären zu schaffen, die die Souveränität irgendeines Staates einschränken.

Die NATO und Russland gehen von der Voraussetzung aus, dass das gemeinsame Ziel der Stärkung von Sicherheit und Stabilität im euro-atlantischen Raum zum Nutzen aller Staaten eine Antwort auf neue Risiken und Herausforderungen erfordert, wie zum Beispiel aggressiven Nationalismus, die Verbreitung nuklearer, biologischer und chemischer Waffen, Terrorismus, die systematische Verletzung der Menschenrechte und der Rechte von Personen, die nationalen Minderheiten angehören, sowie ungelöste Gebietsstreitigkeiten, die eine Bedrohung für unser aller Frieden, Wohlstand und Stabilität darstellen.

Diese Akte ist nicht so auszulegen, als berühre sie die Hauptverantwortung des VN-Sicherheitsrates für die Wahrung des Weltfriedens und der internationalen Sicherheit oder die Rolle der OSZE als der alle einschließenden und umfassenden Organisation für Konsultationen, Entscheidungsprozesse und Zusammenarbeit in ihrem Raum und als regionale Abmachung nach Kapitel VIII der Charta der Vereinten Nationen.

Bei der Umsetzung dieser Akte werden die NATO und Russland ihre Verpflichtungen nach dem Völkerrecht und aus internationalen Übereinkünften, einschließlich der Verpflichtungen aus der Charta der Vereinten Nationen und der Allgemeinen Erklärung der Menschenrechte sowie der Schlussakte von Helsinki und der späteren OSZE-Dokumente, darunter der Charta von Paris und der auf dem Lissabonner OSZE-Gipfel angenommenen Dokumente, gewissenhaft einhalten.

Zur Verwirklichung der Ziele dieser Akte verpflichten sich die NATO und Russland gemeinsam dazu, ihre Beziehungen an folgenden Grundsätzen auszurichten:

– Aufbau einer starken, stabilen, dauerhaften und gleichberechtigten Partnerschaft und der Zusammenarbeit auf der Grundlage der Transparenz mit dem Ziel, die Sicherheit und Stabilität im euro-atlantischen Raum zu stärken;
– Anerkennung der Schlüsselrolle, die Demokratie, politischer Pluralismus, Rechtsstaatlichkeit und die Achtung der Menschenrechte und bürgerlichen Freiheiten sowie die Entfaltung freier Marktwirtschaften für die Schaffung allgemeinen Wohlstands und umfassender Sicherheit spielen;
– Verzicht auf die Androhung oder Anwendung von Gewalt gegeneinander oder gegen irgendeinen anderen Staat, seine Souveränität, territoriale Unversehrtheit oder politische Unabhängigkeit in einer Weise, die mit der Charta der Vereinten Nationen oder der in der Schlussakte von Helsinki enthaltenen Erklärung über die Prinzipien, die die Beziehungen der Teilnehmerstaaten leiten, unvereinbar ist;
– Achtung der Souveränität, Unabhängigkeit und territorialen Unversehrtheit aller Staaten sowie ihres naturgebundenen Rechtes, die Mittel zur Gewährleistung ihrer eigenen Sicherheit sowie der Unverletzlichkeit von Grenzen und des Selbstbestimmungsrechts der Völker, wie es in der Schlussakte von Helsinki und anderen OSZE-Dokumenten verankert ist, selbst zu wählen;
– gegenseitige Transparenz bei der Ausarbeitung und Umsetzung verteidigungspolitischer und militärischer Doktrinen;
– Verhütung von Konflikten und Beilegung von Streitigkeiten

durch friedliche Mittel im Einklang mit den Prinzipien der VN und der OSZE;
- Unterstützung friedenserhaltender Operationen von Fall zu Fall, die unter der Autorität des VN-Sicherheitsrates oder der Verantwortung der OSZE durchgeführt werden.

II. Mechanismus für Konsultation und Zusammenarbeit – Der Ständige Gemeinsame NATO-Russland-Rat

Zur Umsetzung der Aktivitäten und Ziele dieser Akte und zur Entwicklung gemeinsamer Ansätze bei europäischen Sicherheitsproblemen und politischen Fragen werden die NATO und Russland den Ständigen Gemeinsamen NATO-Russland-Rat einrichten. Hauptaufgabe dieses Ständigen Gemeinsamen Rates wird es sein, immer mehr Vertrauen zu bilden, einheitliche Ziele zu formulieren und die Praxis ständiger Konsultationen und Zusammenarbeit zwischen der NATO und Russland zu entwickeln, um die Sicherheit der jeweils anderen Seite und die aller Staaten im euro-atlantischen Raum zu verbessern, ohne die Sicherheit eines Staates zu beeinträchtigen. Im Falle von Meinungsverschiedenheiten werden die NATO und Russland sich bemühen, diese auf der Grundlage des Prinzips des guten Willens und des gegenseitigen Respekts im Rahmen politischer Konsultationen beizulegen.

Mit dem Ständigen Gemeinsamen Rat wird ein Mechanismus für Konsultation, Koordination und, im größtmöglichen Umfang, wo dies angebracht ist, für gemeinsame Entscheidungen und gemeinsames Handeln in Bezug auf Sicherheitsfragen von beiderseitigem Interesse geschaffen. Die Konsultationen erstrecken sich nicht auf innere Angelegenheiten der NATO, der NATO-Mitgliedstaaten oder Russlands.

Das gemeinsame Ziel der NATO und Russlands ist es, so viele Gelegenheiten wie möglich für gemeinsames Handeln aufzuzeigen und zu verfolgen. Sie gehen davon aus, dass sich im Zuge des weiteren Ausbaus der Beziehungen weitere Möglichkeiten für gemeinsames Handeln ergeben werden.

Der Ständige Gemeinsame Rat wird das wichtigste Forum für Konsultationen zwischen der NATO und Russland in Krisenzeiten oder in Bezug auf jede andere Situation bilden, die den Frieden und die Stabilität berührt. Zusätzlich zu den ordentlichen Sitzungen finden außerordentliche Sitzungen des Rates statt, um in Notsituationen umgehende Konsultationen zu ermöglichen. In diesem Zusammenhang werden die NATO und Russland umgehend Konsultationen innerhalb des Ständigen Gemeinsamen Rates durchführen, falls eines der Mitglieder des Rates eine Bedrohung seiner territorialen Unversehrtheit, politischen Unabhängigkeit oder Sicherheit zu erkennen glaubt.

Die Aktivitäten des Ständigen Gemeinsamen Rates werden sich an den Grundsätzen der Gegenseitigkeit und der Transparenz ausrichten. Im Zuge ihrer Konsultationen und ihrer Zusammenarbeit werden die NATO und Russland einander über die jeweiligen sicherheitsbezogenen Herausforderungen, denen sie sich gegenübersehen, sowie über die Maßnahmen unterrichten, die jede Seite zu treffen gedenkt, um ihnen zu begegnen.

Die Bestimmungen dieser Akte räumen der NATO oder Russland in keinerlei Hinsicht ein Vetorecht über die Handlungen der jeweils anderen Seite ein, noch beeinträchtigen oder beschränken sie die Rechte der NATO oder Russlands auf unabhängige Entscheidungsfindung und unabhängiges Handeln. Sie dürfen nicht als Mittel zur Beeinträchtigung der Interessen anderer Staaten dienen.

Der Ständige Gemeinsame Rat tagt auf verschiedenen Ebenen und in unterschiedlicher Zusammensetzung, je nach Thema und den Wünschen der NATO und Russlands. Der Ständige Gemeinsame Rat tagt zweimal jährlich auf der Ebene der Außenminister und auf der Ebene der Verteidigungsminister sowie monatlich auf der Ebene der Botschafter/ Ständigen Vertreter beim Nordatlantikrat.

Der Ständige Gemeinsame Rat kann, wenn angebracht, auch auf der Ebene der Staats- und Regierungschefs tagen.

Der Ständige Gemeinsame Rat kann zu einzelnen Themen oder Gebieten der Zusammenarbeit ständige oder Ad-hoc-Ausschüsse oder -Arbeitsgruppen bilden, wenn dies angebracht erscheint.

Auch militärische Vertreter oder Stabschefs tagen im Rahmen des Ständigen Gemeinsamen Rates; Sitzungen der Stabschefs finden mindestens zweimal jährlich statt, und die militärischen Vertreter tagen monatlich. Sitzungen von Militärexperten können ebenfalls einberufen werden.

Den Vorsitz im Ständigen Gemeinsamen Rat führen gemeinsam der Generalsekretär der NATO, ein nach dem Rotationsprinzip bestimmter Vertreter eines der NATO-Mitgliedstaaten und ein Vertreter Russlands.

Zur Unterstützung der Arbeit des Ständigen Gemeinsamen Rates werden die NATO und Russland die erforderlichen Verwaltungsstrukturen schaffen.

Russland wird eine Vertretung bei der NATO einrichten, die von einem Vertreter im Botschafterrang geleitet wird. Der Vertretung wird für die Zwecke der militärischen Zusammenarbeit ein hochrangiger militärischer Vertreter nebst Stab angegliedert. Die NATO behält sich die Möglichkeit vor, eine angemessene Präsenz in Moskau zu schaffen, deren Modalitäten noch festzulegen sind.

Die Tagesordnung für ordentliche Sitzungen wird gemeinsam aufgestellt. Für den Ständigen Gemeinsamen Rat werden organisatorische Vorkehrungen und eine Geschäftsordnung erarbeitet. Diese Vorkehrungen werden bis zur konstituierenden Sitzung des Ständigen Gemeinsamen Rates getroffen, die spätestens vier Monate nach Unterzeichnung dieser Akte stattfindet.

Der Ständige Gemeinsame Rat wird sich mit drei verschiedenen Tätigkeiten befassen:

- Konsultationen über die in Abschnitt III genannten Themen sowie jede andere im beiderseitigen Einvernehmen festgelegte politische oder sicherheitspolitische Frage;
- auf der Grundlage dieser Konsultationen Entwicklung gemeinsamer Initiativen, bei denen die NATO und Russland sich auf abgestimmte Sprachregelungen oder ein abgestimmtes Vorgehen einigen;
- nach Herstellung eines Konsenses im Zuge der Konsultation von Fall zu Fall gemeinsame Entscheidungen und gemeinsames Handeln, darunter die angemessene Teilnahme an der Planung und Vorbereitung gemeinsamer Operationen einschließlich friedenserhaltender Operationen unter der Autorität des VN-Sicherheitsrats oder der Verantwortung der OSZE.

Alle von der NATO oder Russland gemeinsam oder einzeln getroffenen Maßnahmen müssen mit der Charta der Vereinten Nationen und den Leitprinzipien der OSZE im Einklang stehen.

In der Erkenntnis, dass es wichtig ist, die Kontakte zwischen den gesetzgebenden Körperschaften der Teilnehmerstaaten dieser Akte zu vertiefen, werden die NATO und Russland auch eine Erweiterung des Dialogs und der Zusammenarbeit zwischen der Bundesversammlung der Russischen Föderation und der Nordatlantischen Versammlung anregen.

III. Bereiche für Konsultation und Zusammenarbeit

Beim Ausbau ihrer Beziehungen werden sich die NATO und Russland auf konkrete Bereiche von beiderseitigem Interesse konzentrieren. In folgenden Bereichen werden sie einander möglichst umfassend konsultieren und sich um Zusammenarbeit bemühen:

- Fragen von gemeinsamen Interesse, die die Sicherheit und Stabilität im euro-atlantischen Raum oder konkrete Krisen betreffen, einschließlich des Beitrags der NATO und Russlands zu Sicherheit und Stabilität in diesem Raum;
- Konfliktverhütung einschließlich vorbeugender Diplomatie, Krisenbewältigung und Konfliktbeilegung unter Berücksichtigung der Rolle und Verantwortung der VN und der OSZE sowie der Arbeit dieser Organisationen in diesen Bereichen;
- von Fall zu Fall gemeinsame Operationen einschließlich friedenserhaltender Operationen unter der Autorität des VN-Sicherheitsrates oder der Verantwortung der OSZE sowie, falls dabei Alliierte Streitkräftekommandos (CJTF) zum Einsatz kommen sollten, frühzeitige Teilnahme daran;
- Beteiligung Russlands an dem Euro-Atlantischen Partnerschaftsrat und der Partnerschaft für den Frieden;
- Informationsaustausch und Konsultationen über Strategie, Verteidigungspolitik, die Militärdoktrinen der NATO und Russlands sowie über Haushalte und Infrastrukturentwicklungsprogramme;
- Rüstungskontrollthemen;
- das gesamte Spektrum von Fragen der nuklearen Sicherheit;
- Verhinderung der Verbreitung nuklearer, biologischer und chemischer Waffen und ihrer Einsatzmittel, Bekämpfung des Nuklearschmuggels sowie Stärkung der Zusammenarbeit in konkreten Rüstungskontrollbereichen einschließlich der politischen und verteidigungspolitischen Aspekte der Verbreitung;
- mögliche Zusammenarbeit auf dem Gebiet der Abwehr taktischer Flugkörper;
- Verbesserung der regionalen Luftverkehrssicherheit, Erhöhung der Luftverkehrskapazitäten und Verstärkung des wechselseitigen Austauschs, soweit angebracht, zur Förde-

rung von Vertrauen durch verstärkte Maßnahmen der Transparenz und des Informationsaustausches betreffend Luftverteidigung und damit zusammenhängende Aspekte der Luftraumregelung /-kontrolle. Hierzu gehört auch die Prüfung der Möglichkeit einer Zusammenarbeit in geeigneten Luftverteidigungsfragen;

- Verbesserung der Transparenz, der Berechenbarkeit und des gegenseitigen Vertrauens betreffend den Umfang und die Aufgaben der konventionellen Streitkräfte der NATO-Mitgliedstaaten und Russlands;
- wechselseitiger Austausch, soweit angebracht, über Fragen betreffend Nuklearwaffen einschließlich Doktrinen und Strategien der NATO und Russlands;
- Koordinierung eines Programms der erweiterten Zusammenarbeit zwischen den jeweiligen Militärbehörden, wie weiter unten ausgeführt;
- Verfolgung einer möglichen Rüstungszusammenarbeit durch die Assoziierung Russlands mit der Konferenz der Nationalen Rüstungsdirektoren der NATO;
- Konversion von Verteidigungsindustrien;
- Entwicklung von beiderseits vereinbarten Kooperationsvorhaben mit verteidigungspolitischen Zügen in den Bereichen Wirtschaft, Umwelt und Wissenschaft;
- Durchführung gemeinsamer Initiativen und Übungen im Zivil- und Katastrophenschutz;
- Bekämpfung des Terrorismus und des Drogenhandels;
- Verbesserung des Verständnisses in der Öffentlichkeit für die sich entwickelnden Beziehungen zwischen der NATO und Russland, wozu auch die Einrichtung eines NATO-Dokumentationszentrums oder -Informationsbüros in Moskau gehört.

Weitere Bereiche können im gegenseitigen Einvernehmen hinzugefügt werden.

IV. Politisch-militärische Angelegenheiten

Die NATO und Russland bekräftigen ihren gemeinsamen Wunsch, mehr Stabilität und Sicherheit im euro-atlantischen Raum zu erreichen.

Die Mitgliedstaaten der NATO wiederholen, dass sie nicht die Absicht, keine Pläne und auch keinen Anlass haben, nukleare Waffen im Hoheitsgebiet neuer Mitglieder zu stationieren, noch die Notwendigkeit sehen, das Nukleardispositiv oder die Nuklearpolitik der NATO in irgendeinem Punkt zu verändern – und dazu auch in Zukunft keinerlei Notwendigkeit sehen. Dies schließt die Tatsache ein, dass die NATO entschieden hat, sie habe nicht die Absicht, keine Pläne und auch keinen Anlass, nukleare Waffenlager im Hoheitsgebiet dieser Mitgliedstaaten einzurichten, sei es durch den Bau neuer oder die Anpassung bestehender Nuklearlagerstätten. Als nukleare Waffenlager gelten Einrichtungen, die eigens für die Stationierung von Nuklearwaffen vorgesehen sind; sie umfassen alle Typen gehärteter ober- oder unterirdischer Einrichtungen (Lagerbunker oder -gewölbe), die für die Lagerung von Nuklearwaffen bestimmt sind.

Im Bewusstsein der Bedeutung der Anpassung des Vertrags über die konventionellen Streitkräfte in Europa (KSE-Vertrag) für den größeren Zusammenhang der Sicherheit im OSZE-Raum und für die Arbeit an einem gemeinsamen und umfassenden Sicherheitsmodell für das Europa im 21. Jahrhundert werden die Mitgliedstaaten der NATO und Russland in Wien mit den anderen Vertragsstaaten zusammenarbeiten, um den KSE-Vertrag zur Verbesserung seiner Funktionsfähigkeit und Wirksamkeit anzupassen, wobei das sich verändernde europäische Sicherheitsumfeld und die legitimen Sicherheitsinteressen aller OSZE-Teilnehmerstaaten zu berücksichtigen sind. Sie sind sich einig in dem Ziel, so rasch wie möglich ein Anpassungsübereinkommen zu schließen, und werden als einen ersten Schritt auf diesem Weg gemeinsam mit den anderen KSE-Vertragsstaaten auf den möglichst baldigen Abschluss einer Rahmenvereinbarung hinwirken, in der die Grundelemente eines angepassten KSE-Vertrags im Einklang mit den Zielen und Prinzipien des Dokuments über Umfang und Parameter, das im Dezember 1996 in Lissabon verabschiedet wurde, enthalten sind.

Die NATO und Russland sind der Auffassung, dass ein wichtiges Ziel der KSE-Vertragsanpassung in einer deutlichen, mit den legitimen Verteidigungserfordernissen jedes Vertragsstaats vereinbarten Verringerung des Gesamtumfangs der durch den Vertrag begrenzten Ausrüstungen, die im Anwendungsgebiet des Vertrages erlaubt sind, besteht. Die NATO und Russland ermutigen alle KSE-Vertragsstaaten, eine Verringerung ihrer Obergrenzen für durch den Vertrag begrenzte Ausrüstungen als Teil der umfassenderen Bemühungen um niedrige Obergrenzen für Ausrüstungen, die mit der Veränderung des europäischen Sicherheitsumfelds im Einklang stehen, zu erwägen.

Die Mitgliedstaaten der NATO und Russland verpflichten sich, während der Verhandlungen, wie in dem Dokument über Umfang und Parameter vorgesehen, Zurückhaltung zu üben hinsichtlich der gegenwärtigen Dispositive und Fähigkeiten ihrer konventionellen Streitkräfte, insbesondere in Bezug auf ihre Streitkräfteniveaus und Dislozierungen im Anwendungsgebiet des Vertrages, um Entwicklungen der Sicherheitslage in Europa zu vermeiden, die die Sicherheit irgendeines Vertragsstaats beeinträchtigen können. Mögliche freiwillige Entscheidungen einzelner Vertragsstaaten, ihre Streitkräfteniveaus oder Dislozierungen zu verringern, sowie ihre legitimen Sicherheitsinteressen bleiben durch diese Verpflichtung unberührt.

Die Mitgliedstaaten der NATO und Russland gehen davon aus, dass die Anpassung des KSE-Vertrags dazu beitragen sollte, gleiche Sicherheit für alle Vertragsstaaten unabhängig von ihrer

Mitgliedschaft in einem politisch-militärischen Bündnis zu gewährleisten, um sowohl die Stabilität zu wahren und zu stärken als auch weiterhin jede destabilisierende Erhöhung der Zahl der Streitkräfte in verschiedenen Regionen Europas und in Europa insgesamt zu verhindern. Ein angepasster KSE-Vertrag sollte ferner durch erweiterte Informationsaustausch- und Verifikationsmaßnahmen die militärische Transparenz verbessern und den Beitritt neuer Vertragsstaaten ermöglichen.

Die Mitgliedstaaten der NATO und Russland schlagen anderen KSE-Vertragsstaaten vor, eine Anpassung des KSE-Vertrags in der Weise vorzunehmen, dass die Vertragsstaaten durch einen transparenten und kooperativen Prozess zu Schlussfolgerungen über Reduzierungen gelangen, die sie durchzuführen bereit wären, sowie über die sich ergebenden nationalen Obergrenzen für durch den Vertrag begrenzte Ausrüstungen. Diese werden dann in dem von allen Vertragsstaaten im Konsens zu vereinbarenden angepassten Vertrag verbindlich festgeschrieben und im Jahr 2001 und danach in Abständen von jeweils fünf Jahren überprüft. Dabei werden die Vertragsstaaten alle für den Raum vom Atlantik bis zum Ural durch den ursprünglichen KSE-Vertrag bestimmten Obergrenzen für durch den Vertrag begrenzte Ausrüstungen, die seither durchgeführten substantiellen Reduzierungen, die Veränderungen der Lage in Europa und das Erfordernis berücksichtigen, dass die Sicherheit keines Staates verringert wird.

Die Mitgliedstaaten der NATO und Russland bekräftigen, dass die Vertragsstaaten einzeln oder in Gemeinschaft mit anderen nur diejenigen militärischen Kapazitäten aufrechterhalten sollten, die mit individuellen oder kollektiven legitimen Sicherheitsbedürfnissen unter Berücksichtigung ihrer internationalen Verpflichtungen einschließlich des KSE-Vertrags vereinbar sind.

Jeder Vertragsstaat wird seiner Zustimmung zu den Bestimmungen des angepassten KSE-Vertrags über alle nationalen

Obergrenzen der Vertragsstaaten seine Einschätzung der gegenwärtigen und künftigen Sicherheitslage in Europa zugrunde legen.

Darüber hinaus werden die Mitgliedstaaten der NATO und Russland in den Verhandlungen über eine Anpassung des KSE-Vertrags gemeinsam mit anderen Vertragsstaaten darauf hinwirken, die Stabilität durch die Weiterentwicklung von Maßnahmen zu stärken, die darauf abzielen, jeden potentiell gefährlichen Aufwuchs konventioneller Streitkräfte in vereinbarten Regionen Europas einschließlich Mittel- und Osteuropas zu verhindern.

Die NATO und Russland haben ihre Absichten in Bezug auf ihre konventionellen Streitkräftedispositive in dem neuen europäischen Sicherheitsumfeld klargestellt und sind bereit, einander im Rahmen des Ständigen Gemeinsamen Rates über die Entwicklung dieser Dispositive zu konsultieren.

Die NATO wiederholt, dass das Bündnis in dem gegenwärtigen und vorhersehbaren Sicherheitsumfeld seine kollektive Verteidigung und andere Aufgaben eher dadurch wahrnimmt, dass es die erforderliche Interoperabilität, Integration und Fähigkeit zur Verstärkung gewährleistet, als dass es zusätzlich substantielle Kampftruppen dauerhaft stationiert. Das Bündnis wird sich dementsprechend auf eine angemessene, den genannten Aufgaben gerecht werdende Infrastruktur stützen müssen. In diesem Zusammenhang können, falls erforderlich, Verstärkungen erfolgen für den Fall der Verteidigung gegen eine Aggressionsdrohung und für Missionen zur Stützung des Friedens im Einklang mit der Charta der Vereinten Nationen und den Leitprinzipien der OSZE sowie für Übungen im Einklang mit dem angepassten KSE-Vertrag, den Bestimmungen des Wiener Dokuments von 1994 sowie gegenseitig vereinbarten Transparenzmaßnahmen. Russland wird sich bei der Dislozierung konventioneller Streitkräfte in Europa entsprechende Zurückhaltung auferlegen.

Die Mitgliedstaaten der NATO und Russland werden sich um mehr Transparenz, Berechenbarkeit und gegenseitiges Vertrauen in Bezug auf ihre Streitkräfte bemühen. Sie werden ihre Verpflichtungen aus dem Wiener Dokument von 1994 in vollem Umfang erfüllen und die Zusammenarbeit mit den anderen OSZE-Teilnehmerstaaten ausbauen, einschließlich Verhandlungen in geeignetem Rahmen, unter anderem innerhalb der OSZE, um Vertrauen und Sicherheit zu fördern.

Die Mitgliedstaaten der NATO und Russland werden bestehende Rüstungskontrollvereinbarungen und vertrauensbildende Maßnahmen nutzen und verbessern, um auf friedliche Zusammenarbeit gegründete Sicherheitsbeziehungen herzustellen.

Die NATO und Russland werden die politisch-militärischen Konsultationen und Kooperationsmaßnahmen durch den Ständigen Gemeinsamen Rat mit Hilfe eines verbesserten Dialogs zwischen den obersten Militärbehörden der NATO und ihrer Mitgliedstaaten sowie Russland erweitern. Sie werden ein Programm zur wesentlichen Erweiterung der militärischen Aktivitäten und der praktischen Zusammenarbeit zwischen der NATO und Russland auf allen Ebenen durchführen. Im Einklang mit den Grundsätzen des Ständigen Gemeinsamen Rates wird sich dieser verstärkte Dialog im militärischen Bereich auf das Prinzip stützen, dass keine Partei die andere als Bedrohung betrachtet oder deren Sicherheit zu beeinträchtigen sucht. Der verstärkte Dialog im militärischen Bereich wird regelmäßig anzusetzende wechselseitige Unterrichtungen über die Militärdoktrin der NATO und Russlands, über Strategien und die sich daraus ergebenden Streitkräftedispositive sowie breit angelegte Möglichkeiten für gemeinsame Übungen und Ausbildungsmaßnahmen umfassen.

Zur Unterstützung dieses verbesserten Dialogs und der militärischen Komponenten des Ständigen Gemeinsamen Rates werden die NATO und Russland auf der Grundlage der Gegenseitigkeit und weiterer beiderseitiger Absprachen militärische Verbindungsstäbe auf verschiedenen Ebenen einrichten.

Zum Ausbau ihrer Partnerschaft und um sicherzustellen, dass diese Partnerschaft sich in möglichst hohem Maße auf praktische Aktivitäten und direkte Zusammenarbeit stützt, werden die jeweiligen Militärbehörden der NATO und Russlands die Möglichkeit einer Weiterentwicklung eines Konzepts für gemeinsame friedenserhaltende Operationen der NATO und Russlands prüfen. Diese Initiative sollte von der positiven Erfahrung der Zusammenarbeit in Bosnien und Herzegowina ausgehen; die Lehren, die aus diesem Einsatz gezogen wurden, werden in die Schaffung der Alliierten Streitkräftekommandos (CJTF) eingebracht.

Diese Akte tritt am Tage ihrer Unterzeichnung in Kraft.

Die NATO und Russland werden die geeigneten Schritte zur Gewährleistung der Umsetzung im Einklang mit ihren Verfahren unternehmen.

Diese Akte wird in zwei Urschriften ausgefertigt, jede in englischer, französischer und russischer Sprache.

Der Generalsekretär der NATO und die Regierung der Russischen Föderation werden den Wortlaut dieser Akte dem Generalsekretär der Vereinten Nationen und dem Generalsekretär der OSZE mit der Bitte übermitteln, ihn an alle Mitglieder ihrer Organisationen weiterzuleiten.

Erklärung der Staatsoberhäupter der GUS-Mitgliedstaaten über die Hauptrichtungen der Entwicklung der Gemeinschaft Unabhängiger Staaten

(Beschlossen vom Rat der Staatsoberhäupter der Gemeinschaft Unabhängiger Staaten am 2. April 1999)

Wir, die Staatsoberhäupter der Mitgliedstaaten der GUS,

darauf verweisend, dass die GUS einen positiven Einfluss auf die Entstehung neuer, souveräner, unabhängiger Staaten, die Wahl eines eigenen Modells wirtschaftlicher Reformen und des Aufbaus jedes dieser Staaten sowie die Entwicklung qualitativ neuer Beziehungen zwischen ihnen ausgeübt hat,

außerdem darauf verweisend, dass die GUS eine wichtige Rolle beim Erhalt der vielfältigen historischen Verbindungen zwischen den Völkern unserer Länder gespielt und dazu beigetragen hat, eine gleichberechtigte, gegenseitig nutzbringende Zusammenarbeit zwischen den Mitgliedstaaten auf neuer Grundlage herbeizuführen,

die heutigen geopolitischen Realitäten in Betracht ziehend, die durch die Globalisierung der wirtschaftlichen und politischen Entwicklung gekennzeichnet sind,

die Verantwortung erkennend, die sie gegenüber ihren Völkern in Bezug auf eine möglichst rasche Lösung brennender sozialer und ökonomischer Probleme haben, und bestrebt, einen hohen Lebensstandard ihrer Völker sicherzustellen,

überzeugt, dass das wichtigste Ziel der GUS die Gewährleistung der Grundrechte und Freiheiten des Menschen entsprechend den allgemein anerkannten Grundsätzen und Normen des internationalen Rechts und den Dokumenten der UN und der OSZE ist,

das Recht der nationalen Minderheiten auf ethnische, kulturelle, sprachliche und religiöse Eigenständigkeit bekräftigend, wobei in Betracht gezogen wird, dass die Erfüllung der Verpflichtungen, die sie genauso wie alle übrigen Bürger gegenüber dem Staat, in dem sie leben, haben, sowie die Erfüllung aller Verpflichtungen, die der Staat, in dem sie leben, gegenüber den nationalen Minderheiten hat, ein wesentlicher Faktor ist, der Frieden, Stabilität und Demokratie gewährleistet,

davon ausgehend, dass die Entwicklung der multilateralen Zusammenarbeit im Rahmen der GUS, aber auch die möglichst baldige Integration der Mitgliedstaaten der GUS in die Weltwirtschaft ihren nationalen Interessen entspricht,

bestrebt, die zwischen den Mitgliedstaaten entstandenen freundschaftlichen Beziehungen und die gegenseitig vorteilbringende Zusammenarbeit zwischen ihnen weiterhin zu nutzen und allseitig zu entwickeln,

gestützt auf die Erfahrungen der GUS und das Fazit aus dem Speziellen Zwischenstaatlichen Forum über die Vervollkommnung der Tätigkeit der GUS und ihre Reformierung ziehend,

halten es für erforderlich, der Entwicklung der gleichberechtigten Partnerschaft und Zusammenarbeit im Rahmen der GUS, in erster Linie im Bereich der Wirtschaft, unter den Bedingungen eines stabilen Friedens, der Sicherheit und der Demokratie einen neuen Impuls zu geben;

sind überzeugt, dass eine der vorrangigen Entwicklungen der weiteren Vervollkommnung der Tätigkeit der GUS die Vertiefung der vielfältigen wirtschaftlichen Zusammenarbeit sein muss;

bekräftigen, dass die Errichtung einer Freihandelszone der GUS vom Standpunkt der Entstehung einer vollwertigen marktwirtschaftlichen Infrastruktur, des Übergangs zu höheren Stufen der wirtschaftlichen Zusammenarbeit und der künftigen Entwicklung eines gemeinsamen Wirtschaftsraumes, der sich auf den freien Austausch von Waren, Dienstleistungen, Arbeitskräften und Kapital gründet, eine objektive Notwendigkeit ist;

sind überzeugt, dass die Errichtung einer Freihandelszone der GUS zur Integration der Mitgliedstaaten der GUS in das Weltwirtschaftssystem, zur Aufnahme unserer Staaten in die Welthandelsorganisation, zur Entwicklung der Zusammenarbeit mit anderen internationalen Organisationen, zur Anpassung an die Normen und Erfordernisse der entsprechenden regionalen und universellen internationalen Strukturen beitragen wird;

erklären uns bereit, im Rahmen der GUS das private Unternehmertum, die vielseitige produktive Zusammenarbeit, die Schaffung von Transportkorridoren, die Zusammenarbeit bei Investitionen, die Entwicklung des Marktes für landwirtschaftliche Produkte, die gemeinsame Teilnahme an Projekten zur Erschließung von Vorkommen an fossilen Brennstoffen und mineralischen Rohstoffen, das gemeinsame Vordringen von Unternehmen der Mitgliedstaaten der GUS auf äußere Märkte mit dem Ziel, Drittländern bei der Errichtung von Industrie- und Verkehrsobjekten technische Hilfe zu leisten, zu unterstützen sowie die Fragen des freien Transits, besonders des Durchgangs von Pipelines, des Autotransports und des Eisenbahnverkehrs zu lösen;

gehen davon aus, dass die Mitgliedstaaten der GUS auch vor anderen aktuellen Problemen stehen, die grenzüberschreitenden Charakter haben und im Rahmen der GUS durch gemeinsame Anstrengungen gelöst werden können;

sind überzeugt, dass die Mitgliedstaaten der GUS, die bei der wirtschaftlichen Zusammenarbeit konkrete Ergebnisse erzielt haben, auch auf anderen Gebieten, die von gegenseitigem Interesse sind, effektiver kooperieren können;

betrachten es als eine der Hauptaufgaben der Mitgliedstaaten der GUS, den Lebensstandard der Bürger unserer Staaten zu erhöhen und ihnen umfassende Rechte in den Bereichen Bildung, Gesundheitsschutz, soziale Sicherheit und kulturelle Entwicklung zu garantieren;

sind der Ansicht, dass außenpolitische Konsultationen über aktuelle internationale Probleme unter Berücksichtigung der nationalen Interessen jedes Mitgliedstaates der GUS nützlich sind und fortgesetzt werden sollen;

bekräftigen, dass wir weiterhin für eine möglichst rasche friedliche Beilegung der bewaffneten Konflikte auf dem Territorium von Mitgliedstaaten der GUS unter Nutzung der Mechanismen und Ressourcen der UN und der OSZE auf der Grundlage der Wahrung der territorialen Integrität, der Unantastbarkeit der Staatsgrenzen und anderer allgemein anerkannter Normen und Grundsätze des Völkerrechts eintreten;

fordern verstärkte Anstrengungen im Kampf gegen die organisierte Kriminalität, den Terrorismus und den Drogenhandel, die die Stabilität, Demokratie und Sicherheit der Mitgliedstaaten der GUS gefährden;

sind überzeugt, dass die Demokratisierung der Tätigkeit der GUS, die Vervollkommnung des Verfahrens, Beschlüsse einstimmig zu fassen, die Durchführung dieser Beschlüsse durch die Organe der GUS und deren enge Kooperation wichtige Felder der Reformierung der GUS sind;

gehen davon aus, dass die Struktur der zwischenstaatlichen Organe der GUS den Anforderungen der Weiterentwicklung der Zusammenarbeit in der GUS entsprechen, wirksame Verhandlungen und Konsultationen ermöglichen, Parallelismen zu den vorhandenen internationalen Strukturen ausschließen, eine hohe Effektivität haben und von kleinen, professionell und rentabel arbeitenden Sekretariaten betreut werden muss. Die Mitglieder bestätigen, dass sie Minsk als geeigneten Sitz des Hauptquartiers der GUS ansehen;

halten in diesem Zusammenhang die Optimierung der Ausgaben für die Organe der GUS, unter anderem durch Verkleinerung ihrer Apparate und die Auflösung derjenigen Organe, die ihre Aktualität verloren haben, für notwendig.

Wir bekräftigen, dass wir weiterhin für die Entwicklung der

Freundschaft und Partnerschaft zwischen den Mitgliedstaaten der GUS eintreten werden und bestrebt sind, das Potential der GUS möglichst umfassend für das Wohl der Völker unserer Staaten zu erschließen. Wir werden die Zusammenarbeit im Rahmen der GUS gemäß den internationalen Tendenzen vertiefen, die die sozialökonomischen Prozesse an der Schwelle zum 21. Jahrhundert bestimmen.

Gesonderte Meinung der Republik Armenien zum Entwurf der vorstehenden Erklärung

Die Republik Armenien hält es nicht für möglich, die Formulierungen des 6. Abschnitts auf Seite 3 des Entwurfs der Erklärung[1] auf die Regelung der Frage von Berg-Karabach anzuwenden, und ist der Auffassung, dass das Recht der Völker, frei über ihr Schicksal zu entscheiden, die Grundlage für die Lösung dieser Frage bilden muss.

1 Hier: vorige Seite, 2. Absatz. (Anm. d. Übers.)

Aktionsprogramm für die Entwicklung der Gemeinschaft Unabhängiger Staaten für die Zeit bis zum Jahr 2005

(Beschlossen vom Rat der Staatsoberhäupter der Gemeinschaft Unabhängiger Staaten am 20. Juni 2000)

Hauptziele und -aufgaben des Programms

Das Aktionsprogramm für die Entwicklung der GUS wurde ausgearbeitet auf der Grundlage der Erklärung der Staatsoberhäupter der Mitgliedstaaten der GUS über die Hauptrichtungen der Entwicklung der Gemeinschaft Unabhängiger Staaten und bestimmt die Hauptziele, Hauptaufgaben und Hauptbereiche der Zusammenarbeit im Rahmen der GUS bis zum Jahr 2005.

Das Hauptziel des Programms besteht darin, der Entwicklung der gleichberechtigten Partnerschaft und Zusammenarbeit im Rahmen der GUS, in erster Linie im Bereich der Wirtschaft, unter den Bedingungen eines stabilen Friedens, der Sicherheit und der Demokratie einen neuen Impuls zu geben.

Die Zusammenarbeit der Mitgliedstaaten im Rahmen der GUS soll sich zum gegenseitigen Nutzen unter Wahrung der nationalen Interessen der Mitgliedstaaten und unter Einbeziehung interessierter Staaten vollziehen.

Die Hauptaufgaben des Programms sind:
Auf wirtschaftlichem Gebiet:
- die Schaffung der Bedingungen für die Stabilisierung und das stetige Wachstum der Volkswirtschaften und die Hebung des Lebensstandards der Bevölkerung in den Mitgliedstaaten;
- die Erfüllung des Abkommens über die Errichtung einer Freihandelszone vom 15. Januar 1994 und des dazugehörigen Protokolls vom 2. April 1999;

- die Vertiefung der interregionalen wirtschaftlichen Zusammenarbeit der Länder der GUS, einschließlich der Grenzgebiete;
- die vorrangige Entwicklung der Produktion und des Exports konkurrenzfähiger technologischer Spitzenerzeugnisse;
- die Schaffung eines Mechanismus zur Sicherstellung der Konvertierbarkeit der nationalen Währungen;
- die Harmonisierung der Steuergesetzgebung im Bereich des Handels zwischen den einzelnen Staaten und die Verbesserung des Investitionsklimas;
- die Entstehung eines Konkurrenzklimas und der Schutz der Rechte der Verbraucher;
- die Herausbildung gegenseitig akzeptabler Bedingungen zwischenstaatlicher finanzieller und industrieller Gruppen in Bereichen, die für Mitgliedstaaten der GUS, welche wissenschaftsintensive und energiesparende Technologien verwenden, von gegenseitigem Interesse sind;
- die Entstehung eines gemeinsamen wissenschaftlich-technologischen Raumes auf vorrangigen Gebieten;
- die Herausbildung eines gemeinsamen Arbeitsmarktes, die Fortsetzung der Praxis, gemeinsam Projekte zur Erkundung und Erschließung von Vorkommen an fossilen Brennstoffen und mineralischen Rohstoffen zu realisieren;
- die Entwicklung von Vorschlägen zur Schaffung technologisch einheitlicher Systeme zum Brennstoff- und Energietransport;
- die Lösung von Fragen des freien Transits und die Schaffung von Transportkorridoren zum gegenseitigen Nutzen und auf gleichberechtigter Grundlage;
- eine abgestimmte Tarifpolitik für Transport- und Kommunikationsdienstleistungen;
- die Schaffung eines gut funktionierenden gemeinsamen Agrarmarktes der Mitgliedstaaten der GUS;

- die Kooperation der Mitgliedstaaten der GUS bei der Förderung der kleinen Unternehmer, darunter die Schaffung der nötigen Voraussetzungen für die Erweiterung der geschäftlichen Beziehungen der kleinen Unternehmer untereinander und die Verstärkung ihrer Bedeutung in der Wirtschaft.

Bei der Lösung aktueller grenzüberschreitender Probleme:
- vorbeugende Maßnahmen gegen außergewöhnliche Situationen natürlichen und technogenen Charakters und Maßnahmen zur Überwindung solcher Situationen;
- die Förderung der Tätigkeit nationaler und regionaler Dienste zur Überwachung der Umwelt, die Gewährleistung der ökologischen Sicherheit auf regionaler Ebene und Schaffung einer Datenbank über den Umweltschutz;
- im Interesse der Wirtschaft der Mitgliedstaaten der GUS die Schaffung eines gut funktionierenden einheitlichen Systems zur Sammlung und Verbreitung hydrometeorologischer Informationen und Daten über die Umweltverschmutzung;

Auf dem Gebiet der politischen Zusammenarbeit und der friedensstiftenden Tätigkeit:
- die Vervollkommnung der Maßnahmen zur Festigung des Vertrauens zwischen den Mitgliedstaaten der GUS;
- die Annäherung der Standpunkte der Mitgliedstaaten der GUS in außenpolitischen Fragen, die Abstimmung des Herangehens an die Lösung globaler Probleme, gegenseitige Unterstützung in internationalen Organisationen;
- die Fortsetzung der Praxis, auf den verschiedensten Ebenen gegenseitige Konsultationen der Außenministerien über aktuelle internationale Fragen durchzuführen;
- kollektive politische Bemühungen, um Konflikte beizulegen und zu verhindern, und kollektive friedensstiftende Operationen;

- die friedliche Beilegung von bewaffneten Konflikten auf dem Territorium von Mitgliedstaaten der GUS unter Nutzung der Mechanismen und Ressourcen der UN und der OSZE.

Auf dem Gebiet der Zusammenarbeit bei der Bekämpfung der Kriminalität, des Terrorismus und des illegalen Handels mit Drogen und Psychopharmaka:

- die Durchführung gemeinsamer Maßnahmen zur Bekämpfung des organisierten Verbrechens, des internationalen Terrorismus und anderer Erscheinungsformen von Extremismus;
- die Entwicklung einer rechtlichen Basis der Mitgliedstaaten der GUS für die Zusammenarbeit bei der Bekämpfung der Kriminalität, des Terrorismus und des illegalen Handels mit Drogen und Psychopharmaka.

Auf dem Gebiet der militärischen Zusammenarbeit und des Grenzschutzes:

- die Entwicklung der militärischen Zusammenarbeit der Mitgliedstaaten der GUS;
- die Weiterentwicklung des gemeinsamen Luftabwehrsystems der Mitgliedstaaten der GUS;
- die Vervollkommnung der militärtechnischen Zusammenarbeit der Mitgliedstaaten der GUS;
- die Ausarbeitung und Realisierung der Hauptrichtungen (Konzeption) einer abgestimmten Grenzpolitik der Mitgliedstaaten der GUS, die Entwicklung und Vervollkommnung der Zusammenarbeit zur Sicherung der Grenzen und zur Gewährleistung einer stabilen Lage an den Grenzen.

Auf dem Gebiet der Zusammenarbeit im Informationsbereich:

- die Entwicklung eines Informationssystems, das den Informationsaustausch zwischen den Mitgliedstaaten der GUS und Organen der GUS gewährleistet;

- die Schaffung eines gemeinsamen Informationsraumes und die Entwicklung der Kooperation zwischen den nationalen Informationssystemen.

Auf dem Gebiet der humanitären Zusammenarbeit:

- die Vervollkommnung der Rechtsvorschriften und Verwirklichung zwischenstaatlicher Programme der Zusammenarbeit im humanitären Bereich;
- die Kooperation der Mitgliedstaaten der GUS bei der Entwicklung des Gesundheitswesens, der Pharmazie, der medizinischen Wissenschaft und der Medizintechnik;
- die Kooperation zum Schutze der Bevölkerung der Mitgliedstaaten der GUS vor Epidemien;
- die Entwicklung des Tourismus, Förderung von Körperkultur und Sport in den Mitgliedstaaten der GUS;
- die Entfaltung der Zusammenarbeit auf dem Gebiet der Volksbildung und Herausbildung eines einheitlichen (gemeinsamen) Bildungsraumes der Mitgliedstaaten der GUS;
- rechtliche und organisatorische Maßnahmen zur Sicherstellung der gegenseitigen Anerkennung und der Äquivalenz von Schulzeugnissen, Hochschuldiplomen und akademischen Graden;
- die Schaffung günstiger Bedingungen für die Entwicklung von Verbindung und Austausch auf verschiedenen Gebieten der kulturellen Zusammenarbeit.

Vertrag über die Gründung der Eurasischen Wirtschaftsgemeinschaft

(Unterzeichnet am 10. Oktober 2000 von den Präsidenten der Mitgliedsländer in Astana, in Kraft getreten am 30. Mai 2001)

Die Republik Weißrussland, die Republik Kasachstan, die Kirgisische Republik, die Russische Föderation und die Republik Tadschikistan, nachfolgend die vertragschließenden Seiten genannt,

bestrebt, ihre dynamische Entwicklung dadurch zu sichern, dass sie die sozialen und wirtschaftlichen Reformen, die sie bei effektiver Nutzung des Wirtschaftspotentials zur Hebung des Lebensstandards ihrer Völker durchführen, abstimmen;

entschlossen, die Effizienz der Kooperation zur Entfaltung der Integrationsprozesse zu erhöhen und ihre Zusammenarbeit auf verschiedenen Gebieten zu vertiefen;

die Notwendigkeit erkennend, ihr Vorgehen bei der Eingliederung in die Weltwirtschaft und in das internationale Handelssystem zu koordinieren;

die Bereitschaft erklärend, in vollem Umfang die Verpflichtungen zu erfüllen, die sie mit dem Abkommen über die Zollunion zwischen der Russischen Föderation und der Republik Weißrussland vom 6. Januar 1995, mit dem Abkommen über die Zollunion vom 20. Januar 1995, mit dem Vertrag über die Vertiefung der Integration im wirtschaftlichen und humanitären Bereich vom 29. März 1996 und mit dem Vertrag über die Zollunion und einen Einheitlichen Wirtschaftsraum vom 26. Februar 1999 übernommen haben,

bekräftigend, dass sie an den Grundsätzen der Charta der Vereinten Nationen und den allgemein anerkannten Grundsätzen und Normen des Völkerrechts festhalten, haben das Folgende vereinbart:

Artikel 1:
Gründung einer internationalen Organisation

Hiermit gründen die vertragschließenden Seiten die internationale Organisation »Eurasische Wirtschaftsgemeinschaft« (nachfolgend EurasWG oder Gemeinschaft genannt).

Die EurasWG besitzt die Vollmachten, die ihr die vertragschließenden Seiten freiwillig entsprechend den Bestimmungen des vorliegenden Vertrages übertragen haben. Die Vertragschließenden Seiten bleiben souveräne und gleichberechtigte völkerrechtliche Subjekte.

Artikel 2: Ziele und Aufgaben

Die EurasWG wird gegründet, um den Prozess der Schaffung der Zollunion und des Einheitlichen Wirtschaftsraumes durch die vertragschließenden Seiten sowie der Verwirklichung weiterer Ziele und Aufgaben, die in den oben genannten Abkommen über die Zollunion, im Vertrag über die Vertiefung der Integration im wirtschaftlichen und humanitären Bereich sowie im Vertrag über die Zollunion und einen Einheitlichen Wirtschaftsraum festgelegt wurden, entsprechend den in den genannten Dokumenten vorgesehenen Etappen wirksam voranzubringen.

Frühere Verträge, die die vertragschließenden Seiten miteinander geschlossen haben, sowie die Beschlüsse der Organe für die Leitung der Integration behalten in denjenigen Teilen, die dem vorliegenden Vertrag nicht widersprechen, weiterhin ihre Gültigkeit.

Artikel 3: Organe

Für die Verwirklichung der Ziele und Aufgaben des vorliegenden Vertrags sind im Rahmen der EurasWG, die Kontinuität der von den vertragschließenden Seiten schon früher gegründeten Leitungsorgane wahrend, tätig:

- der Zwischenstaatliche Rat,
- das Integrationskomitee,
- die Interparlamentarische Versammlung,
- der Gerichtshof der Gemeinschaft.

Die Beendigung der Tätigkeit der Organe für die Leitung der Integration, die durch den Vertrag über die Vertiefung der Integration im wirtschaftlichen und humanitären Bereich vom 29. März 1996 und durch den Vertrag über die Zollunion und einen Einheitlichen Wirtschaftsraum vom 26. Februar 1999 geschaffen wurden, beschließt der Zwischenstaatliche Rat.

Artikel 4: Vorsitz

Der Vorsitz im Zwischenstaatlichen Rat und im Integrationskomitee wird jedem Mitgliedstaat der Gemeinschaft in der Reihenfolge des russischen Alphabets für die Dauer eines Jahres übertragen.

Die Reihenfolge, in der in den anderen Organen der Gemeinschaft der Vorsitz geführt wird, wird durch entsprechende Festlegungen geregelt.

Artikel 5: Der Zwischenstaatliche Rat

Der Zwischenstaatliche Rat ist das höchste Organ der EurasWG. Ihm gehören die Staatsoberhäupter und Regierungschefs der vertragschließenden Seiten an.

Der Zwischenstaatliche Rat befasst sich mit den grundsätzlichen Fragen der Gemeinschaft, die mit den allgemeinen Interessen der Mitgliedstaaten zusammenhängen, legt die Strategie, die Richtungen und die Perspektiven der Entwicklung der

Integration fest und fasst Beschlüsse zur Verwirklichung der Ziele und Aufgaben der EurasWG.

Der Zwischenstaatliche Rat erteilt dem Integrationskomitee Aufträge, wendet sich mit Anfragen und Empfehlungen an die Interparlamentarische Versammlung und mit Anfragen an den Gerichtshof der Gemeinschaft.

Der Zwischenstaatliche Rat kann die Schaffung von Hilfsorganen der Gemeinschaft beschließen.

Der Zwischenstaatliche Rat tritt auf der Ebene der Staatsoberhäupter mindestens einmal pro Jahr und auf der Ebene der Regierungschefs mindestens zweimal pro Jahr zusammen. Die Tagungen werden unter Leitung des Vertreters der vertragschließenden Seite abgehalten, die den Vorsitz im Zwischenstaatlichen Rat führt.

Die Funktionen und die Arbeitsweise des Zwischenstaatlichen Rates wird durch die Ordnung bestimmt, die vom Zwischenstaatlichen Rat auf der Ebene der Staatsoberhäupter der Mitgliedstaaten der EurasWG bestätigt wird.

Artikel 6: Das Integrationskomitee

Das Integrationskomitee ist das ständig tätige Organ der EurasWG.

1. Die Hauptaufgaben des Integrationskomitees sind: die Sicherstellung der Kooperation der EurasWG-Organe; die Ausarbeitung von Vorschlägen gemäß der Agenda des Zwischenstaatlichen Rats und der Ebene, auf der die Tagungen abgehalten werden, sowie von Beschlüssen und Dokumenten; die Ausarbeitung von Vorschlägen für den Haushaltsplan der EurasWG und die Kontrolle seiner Erfüllung; die Kontrolle der vom Zwischenstaatlichen Rat gefassten Beschlüsse.

Zwecks Erfüllung seiner Aufgaben fasst das Integrationskomitee Beschlüsse entsprechend den Vollmachten, die im vorliegenden Vertrag festgelegt bzw. ihm vom Zwischenstaatlichen

Rat erteilt wurden; es gibt dem Zwischenstaatlichen Rat jährlich einen Bericht über die Lage der Dinge in der Gemeinschaft und über den Stand der Verwirklichung ihrer Ziele und Aufgaben, einen Bericht über seine Tätigkeit und auch einen Bericht über die Erfüllung des Haushaltsplans der EurasWG; es erwägt Maßnahmen zur Verwirklichung der Ziele der Gemeinschaft, darunter den Abschluss entsprechender Verträge und die Verfolgung einer einheitlichen Politik der vertragschließenden Seiten zu konkreten Fragen, und bereitet entsprechende Vorschläge vor; es hat das Recht, Empfehlungen an den Zwischenstaatlichen Rat, Empfehlungen und Anfragen an die Interparlamentarische Versammlung und die Regierungen der vertragschließenden Seiten sowie Anfragen an den Gerichtshof der Gemeinschaft zu richten.

2. Dem Integrationskomitee gehören Stellvertreter der Regierungschefs der vertragschließenden Seiten an. Der Vorsitzende des Integrationskomitees nimmt an Tagungen des Zwischenstaatlichen Rates teil.

Tagungen des Integrationskomitees werden mindestens einmal in drei Monaten abgehalten.

In der Zeit zwischen den Tagungen des Integrationskomitees erledigt die Kommission der Ständigen Vertreter der vertragschließenden Seiten bei der EurasWG die Aufgaben der Gemeinschaft.

3. Die Tätigkeit des Zwischenstaatlichen Rates und des Integrationskomitees wird durch das Sekretariat des Integrationskomitees (Sekretariat) organisiert und informationell-technisch sichergestellt.

Das Sekretariat wird vom Generalsekretär geleitet, der auf Vorschlag des Integrationskomitees vom Zwischenstaatlichen Rat für die Dauer von drei Jahren ernannt wird.

Der Generalsekretär ist der höchste amtliche Vertreter der Gemeinschaft, er nimmt an allen Tagungen des Zwischenstaatlichen Rates und des Integrationskomitees teil.

Das Sekretariat wird aufgrund einer Quotenregelung, die die Höhe des jeweiligen finanziellen Beitrags der vertragschließenden Seiten zum Haushalt der Gemeinschaft berücksichtigt, aus Bürgern der Mitgliedstaaten und aus Personen, die aufgrund eines Arbeitsvertrages eingestellt werden, gebildet.

In Ausübung ihrer dienstlichen Tätigkeit dürfen der Generalsekretär und das Personal des Sekretariats keinerlei Anweisungen von irgendeiner vertragschließenden Seite oder Behörde außerhalb der Gemeinschaft erbitten oder erhalten. Sie müssen sich aller Handlungen enthalten, die ihre Stellung als internationale Beamte, die nur gegenüber der EurasWG verantwortlich sind, beeinflussen könnten.

Die Funktionen und die Arbeitsordnung des Integrationskomitees werden durch die Satzung festgelegt, die vom Zwischenstaatlichen Rat bestätigt wird.

Artikel 7: Die Interparlamentarische Versammlung

Die Interparlamentarische Versammlung ist das Organ der parlamentarischen Zusammenarbeit im Rahmen der EurasWG, das sich mit Fragen der Harmonisierung (Annäherung, Vereinheitlichung) der nationalen Gesetzgebung der vertragschließenden Seiten und damit befasst, sie mit Verträgen, die im Rahmen der EurasWG für die Verwirklichung der Aufgaben der Gemeinschaft geschlossen werden, in Übereinstimmung zu bringen.

Die Interparlamentarische Versammlung besteht aus Abgeordneten, die von den Parlamenten der vertragschließenden Seiten delegiert werden.

Die Interparlamentarische Versammlung erarbeitet gemäß ihren Vollmachten die Grundlagen der Gesetzgebung in den Hauptbereichen der Rechtsbeziehungen aus, mit denen sich der Zwischenstaatliche Rat zu befassen hat; sie nimmt Musterentwürfe entgegen, auf deren Grundlage Empfehlungen für die nationale Gesetzgebung ausgearbeitet werden; sie kann Empfehlungen an den Zwischenstaatlichen Rat, Anfragen und Empfehlungen an das Integrationskomitee und an die Parlamente der vertragschließenden Seiten sowie Anfragen an den Gerichtshof der Gemeinschaft richten.

Die Satzung der Interparlamentarischen Versammlung wird vom Zwischenstaatlichen Rat bestätigt.

Artikel 8: Der Gerichtshof der Gemeinschaft

Der Gerichtshof der Gemeinschaft sichert die einheitliche Anwendung des vorliegenden Vertrags und anderer innerhalb der EurasWG geltenden Verträge sowie von Organen der EurasWG gefassten Beschlüsse durch die vertragschließenden Seiten.

Der Gerichtshof der Gemeinschaft befasst sich auch mit Streitigkeiten wirtschaftlichen Charakters, die zwischen den vertragschließenden Seiten bei Fragen entstehen, die die Durchführung von Beschlüssen der EurasWG-Organe und die Interpretation von Bestimmungen der innerhalb der Gemeinschaft geltenden Verträge betreffen. Er gibt Erläuterungen dazu und zieht auch Schlussfolgerungen.

Der Gerichtshof setzt sich aus Vertretern der vertragschließenden Seiten zusammen, wobei jede vertragschließende Seite nicht mehr als zwei Vertreter stellt. Die Richter werden von der Interparlamentarischen Versammlung auf Vorschlag des Zwischenstaatlichen Rates für die Dauer von sechs Jahren ernannt.

Die Arbeitsweise des Gerichtshofes der Gemeinschaft wird in seinem Statut festgelegt, das vom Zwischenstaatlichen Rat bestätigt wird.

Artikel 9: Mitgliedschaft

Alle Staaten, die die Verpflichtungen eingehen, welche sich aus dem vorliegenden Vertrag und aus anderen innerhalb der

EurasWG geltenden Verträge ergeben, können als Mitglieder in die EurasWG aufgenommen werden. Die Aufnahme in die EurasWG erfolgt nach der Liste, die vom Zwischenstaatlichen Rat beschlossen wird. Aufgenommen werden solche Staaten, die nach Meinung der Mitglieder der EurasWG in der Lage sind, diese Verpflichtungen zu erfüllen.

Jede vertragschließende Seite kann aus der EurasWG austreten, wenn sie ihre Verpflichtungen gegenüber der Gemeinschaft und ihren Mitgliedern erfüllt hat und dem Integrationskomitee mindestens zwölf Monate vor dem Austritt eine offizielle Mitteilung über den Rücktritt vom vorliegenden Vertrag sendet. Die Mitgliedschaft erlischt im laufenden Haushaltsjahr, wenn die Mitteilung vor der Beschlussfassung über den Haushaltsplan für das nächste Jahr abgesandt wird. Wird die Mitteilung nach der Beschlussfassung über den Haushaltsplan für das nächste Jahr gesandt, so erlischt die Mitgliedschaft im nächsten Haushaltsjahr.

Die Teilnahme an der Tätigkeit der EurasWG-Organe seitens der vertragschließenden Seite, die gegen die geltenden Bestimmungen des vorliegenden Vertrags bzw. der für die Gemeinschaft geltenden Verträge verstößt, kann durch Beschluss des Zwischenstaatlichen Rates beendet werden. Kommt die vertragschließende Seite ihren Verpflichtungen weiterhin nicht nach, so kann der Zwischenstaatliche Rat ihren Ausschluss aus der Gemeinschaft von dem Zeitpunkt an beschließen, den der Zwischenstaatliche Rat selbst festlegt.

Artikel 10: Beobachter

Der Status eines Beobachters bei der EurasWG kann jedem Staat oder jeder internationalen zwischenstaatlichen Organisation zuerkannt werden, wenn ein entsprechender Antrag gestellt wird.

Die Zuerkennung, zeitweilige Aussetzung oder Aberkennung des Beobachterstatus beschließt der Zwischenstaatliche Rat.

Artikel 11: Rechtsfähigkeit

Die EurasWG besitzt auf dem Territorium jeder vertragschließenden Seite die für die Verwirklichung ihrer Ziele und Aufgaben notwendige Rechtsfähigkeit.

Die EurasWG kann Beziehungen zu Staaten und zwischenstaatlichen Organisationen herstellen und Verträge mit ihnen schließen.

Die EurasWG besitzt die Rechte einer juristischen Person und kann zur Verwirklichung ihrer Ziele und Aufgaben

– Verträge schließen;
– Besitz erwerben und über ihn verfügen;
– vor Gericht aussagen;
– Konten eröffnen und Finanzoperationen durchführen.

Artikel 12: Sitz der Organe

Der Sitz des Integrationskomitees ist die Stadt Almaty (Republik Kasachstan) und die Stadt Moskau (Russische Föderation).

Der Sitz der Interparlamentarische Versammlung ist die Stadt St. Petersburg (Russische Föderation).

Der Sitz des Gerichtshofes der Gemeinschaft ist die Stadt Minsk (Republik Weißrussland).

Auf Beschluss des Zwischenstaatlichen Rates können in Mitgliedstaaten der Gemeinschaft Vertretungen des Integrationskomitees eröffnet werden.

Artikel 13: Beschlussordnung

Der Zwischenstaatliche Rat fasst alle Beschlüsse im Konsens, mit Ausnahme der Beschlüsse über die zeitweilige Unterbrechung der Mitgliedschaft oder über den Ausschluss aus der Gemeinschaft, die nach dem Grundsatz »Konsens minus der Stimme der vertragschließenden Seite« gefasst werden.

Im Integrationskomitee werden Beschlüsse mit Zweidrittelmehrheit der Stimmen gefasst. Falls vier vertragschließende Seiten für einen Beschluss gestimmt haben, aber keine Zweidrittelmehrheit zustande gekommen ist, so wird die Angelegenheit dem Zwischenstaatlichen Rat unterbreitet. Die Stimmenzahl jeder vertragschließenden Seite richtet sich nach deren Beitrag zum Haushalt der Gemeinschaft. Die Stimmenverteilung ist wie folgt:

Republik Weißrussland	– 20 Stimmen
Republik Kasachstan	– 20 Stimmen
Kirgisische Republik	– 10 Stimmen
Russische Föderation	– 40 Stimmen
Republik Tadschikistan	– 10 Stimmen

Artikel 14: Ausführung von Beschlüssen

Die Beschlüsse der Organe der EurasWG werden ausgeführt, indem die vertragschließenden Seiten die nötigen nationalen, den Rechtsnormen entsprechenden Maßnahmen der nationalen Gesetzgebung treffen.

Die Kontrolle über die Erfüllung der Verpflichtungen der vertragschließenden Seiten in Bezug auf die Realisierung des vorliegenden Vertrags, anderer innerhalb der Gemeinschaft geltender Verträge sowie der Beschlüsse von Organen der EurasWG werden von den Organen der Gemeinschaft gemäß ihrer Zuständigkeit ausgeführt.

Artikel 15: Finanzierung

Die Tätigkeit der Organe der EurasWG wird aus dem Haushalt der Gemeinschaft finanziert.

Der Haushaltsplan für jedes Haushaltsjahr wird vom Integrationskomitee in Abstimmung mit den Mitgliedstaaten erarbeitet und vom Zwischenstaatlichen Rat bestätigt.

Der Haushalt der Gemeinschaft darf kein Defizit aufweisen.

Der Haushalt der Gemeinschaft setzt sich aus den finanziellen Beiträgen der Vertragschließenden Seiten zusammen; deren Anteil ist wie folgt:

Republik Weißrussland – 20%
Republik Kasachstan – 20%
Kirgisische Republik – 10%
Russische Föderation – 40%
Republik Tadschikistan – 10%

Die Haushaltsmittel der Gemeinschaft werden verwendet für die Finanzierung der Tätigkeit der Organe der EurasWG, für die Finanzierung der im Rahmen der Gemeinschaft durchgeführten gemeinsamen Maßnahmen der vertragschließenden Seiten sowie für weitere Ziele, die nicht im Widerspruch zu den Bestimmungen des vorliegenden Vertrags stehen.

Falls eine der vertragschließenden Seiten mit der Zahlung ihres finanziellen Beitrags an die EurasWG im Rückstand ist und der rückständige Betrag der Höhe ihres Jahresbeitrags entspricht, so kann der Zwischenstaatliche Rat beschließen, ihr das Stimmrecht in den Organen der Gemeinschaft so lange zu entziehen, wie ihre Schulden nicht vollständig getilgt sind. Ihre Stimmen werden auf die übrigen vertragschließenden Seiten im Verhältnis zu deren Beiträgen zum Haushalt aufgeteilt.

Artikel 16: Privilegien und Immunität

Die Gemeinschaft und ihre Beamten genießen Privilegien, die erforderlich sind für die Erfüllung der Aufgaben und die Verwirklichung der Ziele, die im vorliegenden Vertrag und in den innerhalb der EurasWG geltenden Verträgen vorgesehen sind, und genießen Immunität.

Der Umfang von Privilegien und Immunität der Gemeinschaft und ihrer Beamten, des Personals des Sekretariats und der Vertretungen des Integrationskomitees sowie der Ständigen Vertreter der vertragschließenden Seiten bei der Gemeinschaft wird in gesonderten Dokumenten festgelegt.

Artikel 17: Arbeitssprache

Die Arbeitssprache der EurasWG ist Russisch.

Artikel 18: Geltungsdauer

Der vorliegende Vertrag wird für eine unbestimmte Dauer geschlossen.

Der vorliegende Vertrag muss durch die vertragschließenden Seiten ratifiziert werden und tritt vom Zeitpunkt seiner Hinterlegung beim Integrationskomitee und der letzten Mitteilung über den Abschluss der innerstaatlichen Verfahren, die für sein Inkrafttreten notwendig sind, in Kraft.

Die beteiligten Seiten bringen ihre nationale Gesetzgebung mit den Klauseln des vorliegenden Vertrags in Übereinstimmung.

Artikel 19: Änderungen und Ergänzungen

Am vorliegenden Vertrag können Änderungen und Ergänzungen vorgenommen werden, die von den vertragschließenden Seiten in einem gesonderten Protokoll festgehalten werden, das ein unabdingbarer Bestandteil des vorliegenden Vertrags ist.

Artikel 20: Registrierung

Der vorliegende Vertrag muss entsprechend Artikel 102 der Charta der Vereinten Nationen im Sekretariat der Organisation der Vereinten Nationen registriert werden.

Ausgefertigt in Astana am 10. Oktober 2000 in je einem Exemplar in weißrussischer, kasachischer, kirgisischer, russischer und tadschikischer Sprache. Alle Fassungen haben die gleiche Gültigkeit. Falls Meinungsverschiedenheiten in Bezug auf den Wortlaut des vorliegenden Vertrages auftreten, richten sich die vertragschließenden Seiten nach der russischen Fassung.

Die Urschrift des Vertrags wird im Integrationskomitee hinterlegt, das jeder vertragschließenden Seite ihre entsprechende Kopie übermittelt.

Erklärung über die Gründung der »Shanghaier Organisation für Zusammenarbeit«

(Unterzeichnet von den Staatsoberhäuptern von Kasachstan, der Chinesischen Volksrepublik, von Kirgisien, Russland, Tadschikistan und Usbekistan am 15. Juni 2001 in Shanghai)

Die Staatsoberhäupter der Republik Kasachstan, der Chinesischen Volksrepublik, der Kirgisischen Republik, der Russischen Föderation, der Republik Tadschikistan und der Republik Usbekistan,

die positive Rolle hoch schätzend, die die »Shanghaier Fünf« in den fünf Jahren ihres Bestehens bei der Förderung und Vertiefung der gutnachbarlichen Beziehungen, des Vertrauens und der Freundschaft zwischen den Mitgliedstaaten, bei der Festigung der Sicherheit und Stabilität in der Region und bei der Förderung der gemeinsamen Entwicklung gespielt hat,

einhellig die Meinung vertretend, dass die Gründung der »Shanghaier Fünf« den Bedürfnissen der Menschheit und der historischen Tendenz zu Frieden und Entwicklung unter den Bedingungen, die nach dem Ende des Kalten Krieges entstanden sind, entsprochen und das große Potential von guter Nachbarschaft, Einigkeit und Zusammenarbeit durch gegenseitige Achtung und gegenseitiges Vertrauen zwischen den Staaten, die verschiedenen Zivilisationen angehören und Träger verschiedener kultureller Traditionen sind, freigesetzt hat,

besonders hervorhebend, dass die in Shanghai und Moskau 1996 bzw. 1997 von den Staatsoberhäuptern der Republik Kasachstan, der Chinesischen Volksrepublik, der Kirgisischen Republik, der Russischen Föderation und der Republik Tadschikistan unterzeichneten Abkommen über die Stärkung des gegenseitigen Vertrauens im militärischen Bereich und über die gegenseitige Reduzierung der Streitkräfte in der Grenzregion, sowie die Abschlussdokumente der Treffen in Alma-Ata (1998),

Bischkek (1999) und Duschanbe (2000) einen wichtigen Beitrag zur Erhaltung des Friedens, zur Sicherheit und zur Stabilität in der Region und in der Welt geleistet, die Praxis der heutigen Diplomatie und der regionalen Zusammenarbeit bereichert und einen positiven Einfluss auf die internationale Gemeinschaft ausgeübt haben,

fest davon überzeugt, dass unter den Bedingungen der dynamischen Entwicklung in Richtung politische Monopolarität und Globalisierung im Bereich von Wirtschaft und Information im 21. Jahrhundert die Hebung des Mechanismus der »Shanghaier Fünf« auf ein höheres Niveau der Zusammenarbeit zur effektiveren gemeinsamen Nutzung der sich eröffnenden Möglichkeiten und zum Widerstand gegen neue Herausforderungen und Gefahren beitragen wird,

erklären feierlich das Folgende:

1. Die Republik Kasachstan, die chinesische Volksrepublik, die Kirgisische Republik, die Russische Föderation, die Republik Tadschikistan und die Republik Usbekistan gründen die »Shanghaier Organisation für Zusammenarbeit«.

2. Die Ziele der »Shanghaier Organisation für Zusammenarbeit« sind: die Festigung des gegenseitigen Vertrauens, der Freundschaft und der guten Nachbarschaft zwischen den Mitgliedstaaten; die Förderung einer effektiven Zusammenarbeit zwischen ihnen im politischen Bereich, im Handel und in der Wirtschaft, auf den Gebieten Wissenschaft und Technik, Kultur, Bildung, industrielle Nutzung der Energie, Verkehrswesen, Umweltschutz usw.; gemeinsame Anstrengungen zur Erhaltung und Festigung des Friedens, der Sicherheit und Stabilität in der Region und zur Schaffung einer neuen, demokratischen, gerechten und vernünftigen politischen und wirtschaftlichen Ordnung.

3. Im Rahmen der »Shanghaier Organisation für Zusammenarbeit« werden in jedem ihrer Mitgliedstaaten nacheinander

jährlich offizielle Treffen der Staatsoberhäupter der Mitgliedstaaten abgehalten. Zur Erweiterung und Intensivierung der Zusammenarbeit auf allen Gebieten können neben den bereits existierenden Mechanismen der Leiter der entsprechenden Behörden je nach Bedarf neue Mechanismen geschaffen und ständige sowie zeitweilige Arbeitsgruppen von Experten gebildet werden, um Pläne und Vorschläge für die Weiterentwicklung der Gemeinschaft zu prüfen.

4. Der »Geist von Shanghai«, der bei der Entwicklung der »Shanghaier Fünf« entstanden und durch gegenseitiges Vertrauen, gegenseitigen Nutzen, Gleichheit, gegenseitige Konsultationen, Achtung der kulturellen Vielfalt, das Streben nach gemeinsamer Entwicklung gekennzeichnet ist, ist ein kostbares Gut, das Ergebnis jahrelanger Bemühungen der Länder dieser Region. Er wird sich ausbreiten und im neuen Jahrhundert nicht nur in den Beziehungen zwischen den Mitgliedstaaten der »Shanghaier Organisation für Zusammenarbeit« zur Norm werden, sondern auch in den zwischenstaatlichen Beziehungen insgesamt.

5. Die Mitgliedstaaten der »Shanghaier Organisation für Zusammenarbeit« halten an den Zielen und Grundsätzen der Charta der Vereinten Nationen, an den Prinzipien der gegenseitigen Achtung der Unabhängigkeit, der Souveränität und der territorialen Integrität, der Gleichheit und des gegenseitigen Nutzens, der Lösung aller Fragen durch gegenseitige Konsultation, der Nichteinmischung in die inneren Angelegenheiten, der Nichtanwendung von militärischer Gewalt oder der Nichtandrohung von Gewalt sowie des Verzichts auf einseitige militärische Überlegenheit in bestimmten Regionen, fest.

6. Die »Shanghaier Organisation für Zusammenarbeit« entstand auf der Grundlage der in Shanghai und in Moskau unterzeichneten Abkommen über die Festigung des Vertrauens auf militärischem Gebiet und über die gegenseitige Reduzierung der Streitkräfte in der Grenzregion. Heute umfasst die

Zusammenarbeit im Rahmen der »Shanghaier Organisation für Zusammenarbeit« die Bereiche der Politik, des Handels und der Wirtschaft, der Kultur, der Wissenschaft und Technik und andere Gebiete. Die Grundsätze, die sich in den oben erwähnten Abkommen widerspiegeln, bilden die Grundlage der gegenseitigen Beziehungen der Mitgliedstaaten der »Shanghaier Organisation für Zusammenarbeit«.

7. Die »Shanghaier Organisation für Zusammenarbeit« ist kein Bündnis, das gegen andere Staaten und Regionen gerichtet ist. Sie hält am Grundsatz der Offenheit fest. Sie bringt ihre Bereitschaft zum Ausdruck, den Dialog, die Kontakte und die Zusammenarbeit mit anderen Staaten und entsprechenden internationalen und regionalen Organisationen zu entwickeln und solche Staaten als neue Mitglieder aufzunehmen, die die Ziele und Aufgaben der Zusammenarbeit innerhalb der Organisation verwirklichen wollen, die in Punkt 6 dargelegten Grundsätze vertreten und die sonstigen Prinzipien der vorliegenden Erklärung unterstützen – Staaten, deren Beitritt dazu beitragen kann, eine solche Zusammenarbeit zu realisieren.

8. Die »Shanghaier Organisation für Zusammenarbeit« misst der regionalen Sicherheit erstrangige Bedeutung bei und trifft alle nötigen Maßnahmen, um sie zu gewährleisten. Die Mitgliedstaaten werden bei der Verwirklichung der Shanghaier »Konvention über den Kampf gegen Terrorismus, Separatismus und Extremismus«, u. a. durch die Errichtung des Antiterrorismuszentrums der »Shanghaier Organisation für Zusammenarbeit« in der Stadt Bischkek, eng zusammenarbeiten. Außerdem sollen multilaterale Dokumente über die Zusammenarbeit zur Unterbindung des illegalen Waffen- und Drogenhandels, der illegalen Einwanderung und anderer Formen krimineller Tätigkeit ausgearbeitet werden.

9. Die »Shanghaier Organisation für Zusammenarbeit« nutzt das große Potential und die vielfältigen Möglichkeiten, die zum gegenseitigen Nutzen gereichende Zusammenarbeit der Mit-

gliedstaaten im Handel und in der Wirtschaft zu erweitern, und unternimmt Anstrengungen, um die Weiterentwicklung der Zusammenarbeit und die Diversifizierung ihrer Formen zwischen den Mitgliedstaaten auf bi- und multilateraler Grundlage zu fördern.

Zu diesem Zweck werden innerhalb der »Shanghaier Organisation für Zusammenarbeit« Verhandlungen über Fragen aufgenommen, die die Schaffung günstiger Bedingungen für den Handel und für Investitionen betreffen. Außerdem ist vorgesehen, ein langfristiges Programm der Zusammenarbeit im Bereich des Handels und der Wirtschaft auszuarbeiten und entsprechende Dokumente zu unterzeichnen.

10. Die Mitgliedstaaten der »Shanghaier Organisation für Zusammenarbeit« verstärken ihren gegenwärtigen Konsultationsmechanismus und koordinieren ihre Initiativen in Bezug auf regionale und internationale Fragen, sie unterstützen sich gegenseitig, entwickeln eine enge Zusammenarbeit bei sehr wichtigen internationalen und nationalen Fragen und tragen gemeinsam zur Festigung des Friedens in der Region und in der ganzen Welt bei, wobei sie davon ausgehen, dass es in der heutigen internationalen Situation besonders darauf ankommt, das globale strategische Gleichgewicht und die Stabilität zu erhalten.

11. Für die Koordinierung der Zusammenarbeit und die Organisierung der Kooperation zwischen den zuständigen Ministerien und Behörden der Mitgliedstaaten der »Shanghaier Organisation für Zusammenarbeit« wird ein Rat nationaler Koordinatoren geschaffen.

Für die Tätigkeit dieses Rates gilt die provisorische Satzung, die von den Außenministerien der Mitgliedstaaten bestätigt wird.

Der Rat der nationalen Koordinatoren wird beauftragt, auf der Grundlage der vorliegenden Erklärung und der Dokumente, die von den Staatsoberhäuptern der zu den »Shanghaier Fünf« gehörenden Staaten schon früher beschlossen wurden, mit der Ausarbeitung des Entwurfs einer »Charta der Shanghaier Organisation für Zusammenarbeit« zu beginnen, in der die Ziele, der Gegenstand, die Aufgaben und die Richtungen der künftigen Zusammenarbeit im Rahmen der »Shanghaier Organisation für Zusammenarbeit«, das Verfahren der Aufnahme neuer Mitglieder, die Rechtsgültigkeit der von ihr gefassten Beschlüsse und die Methoden der Zusammenarbeit mit anderen internationalen Organisationen klar dargelegt werden, und diesen Entwurf dem Gipfeltreffen im Jahre 2000 zur Unterzeichnung vorzulegen.

Nach Verallgemeinerung der in der Vergangenheit gesammelten Erfahrungen und Einschätzung der Perspektiven sind die Staatsoberhäupter der Mitgliedstaaten fest davon überzeugt, dass die Gründung der »Shanghaier Organisation für Zusammenarbeit« den Beginn einer neuen Etappe in der Zusammenarbeit der Mitgliedstaaten bedeutet und den Tendenzen der heutigen Epoche, den Realitäten der betreffenden Region und den grundlegenden Interessen der Völker aller Mitgliedstaaten entspricht.

Konzeption des russischen Außenministeriums für die Koordinierung der internationalen und außenwirtschaftlichen Beziehungen der Subjekte der Russischen Föderation

(Bestätigt vom Kollegium des russischen Außenministeriums am 13. Juni 20001)

Die internationalen und außenwirtschaftlichen Beziehungen der Subjekte der Russischen Föderation sind eine wichtige Komponente der Außenpolitik unseres Staates geworden. Der Umfang dieser Beziehungen hat zugenommen, ihr geographisches Spektrum hat sich erweitert, und ihr Inhalt ist dabei sich zu erweitern. Sie beeinflussen real den außenpolitischen Kurs des Landes, füllen die von Russland geschlossenen internationalen Verträge konkret mit Inhalt und verkörpern wichtige Tendenzen der weiteren Eingliederung Russlands in das System der weltwirtschaftlichen Beziehungen.

Das Außenministerium der Russischen Föderation geht davon aus, dass das wirtschaftliche, kulturelle und humanitäre Potential der Subjekte der Föderation nur bei entsprechender Unterstützung durch die föderalen Organe voll erschlossen werden kann. Die nationalen Interessen Russlands in der internationalen Arena, seine Positionen in den Beziehungen zu anderen Ländern können wiederum nur dann am vollständigsten gewahrt werden, wenn das föderale Zentrum und die Subjekte der Föderation gemeinsame Anstrengungen unternehmen.

Die Koordinierung der internationalen und außenwirtschaftlichen Beziehungen der Subjekte der Föderation ist eine der vorrangigen Aufgaben des russischen Außenministeriums. Grundlagen dieser Tätigkeit sind die Verfassung der Russischen Föderation, die Verträge über die Abgrenzung der Befugnisse und Vollmachten zwischen den Organen der Staatsmacht der Russischen Föderation und den Organen der Staatsmacht der verschiedenen Subjekte der Föderation, das föderale Gesetz »Über die Koordinierung der internationalen und außenwirtschaftlichen Beziehungen der Subjekte der Russischen Föderation«, der Erlass von Präsident PUTIN »Über die koordinierende Rolle des Außenministeriums der Russischen Föderation zur Durchsetzung einer einheitlichen außenpolitischen Linie der Russischen Föderation«, der Beschluss über das Außenministerium der Russischen Föderation und andere Rechtsvorschriften.

Was die Ziele der vorliegenden Konzeption betrifft, so muss grundsätzlich betont werden, dass die Koordinierung der internationalen und außenwirtschaftlichen Beziehungen der Subjekte der Russischen Föderation, wie aus den oben erwähnten gesetzlichen Grundlagen hervorgeht, zu den Zuständigkeiten der Russischen Föderation und ihrer Subjekte gehört und das russische Außenministerium im System der föderalen Exekutivorgane das Leitorgan bei der Koordinierung der internationalen und außenwirtschaftlichen Tätigkeit der Subjekte der Föderation ist.

I. Ziele und Aufgaben bei der Koordinierung der internationalen Beziehungen der Subjekte der Russischen Föderation

Die Hauptziele der entsprechenden Tätigkeit des russischen Außenministeriums sind:

– für die Subjekte der Föderation günstige äußere Bedingungen dafür zu schaffen, dass sie ihr verfassungsmäßiges Recht, internationale und außenwirtschaftliche Beziehungen zu unterhalten und an der Tätigkeit internationaler Organisationen im Rahmen der speziell dafür geschaffenen Organe teilzunehmen, wahrnehmen können, und ihnen behilflich zu sein, die internationale Zusammenarbeit unter Wahrung der einheitlichen außenpolitischen Linie, Souveränität und

territorialen Integrität der Russischen Föderation zu entfalten;
- die internationalen und außenwirtschaftlichen Verbindungen der Subjekte der Föderation zu nutzen, um die außenpolitischen und außenwirtschaftlichen Interessen der Russischen Föderation in der internationalen Arena zu vertreten;
- die Zusammenarbeit mit Anrainerstaaten auf regionaler Grundlage zu nutzen, damit an unseren Grenzen ein Gürtel von guten Nachbarn entsteht.

Entsprechend der Außenpolitischen Konzeption der Russischen Föderation legt das russische Außenministerium die Prioritäten seiner Tätigkeit in Bezug auf die Koordinierung der internationalen und außenwirtschaftlichen Beziehungen der Subjekte der Föderation wie folgt fest:

In Richtung der GUS
- allseitige Unterstützung der Subjekte der Föderation bei der Entwicklung der interregionalen und grenzüberschreitenden Zusammenarbeit mit Partnern in der GUS zur Lösung sozialer und wirtschaftlicher Probleme in den Regionen sowie zur beschleunigten wirtschaftlichen Integration innerhalb der Gemeinschaft. Hierbei ist der russisch-weißrussischen interregionalen Kooperation besondere Aufmerksamkeit zu schenken;
- Nutzung der internationalen interregionalen Zusammenarbeit als zusätzlicher Hebel, um die bilateralen wirtschaftlichen und politischen Beziehungen zu Ländern der GUS zu festigen;
- Stärkung der völkerrechtlichen Grundlagen der internationalen Beziehungen zu den Mitgliedstaaten der GUS;
- Nutzung der Möglichkeiten der Regionen, um kulturelle Verbindungen zu Mitgliedstaaten der GUS aufzunehmen;

Nutzung der interregionalen Zusammenarbeit mit Staaten der GUS und der Arbeit mit Landsleuten;

- Einbeziehung der Regionen in die Schaffung und Festigung eines einheitlichen Informationsraumes der GUS; Nutzung der interregionalen Zusammenarbeit mit Staaten der GUS, damit sich der Verband der russischen Massenmedien auf die Länder der Gemeinschaft ausbreitet und die Informationsströme vor allem in die Gebiete mit russischsprachiger Bevölkerung gelenkt werden;
- Entwicklung der grenzüberschreitenden Zusammenarbeit durch Gründung von Organisationen für die grenzüberschreitende Zusammenarbeit, an der sich sowohl Regionen als auch Gemeinden beteiligen.

In Richtung Europa

- Nutzung der interregionalen und grenzüberschreitenden Zusammenarbeit als eines der Mittel zur Teilnahme des Landes an den Prozessen der europäischen Integration;
- Zusammenarbeit mit Vertretern der Subjekte der Russischen Föderation und kommunaler Vertretungen im Europäischen Parlament und im Kongress der Gemeinden und Regionen in Europa, um die russische außenpolitische Linie im Europarat durchzusetzen;
- Sicherstellung der gleichberechtigten Teilnahme der nordwestlichen Regionen Russlands an der internationalen Zusammenarbeit im Ostseeraum und im Norden Europas insgesamt. Unterstützung ihrer Bestrebungen, die Zusammenarbeit mit territorialen Organisationen von Nachbarstaaten, Unterstützung der nordwestlichen Regionen bei der Gründung von grenzübergreifenden Gemeinschaften nach dem Muster der Euroregionen;
- Kooperation mit den Subjekten der Föderation im Rahmen der sich entwickelnden Zusammenarbeit mit der Europäischen Union, u. a. in solchen Fragen, die die Verwirklichung

der Initiative »Nördliche Dimension« der EU und des EUTACIS-Projekts betreffen;

- verstärkte Koordinierung der Maßnahmen der Regionen im Rahmen des euro-arktischen Barentssee-Rats und der Organisation für wirtschaftliche Zusammenarbeit im Schwarzmeerraum, Aktivierung der Teilnahme am Rat der Ostseestaaten, Stimulierung der subregionalen Kooperation der Ostseestaaten, verstärkte Teilnahme der Regionen an Projekten und Programmen des Arktischen Rates, bessere Nutzung des Kooperationspotentials des Nördlichen Rates und des Ministerrats der Nördlichen Länder;
- verstärkte Koordinierung der Beziehungen der Subjekte der Föderation zu den Partnern im Baltikum unter Beachtung der allgemeinen staatlichen Linie in Bezug auf diese Länder;
- Anwendung solcher Formen und Methoden der Teilnahme der Regionen an der regionalen und subregionalen Zusammenarbeit in Südosteuropa, die den staatlichen Interessen entsprechen.

In Richtung Asien und Fernost

- Förderung der Bemühungen russischer Regionen, die Verbindungen zu Partnern in China und Japan als wichtiger Bestandteil der Beziehungen Russlands zu diesen Staaten zu erweitern und die sozialen und wirtschaftlichen Probleme in Sibirien und im Fernen Osten zu lösen;
- aktivere Einbeziehung von Subjekten der Föderation in die Zusammenarbeit mit Indien und dem Iran;
- Unterstützung der beginnenden Zusammenarbeit der fernöstlichen Regionen Russlands mit den ASEAN-Staaten im Bereich des Handels und der Wirtschaft;
- Aktivierung der Rolle, die Subjekte der Föderation bei der Lösung von Problemen spielen, welche die Entfaltung der Zusammenarbeit in der Region des Kaspischen Meeres, in der Arktis und im Norden betreffen;

– Unterstützung der Subjekte der Föderation bei der Auswahl von Formen der Kooperation mit den mittelasiatischen Ländern der GUS.

In Richtung Nordamerika
– Förderung der Bemühungen russischer Regionen, die wirtschaftlichen Beziehungen zu Bundesstaaten der USA und zu Provinzen und Territorien Kanadas, unter anderem im Rahmen der Nordeuropäischen Initiative der USA und des Programms »Regionale Investitionsinitiative« (USA – Russland) sowie durch Nutzung der Möglichkeiten der interparlamentarischen Verbindung auf föderaler und regionaler Ebene zu erweitern;
– Gewinnung von Subjekten der Föderation zur Teilnahme am ständigen russisch-kanadischen Dialog über die Festigung und Entwicklung des Föderalismus, unter anderem im Rahmen des Forums der Föderationen.

In Richtung Lateinamerika und Afrika
– Festlegung der vorrangigen Richtungen der Zusammenarbeit mit Regionen der Länder Lateinamerikas und Afrikas;
– aktive Bemühungen, russische Waren, Kapitalien und Technologien auf lateinamerikanische und afrikanische Märkte zu bringen. Nutzung der Möglichkeiten von Subjekten der Föderation, um solche Formen der Zusammenarbeit wiederzubeleben wie die Entsendung russischer Spezialisten, die Ausbildung nationaler Kader an Hochschulen unseres Landes, Kulturaustausch usw.;
– Förderung von Bemühungen, Kontakte von Subjekten der Russischen Föderation zu regionalen Vereinigungen in Lateinamerika und Afrika herzustellen und zu entwickeln.

Im Rahmen Internationaler Organisationen des UN-Systems
– Erzielung eines praktischen Nutzens durch die Zusammen-

arbeit Russlands mit Organisationen der Vereinten Nationen im Allgemeinen und Erweiterung des Umfangs der Hilfe, die Subjekte der Föderation durch diese Organisationen erhalten, im Besonderen, sowie Herstellung langfristiger Partnerschaftsbeziehungen russischer Regionen mit diesen;

- Einbeziehung von Subjekten der Föderation in die Zusammenarbeit mit regionalen Wirtschaftskommissionen der Vereinten Nationen, in erster Linie mit der Wirtschaftskommission für Europa (ECE) und der Wirtschafts- und Sozialkommission für Asien und den Pazifik (ESCAP), sowie die erweiterte Zusammenarbeit von Regionen mit UN-Organisationen, die technische und humanitäre Hilfe leisten – Entwicklungsprogramm der Vereinten Nationen (UNDP), Organisation der Vereinten Nationen für industrielle Entwicklung (UNIDO), Kinderhilfswerk der Vereinten Nationen (UNICEF), Fonds der Vereinten Nationen für Bevölkerungsaktivitäten (UNFPA), Welternährungsprogramm (WFP), Weltgesundheitsorganisation (WHO) und andere –, wobei die komplexe Entwicklung von Regionen den Schwerpunkt bilden und der Einführung neuer Technologien, der Unterstützung kleiner und mittlerer Unternehmen, dem Umweltschutz, Fragen des Gesundheitsschutzes usw. besondere Beachtung geschenkt werden soll.

Im Bereich der Wirtschaftsdiplomatie

- Bestimmung der Stellung der Subjekte der Föderation bei der Globalisierung der Weltwirtschaft, in die sich Russland einreiht;
- Unterstützung der Bemühungen von Subjekten der Föderation, in der außenwirtschaftlichen Tätigkeit, einen höheren Nutzeffekt dadurch zu erzielen, dass sie danach streben, die Zusammenarbeit bei Investitionen zu entwickeln;
- Heranziehung von Regionen zur Beteiligung an Großprojekten, die gemeinsam mit anderen Ländern vor allem in

solchen Bereichen verwirklicht werden, wie der Energiewirtschaft, der wirtschaftlichen Nutzung von Waldgebieten oder der Errichtung von Transportkorridoren;
- Entfaltung und Festigung der wirtschaftlichen Beziehungen von Subjekten der Föderation zu anderen Staaten und zu deren territorialen Verwaltungen;
- Sicherstellung der Verwirklichung der Konzeption für die grenzüberschreitende Zusammenarbeit in der Russischen Föderation;
- Beachtung der Grundsätze der einheitlichen Außenhandelspolitik der Russischen Föderation, der staatlichen Regelung des Außenhandels und der Zollhoheit der Russischen Föderation durch die Subjekte der Föderation.

Im Bereich der nationalen Sicherheit
- in Zusammenarbeit mit den entsprechenden Behörden der Föderation Feststellung und Neutralisierung von Versuchen einzelner Länder, ihren wirtschaftlichen und politischen Einfluss auf russische Regionen unter Umgehung des föderalen Zentrums auszudehnen, auf die »regionale Karte« zu setzen, den Separatismus zu fördern und den ethnisch-religiösen Faktor für das Schüren nationalistischer Stimmungen auszunutzen;
- verstärkte Beachtung so genannter »Problemregionen« unter Berücksichtigung der um sie herum entstehenden politischen und wirtschaftlichen Situation und der Notwendigkeit, auf besondere Weise an die Lösung der Fragen der internationalen interregionalen Zusammenarbeit heranzugehen;
- strenge Beachtung aller internationaler Sanktionen, an denen die Russische Föderation teilnimmt, durch die Subjekte der Föderation. Unzulässig sind selbständige Kontakte zu territorialen Gebilden, die sich selbst proklamiert haben.

Im kulturellen und humanitären Bereich

- erweiterte Kooperation mit Subjekten der Föderation in Fragen des Schutzes der legitimen Rechte und Interessen von Landsleuten im Ausland, verstärkte Unterstützung ihrer Bemühungen, ihre ethnische und kulturelle Eigenständigkeit zu bewahren, sowie verstärkte Unterstützung humanitärer Kontakte mit Russland;
- Unterstützung der Regionen bei der Verwirklichung ihrer eigenen Programme zur Unterstützung von Landsleuten; Entwicklung der Kontakte zu Landsmannschaften auf regionaler Grundlage und der Zusammenarbeit mit ihnen;
- Vervollkommnung des Mechanismus der Kooperation föderaler und regionaler Exekutivorgane bei der Ausarbeitung und Verwirklichung internationaler Projekte im Bereich von Kultur, Bildung, Sport, Tourismus und Jugendaustausch. Schaffung einer Rechtsgrundlage für die regionale Komponente der ausländischen kulturellen Verbindungen Russlands. Erhöhung des Stellenwerts der russischen Sprache und Kultur der Völker Russlands durch Entwicklung direkter interregionaler Verbindungen;
- Teilnahme kultureller Einrichtungen der Subjekte der Föderation, einschließlich ihrer Vertreter, am internationalen kulturellen Austausch Russlands, darunter an internationalen Konferenzen und an der Tätigkeit internationaler Organisationen im Bereich der Kultur, insbesondere der UNESCO. Förderung regionaler kultureller Maßnahmen im Ausland und Organisierung analoger Maßnahmen anderer Länder auf dem Territorium von Subjekten der Föderation. Unterstützung der internationalen regionalen Zusammenarbeit auf dem Gebiet des Sports, des Tourismus und des Jugendaustauschs.

II. Hauptrichtungen der Koordinierung der internationalen und außenwirtschaftlichen Beziehungen durch das russische Außenministerium

Das russische Außenministerium betrachtet die Koordinierung der internationalen und außenwirtschaftlichen Beziehungen der Subjekte der Russischen Föderation als eines der wichtigsten Elemente für die Stärkung des Föderalismus und die Gewährleistung einer einheitlichen Rechtsgrundlage für die internationale Tätigkeit. Es kooperiert mit den Exekutivorganen der Subjekte der Föderation in folgenden Bereichen:

Im juristischen Bereich

– Teilnahme an der Vervollkommnung der russischen rechtlichen Grundlage für die interregionale Zusammenarbeit;
– Nutzung der interparlamentarischen Verbindungen auf föderaler und regionaler Ebene für die Weiterentwicklung der Rechtsgrundlagen für die internationale Tätigkeit der Subjekte der Föderation;
– Erweiterung der völkerrechtlichen Grundlagen der Verbindungen, gründliche Analyse der Fragen, die mit dem Abschluss zwischenstaatlicher Rahmenabkommen zusammenhängen, die die Hauptgrundsätze und -richtungen der interregionalen Zusammenarbeit bestimmen;
– Teilnahme an der Ausarbeitung der gesetzlichen und völkerrechtlichen Grundlagen für die grenzüberschreitende Zusammenarbeit (Gesetz über die grenzüberschreitende Zusammenarbeit, Beitritt zu den Protokollen des Europäischen Rahmenübereinkommens über die grenzüberschreitende Zusammenarbeit zwischen Gebietskörperschaften);
– Beteiligung von Vertretern der Subjekte der Föderation an der Ausarbeitung von Dokumenten des internationalen Rechts, die die Interessen der entsprechenden Regionen berühren;

- Berücksichtigung berechtigter Interessen russischer Regionen bei der Vorbereitung außenpolitischer Aktionen der Russischen Föderation sowie bei der Vorbereitung und beim Abschluss internationaler Verträge der Russischen Föderation.

Im politisch-organisatorischen Bereich

- Koordinierung der Kooperation der grenznahen Subjekte der Föderation, ihrer Zusammenarbeit mit den territorialen Verwaltungen von Anrainerstaaten;
- regelmäßige Abhaltung von Konsultationen innerhalb des Außenministeriums über die interregionale und grenzüberschreitende Zusammenarbeit, unter Heranziehung von Vertretern interessierter Regionen;
- Teilnahme von Vertretern des russischen Außenministeriums an bedeutenden internationalen Maßnahmen im Rahmen der interregionalen Zusammenarbeit;
- Unterstützung der Vereinigung für wissenschaftliche Zusammenarbeit der Subjekte der Russischen Föderation bei der Entwicklung ihrer internationalen und außenwirtschaftlichen Beziehungen auf interregionaler Ebene;
- konsularische Betreuung der Subjekte der Föderation bei ihren internationalen und außenwirtschaftlichen Beziehungen;
- Mitwirkung von Subjekten der Föderation an der Eröffnung von Vertretungen im Ausland;
- Teilnahme von Vertretern der Regionen an ins Ausland reisenden Delegationen föderaler Exekutivorgane. Nutzung der Auslandsreisen von führenden Vertretern der Subjekte der Föderation für die Unterstützung außenpolitischer Aktionen, die entsprechend der Konzeption der russischen Außenpolitik durchgeführt werden;
- Mitwirkung territorialer Unterabteilungen von föderalen Exekutivorganen an der Koordinierung der Tätigkeit aus-

ländischer staatlicher und nichtstaatlicher Organisationen in Regionen, bei der es unter anderem darum geht, technische und humanitäre Hilfe zu leisten;

– Förderung der Ausbildung qualifizierter Fachleute auf verschiedenen Gebieten der internationalen Verbindungen für die Regionen, unter anderem durch Nutzung des Systems der höheren Fachausbildung des russischen Außenministeriums.

Im Bereich der Information

– Analyse und Verallgemeinerung der internationalen Erfahrungen im Bereich der ausländischen Beziehungen auf regionaler Ebene und Schaffung von Voraussetzungen dafür, dass die Subjekte der Föderation diese Erfahrungen kennen lernen und bei ihrer Tätigkeit berücksichtigen;
– Information der Subjekte der Föderation über die Schlüsselfragen der russischen Außenpolitik und über die wichtigsten internationalen Aktionen, die auf föderaler Ebene durchgeführt werden;
– Einhaltung der festgelegten Ordnung, die die Exekutivorgane der Subjekte der Föderation verpflichtet, die entsprechenden territorialen und funktionalen Unterabteilungen des russischen Außenministeriums über die Ergebnisse ihrer außenwirtschaftlichen Zusammenarbeit mit anderen Ländern und über ihre Mitarbeit bei verschiedenen internationalen Organisationen zu informieren;
– Verbreitung von Informationsmaterial über das wirtschaftliche Potential der russischen Regionen und die bei ihrer Zusammenarbeit mit anderen Ländern gesammelten Erfahrungen durch die ausländischen Einrichtungen des russischen Außenministeriums.

III. Mechanismus der Koordinierung der internationalen interregionalen Zusammenarbeit

Das Außenministerium der Russischen Föderation verwirklicht, gestützt auf den großen und vielseitigen Mechanismus, der ihm für die Koordinierung der internationalen und außenwirtschaftlichen Beziehungen der Subjekte der Föderation zur Verfügung steht, die Ziele der vorliegenden Konzeption. Dieser Mechanismus funktioniert auf föderaler und regionaler Ebene. Seine Bestandteile sind die folgenden:

Auf föderaler Ebene

- der Konsultationsrat der Subjekte der Russischen Föderation für internationale und außenwirtschaftliche Beziehungen beim russischen Außenministerium. Seine Hauptaufgabe besteht darin, den Subjekten der Föderation mit Ratschlägen, Informationen und methodischen Hinweisen bei der Entwicklung der internationalen und außenwirtschaftlichen Beziehungen zu helfen. Die Tätigkeit des Rates wird von der Abteilung für Verbindungen mit den Subjekten der Föderation, dem Parlament sowie den gesellschaftlichen und politischen Organisationen des russischen Außenministeriums unterstützt. Sie unterbreitet der Leitung des Ministeriums Vorschläge zur Verbesserung der Tätigkeit des Rates und stimmt sie mit den Subjekten der Föderation ab;
- die Botschaften, Generalkonsulate und Konsulate der Russischen Föderation.

Sie unterstützen die Subjekte der Föderation bei der Herstellung ausländischer Kontakte, bei Reisen, dem Austausch von Delegationen und bei Präsentationen, bei der Auswahl zuverlässiger Partner, der Beförderung von Investitionsvorhaben und wirtschaftlichen Projekten und erfüllen Bitten, die Staatsorgane der Subjekte der Föderation über das russische Außenministerium an sie richten. Die ausländischen Einrichtungen des russischen Außenministeriums koordinieren die Tätigkeit der russischen Regionen und kontrollieren die Tätigkeit der Vertretungen der Subjekte der Föderation, informieren regelmäßig die Zentrale über Verstöße von Subjekten der Föderation gegen die Bestimmungen, die für internationale Beziehungen gelten, und erstatten jährlich Bericht über ihre Tätigkeit im regionalen Bereich;

- persönliche Zusammenkünfte des Ministers und seiner Stellvertreter mit den führenden Vertretern der Subjekte der Föderation und mit bevollmächtigten Vertretern des Präsidenten der Russischen Föderation in den Gebieten der Föderation. Ständiger Dialog der Abteilungen des russischen Außenministeriums mit Vertretern der Exekutiv- und Justizorgane der Subjekte der Föderation, um Fragen der Koordinierung ihrer ausländischen Verbindungen zu erörtern;
- Arbeitsgruppen, die unter Mitwirkung des russischen Außenministeriums für die interregionalen und grenzüberschreitenden Beziehungen im Rahmen der zwischenstaatlichen Kommission für bilaterale Zusammenarbeit geschaffen wurden. Ihre Hauptaufgabe besteht darin, Empfehlungen auszuarbeiten und Entscheidungen zu treffen, die darauf abzielen, zum einen die Effizienz der interregionalen und grenzüberschreitenden Zusammenarbeit mit Mitgliedsländern im Bereich der Wirtschaft und des Handels zu erhöhen, und zum anderen Informationen auszutauschen sowie die bei der Zusammenarbeit gewonnenen Erfahrungen zu studieren und zu verallgemeinern;
- Arbeitsgruppen, deren Aufgabe die Koordinierung der Zusammenarbeit mit internationalen Organisationen ist: Die Arbeitsgruppe für die Teilnahme der Russischen Föderation an internationalen Organisationen im System der Vereinten Nationen, die Kommission für Fragen der UNIDO, der ECE und der ESCAP sowie die Kommissionen der Regie-

rung der Russischen Föderation für internationale technische Hilfe und für internationale humanitäre Hilfe;
- die Arbeitsgruppe »Gewinnung von Investoren für die Regionen Russlands« beim Konsultationsrat für ausländische Investitionen beim Vorsitzenden der Regierung der Russischen Föderation;
- die Kommission für die Entwicklung der grenzüberschreitenden Zusammenarbeit in der Russischen Föderation.

Auf regionaler Ebene

- die Kooperation mit bevollmächtigten Vertretern des Präsidenten der Russischen Föderation in den Bezirken der Föderation. Sie sieht vor:
  - ständige persönliche Kontakte der Leitung des Ministeriums mit bevollmächtigten Vertretern sowie den Dialog auf der Ebene der verschiedenen Apparate und Abteilungen des russischen Außenministeriums;
  - Teilnahme bevollmächtigter Vertreter (oder ihrer Stellvertreter) an Sitzungen des Konsultationsrates der Subjekte der Russischen Föderation für internationale und außenwirtschaftliche Beziehungen beim Außenministerium der Russischen Föderation;
  - Abhaltung jährlicher gemeinsamer Beratungen über Fragen der internationalen und außenwirtschaftlichen Beziehungen der Subjekte der Föderation, welche zu einem föderalen Bezirk gehören;
  - gemeinsame Erfüllung der Aufgabe, die Gesetzgebung der Subjekte der Föderation im Bereich der internationalen Beziehungen mit der Gesetzgebung der Russischen Föderation in Übereinstimmung zu bringen;
  - Abstimmung der Maßnahmen, die die föderalen Behörden und die Subjekte der Föderation treffen, um die von der Russischen Föderation geschlossenen internationalen Verträge und Abkommen zu erfüllen;

– gemeinsame Bemühungen, um zu gewährleisten, dass die zum betreffenden föderalen Bezirk gehörenden Subjekte der Föderation die Gesetze der Russischen Föderation über die internationalen und außenwirtschaftlichen Beziehungen der Regionen einhalten;
– ständige Unterstützung bevollmächtigter Vertreter in Fragen, die in die Kompetenz des russischen Außenministeriums fallen, durch Informationen und Fachkompetenz seitens der Vertreter des russischen Außenministeriums, die sich in den Zentren der föderalen Bezirke befinden;
– Vertretungen des russischen Außenministeriums. Sie leisten ihre Arbeit entsprechend der bestätigten »Ordnung über die Vertretungen des russischen Außenministeriums auf dem Territorium der Russischen Föderation«.

Ihre Hauptaufgabe besteht darin, die Subjekte der Föderation bei der Vorbereitung und Durchführung von Maßnahmen zur Entwicklung der internationalen Beziehungen mit Informationen und methodischen Hinweisen zu unterstützen, über grundlegende Fragen der Außenpolitik Russlands zu informieren und die Zusammenarbeit des Ministeriums sowohl mit bevollmächtigten Vertretern des Präsidenten der Russischen Föderation in den föderalen Bezirken entsprechend seiner Kompetenz als auch mit den Exekutivorganen der Subjekte der Föderation zu gewährleisten.

Bei der Eröffnung von Vertretungen wird den Regionen mit den meisten Fragen der Vorrang gegeben, die in die Kompetenz des russischen Außenministeriums fallen, in erster Linie in den Zentren der föderalen Bezirke, in den Grenzregionen, in den Subjekten der Föderation, in denen es diplomatische Vertretungen und Konsulate gibt, sowie in den Regionen, die vom Standpunkt des Potentials der internationalen Zusammenarbeit die meisten Perspektiven haben.

– die Gesellschaften für wirtschaftliche Zusammenarbeit der Subjekte der Russischen Föderation.

Das russische Außenministerium arbeitet mit diesen Gesellschaften in folgenden Hauptrichtungen zusammen:

- Verallgemeinerung und Verbreitung der bei der Entwicklung der außenwirtschaftlichen Beziehungen gewonnenen positiven Erfahrungen;
- Unterstützung der Gesellschaften bei der Koordinierung der außenwirtschaftlichen Tätigkeit auf interregionaler Ebene sowie bei der Entwicklung allgemeiner Ansätze für die Zusammenarbeit mit internationalen Organisationen und Finanz- und Wirtschaftsinstituten;
- Herstellung von Kontakten zu analogen Gesellschaften im Ausland;
- Unterstützung der Gesellschaften durch Lancierung von Informationen über die Tätigkeit der Gesellschaften, einschließlich ihrer Möglichkeiten und Erfahrungen in Bezug auf die internationale interregionale Zusammenarbeit, in ausländische Medien.

IV. Zusammenwirken mit föderalen Behörden

Um die gestellten Aufgaben zu erfüllen, arbeitet das Außenministerium der Russischen Föderation mit der Föderalversammlung der Russischen Föderation, mit dem Sicherheitsrat der Russischen Föderation, mit interessierten föderalen Ministerien und Behörden sowie mit wissenschaftlichen Zentren zusammen, die sich mit den regionalen Problemen befassen. Der Mechanismus der Zusammenarbeit sieht aus wie folgt:

a) Mit den Exekutivorganen

- regelmäßiger Austausch von Informationen über Fragen, die in dem Bereich, der die internationale Tätigkeit der Regionen betrifft, von gegenseitigem Interesse sind;
- Teilnahme von Vertretern der föderalen Ministerien und Behörden an der Tätigkeit des Konsultationsrates über in-

ternationale und außenwirtschaftliche Beziehungen der Subjekte der Russischen Föderation beim russischen Außenministerium;

- gemeinsame gründliche Beschäftigung mit Fragen, die von den Subjekten der Föderation aufgeworfen werden und die internationale Zusammenarbeit der Regionen betreffen;
- Kooperation der Vertretungen des russischen Außenministeriums in den Subjekten der Föderation mit den territorialen Organen der föderalen Exekutivorganen bei Fragen, die die Entwicklung der internationalen Beziehungen der Regionen betreffen;
- zur Wahrung der Interessen von Subjekten der Föderation bei der Entwicklung der Beziehungen zu ausländischen Partnern Heranziehung von Vertretern föderaler Exekutivorgane durch die russischen Botschaften im Ausland;
- Beteiligung von Vertretern föderaler Ministerien und Behörden an Maßnahmen, die vom russischen Außenministerium (u. a. mit Unterstützung des Europarates, der Europäischen Union und anderen internationalen Organisationen) in den Regionen durchgeführt werden, und Teilnahme von Vertretern des russischen Außenministeriums an ähnlichen Maßnahmen, die durch andere Behörden durchgeführt werden;
- Abstimmung der Standpunkte zu Problemen der internationalen Tätigkeit der Regionen mit föderalen Behörden.

b) Mit der Föderalversammlung der Russischen Föderation

- fachliche Unterstützung bei der Ausarbeitung von Rechtsvorschriften, die den Bereich der internationalen Tätigkeit der Regionen betreffen;
- Unterstützung von Delegationen des Parlaments bei Auslandsreisen, die gleichzeitig genutzt werden, um die Außenpolitik der Russischen Föderation einheitlich zu vertreten

und Probleme der interregionalen Zusammenarbeit zu lösen;
- fachliche Unterstützung von Abordnungen des Parlaments in internationalen Organisationen;
- Teilnahme an Maßnahmen der Föderalversammlung, die Fragen der interregionalen Beziehungen betreffen;
- regelmäßige Information der Föderalversammlung über Probleme der interregionalen Zusammenarbeit.

V. Aufgaben der Abteilungen des russischen Außenministeriums

Die Koordinierung der internationalen und außenwirtschaftlichen Beziehungen der Subjekte der Russischen Föderation nimmt einen wichtigen Platz in der Tätigkeit der Abteilungen des Ministeriums ein.

Die Aufgaben der Abteilungen verteilen sich wie folgt:
- Die Abteilung für Verbindungen mit den Subjekten der Föderation, dem Parlament sowie den gesellschaftlichen und politischen Organisationen koordiniert die internationalen Verbindungen der Subjekte der Föderation, ihre Tätigkeit im Europarat (Kongress der Gemeinden und Regionen Europas), befasst sich mit allgemeinen Fragen der grenzüberschreitenden Zusammenarbeit, kooperiert mit den Vertretungen des Ministeriums auf dem Gebiet der Russischen Föderation, gewährleistet das Zusammenwirken der Abteilungen des Außenministeriums mit den bevollmächtigten Vertretern des Präsidenten der Russischen Föderation in den föderalen Bezirken und koordiniert generell die Tätigkeit der Abteilungen des Außenministeriums in regionaler Hinsicht.
- Die territorialen Abteilungen befassen sich unmittelbar mit den internationalen und grenzüberschreitenden Verbindungen der Regionen mit den Partnern in den entsprechenden

Ländern und mit der multilateralen interregionalen Zusammenarbeit und unterbreiten Vorschläge, wie die Möglichkeiten der Regionen genutzt werden können, um die Außenpolitik der Russischen Föderation zu verwirklichen.

- Die Rechtsabteilung prüft Entwürfe von Verträgen, die die Subjekte der Föderation mit ausländischen Partnern schließen wollen, nimmt an der Ausarbeitung von Verträgen über diese Fragen und von föderalen Gesetzen teil, die den Bereich der internationalen und grenzüberschreitenden Verbindungen der Subjekte der Föderation betreffen, und wirkt an der Vorbereitung des Beitritts der Russischen Föderation zu multilateralen Konventionen und Abkommen auf diesem Gebiet mit.
- Die Personalabteilung, die Diplomatische Akademie und das MGIMO (Moskauer Hochschule für Internationale Beziehungen) sind für die Ausbildung von Kadern für die Arbeit im Bereich der internationalen und außenwirtschaftlichen Beziehungen der Subjekte der Föderation zuständig und halten spezielle Kurse und Seminare für die Weiterbildung von Mitarbeitern aus den Regionen ab.
- Die Abteilung für europäische Zusammenarbeit unterstützt die Subjekte der Föderation bei der Entwicklung ihrer internationalen und außenwirtschaftlichen Beziehungen im Rahmen der Kooperation der Russischen Föderation mit der Europäischen Union, dem Europarat und anderen europäischen Organisationen.
- Die Abteilung für internationale Organisationen unterstützt die Subjekte der Föderation bei der Entwicklung ihrer internationalen und außenwirtschaftlichen Beziehungen im Rahmen der Kooperation der Russischen Föderation mit der Europäischen Union, dem Europarat und anderen europäischen Organisationen.
- Die Abteilung für wirtschaftliche Zusammenarbeit leistet den Subjekten der Föderation bei ihrer außenwirtschaft-

lichen Tätigkeit und ihrem Vordringen auf den Weltmarkt fachliche Hilfe und befasst sich auch mit Fragen der grenzüberschreitenden Zusammenarbeit.

- Die Abteilung für kulturelle Verbindungen und Fragen der UNESCO berät die Subjekte der Föderation in Bezug auf die Entwicklung der regionalen Zusammenarbeit im Bereich der Kultur, der Wissenschaft, der Bildung, des Sports, des Tourismus, des Jugendaustauschs und anderen Fragen, die in die Kompetenz der Abteilung fallen, und leistet ihnen fachliche Hilfe.
- Die Abteilung für den konsularischen Dienst gewährleistet die konsularische Betreuung der Subjekte der Föderation bei ihren internationalen und außenwirtschaftlichen Beziehungen; sie arbeitet mit den Vertretern des Außenministeriums in Fragen zusammen, die in die Kompetenz des konsularischen Dienstes fallen.
- Die Informations- und Presseabteilung unterstützt auf ihre Weise die Tätigkeit der Subjekte der Föderation zur Entwicklung der internationalen interregionalen Zusammenarbeit.

Die Kontrollfunktionen übt das Generalsekretariat aus.

Hauptrichtungen der Tätigkeit des Außenministeriums der Russischen Föderation bei der Förderung der kulturellen Beziehungen Russlands mit dem Ausland

(Bestätigt vom russischen Außenminister I. S. IWANOW am 23. Februar 2001)

Hiermit werden die Hauptrichtungen der Tätigkeit festgelegt, die das Außenministerium der Russischen Föderation leistet, um die Entwicklung der kulturellen Zusammenarbeit Russlands mit dem Ziel zu fördern, die Konzeption für die Außenpolitik entsprechend dem Erlass Nr. 375 des Präsidenten der Russischen Föderation vom 12. Mai 1996 »Über die koordinierende Rolle des Außenministeriums der Russischen Föderation zur Durchsetzung einer einheitlichen außenpolitischen Linie der Russischen Föderation« zu verwirklichen.

I.

Bei der Verfolgung der außenpolitischen Strategie Russlands spielt die Kultur eine besondere Rolle.

Stellung und Autorität des russischen Staates in der Welt werden nicht nur von seinem politischen Gewicht und seinen wirtschaftlichen Ressourcen bestimmt, sondern auch von den kulturellen Ressourcen der Völker der Russischen Föderation. Die russische Kultur, die ein Ausdruck der geistigen Eigenständigkeit der Nation ist, verkörpert zugleich die universellen Werte der Weltgemeinschaft und ist ein Teil des ganzen kulturgeschichtlichen Erbes der Menschheit.

Die kulturelle Außenpolitik ist ein untrennbarer Bestandteil der staatlichen Politik Russlands in der internationalen Arena. Die Kulturdiplomatie ist in der Lage, mit bestimmten Formen und Methoden einen wichtigen Beitrag zur Verwirklichung der außenpolitischen Ziele Russlands und zu einer höheren Effizienz der russischen Außenpolitik zu leisten. Das Zusammenspiel von Diplomatie und Kultur hat eine lange Tradition und dient den nationalen Interessen Russlands.

Die neuen Herausforderungen zu Beginn es 21. Jahrhunderts und die großen Aufgaben, die Russland infolge der Globalisierung auf dem Gebiet der internationalen Beziehungen erwachsen, verleihen den kulturellen Verbindungen des Landes steigende Bedeutung.

Die zentrale Bedeutung der kulturellen Außenpolitik besteht darin, Beziehungen des gegenseitigen Verstehens und Vertrauens zu anderen Ländern herzustellen und zu festigen, die gleichberechtigte und für beide Seiten nutzbringende Partnerschaft mit ihnen zu entwickeln und den Anteil unseres Landes an der internationalen kulturellen Zusammenarbeit zu vergrößern. Sowohl die russische kulturelle Präsenz im Ausland als auch die kulturelle Präsenz des Auslands in Russland sollen dazu beitragen, dass unser Land einen würdigen Platz in der Welt einnimmt, der seiner Geschichte, seiner geopolitischen Lage, seiner Macht und seinen Ressourcen entspricht.

Die kulturellen Verbindungen als eines der flexibelsten und daher wirksamsten Instrumente der außenpolitischen Tätigkeit sind dazu berufen, der Welt ein objektives Bild von Russland zu vermitteln und es in ein günstiges Licht zu rücken. Die kulturellen Verbindungen sollen dazu beitragen, dass unserem Land Sympathie entgegengebracht wird und die Zahl seiner Freunde wächst; sie sollen die Offenheit der russischen Gesellschaft zeigen und das Wiedererstehen Russlands als ein freier, demokratischer Staat vor Augen führen.

Die kulturellen Verbindungen können und müssen dazu beitragen, die Versuche abzuwehren, neue Trennlinien zwischen Völkern und Staaten zu ziehen, sie können und müssen helfen, antirussische Vorurteile zu überwinden und eine Atmosphäre zu schaffen, die für die Entwicklung vielfältiger Beziehungen möglichst günstig ist.

Die kulturelle Außenpolitik muss so geplant und gestaltet werden, dass im Ausland eine umfassende Vorstellung von Russland als einem Land entsteht, wo die reichen Traditionen unserer Kultur sorgsam gepflegt werden und wo sich gleichzeitig ein dynamisches kulturelles Leben unter den Bedingungen der Vielfalt und Freiheit, des Zensurverbots und des Pluralismus entfaltet.

Die kulturellen Verbindungen sollen auch den föderalen Aufbau des russischen Staates widerspiegeln, in dem die Gleichwertigkeit der Kulturen aller seiner Völker und ethnischen Gemeinschaften anerkannt wird. Eine effektive kulturelle Außenpolitik zu betreiben erfordert, die Interessen des Zentrums mit denen der Regionen in Übereinstimmung zu bringen und zugleich die Souveränität und staatliche Integrität der Russischen Föderation zu bewahren.

Eine der wichtigsten Aufgaben der kulturellen Außenpolitik besteht darin, den russischen Landsleuten systematisch auf vielfältige Weise Unterstützung angedeihen zu lassen, die Rechte der ständig im Ausland lebenden russischen Landsleute zu schützen und der russischsprachigen Bevölkerung im Ausland zu helfen, ihre Rechte im kulturellen und sprachlichen Bereich, im Bildungswesen und in den Medien geltend zu machen.

Der Kulturaustausch soll dem Ziel dienen, feste und dauerhafte Beziehungen zwischen Staaten, gesellschaftlichen Organisationen und Menschen herzustellen und zu pflegen sowie einen Beitrag zu leisten zur Entwicklung der Zusammenarbeit zwischen den Staaten auf anderen Gebieten, darunter in der Wirtschaft.

Die internationalen kulturellen Verbindungen sollen helfen, die Ziele der staatlichen Kulturpolitik der Russischen Föderation im Interesse der Erneuerung und Humanisierung der russischen Gesellschaft, der Steigerung ihres geistigen Potentials zu verwirklichen.

II.

Die internationale kulturelle Zusammenarbeit umfasst die Beziehungen in den Bereichen Kultur und Kunst, Wissenschaft und Bildung, Massenmedien, Jugendaustausch, Verlagswesen, Museen, Bibliotheken und Archivwesen, Sport und Tourismus sowie die Verbindungen zwischen gesellschaftlichen Gruppen und Organisationen, Künstlerverbänden und einzelnen Gruppen von Bürgern. Jede dieser Richtungen muss vom russischen Außenministerium unterstützt und gefördert werden.

Die Grundlage der Beziehungen auf kulturellem Gebiet bildet der Künstleraustausch in der traditionellen Form von Gastspielen und Konzerten. Das hohe Ansehen und die Einzigartigkeit unserer künstlerischen Interpreten sowie die Tatsache, dass neue nationale Talente internationale Anerkennung finden, gewährleisten eine stabile internationale Nachfrage nach Auftritten hervorragender russischer Künstler. Es ist unser Bestreben, dass die besten Leistungen der russischen Kultur möglichst breit im Ausland vertreten sind: Musik und Theater in allen Formen und Genres, Oper, Ballett und dramatische Kunst, Lieder und Tänze der Völker Russlands, Zirkus, Unterhaltungskunst und Folklore, Klassik und Moderne, Berufs- und Laienkünstler, Interpreten und Ensembles von Weltruf sowie junge Künstler, Vertreter aller russischen Regionen und Nationalitäten.

Zu fördern sind die Anberaumung von »Tagen der Kultur Russlands« und anderer komplexer Veranstaltungen im Ausland sowie Besuchsreisen, die von Vertretern verschiedener Bereiche des kulturellen Lebens unternommen werden, um künstlerisch produktive Kontakte zu pflegen, Erfahrungen auszutauschen, Vorträge zu halten, an Konferenzen und ähnlichen Veranstaltungen teilzunehmen.

Eine wichtige Aufgabe besteht darin, eine würdige russische Teilnahme an internationalen Festivals, Ausstellungen und literarischen und künstlerischen Wettbewerben sowie an anderen Veranstaltungen der verschiedensten Art in den Bereichen Kultur, Wissenschaft und Bildung zu gewährleisten.

Kunstausstellungen, die im Ausland organisiert werden, sollen eine möglichst umfassende Vorstellung vermitteln vom klassischen kulturellen Erbe Russlands und von der heutigen darstellenden Kunst in ihrer ganzen Harmonie, der Vielfalt ihrer Strömungen, ihrer Verbindung von Tradition und Neuerertum. Zu fördern sind Ausstellungen im Ausland, auf denen Erzeugnisse der Volkskunst gezeigt werden.

Zu ermuntern ist auch die Zusammenarbeit auf dem Gebiet der Aufbewahrung, der Restaurierung und des Schutzes von Kulturgut, es sind zuverlässige Garantien dafür zu auszuarbeiten, dass Museumsstücke, die als zeitweilige Leihgaben ins Ausland gesandt werden, wieder zurückgegeben werden, es sind Maßnahmen gegen die illegale Ein- und Ausfuhr von Kunstschätzen Russlands sowie gegen die Übertragung der Eigentumsrechte an Kunstschätzen Russlands zu ergreifen, und durch die Kontakte mit den zuständigen Behörden anderer Staaten ist zu erwirken, dass die ursprünglichen Eigentumsrechte an illegal ins Ausland gebrachten Gegenständen des staatlichen Kulturbesitzes, die entdeckt werden, wiederhergestellt und die betreffenden Gegenstände an Russland zurückgegeben werden.

Eine Aufgabe von hoher staatlicher Bedeutung besteht darin, die historischen Beziehungen Russlands zu anderen Ländern nicht in Vergessenheit geraten zu lassen, Kulturgüter und andere Dinge, die zum kulturellen Erbe Russlands gehören und mit der Vergangenheit Russlands, dem Leben und Wirken herausragender russischer Persönlichkeiten im Ausland verbunden sind, ausfindig zu machen, zu bewahren und bekannt zu machen, Veranstaltungen in Verbindung mit denkwürdigen

Daten der russischen Geschichte zu organisieren und Bemühungen zur Rückgabe historisch wertvoller Kulturgüter an Russland zu unterstützen.

Ein wichtiger Aspekt dieser Arbeit sind die Bemühungen zur würdigen Erhaltung von Soldatengräbern und Denkmälern für die in anderen Ländern gefallenen Verteidiger des Vaterlandes, die Sicherstellung der gebührenden Pflege dieser Denkmäler und anderer Bauten, die den militärischen Ruhm Russlands symbolisieren sowie die Ergreifung effektiver Maßnahmen in enger Verbindung mit den zuständigen Behörden anderer Länder, um den Schutz dieser Gräber und Denkmäler und die Verhinderung ungesetzlicher Anschläge gegen sie zu gewährleisten.

Zu erreichen ist, dass Russland in größerem Umfang in den internationalen Bildungsraum integriert wird und am internationalen Markt von Bildungsdienstleistungen partizipiert, dass der Umfang der Ausbildung ausländischer Spezialisten an russischen Bildungseinrichtungen durch die Gewährung staatlicher Stipendien und auf kommerzieller Grundlage erweitert wird und es in höherem Maße als vorteilhaft angesehen wird, in der Russischen Föderation studiert zu haben. Wichtig ist in diesem Zusammenhang, systematisch den Kontakt zu Absolventen russischer Hochschulen zu unterhalten, da sie einen bedeutenden Teil der politischen und geistigen Elite der Nationalstaaten bilden und die Entstehung freundschaftlicher Beziehungen zu Russland fördern können.

Voranzutreiben sind die Bemühungen, durch den Austausch von Spezialisten, Wissenschaftlern, Hochschullehrern, Studenten, Schülern, aber auch wissenschaftlicher, methodologischer und pädagogischer Literatur sowie von Informationsmaterial Verbindungen zwischen Bildungseinrichtungen Russlands und Bildungseinrichtungen anderer Länder anzubahnen und zu pflegen. In diesem Zusammenhang ist es sehr wichtig, im Einklang mit der Gesetzgebung Russlands und anderer Länder gemeinsame Bildungseinrichtungen sowie Abteilungen und Filialen russischer Hochschulen im Ausland zu gründen, einschließlich der Einrichtung von Fernstudien.

Fortzusetzen sind auch die Bemühungen, Russland in das internationale System der Vereinheitlichung der Normen und Qualitätsstandards für die Bildung sowie der entsprechenden Diplome und akademischen Grade mit dem Ziel einzubeziehen, die Anerkennung russischer Urkunden über die erworbene fachliche Bildung zu erlangen.

Im System des Bildungsaustauschs spielt die Durchführung von Umschulungsprogrammen für russische Führungskräfte wie Manager und Staatsangestellte eine wichtige Rolle.

Im Kontext der Zusammenarbeit in den Bereichen Wissenschaft und Bildung ist es erforderlich, die Kontakte von Wissenschaftlern zu fördern, die gemeinsam Lehrbücher und wissenschaftliche Fachbücher ausarbeiten, welche dazu dienen, die Geschichte der Beziehungen Russlands zu einzelnen Staaten zu beleuchten.

Eine besondere Bedeutung kommt der Festigung der Stellung der russischen Sprache, ihrer erweiterten internationalen Verwendung als Mittel der Kommunikation, darunter in der Tätigkeit internationaler Organisationen, sowie der Erhaltung ihres Status als einer Weltsprache zu. Die russische Sprache soll ein wichtiges Mittel bleiben, andere Völker an die russische Kultur heranzuführen, ein Schlüsselfaktor bei den Bemühungen, die positive Wahrnehmung Russlands in der internationalen Gemeinschaft zu fördern. Entsprechend den vom Völkerrecht gebotenen Möglichkeiten sind alle Versuche zu unterbinden, die russische Sprache zu diskreditieren und zu diskriminieren.

Zwischen Museen, Archiven und Bibliotheken Russlands sind erweiterte Kontakte zu fördern, die dem Austausch von Spezialisten, Informationsmaterialien und Kopien von Dokumenten und der Nutzung der Bestände von Museen, Archiven und Bibliotheken für wissenschaftliche Zwecke dienen; dabei ist der maximal mögliche Zugang zu Museen, Archiven und Bibliotheken entsprechend der internationalen Praxis zu gewährleisten.

Zu erreichen ist, dass die besten einheimischen Filme verstärkt auf den ausländischen Filmmarkt gelangen. Zu fördern sind die Abhaltung von Wochen der russischen Filmkunst im Ausland, die Teilnahme russischer Filmschaffender an internationalen Filmfestspielen, die gemeinsame Filmproduktion und andere Formen der Verbindungen mit dem Ziel, die Präsenz Russlands auf den Kinoleinwänden der Welt zu erweitern.

Große Perspektiven bietet der Austausch zwischen Rundfunk- und Fernsehgesellschaften sowie Presseagenturen und Verlagen, darunter gemeinsame Produktionen sowie der gegenseitige Schutz der Autorenrechte und des geistigen Eigentums.

Der Kulturaustausch soll auch die Kontakte auf dem Gebiet der Architektur und des Städtebaus umfassen und dazu beitragen, dass das architektonische Erbe, historische und traditionelle Ensembles sowie Kultur- und natürliche Landschaften erhalten bleiben.

Als wichtiges Mittel zur Förderung des gegenseitigen Verständnisses und der Festigung der Beziehungen zwischen Menschen und Völkern sind die Verbindungen im Bereich von Körperkultur und Sport zu betrachten.

Zu unterstützen sind die Bemühungen, die Teilnahme des Landes am internationalen Touristenverkehr zu erweitern, der dazu beiträgt, dass sich die Völker besser verstehen und eine objektive Meinung über ihr Leben, ihre Traditionen und Bräuche bilden, und die Erziehung zur Toleranz wie die Anerkennung der vielfältigen kulturellen, religiösen und sittlichen Anschauungen fördert. Es muss gewährleistet werden, dass sich russische Touristen im Ausland frei bewegen können und nicht durch Maßnahmen der Behörden anderer Staaten benachteiligt werden.

Zu fördern sind der Jugendaustausch, die Einbeziehung der Jugend in die Verwirklichung internationaler Programme humanitärer Hilfe, die Erweiterung der Kontakte zwischen Jugendorganisationen, zwischen Jugenderziehern und zwischen Einrichtungen für die Jugendsozialarbeit.

Eine vollwertige kulturelle Partnerschaft setzt die Förderung direkter Beziehungen zwischen kulturellen Einrichtungen, Künstlerverbänden und einzelnen Künstlern voraus. Zu unterstützen ist die Tätigkeit von Stiftungen und Unternehmerverbänden, die durch Sponsoring helfen, wichtige Projekte der kulturellen Zusammenarbeit zu verwirklichen.

Bei der Förderung des Dialogs verschiedener Kulturen und der Entstehung einer Weltkultur spielt die Kirche eine wichtige Rolle. Die internationale interkonfessionelle Zusammenarbeit der russischen orthodoxen Kirche und anderer traditioneller Religionen Russlands, unter anderem etwa bei der Organisation kultureller Veranstaltungen im Ausland, kann einen wesentlichen Beitrag zur Erweiterung der geistigen Kontakte zwischen Menschen und Völkern leisten.

III.

Grundlage der Teilnahme Russlands an der internationalen kulturellen Zusammenarbeit sind bilaterale Beziehungen. Die russische Seite ist bereit, mit jedem beliebigen Staat einen Kulturaustausch durchzuführen. Politische Umstände, die vom Schutz der nationalen Interessen diktiert sind und auch durch Entscheidungen entstehen, die unter russischer Beteiligung auf internationaler Ebene gefasst werden, können in bestimmten Zeiten die Entwicklung der Beziehungen zu einem Staat beeinflussen und dazu führen, dass sie teilweise oder völlig unterbrochen werden. Eine solche Situation muss jedoch grundsätzlich als anomal angesehen werden; sie steht im Widerspruch zu den Grundzielen der kulturellen Außenpolitik Russlands. Politische Komplikationen und Konflikte dürfen nicht zu einer Feindschaft gegenüber Kulturen führen.

Die russische Kultur ist für die ganze Welt offen. Zugleich können der Umfang und die Formen der kulturellen Beziehungen zu verschiedenen Ländern insofern nicht identisch sein, als sich Umstände wie historische Traditionen, geographische Faktoren, die Ebene der Beziehungen, die vertragsrechtliche Basis, die finanziellen Möglichkeiten und das konkrete Interesse der Teilnehmer eines Kulturaustauschs auf diese Beziehungen auswirken.

Die Beziehungen zu den Ländern der GUS haben in der kulturellen Außenpolitik Russlands Vorrang. Die Aufgabe besteht weiterhin darin, die Entstehung eines einheitlichen Kultur-, Informations- und Bildungsraumes anzustreben, die jahrhundertelangen geistigen Beziehungen zwischen den Völkern dieser Länder zu erhalten und auf neuer, demokratischer Grundlage weiterzuentwickeln, nach flexiblen und wirksamen Formen der Zusammenarbeit zu suchen und die Positionen der russischen Sprache, wie sie sich historisch herausgebildet haben, zu stärken.

Die Aufmerksamkeit ist vermehrt darauf zu richten, die Bedeutung Russlands als wichtigstes Bildungszentrum der Gemeinschaft Unabhängiger Staaten zu erhöhen, einer steigenden Zahl von Studenten aus Ländern der GUS staatliche Stipendien für das Studium an Bildungsanstalten Russlands zu gewähren und die Tätigkeit russischer (slawischer) Universitäten in den Ländern der GUS zu unterstützen.

Im Zusammenhang mit der Aufgabe, die russische kulturelle Präsenz in den Ländern der GUS zu verstärken, spielen Beziehungen zu Verbänden von Landsleuten eine große Rolle. Die tatsächliche Haltung der staatlichen Behörden der GUS-Länder zu den Rechten der russischen Bürger und Landsleute soll eines der Hauptkriterien dafür werden, wie sich die Politik Russlands gegenüber diesen Staaten gestaltet.

Von großer Bedeutung ist die Erweiterung des gleichberechtigten und gegenseitig nutzbringenden Kulturaustauschs mit den G 8-Staaten, den führenden Partnern Russlands in der internationalen Kulturszene. Zu erreichen ist, dass die im Rahmen der G 8-Staaten geschlossenen Abkommen erfüllt werden, die sich auf den humanitären Bereich beziehen, so auf die Erhaltung der Vielfalt der Sprachen und Kulturen, die Entwicklung des Bildungssystems und die Ethik der wissenschaftlichen Forschung.

Die Kultur muss eine wichtige Komponente der russisch-amerikanischen Beziehungen bleiben, wobei der Einfluss der USA auf die internationalen kulturellen Prozesse zu berücksichtigen ist.

Der Anteil Russlands am System der gegenseitigen europäischen kulturellen Beziehungen ist zu erhöhen. Wichtig ist, für eine Zunahme der kulturellen Zusammenarbeit mit Deutschland, Frankreich, Großbritannien, Italien, Spanien und anderen westeuropäischen Ländern sowie die Wiederherstellung der russischen kulturellen Präsenz in der mittel- und osteuropäischen Region zu sorgen. Bei der Entwicklung der Beziehungen zu den baltischen Staaten im kulturellen und im Bildungsbereich sind die mit den Rechten der russischsprachigen Bevölkerung zusammenhängenden Fragen zu berücksichtigen.

Die Kulturpolitik Russlands gegenüber den Staaten der asiatisch-pazifischen Region muss deren wachsende Bedeutung in der internationalen Politik und Kultur berücksichtigten. Dadurch, dass diese Länder über eine soziale Infrastruktur verfügen, eröffnen sich zusätzliche Möglichkeiten für die Entfaltung des Kulturaustauschs, unter anderem durch regionale Partnerschaft. Von besonderer Bedeutung ist die traditionelle und immer umfangreicher werdende Zusammenarbeit mit China, Indien und Japan im kulturellen Bereich. Ernsthafte Anstrengungen sind zu unternehmen, um die kulturellen Beziehungen zur Mongolei, zu Vietnam, Kuba und anderen Staaten wiederherzustellen, deren Intelligenz in großen Teilen in unseren Ländern ausgebildet wurde und sich an den geistigen Werten Russlands orientiert.

Was die Länder im Nahen Osten, Afrika und Lateinamerika betrifft, so ist es unbedingt erstrebenswert, die Zusammenarbeit und die kulturelle Präsenz Russlands unter Berücksichtigung gegenseitiger Interessen und der materiellen/finanziellen Möglichkeiten auf dem erreichten Niveau zu halten und zu vertiefen.

Eine große Bedeutung beim Ausbau der Beziehungen zu dieser Gruppe von Ländern kommt dem Austausch im Bildungsbereich und der Erweiterung der Ausbildung ausländischer Spezialisten an russischen Hochschulen bei.

IV.

Zu den vielseitigen kulturellen Beziehungen Russlands zählen auch die Mitarbeit in internationalen Organisationen, denen unser Land angehört und die auf den Gebieten von Kultur, Wissenschaft und Bildung tätig sind, die Zusammenarbeit mit internationalen und regionalen interaktiven Vereinigungen der Staaten und die Teilnahme an internationalen Konferenzen und an anderen multilateralen kulturellen Veranstaltungen.

Die Teilnahme russischer Vertreter an der Tätigkeit internationaler Organisationen und an internationalen Konferenzen muss darauf abzielen, die nationalen Interessen Russlands bei Schlüsselfragen der internationalen Kulturpolitik zu vertreten. Anzustreben ist die Erweiterung der völkerrechtlichen Grundlage für die Teilnahme Russlands an der multilateralen kulturellen Zusammenarbeit, wobei der Beitritt zu den wichtigsten Verträgen, Konventionen und Abkommen zu erwägen ist, die den Interessen unseres Landes entsprechen.

Bei der Entwicklung der Beziehungen zu internationalen

Organisationen besteht eines der Ziele darin, ihre Möglichkeiten, einschließlich der finanziellen, maximal für die Förderung der kulturellen Entwicklung Russlands, für die Aktivierung des Austauschs auf allen Ebenen und für die Beteiligung russischer Regionen zu nutzen.

Einen besonderen Platz in der kulturellen Außenpolitik Russlands nimmt die UNESCO als geistiges Forum innerhalb des UN-Systems ein. Sie ermöglicht es, durch Entfaltung der Zusammenarbeit in den Bereichen der Kultur, Wissenschaft und Bildung nicht konfrontativ, in einer entpolitisierten Atmosphäre, Lösungen für globale Probleme zu suchen. Die heutige Philosophie, die Ideale und die Wertvorstellungen der UNESCO, die die Entstehung einer vielstimmigen, demokratischen Weltordnung, die Überwindung der geistigen Isolation der Völker, die Gleichberechtigung der Staaten, die Unzulässigkeit eines Diktats irgendeiner Macht oder Staatengruppe, die Achtung vor der Integrität und Vielfalt der Kulturen, die Entwicklung von Modellen einer miteinander verbundenen, interdependenten und multikulturellen Weltarchitektur erstrebt, entspricht in hohem Grade den Vorstellungen Russlands von der Entwicklung der internationalen Zusammenarbeit.

Auszugehen ist davon, dass Russland an einer weiteren Aufwertung der UNESCO interessiert ist und es als zweckmäßig ansieht, ihre programmatische Tätigkeit unter der Bedingung zu unterstützen, dass sie ihre Arbeit in administrativer und finanzieller Hinsicht verbessert, mit den Mitteln sparsam umgeht und ihre Strukturen, ihre Verwaltung und die Personalpolitik verbessert. Russland muss eine der Stützen der UNESCO bleiben. Autorität und Einfluss unseres Landes in der UNESCO sind konsequent zu erhöhen.

Zu verbessern sind der Inhalt, die Formen und die Präsenz der UNESCO in Russland. Ziel dieses Prozesses soll es sein, die inländische Kultur, Wissenschaft und Bildung zu unterstützen, breite Kreise der russischen Öffentlichkeit auf der Grundlage der von der Organisation verbreiteten Werte zu vereinen und das geistige Potenzial für die Verwirklichung der Ideen zu mobilisieren, die der Tätigkeit der UNESCO zugrunde liegen.

Es muss damit begonnen werden, die Reserven der Zusammenarbeit mit der Weltorganisation zum Schutz des geistigen Eigentums, dem Kinderhilfswerk der Vereinten Nationen, dem Umweltprogramm der Vereinten Nationen, dem Internationalen Rat der Denkmäler und Ensembles, dem Internationalen Studienzentrum für die Erhaltung und Restaurierung von Kulturgut, dem Internationalen Rat für Museen, dem Internationalen Archivrat, dem Internationalen Musikrat, dem Internationalen Tanzrat, dem Internationalen Theaterinstitut, der Internationalen Vereinigung für bildende Künste, dem Internationalen Verlegerverband, der Welttourismusorganisation, der Weltgesundheitsorganisation und weiteren Organisationen und Strukturen im System der Vereinten Nationen, der zwischenstaatlichen Organisationen, nichtstaatlichen Organisationen und gesellschaftlichen Vereinigungen und Organisationen, die die kulturelle Zusammenarbeit fördern, zu nutzen.

Im Rahmen des Europarates muss das Zusammenwirken Russlands mit anderen Staaten in Fragen der Kultur, der Bildung, des Jugendaustauschs und des Sports eine vorrangige Aufgabe bleiben. Es gilt, die Möglichkeiten aktiver zu nutzen, die sich daraus ergeben, dass Russland die europäischen Konventionen auf dem Gebiet der Kultur, der Bildung und des Sports unterzeichnet hat. Anzustreben ist die Erhöhung der Anzahl, die Erweiterung des Inhalts und die Steigerung des Nutzens der Programme und Projekte, die vom Europarat in Russland durchgeführt werden. Dies gilt vor allem für die Bereiche Ausbildung, Bürgerkunde und Jugenderziehung.

Die Kultur muss einen wichtigen Teil der Zusammenarbeit Russlands mit der Europäischen Union bilden. Das gilt besonders für die Verwirklichung gemeinsamer Bildungsprogramme und auch für die Zusammenarbeit mit anderen regionalen zwischenstaatlichen Vereinigungen.

V.

Die kulturelle Außenpolitik, deren Ziel die gegenseitige Bereicherung der Kulturen und die Eingliederung Russlands in den Weltkulturraum ist, kann keine Einbahnstraße sein. Eine aktive und umfassende Präsenz der russischen Kultur im Ausland setzt voraus, dass unseren Partnern gleiche Möglichkeiten für die Präsentation ihrer Nationalkultur in Russland auf der Basis der Gegenseitigkeit geboten werden. Dieser Prozess hat nicht nur im Hinblick darauf große Bedeutung, dass die russische Öffentlichkeit das kulturelle Erbe und das Kulturgut anderer Länder und Völker kennen lernt, sondern dass Russland in der Welt das Ansehen gewinnt, das ihm als ein demokratischer, für andere Kulturen offener Staat gebührt.

Deshalb ist es wichtig, dafür zu sorgen, dass die Bedeutung Russlands als eines der Weltkulturzentren und eines Landes, in dem renommierte Ausstellungen, Filmfestspiele und künstlerische Wettbewerbe sowie Gastspiele der besten ausländischen Ensembles und Interpreten stattfinden, namhafte Vertreter der Kunst zusammenkommen und Tage der Kultur anderer Länder veranstaltet werden, erhalten bleibt und sich erhöht.

Allen Partnerstaaten, die daran interessiert sind, müssen die gleichen Bedingungen des Zugangs zur russischen Kulturszene garantiert werden, das heißt, niemand darf in irgendeiner Weise eingeengt, bevorzugt oder bevormundet werden. Von großer Bedeutung ist die Arbeit, die Informations- und Kulturzentren aufgrund internationaler Verträge mit der Russischen Föderation in Russland leisten, um zuverlässige Kenntnisse über das kulturelle Leben dieser Länder auf dem Territorium Russlands zu verbreiten. Der Kulturaustausch trägt dazu bei, dass in unserem Land Zweigstellen, Abteilungen, Büros und andere Strukturen internationaler kultureller Organisationen und Stiftungen in Übereinstimmung mit der russischen Gesetzgebung eingerichtet und gegründet werden.

VI.

Die Ziele der kulturellen Außenpolitik werden entsprechend der Verfassung der Russischen Föderation, den föderalen Gesetzen, Erlassen und Anordnungen des Präsidenten der Russischen Föderation, den Beschlüssen und Verordnungen der Regierung der Russischen Föderation und den föderalen Zielprogrammen im Kulturbereich verwirklicht.

Der Präsident der Russischen Föderation legt die Hauptrichtungen der kulturellen Außenpolitik fest und leitet die kulturelle Außenpolitik entsprechend der Verfassung der Russischen Föderation.

Die Föderalversammlung der Russischen Föderation schafft entsprechend der Verfassung der Russischen Föderation die rechtliche Grundlage für die kulturelle Außenpolitik.

Die Regierung der Russischen Föderation arbeitet im Rahmen ihrer Vollmachten die allgemeine Strategie für die kulturelle Außenpolitik aus und befasst sich mit den wichtigsten Fragen der kulturellen Zusammenarbeit mit dem Ausland.

Zu den zentralen Aufgaben des russischen Außenministeriums gehört es, die Prioritäten der kulturellen Außenpolitik der Russischen Föderation und ihrer unmittelbaren Umsetzung auszuarbeiten, die Tätigkeit der föderalen Exekutivorgane und der Organe der Subjekte der Föderation auf diesem Gebiet zu koordinieren, gemeinsam mit den interessierten Ministerien und sonstigen Behörden Entwürfe für zwischenstaatliche Vereinbarungen über die kulturelle Zusammenarbeit auszuarbeiten und sie mit ihnen abzustimmen, an der Erfüllung von Abkommen und an der Ausarbeitung von Expertengutachten über Vertragsentwürfe zwischenstaatlichen und regionalen Charakters teilzunehmen, die Erfüllung der zwischenstaatlichen Verpflichtungen der Russischen Föderation im kulturellen Bereich zu kontrollieren und den entsprechenden staatlichen Behörden bei der Aufnahme und der Pflege internationaler kultureller Beziehungen im Rahmen seiner Vollmachten und Möglichkeiten praktische Hilfe zu leisten.

Das Außenministerium der Russischen Föderation arbeitet auch mit nichtstaatlichen Organisationen Russlands zusammen, deren Tätigkeit die Entfaltung der kulturellen Beziehungen zum Ausland bezweckt, den Interessen des Landes dient und unter Beachtung der russischen Gesetzgebung durchgeführt wird. Die nichtstaatlichen Organisationen sind für die Erfüllung der Verpflichtungen, die sie in Bezug auf die Organisation kultureller Veranstaltungen im Ausland eingegangen sind, selbst verantwortlich.

Die Rechtsgrundlage der internationalen kulturellen Zusammenarbeit Russlands bilden die internationalen Abkommen der Russischen Föderation. Das föderale Gesetz »Über die internationalen Verträge der Russischen Föderation« regelt den Abschluss, die Erfüllung und die Aufkündigung dieser Verträge. Die internationalen Verträge der Russischen Föderation sind neben den allgemein anerkannten Grundsätzen und Normen des Völkerrechts entsprechend der Verfassung der Russischen Föderation ein Bestandteil ihres Rechtssystems und müssen von allen staatlichen und nichtstaatlichen Teilnehmern am Kulturaustausch eingehalten werden.

Ein wichtiges Instrument für die Teilnahme des russischen Außenministeriums an der Aufgabe, die Ziele der kulturellen Außenpolitik zu verwirklichen und die zwischenstaatlichen Beziehungen im kulturellen Bereich zu koordinieren, sind die paritätisch zusammengesetzten Kommissionen, die aufgrund internationaler Verträge über kulturelle Zusammenarbeit aus Vertretern staatlicher Behörden Russlands und des Auslands gebildet werden. Zur Aufgabe der gemischten Kommissionen gehört es, Überblicke darüber zu erstellen, wie die geltenden Übereinkünfte erfüllt werden, neue Abkommen auszuarbeiten und zu prüfen, wie der vereinbarte Kulturaustausch durchgeführt wird.

Eine besondere Verantwortung für die Entwicklung der kulturellen Außenpolitik Russlands und die Realisierung ihrer Ziele tragen die ausländischen Vertretungen des russischen Außenministeriums. Umfang und Formen der kulturellen Präsenz Russlands in einzelnen Staaten hängen wesentlich von der Effizienz der Tätigkeit diplomatischer und konsularischer Vertretungen Russlands auf kulturellem Gebiet ab.

Bei der Verbreitung objektiver und vielseitiger Informationen über Russland, bei der Organisation des Studiums der russischen Sprache sowie kultureller und anderer Veranstaltungen, die dazu dienen, die Öffentlichkeit im Ausland mit dem kulturellen Leben Russlands bekannt zu machen, spielen die russischen Zentren für Wissenschaft und Kultur eine wichtige Rolle, die unter Leitung der Botschafter der Russischen Föderation in anderen Ländern tätig sind. Ziel unserer Bemühungen muss es sein, vor allen in den Ländern der GUS das Netz dieser Zentren zu erweitern, die rechtlichen und organisatorischen Bedingungen ihrer Tätigkeit zu vervollkommnen und die Wirksamkeit ihrer Arbeit zu erhöhen. Ziel unserer Bemühungen muss es sein, vor allen in den Ländern der GUS das Netz dieser Zentren zu erweitern, die rechtlichen und organisatorischen Bedingungen ihrer Tätigkeit zu vervollkommnen und die Wirksamkeit ihrer Arbeit zu erhöhen.

Literatur

Hinweis an den Leser: Die Schreibung der russischen Originaltitel folgt hier den Regeln der wissenschaftlichen Transliteration. In den Fußnoten erfolgt die Schreibung der russischen Originaltitel hingegen zur Erleichterung der Lesbarkeit in aussprachennaher Transkription.

ABBAS, MAHMOUD, *Through Secret Channels*, Reading 1995.

ADAMIŠIN, A.: *Prioritetnye napravlenija vnešnej politiki Rossii (»Vorrangige Richtungen der russischen Außenpolitik«)*, Moskau 1995.

ARBATOV, A. G.: *Bezopasnost'. Rossijskij vybor (»Sicherheit. Russlands Wahl«)*, Moskau 1999.

ARIN, O. A.: *Strategičeskie perspektivy Rossii v Vostočnoj Azii (»Strategische Perspektiven Russlands in Ostasien«)*. Centr meždunarodnych issledovanij MGIMO, Moskau 1999.

ASEAN. Itogi, problemy, perspektivy (»Ergebnisse, Probleme, Perspektiven«), [Aufsatzsammlung], Institut vostokovedenija RAN, Moskau 1998.

ASFARI, D. A.: *Rossijsko-kitajskie otnošenija. Realističeskij vzgljad na ich istoriju, sovremennoe sostojanie i perspektivy (»Russisch-chinesische Beziehungen. Eine realistische Betrachtung ihrer Geschichte, Gegenwart und Zukunft«)*, Moskau 1999.

BAŽANOV, E. P.: *Prioritety Rossii v menjajuščemsja mire (»Russische Prioritäten in einer Welt im Wandel«)*, DA MID Rossii, Institut aktual'nych meždunarodnych problem, Moskau 2000.

BAŽANOV, E. P.: *Evolucija rossijskoj vnešnej politiki (»Entwicklung der russischen Außenpolitik«) 1991–1999*, DA MID Rossii, Moskau 1999.

BAKUŠEV, W. W.: *Integracionnye tendencii politiki veduščich meždunarodnych organizacii i novoj Rossii (»Integrationstendenzen der Politik der führenden internationalen Organisationen und des neuen Russ-*

lands«), Rossijskaja akademija gosudarstvennoj služby pri Prezidente RF, Moskau 1997.

BALUEV, D. G.: *Zavoevanie buduščego. Vnešnjaja politika Rossii na rubeže vekov (»Die Eroberung der Zukunft. Russische Außenpolitik an der Schwelle zum neuen Jahrhundert«)*, N. Novgorod 1999.

BARANOVSKIJ, V. G.: *Evropejskoe soobščestvo v sisteme meždunarodnych otnošenij (»Die Europäische Gemeinschaft im System der internationalen Beziehungen«)*, Moskau 1986.

BARANOVSKIJ, V. G.: *Zapadnaja Evropa. Voenno-političeskaja integracija (»Westeuropa. Politisch-militärische Integration«)*, Moskau 1988.

BESCHLOSS, MICHAEL R./TALBOT, STROBE: *Auf höchster Ebene. Das Ende des Kalten Krieges und die Geheimdiplomatie der Supermächte. 1989–1991*, Düsseldorf 1993.

Beyond the Soviet Union. The Fragmentation of Power (Research Institute for the Study of Conflict and Terrorism [RISCT]), Vorwort von MAX BELOFF (Hg.), Hampshire 1997.

Bezopasnost' Rossii. Černomorskij region (»Die russische Sicherheit in der Schwarzmeerregion«), Moskau 1997.

BOUTROS-GHALI, BOUTROS: *Hinter den Kulissen der Weltpolitik. Die UNO – Wird eine Hoffnung verspielt?*, Hamburg 2000.

BOWKER, M.: *Russian Foreign Policy and the End of the Cold War*, Brookfield 1997.

BRZEZINSKI, ZBIGNIEW: *The Grand Chessboard. America's Primacy and its Geostrategic Imperatives*, New York 1977.

– *Großmacht Diplomatie. Von der Staatskunst Castlereaghs und Metternichs*, Frankfurt/Main 1973.

CHAČATUROV, K. A.: *Latinoamerikanskie uroki dlja Rossii (»Lateinamerikakunde für Russland«)*, Moskau *1999*.

CHRUSTALEV, M. A.: *Central'naja Azija vo vnešnej politike Rossii (»Zentralasien in der russischen Außenpolitik«)*, Moskau 1994.

COOPER, L.: *Russia and the World. New State-of-Play on the International Stage*, London 1999.

CROCKATT, R.: *The Fifty Years of War. The US and the Soviet Union in World Politics, 1941–1991*, London/New York 1999.
DANILEVSKIJ, N. JA.: *Rossija i Evropa (»Russland und Europa«)*, Moskau 1991.
DAVIES, R. W.: *Soviet History in the Yeltsin Era*, New York 1997.
DAWISHA, K., und B. PAROTT: *Russia and the New States of Eurasia*, Cambridge 1994.
DOBRYNIN, A.: *Sugubo doveritel'no. Posol v Vašingtone pri šesti presidentach SŠA (»Streng vertraulich. Botschafter in Washington unter sechs US-Präsidenten«) 1962–1986*, Moskau 1996.
– *In Confidence. Moscow's Ambassador to Six Cold War Presidents*, New York 1995.
EL'CIN, B. N.: *Rossija na rubeže epoch. Poslanie Presidenta Rossijskoj Federacii Federal'nomu Sobraniju (»Russland im Wandel der Zeiten. Botschaft des Präsidenten der Russischen Föderation an die Föderalversammlung«), 30.03.1999*, Moskau 1999.
Evropa i Rossija. Problemy južnogo napravlenija. Sredizemnomor'e – Černomor'e – Kaspij (»Europa und Russland. Probleme der südlichen Ausrichtung. Mittelmeer – Schwarzes Meer – Kaspisches Meer«), Moskau 1999.
Evropejskaja integracija. Bol'šaja gumannističeskaja Evropa i kultura (»Europäische Integration. Das große humanistische Europa und die Kultur«), Moskau 1988.
GOODBY, J. E.: *Europe Undivided. The New Logic of Peace in U.S.-Russian Relations*, Washington 1998.
IGNAT'EV, A. V.: *Vnešnjaja politika Rossii 1907–1914. Tendencii. Ljudi. Sobytija (»Russische Außenpolitik 1907–1914. Tendenzen, Menschen, Ereignisse«)*, RAN, Institut rossijskoj istorii, Moskau 2000.
Imperial Russian Foreign Policy, (hg. u. übers. v. HUGH RAGSDALE), Cambridge, Mass., 1993.
Internal Factors in Russian Foreign Policy (N. MALCOLM, A. PRAVDA, R. ALLISON, M. LIGHT), Oxford 1996.
Istorija vnešnej politiki Rossii, konec XIX – načalo XX veka (»Ge-

schichte der russischen Außenpolitik: Ende 19. – Anfang 20. Jahrhundert«), Moskau 1997.

Istorija vnešnej politiki Rossii, Vtoraja polovina XIX veka (»Geschichte der russischen Außenpolitik: zweite Hälfte des 19. Jahrhunderts«), hg. v. A. IGNAT'EV u. a., Moskau 1999.

Istorija vnešnej politiki Rossii, XVIII vek. Ot Severnoj vojny do vojn Rossii protiv Napoleona (»Geschichte der russischen Außenpolitik, 18. Jahrhundert. Vom Nordischen Krieg bis zu den russischen Kriegen gegen Napoleon«), Moskau 1998.

Istorija vnešnej politiki Rossii, konec XIX – načalo XX veka. Ot russko-francuzskogo sojuza do Oktjabr'skoj revoljucii (»Geschichte der russischen Außenpolitik, Ende 19. – Anfang 20. Jahrhundert. Von der russisch-französischen Entente bis zur Oktoberrevolution«), Moskau 1999.

Istorija vnešnej politiki Rossii, konec XV v. – 1917 g. (»Geschichte der russischen Außenpolitik, Ende 15. Jahrhundert bis 1917«), 5 Bd., RAN, Institut rossijskoj istorii, Moskau 1995–1999.

IVANOV, I. S.: *Vnešnjaja politika Rossii i mir (»Die Außenpolitik Russlands und der Welt«)*, [Artikel und Reden], Moskau 2000.

Jadernoe nerasprostranenie (»Nichtweitergabe von Kernwaffen«), hg. v. V. A. ORLOVA u. N. N. SOKOVA, Moskau 2000.

Jadernye vooruženija i bezopasnost' Rossii (»Atomare Rüstung und russische Sicherheit«), RAN, Institut mirovoj ekonomiki i meždunarodnych otnošenij, Centr geopolitičeskoj i voennoj prognozov, Moskau 1997.

JOHNSON, T. P., und S. E. MILLER: *Russian Security after the Cold War*, Washington 1994.

KAŠLEV, JU., B.: *Obščeevropejskij process. Včera, segodnja, zavtra (»Gesamteuropäischer Prozess. Gestern, heute, morgen«)*, Moskau 1990.

KAN VON SIK: *Rossija na poroge XXI veka (»Russland auf der Schwelle zum 21. Jahrhundert«)*, Moskau 1999.

Kancler A. M. *Gorčakov. 200 let so dnja roždenija (»Der Kanzler*

A. M. Gortschakow. Zu seinem 200. Geburtstag«), Moskau 1998.

KISSINGER, HENRY A.: *Diplomacy*, New York 1994.

KORTUNOV, A. V.: *Rossija i Zapad (»Russland und der Westen«)*, Moskau 1994.

KRIVOCHIŽA, V. I.: *Rossija v novom mire. Vremja rešenij (»Russland in einer neuen Welt. Zeit der Entscheidungen«)*, Rossijskij institut strategičeskich issledovanij, Moskau 1998.

KUDINOV, V. P.: *Meždunarodnye pozicii Rossii na rubeže XX – XXI vekov (»Internationale Position Russlands auf der Schwelle vom 20. zum 21. Jahrhundert«)*, Moskau 1998.

KULMATOV, K. N.: *Aktual'nye problemy rossijskoj vnešnej politiki (»Aktuelle Probleme der russischen Außenpolitik«)*, Moskau 1999.

LUKIN, V. P.: *Rossija i Zapad. Obščnost' ili otčuždenie? (»Russland und der Westen. Gemeinsamkeit oder Entfremdung?«)*, Moskau 1995.

MAKARENKO, V. V.: *Kto sojuzniki Rossii? Mental'nost' i geopolitika. Paradoksy politiki bezopasnosti Rossii (»Wer sind die Verbündeten Russlands? Mentalität und Geopolitik. Paradoxa russischer Sicherheitspolitik«)*, Moskau 2000.

MANILOV, V. L.: *Bezopasnost' v epochu partnërstva (»Sicherheit in der Epoche der Partnerschaft«)*, Moskau 1999.

MENDELEV, D. I.: *Granic poznaniju predvidet' nevozmozno (»Die Grenzen der Erkenntnis sind unabsehbar«). (Publicistika klassikov otečestvennoj nauki)*, Moskau 1991.

MIGRANJAN, A. M.: *Rossija v poiskach identičnosti (»Russland auf der Suche nach sich selbst«)*, [Sammlung von Aufsätzen], Moskau 1997.

MOIJSEEV, N. N.: *Mirovoe soobščestvo u sud'ba Rossii (»Die Weltgemeinschaft und das Schicksal Russlands«)*, Meždunarodnyj Nezavisimyj ekonomiko-politologičeskij universitet, Moskau 1997.

MOLČANOV, N. N.: *Diplomatija Petra I. (»Die Diplomatie Peters I.«)*, Moskau 1984.

MOURITZEN, H.: *Bordering Russia. Theory and Prospects for Europe's Baltic Rim*, Brookfield 1998.

MOZAFFARI, M.: *Security Politics in the Commonwealth of Independent States. The Southern Belt*, New York 1997.

Nacional'naja doktrina Rossii. Problemy i prioritety (»Nationale Doktrin Russlands. Probleme und Prioritäten«), Moskau 1994.

NEUMANN, I.: *Russia and the Idea of Europe*, London/New York 1995.

Northern Territories and Beyond. Russian, Japanese and American Perspectives, Westport a.o. 1995.

OL'DENBURG, S. S.: *Carstvovanie imperatora Nikolaja II. (»Die Regierungszeit Nikolaus' II.«)*, Moskau 1992.

Ot reformy k stabilizacii. Vnešnjaja, voennaja i ekonomičeskaja politika Rossii, 1993–1995. Analiz i prognoz (»Von der Reform zur Stabilisierung. Russische Außen-, Militär- und Wirtschaftspolitik 1993–1995. Analyse und Prognose«). (A. ZAGORSKIJ, I. ACHTAMZJAN, S. SOLOVNIK etc.), Moskau 1995.

Peacekeeping and the Role of Russia in Eurasia, hg. v. L. JONSON und C. ARCHER, Oxford 1996.

PRIMAKOV, E. M.: *Rossija v mirovoj politike (»Russland in der Weltpolitik«)*, Moskau 1999.

Problemy obespečenija bezopasnosti v Asiatsko-Tichookeanskom regione (»Probleme der Sicherheitsgarantie im asiatisch-pazifischen Raum«), Moskau 1999.

PUSTOGAROV, V. V.: *Fëdor Fëdorovič Martens. Jurist, diplomat (»Fjodor Fjodorowitsch Martens. Jurist und Diplomat«)*, Moskau 1999.

PUTIN, W. W.: Zadača vlasti – sdedlat' žizn' ljudej lučše uže v bližajšie gody *(»Aufgabe der Macht ist es, in den nächsten Jahren die Lebensbedingungen der Menschen zu verbessern«)*, [Rede des Präsidenten der Russischen Föderation vor der russischen Föderalversammlung am 8. Juli 2000], g. Moskva Rossijskaja Federacija segodnja, 2000, Nr. 14, S. 6–11.

RASHID, A.: *Taliban (Islam, Oil and New Great Game in Central Asia)*, London 2000.

ROMANOV, A. A.: *Geostrategija. Rossija i Mir v XXI veke (»Geostrategie. Russland und die Welt im 21. Jahrhundert«)*, Moskau 2000.

Rossija i strany bližnego zarubež'ja. Vnešnepolitičeskie orientiery (»Russland und das nahe Ausland. Außenpolitische Orientierungspunkte«), RAN, Institut rossijskoj istorii, M. 1997.

Rossija i Zakavkaz'e. Realii nezavisimosti i novoe partnërstvo (»Russland und Transkaukasien. Realien der Unabhängigkeit und neuer Partnerschaft«), Moskau 2000.

Rossijskaja diplomatija v portretach (»Die russische Diplomatie in Porträts«), Moskau 1992.

Rossijsko-amerikanskie otnošenija posle cholodnoj vojny (»Die russisch-amerikanischen Beziehungen nach Ende des Kalten Krieges«), Moskau 2000.

RUDNICKIJ, A. JU.: *Tichookeanskja politika Rossii (»Die russische Politik im pazifischen Raum«)*, Moskau 1999.

Russia and Asia. The Emerging Security Agenda, hg. v. G. CHIFRIN – SIPRI, Oxford 1999.

Russia. The Mediterranean and Black Sea Region, hg. v. N. KOVALSKY, Moskau 1996.

Russian and Europe. The Emerging Security Agenda, hg. v. V. BARANOVSKY – SIPRI, Oxford 1997.

RYBKIN, I. P.: *Bezopasnyj mir dlja Rossii (»Eine sichere Welt für Russland«)*, Moskau 1997.

SAMUJLOV, S. M.: *Meždunacional'nye krizisy v Evrope. Soderžanie, rol' Zapada i politika Rossii. (Civilizacionnyj podchod) (»Internationale Krisen in Europa. Inhalt, Rolle des Westens und Politik Russlands [Ein zivilisiertes Herangehen]«)*, Moskau 1994.

SAVEL'EV, A. G.: *Političeskie i voenno-strategičeskie aspekty dogovorov SNV-1 i SNV-2 (»Politische und Militärstrategische Aspekte der START I- und START II-Verhandlungen«)*, Institut mirovoj ekonomiki i meždunarodnych otnošenij RAN, Moskau 2000.

SAZONOV, S. D., *Vospominanija (»Erinnerungen«)*, Moskau 1991.

Security Dilemmas in Russia and Eurasia, hg. v. R. ALLISON and C. BLUTH, London 1998.

Solov'ëv, Ju. Ja.: *Vospominanija diplomata (»Erinnerungen eines Diplomaten«)*, Moskau 1959.

Sovetskaja vnešnjaja politika v gody »cholodnoj vojny« (›1945–1985‹). Novoe pročtenie (»Sowjetische Außenpolitik in den Jahren des ›Kalten Krieges‹. Eine neue Lesart«), Institut rossijskoj istorii RAN, Moskau 1995.

Sovetsko-amerikanskie otnošenija v sovremennom mire (»Sowjetisch-amerikanische Beziehungen in der gegenwärtigen Welt«), Moskau 1987.

STENT, ANGELA: *Rivalen des Jahrhunderts. Deutschland und Russland im neuen Europa*, Berlin/München 2000.

Strategija dlja Rossii. Povestka dnja dlja Prezidenta – 2000 (»Eine Strategie für Russland. Tagesordnung für den Präsidenten – 2000«), Sovet po vnešnej i oboronnoj politike, Moskau 2000.

TAYLOR, T.: *European Security and the Former Soviet Union. Dangers, opportunities and gambles*, London 1994.

Tendencii razvitija obstanovki na Korejskom poluostrove i vozmožnye al'ternativy rossijskoj politiki (»Tendenzen der Entwicklung der Lage auf der koreanischen Halbinsel und mögliche Alternativen der russischen Politik«), RAN, Institut Dal'nego Vostoka, Moskau 1999.

Terrorism and International Law, hg. v. ROSALYN HIGGINS and MAURICE FLORY, London/New York 1996.

Tichookeanskij region. Rossija i Latinskaja Amerika v kanun XXI veka (»Die Pazifikregion. Russland und Lateinamerika an der Schwelle zum 21. Jahrhundert«), Institut Latinskoj Ameriki RAN, Moskau 1998.

TITARENKO, M. L.: *Rossija licom k Azii (»Russland, nach Asien gewandt«)*, Institut Dal'nego Vostoka RAN, Moskau 1998.

TOKAEV, K.: *Vnešnaja politika Kazachstana v uslovijach globalizacii (»Die Außenpolitik Kasachstans unter den Bedingungen der Globalisierung«)*, Almaty 2000.

Traktaty o vešnom mire (»Traktate über den ewigen Frieden«), Moskau 1963.

TRENIN, D. V.: *Baltijskij šans. Strany Baltii, Rossija i Zapad v skladyvajuščejsja Bol'šoj Evrope (»Die baltische Chance. Die Länder des Baltikums, Russland und der Westen in einem sich herausbildeden Großeuropa«),* Moskau 1997.

VALESTANI, I.: *Geopolitičeskaja situacija na postsovetskom prostranstve (Central'naja Azija, Zakavkaz'e) i vnešnaja politika Rossii (1991–1997) (»Geopolitsche Situation im postsowjetischen Raum [Zentralasien, Transkaukasien] und russische Außenpolitik [1991 – 1997]«),* Moskau 2000.

VASIL'EV, A.: *Rossija na Bližnem i Srednem Vostoke. Ot messianstva k pragmatizmu (»Russland in Nah- und Mittelost. Vom Messianismus zum Pragmatismus«),* Moskau 1993.

Vostok i Rossija na rubeže XXI veka (»Der Osten und Russland auf der Schwelle zum 21. Jahrhundert«), Moskau 1998.

Zagladyvaja v XXI vek. Evropejskij sojuz i Sodružestvo Nezavisimych Gosudarstv (»Ein Blick ins 21. Jahrhundert. Die Europäische Union und die Gemeinschaft Unabhängiger Staaten«), RAN, Institut Evropy, Moskau 1998.

ŽURKIN, V. V.: *Evropejski sojuz. Vnešnjaja politika, bezopasnost', oborona (»Die Europäische Union. Außenpolitik, Sicherheit, Verteidigung«),* Institut Evropy RAN, Moskau 1998.

ZAGORSKI, A. V.: *SNG. Ot dezintegracii k integracii (»GUS. Von der Desintegration zur Integration«),* Moskau 1994.

ZIMONIN, V. P.: *Novaja Rossija v novoj Evrazii. Problemy kompleksnogo obesbečenija bezopasnosti (»Neues Russland und neues Eurasien. Probleme einer komplexen Gewährleistung der Sicherheit«),* Moskau 1997.

Bildnachweis

Die Bildnummern beziehen sich auf die Numerierung der Abbildungen im Bildteil.

Archiv des Ministeriums für Auswärtige Angelegenheiten der Russischen Föderation:
Abb. 1, 2, 3, 4, 5, 6, 10

Eduard Pessow:
Abb. 17, 19, 24, 27, 32 sowie Abb. S. 441

ITAR-TASS:
Abb. 7, 8, 9, 11, 12, 13, 14, 15, 16, 18, 20, 21, 22, 23, 25, 26, 28, 29, 30, 31, 33

Personenregister

Minister Iwanow und junge Mitarbeiter des russischen Außenministeriums. Moskau 2000.